KB119582

 사회복지총서

사회복지실천론

김혜란 · 공계순 · 박현선 · 홍선미 공저

Social Work Practice

학지사

머리말

　이 책은 사회복지실천을 위한 기본 지식과 가치, 방법을 다루고 있다. 필자들은 대학에서 사회복지실천을 연구하고 강의하는 교수들로서 지난 20여 년의 경험을 바탕으로 이 책과 이 책에 앞서 출간한 『사회복지실천기술론』을 함께 집필하였다. 한국사회복지교육협의회 교과목 지침서를 참고하여 이 책에서는 사회복지실천을 위한 기본적 핵심 내용을 다루고자 하였으며, 『사회복지실천기술론』에서는 보다 전문적인 실천방법과 기술을 제시하고자 하였다.

　사회복지실천현장은 빠르게 변화하고 있고 '한국적 사회복지실천'에 대한 고민도 계속 이어지고 있다. 필자들은 이 같은 현장의 욕구를 반영하고자 노력하였으며, 아울러 이미 출간된 교재들과 차별성을 갖추고자 하였다. 또한 실천을 위한 지식과 가치를 체계화하고 실천방법을 구체화하고자 노력하였으며, 완성된 초고를 강의 교재로 사용하면서 피드백을 받아 원고 수정에 반영하였다. 여전히 부족한 부분에 대해서는 앞으로 계속 보완해 나가고자 한다. 독자들의 관심과 많은 조언을 기대한다.

　이 책은 모두 14장으로 구성되어 있다. 제1장에서는 사회복지실천을 개념적으로 이해하기 위한 기본 내용으로 사회복지실천의 의미, 목적, 이념과 철학 등을 살펴보았다. 제2장에서는 사회복지실천의 역사를 사회, 정치, 경제적 맥락에서 고찰하였다. 제1장은 김혜란 교수, 제2장은 박현선 교수가 집필하였다.

　제3장에서는 사회복지실천의 핵심 요소로서 가치에 대해 알아보고 이어 윤리적 실천원칙과 딜레마 상황의 해결방안들을 살펴보았다. 제4장에서는 사회복지실천의 주요 관점으로 생태체계 관점, 발달 관점, 강점 관점을 제시하였고 실천 관련 접근

들에 대해 살펴보았다. 제3장은 공계순 교수, 제4장은 김혜란 교수가 집필하였다.

제5장에서는 사회복지실천의 대상을 사회체계의 수준별, 생애주기별, 문제 및 욕구의 특성별로 구분하여 각각의 특성에 대해 알아보았다. 제6장에서는 사회복지사의 다양한 역할을 살펴보고 다른 전문직과 구분되는 사회복지전문직의 정체성을 제시하였다. 제5장과 제6장은 홍선미 교수가 집필하였다.

제7장에서는 사회복지실천에서 강조하는 전문 원조관계의 특성과 원칙에 대해 살펴보았다. 제8장에서는 사회복지실천을 위한 면담의 목적과 방법을 구체적으로 제시하였다. 제7장은 공계순 교수, 제8장은 김혜란 교수가 집필하였다.

제9장부터 제13장까지는 사회복지실천과정을 다루었다. 제9장에서는 접수와 자료수집 단계의 특성을 살펴보고 이 단계에서 사회복지사가 수행하는 주요 과업을 제시하였다. 제10장에서는 개입 방법과 내용을 결정하는 사정 단계의 주요 과업과 특성, 사정의 주요 내용 등을 살펴보았다. 제9장과 제10장은 공계순 교수가 집필하였다. 제11장은 계획과 계약 단계에서 사회복지사가 수행하는 주요 과업과 실천을 위한 지침을 제시하였다. 제12장에서는 개입 유형을 직접 개입과 간접 개입으로 구분하고 각각의 개입에서 활용될 수 있는 대표적 실천활동을 대상체계별로 소개하였다. 제13장에서는 사회복지실천과정의 마지막 단계로 평가와 종결에서 사회복지사의 실천과업과 역할에 대해 논의하였다. 제11장, 제12장, 제13장은 박현선 교수가 집필하였다.

제14장은 사회복지실천의 통합적 접근으로서 사례관리의 개념과 원칙, 실천과정을 제시하였다. 이 장은 홍선미 교수가 집필하였다.

끝으로 이 책이 나올 수 있도록 많은 도움을 주신 분들에게 깊은 감사를 드린다. 서울대학교 사회복지연구소 강상경 전임 소장님과 홍백의 현임 소장님께 감사를 드린다. 무엇보다 아낌없는 지원을 제공해 주신 학지사 김진환 대표님, 김은석 상무님, 이영민 과장님과 편집부 직원들에게 깊은 감사를 드린다.

2023년 2월
집필자 일동

차례

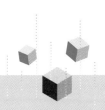

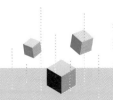

제1장

사회복지실천의 개념 및 정의

　제1장은 사회복지실천을 개념적으로 이해하기 위한 내용을 다룬다. 먼저 사회복지실천이란 무엇을 의미하며 사회복지실천을 통해 무엇을 이루고자 하는지, 다양한 사회복지실천 활동을 어떻게 분류하는지에 대해 살펴본다. 이어 사회복지실천을 구성하는 주요 요소들로서 목적, 가치, 지식, 방법, 공인에 대해 알아보고, 마지막으로 사회복지실천의 기반이 되는 이념과 철학을 개략적으로 살펴본다.

1. 사회복지실천의 정의와 분류

1) 개념 정의

　'사회복지실천'의 개념은 매우 포괄적이며 한두 문장으로 짧게 정의하기 쉽지 않다. 사회복지실천의 개념 정의를 언급할 때 중요하게 강조하는 개념은 사회 기능,

사회 환경과 조건, 전문 원조, 개인과 사회에의 이중초점 등이다. 다음에서는 이런 개념들을 중심으로 사회복지실천의 정의에 대해 살펴본다.

사회복지실천의 개념 정의로서 가장 자주 언급되는 것은 미국사회복지사협회 (National Association of Social Workers: NASW)가 규정한 정의다. 이에 따르면, 사회복지실천은 개인 혹은 집단, 지역사회가 자신들의 사회 기능을 위한 능력을 향상하거나 회복하도록 원조하고, 이들이 자신의 목적에 적합한 사회 조건을 조성하도록 원조하는 전문 활동이다(Barker, 2013).

앞의 정의에서 보듯이, 사회복지실천에서는 인간의 사회성, 즉 인간은 혼자 살아가는 존재가 아니라 다른 사람들과 함께 살아가는 사회적인 존재라는 점을 강조한다. 인간은 가족을 비롯해 이웃, 학교, 직장, 지역사회에서 사람들을 만나고 이들과의 관계 속에서 혹은 사회 환경과의 지속적인 상호작용을 통해 사회 기능을 수행하며 살아간다. 여기서 '사회 기능(social functioning)'이란 인간의 기본 욕구를 충족하기 위한 과업과 활동을 완수하고 사회에서 요구하는 사회적 역할을 수행하는 능력을 의미한다(Longres, 2000).

사회복지사는 클라이언트의 사회 기능을 직접 혹은 간접적으로 원조하는 전문인으로 규정할 수 있다. 여기서 클라이언트는 개인뿐 아니라 가족, 집단, 지역사회 등을 포함하는 포괄적 개념으로 사용한다. 사회복지사는 클라이언트가 자신의 기본적인 욕구(needs)를 충족하고 안녕을 향상하도록 전문 원조를 제공하고, 조직, 지역사회, 사회 제도 등이 클라이언트의 욕구와 사회 문제에 반응하도록 사회 변화를 도모하며, 사회정의를 실현하고자 한다(NASW 홈페이지 자료). 이를 위해 사회복지사는 다양한 실천현장에서 클라이언트에게 사회서비스를 제공하고 지역사회의 변화를 위해 활동할 뿐 아니라 사회복지 행정, 정책 개발, 교육, 연구 등의 업무를 수행한다. 시민의 책무성을 강조하는 시민봉사자 혹은 자원봉사자와 다르게 사회복지사는 전문 원조(professional helping)를 제공하는 전문인으로서 사회복지실천의 지식과 훈련, 경험으로 쌓은 전문성을 발휘한다.[1]

---

1) 사회복지전문직에 관한 내용은 제6장을 참고.

구체적으로, 사회복지사의 전문 원조활동은 다음을 포함한다.

- 사람들이 문제해결과 대처 능력을 향상하도록 원조한다.
- 사람들이 필요한 자원을 획득하도록 원조한다.
- 사람들 간의 상호작용과 사람과 환경의 상호작용을 촉진한다.
- 조직이 사람들에게 반응하도록 만든다.
- 사회 정책에 영향을 미친다.

사회복지사의 전문 원조활동으로 이루어지는 사회복지실천은 다음과 같은 다양한 형태를 띤다.

- 직접 실천(direct practice)
- 지역사회조직(community organization)
- 지도감독(supervision)
- 자문(consultation)
- 행정(administration)
- 옹호(advocacy)
- 사회행동과 정치행동(social action & political action)
- 정책 개발과 실행(policy development & implementation)
- 교육(education)
- 연구와 평가(research & evaluation)

한편, 국제사회복지사연맹(International Federation of Social Workers: IFSW)이 규정한 사회복지실천의 개념 정의는 다음과 같다(IFSW 홈페이지 자료). 앞에서 살펴본 개념 정의와 유사하지만, 특히 사회정의, 역량강화(empowerment), 해방 실천 등을 더욱 강조하고 있다. 즉, 사회복지사는 취약하거나 억압되거나 빈곤한 사람들의 욕구와 역량강화, 해방에 관심을 두고, 문화적 · 민족적 다양성(diversity)을 존중하며,

차별, 억압, 빈곤, 사회 불의를 종식하기 위한 노력에 주력한다.

- 사회복지실천은 안녕을 향상하기 위한 사회 변화와 개발, 사회 응집, 역량강화와 해방을 촉진하는 활동이다.
- 사회정의, 인권, 집합적 책임, 다양성 존중의 원칙들은 사회복지실천의 핵심이다.
- 인종, 계급, 언어, 종교, 젠더, 장애, 문화, 성적 지향 등으로 인한 억압의 구조적 근원을 성찰하고, 구조적·개인적 장애물을 극복하는 행동 전략들과 비판적 의식 향상을 개발한다. 이는 역량강화와 해방을 목적으로 하는 해방 실천의 핵심이다.
- 사회복지전문직은 불이익을 받는 사람들과 연대하여 빈곤을 경감시키고, 취약하고 억압받는 사람들을 해방시키며, 사회 포용과 응집을 향상하기 위해 노력한다.
- 사회복지실천의 정당성과 권한은 인간과 환경이 상호작용하는 지점에 개입하는 데 있다.

국내 학자들이 규정한 사회복지실천의 개념 정의는 외국 문헌과 크게 다르지 않다. 이영분 등(2001)은 사회복지실천을 개인, 집단, 가족 그리고 지역사회를 대상으로 하여 이들이 자신들의 문제와 욕구를 스스로 해결할 수 있도록 도와주고, 이들의 사회적 기능을 향상하며, 배분적 사회정의를 실현하는 것을 목적으로 하는 종합적이며 전문적인 실천 활동으로 정의하였다. 양옥경 등(2018)은 사회복지실천을 인간의 삶의 질을 향상하기 위한 개인, 소집단, 가족 또는 지역사회의 문제 및 욕구에 권한 부여적·문제해결 접근방법으로 개입하는 종합적인 전문 활동으로 정의하였다. 최해경(2017)은 사회복지실천을 상담, 서비스 제공, 자원 개발 및 연계 등 사회복지사의 전문적 활동으로, 개인·집단·가족·지역사회의 문제해결과 변화를 돕는 직접적 실천과, 사회복지행정 및 정책 영역에서 사회복지사의 전문적 활동으로 직접적 실천이 가능하고 효율적으로 실시되도록 지원하는 간접적 실천을 포괄하는 종합적인 전문 활동으로 정의하였다.

2) 인간과 환경의 상호성

사회복지실천의 개념 정의에는 공통적으로 인간과 환경의 상호성(reciprocity) 혹은 인간과 사회 환경의 상호작용(interaction) 개념이 내포되어 있다. 즉, 인간을 환경과 지속적으로 상호작용하는 존재로 이해하는 '환경 속의 인간(Person-In-Environment: PIE)' 개념을 사회복지실천의 핵심으로 포함하고 있다.

인간과 환경의 상호성 개념에 따르면, 인간은 태어나면서부터 가족 혹은 돌봄 제공자와 상호작용할 뿐 아니라 성장하면서 집단, 조직, 지역사회와 지속적으로 상호작용한다. 인간은 사회 환경과 상호작용하는 가운데 환경의 영향을 받으며 동시에 환경에 영향을 미치기도 하고, 더 나아가 사회, 정치, 문화, 교육, 환경 정책과 제도 등의 영향을 받는 동시에 영향을 미치며 살아간다.

예를 들어, 장애를 가진 대학생은 일상생활에서 가족의 영향뿐 아니라 대학생 집단, 대학 규정, 장애관련 사회 정책과 제도 등의 영향을 받는다. 동시에 대학생 집단, 대학, 사회 등 다양한 사회체계는 장애 학생의 욕구를 충족시키기 위해 자원을 새로이 개발하거나 기존 자원을 활성화하거나 장애로 인한 차별을 시정하는 등의 변화를 시도한다.

또 다른 예로서, 어린 자녀는 부모의 양육태도와 방식의 영향을 받는 동시에 자신의 기질과 선호 등을 통해 부모의 양육행동을 변화시키기도 한다. 나아가 아동과 가족이 속한 사회와 경제, 문화, 교육, 환경 등의 영향을 받지 않을 수 없으며 동시에 사회 환경의 변화를 초래하기도 한다. 따라서 아동의 행동을 이해하고 원조하기 위해서는 아동뿐 아니라 부모, 아동과 부모의 상호작용, 나아가 아동과 가족이 속한 사회와 경제, 문화, 교육, 환경과의 상호작용을 폭넓게 이해할 필요가 있다.

사회복지사는 인간을 다양한 사회 환경과 지속적으로 상호작용하는 존재로 이해함에 따라 크게 세 가지 활동에 주력한다.

첫째, 사회복지사는 '환경 속의 인간'의 개념틀에서 주로 '인간'에 초점을 두고,

클라이언트의 문제해결 능력, 대처기술 등의 사회 기능을 향상하기 위해 활동한다. 예를 들어, 저소득 한부모에게 개입하는 사회복지사는 한부모와 자녀에게 초점을 두고 이들을 정서적으로 지지하고 이들의 대처 능력을 향상하기 위한 상담, 교육 서비스를 제공하거나 부모자녀 간 소통을 지원하는 가족 서비스를 제공할 수 있다.

둘째, 사회복지사는 '환경 속의 인간'의 개념틀에서 주로 '상호작용'에 초점을 두고, 클라이언트와 다양한 환경체계의 상호작용 변화를 지원함으로써 인간과 환경의 '적합성(goodness-of-fit)'을 이루고자 한다. 같은 예에서, 사회복지사는 한부모 가족에게 필요한 아동보육, 의료, 법률, 공공부조 서비스와 자원을 찾아내어 연계하거나 자녀를 자원봉사 멘토와 연결하고 한부모 가족과 사회환경체계 간의 갈등을 해결하기 위해 직접 혹은 간접으로 개입할 수 있다. 또 다른 예로서, 사회복지사는 다문화 학생의 학교생활을 지원하기 위해 교사, 학생, 학교뿐 아니라 학부모, 지역사회의 이해와 협력을 구함으로써 다문화 학생과 환경체계와의 상호작용 변화를 모색할 수 있다.

셋째, 사회복지사는 '환경 속의 인간'의 개념틀에서 주로 '환경'에 초점을 두고, 클라이언트의 욕구에 부응하는 사회 조건과 환경을 형성하기 위해 활동한다. 한부모 가족의 예로서, 사회복지사는 한부모 가족의 욕구를 충족시킬 수 있도록 사회서비스와 정책의 개선을 위한 사회 활동에 참여할 수 있다. 또 다른 예로서 장애인의 고용을 촉진하기 위해 지역 내 단체, 조직, 업체들의 변화를 모색하거나 정책 실행을 지원하는 활동을 전개할 수 있다.

'환경 속의 인간'은 사회복지학문과 다른 인접 학문과의 차별성을 드러내는 주요 개념이기도 하다. 행동과학이 주로 '인간'에 초점을 두는 반면, 인접 사회과학은 주로 '사회 환경'에 초점을 둔다. 사회복지학은 인간과 사회 환경, 그리고 이들의 상호작용에 초점을 둔다는 점에서 행동과학 혹은 인접 사회과학과 차이가 있다. '환경 속의 인간' 개념은 사회복지실천을 위한 주요 관점 가운데 하나인 생태체계 관점(eco-systems perspective)으로 이어진다. 사회복지실천을 위한 관점에 대해서는 제4장에서 자세하게 살펴본다.

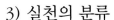

3) 실천의 분류

(1) 직접/간접 실천

사회복지실천을 흔히 직접 실천과 간접 실천으로 구분한다. 직접 실천(direct practice)은 사회복지사가 개인이나 가족, 집단 등 실천 대상과 직접 접촉하며 함께 활동하거나 이들에게 사회복지서비스를 전달하는 실천을 의미한다. 사회복지사는 복지관, 상담기관, 센터, 생활시설 등과 같은 다양한 실천현장에서 대면(face-to-face) 접촉을 통해 혹은 전화 통화, 전자메시지 교환, SNS 이용 등의 방법으로 클라이언트에게 사회복지서비스를 직접 전달한다.

한편, 간접 실천(indirect practice)은 사회복지사가 클라이언트와 직접 접촉하지는 않지만, 클라이언트에게 간접적으로 영향을 미치는 사회복지실천을 의미한다. 사회복지사는 중앙 혹은 지방 정부기관이나 연구원, 사회복지단체 등에서 복지프로그램과 서비스 정책을 기획하고 사회복지행정 업무를 수행하며 조사연구를 시행하는 등의 방법을 통해 클라이언트에게 간접적으로 영향을 미친다.

직접 실천에서는 주로 클라이언트에게 개입하는 반면, 간접 실천에서는 사회 환경과 조건, 자원에 초점을 두기 때문에 이 둘을 서로 다른 전문 영역으로 구분하기도 한다. 흔히 사회복지실천을 임상 및 서비스 영역과 정책 및 행정 영역으로 이분하는 경우가 이에 해당한다. 하지만 직접 실천과 간접 실천은 유기적으로 긴밀히 연관되어 있다. 클라이언트에게 직접 개입하는 과정에서 관련 정책과 프로그램을 적용하고, 정책을 기획하고 조사연구를 진행하는 과정에서 현장의 상황을 반영한다.

실천현장의 사회복지사들은 대부분 직접 실천과 간접 실천에 동시에 관여한다. 예를 들어, 학교 인근 복지관에 근무하는 사회복지사는 학교폭력 가해 혹은 피해 학생들 혹은 부모들과 상담하며 직접 실천을 제공한다. 동시에 학교 환경과 사회의 변화를 도모하기 위해 학교폭력의 실태를 조사하고 예방을 위한 정책 대안을 제시하거나 프로그램을 개발하는 간접 실천에 관여한다.

(2) 미시/중시/거시 실천

실천 대상체계의 수준에 따라 사회복지실천을 미시, 중시, 거시 실천으로 삼분하기도 한다. 미시(micro) 사회복지실천은 주로 개인, 가족, 혹은 소집단을 대상으로 개입하는 실천을 의미하며 중시 실천보다는 초점 대상의 규모가 상대적으로 작다. 아동학대의 예를 들어보면, 미시 실천으로 사회복지사는 학대받는 아동과 개별 상담을 하고 가해 부모에게 자녀 연령에 적합한 양육방법을 지도하며 아동보호와 학대 예방을 위해 필요한 지역사회자원을 아동 혹은 부모와 연계하고 조정하는 서비스에 초점을 둘 수 있다.

중시(mezzo) 사회복지실천은 주로 지역사회 내 조직, 단체, 기관 등의 환경체계혹은 지역사회 자체를 개입의 초점 대상으로 한다. 중시 실천의 예로서, 사회복지사는 학대받는 아동 혹은 학대 가정에게 영향을 미치는 지역사회 내 환경체계를 변화시키기 위한 활동에 주력할 수 있다. 지역 내 학교, 의료시설, 복지시설 등을 대상으로 학대 아동의 발견과 대처 방법에 대해 교육하거나 지역주민들이 아동학대에 대한 민감성을 가지도록 지역사회의 변화를 위해 개입하기도 한다. 또한 지역 내 주민들을 대상으로 아동학대예방 캠페인을 실시함으로써 지역사회의 변화를 도모할 수 있다.

마지막으로, 거시(macro) 사회복지실천은 사회 정책, 제도 혹은 행정의 변화를 위한 활동을 의미하며 사회복지사는 주로 사회정책의 기획과 분석, 행정에 관여한다.[2] 거시 실천의 예로서, 사회복지사는 아동학대를 예방하거나 서비스 전달체계를 향상하기 위해 관련 법 개정, 제도 혹은 행정의 변화를 위한 활동에 주력할 수 있다. 아동학대의 예시를 〈표 1-1〉과 같이 정리할 수 있다.

---

[2] 학자들에 따라 미시, 중시, 거시 실천의 구분이 조금씩 다르다. 일부 학자들은 개인 대상의 일대일 실천을 미시 사회복지실천, 가족과 소집단 대상의 실천을 중시 사회복지실천, 지역사회, 행정과 정책 실천을 거시 사회복지실천으로 구분하기도 한다.

표 1-1 대상체계의 수준에 따른 실천의 분류: 아동학대

	실천 대상체계	실천 내용의 예시
미시 실천	개인, 가족, 소집단	학대아동 상담, 가해부모 상담 및 지도, 가족과 지역사회 자원의 연계 및 조정
중시 실천	조직, 지역사회	지역 내 학교, 의료시설, 복지시설 대상 교육, 지역주민 대상 학대예방 캠페인 실시
거시 실천	국가사회, 문화	법 개정, 제도와 행정의 변화를 위한 활동

2. 사회복지실천의 구성 요소

사회복지실천은 뚜렷한 목적이 있는 전문 활동으로서 이를 위한 가치, 지식, 방법을 실제에 구현함으로써 이루어진다. 또한 사회복지실천은 법과 제도를 통해 우리 사회에서 공인된 활동이다. 다음에서는 사회복지실천의 구성 요소로서 목적, 가치, 지식, 방법, 공인에 대해 살펴본다.

1) 목적

사회복지실천은 목적 지향적인 활동이다. 미국사회복지교육협의회(Council on Social Work Education: CSWE)에 따르면, 사회복지실천의 목적은 사람들의 안녕(well-being)과 삶의 질 향상을 위해 개인과 사회의 상호 유익한 상호작용을 증진 혹은 회복시키고 개인의 기본 욕구를 충족하도록 원조하는 것이며, 이는 사회정의와 경제정의의 추구, 인권을 제한하는 조건들의 예방, 빈곤 타파, 사람들의 삶의 질 향상을 통해 실현된다(CSWE 홈페이지).

헵워스와 동료 학자들(Hepworth et al., 2016)은 사회복지실천의 목적을 다음과 같이 세 가지로 제시하였다.

- 사회 기능을 향상한다. 사회복지사는 개인, 가족, 집단, 지역사회의 삶의 질을 개선하고 사회 기능을 향상하기 위해 예방과 회복, 치료 영역에서 활동한다.
- 개인의 역기능을 치료한다. 사회복지사는 개인이 환경과의 상호작용에서 자원을 적절히 활용하지 못하거나 개인의 대인관계 문제, 자아 개념과 같은 내적인 문제를 치료한다.
- 사회정의를 구현한다. 사회복지사는 법, 정책, 프로그램과 서비스를 통해 모든 사회 구성원에게 동등한 자원과 기회가 제공되도록 사회정의와 경제정의를 증진하기 위해 활동한다.

재스트로(Zastrow, 2014)는 미국사회복지사협회(NASW)와 미국사회복지교육협의회(CSWE)가 각각 제시한 내용을 종합하여 사회복지실천의 구체적인 목적을 다음과 같이 제시하였다.

- 사람들의 문제해결 능력, 대처 능력, 발달 능력을 향상한다.
- 사람들을 자원과 서비스, 기회를 제공하는 체계와 연결한다.
- 사람들에게 자원과 서비스를 제공하는 체계가 효과적이고 인도적으로 운영되도록 체계를 개선한다.
- 사회 정책을 개발하고 개선한다.
- 인간의 안녕을 향상하고 빈곤과 억압, 다른 형태의 사회 불의를 경감시킨다.
- 사회정의와 경제정의를 증진하는 옹호와 사회행동 혹은 정치행동을 통해 정책과 서비스, 자원을 추구한다.
- 사회복지실천을 진전시키는 연구와 지식, 기술을 개발하고 활용한다.
- 다양한 문화 맥락에서 실천을 개발하고 적용한다.

앞에서 강조하였듯이, 사회복지사는 취약하고 억압받는 사람들의 욕구와 역량 강화에 각별한 관심을 둔다. 사회복지사는 모든 사람을 대상으로 원조 활동을 하지만, 예를 들어 빈곤으로 인해 자원과 기회의 제한을 받는 취약계층 아동, 교육과 노동시장에서 차별당하는 장애인, 가정에서 학대당하며 사회적으로 고립된 여성, 소외된 독거노인, 무기력감을 경험하는 노숙인, 소수 다문화 가족 등을 포함하여 기본 욕구를 충족하기 어려운 사람들과 경제·사회·문화적으로 취약하거나 억압받는 사람들의 역량을 강화하기 위해 개입한다(NASW 홈페이지 자료). 사회복지실천의 목적임과 동시에 주요 관점으로 언급되는 '역량강화'에 대해서는 제4장에서 자세히 살펴본다.

2) 가치

사회복지실천에서 무엇보다 중요한 것은 가치다. '가치(values)'란 사람들에게 바람직하거나 좋다는 것에 대한 믿음과 선호, 가정이며, 세상이 어떻게 되어야 하는지에 대한 주장이다. 이는 세상이 어떠한지 혹은 세상에 대해 우리가 아는 것에 대한 주장과는 다르다. 따라서 가치는 과학적 조사의 대상이 될 수 없고, 믿음으로 받아들여지는 것이다(Pincus & Minahan, 1973).

사회복지실천은 가치중립적인 활동이 아니라 오히려 특정 가치를 공공연히 드러내며 지향하는 활동이다. 즉, 사회복지전문직에서 중요하게 고려하는 핵심 가치가 있으며 이 같은 가치는 사회복지실천의 고유한 목적과 관점의 기반이 되고 실천 전반에 걸쳐 반영된다. 사회복지사는 전문직의 가치에 대해 잘 알아야 하고 전문직 가치는 사회복지교육에서 무엇보다 중요하게 다루어져야 한다.

사회복지실천의 핵심 가치를 학자들마다 조금 다르게 제시하기는 하지만, 일반적으로 사회복지실천의 가치는 다음을 포함한다(NASW, IFSW 홈페이지 자료).

(1) 인간의 존엄과 가치 존중
모든 인간은 본래적인 존엄성을 지닌 존재이므로 사회복지사는 인간의 내재된 존엄(dignity)과 가치(worth)를 존중한다. 예를 들어, 사회적으로 용납될 수 없는 행동이나 인류에 반하는 행동을 저지른 사람이라도 인간의 존엄성을 지닌 존재로 인정한다. 나아가 사회복지사는 자신이나 다른 사람들의 가치를 절하하거나 낙인찍는 사람들의 믿음과 행동에 도전한다.

(2) 인간의 고유성 존중

모든 인간은 세상에 둘도 없는 고유한 존재다. 사회복지사는 각 개인의 고유성 (uniqueness)과 개별성(individuality)을 존중하고 개인의 차이를 배려하고 존중한다. 사회복지사가 클라이언트를 범주화(categorization)하는 경우 클라이언트의 개별적 특성과 강점, 자원 등을 간과하게 된다. 예를 들어, '가출청소년'으로 범주화하고 선 입견 혹은 편견을 가지는 경우 청소년의 개인적 경험이나 상황, 강점, 자원 등을 반 영하는 개별화된 접근에 한계를 가지게 된다.

(3) 다양성 존중

사회복지사는 개인, 가족, 집단, 지역사회의 다양한 차이를 존중한다. 문화적, 민 족적 다양성과 젠더, 연령, 장애, 종교, 성적 지향 등의 다양성을 존중하는 포용적 사회를 강화하기 위해 노력한다. 나아가 사회복지사는 차이로 인한 차별과 억압, 불의에 맞서는 개인적 · 집단적 · 사회적 역량강화를 위해 활동한다.

(4) 자원과 기회 보장

사회는 모든 사람에게 평등한 기회를 보장하고 모든 사람이 자신의 잠재력을 최 대한 실현할 수 있도록 자원과 기회를 제공해야 한다. 사회복지사는 클라이언트의 변화와 욕구를 실현하기 위한 능력개발과 기회를 보장하기 위해 노력한다. 또한 자 원과 부의 접근성과 공평한 분배를 옹호하고 이를 실현하기 위해 노력한다.

예로서, 보육과 교육을 국가의 책임으로 인정하고 국가가 이를 지원함으로써 모 든 부모는 노동시장에 참여할 기회를 보장받아야 한다. 자원과 기회의 부족으로 진 입 자체가 차단되거나 제한된다면, 사회복지사는 이를 개선하기 위한 사회행동, 정 치행동에 참여한다.

(5) 사회정의의 구현

사회복지사는 사회정의를 구현하기 위해 사회 변화에 관여하고 불의에 도전한다. 사회정의는 공평함(equity)과 공정함(fairness)에 대한 권리를 포함한다(Bell, 2016). 사회복지사는 차이가 차별로 이어지지 않도록, 또한 공정한 정책 실행과 적절한 자원 배분이 이루어지도록 정책개발자, 법률입안자, 정치인 등에게 영향력을 행사한다.

(6) 인권 보장

모든 사람은 인격적 존재로 대우받을 권리, 적절한 생활 수준을 영위할 권리, 근로의 권리, 가정 보호와 지원에 대한 권리, 신체 건강과 정신건강을 영위할 권리, 교육받을 권리, 문화생활에 참여할 권리, 권리침해의 경우 권리를 구제받을 권리 등을 포함한 인간으로서의 권리(human rights)를 가진다. 사회복지사는 모든 사람의 인권을 보장하고 향상하기 위해 노력한다.

사회복지사는 특히 빈곤, 차별, 억압으로 고통받는 사회 약자들의 인권에 관심을 두고, 취약하고 억압받는 약자들과 함께 혹은 이들을 위해 사회 변화를 추구한다. 이들에게 정보와 서비스를 제공하고, 자원에의 접근, 기회의 평등, 의사결정 참여 등을 보장하기 위해 노력하며, 이들이 자신의 삶에 영향을 미치는 결정과 행동에 참여하도록 지원한다.

(7) 자기결정권 존중

다른 사람의 권리를 해치지 않는다면, 클라이언트는 자신의 의사에 따라 행동할 권리를 가진다. 사회복지사는 실천과정에서 클라이언트의 자기결정권(self-determination)을 최대한 존중하고 클라이언트가 최선의 선택을 하도록 전문 원조를 제공한다.

(8) 비밀보장과 사생활 보호

클라이언트 자신과 다른 사람들에게 위험이 없고 법적 제한이 없는 경우 사회복지사는 실천과정에서 획득한 클라이언트의 모든 개인 정보에 대한 비밀보장 (confidentiality)과 사생활(privacy) 보호 권리를 존중한다. 개인 정보를 공개함으로써 클라이언트에게 유익이 되는 경우에도 반드시 클라이언트의 사전 동의를 구해야 하며, 동의를 받지 않았다면 어떤 내용의 개인 정보도 노출하지 않는다.

앞서 제시한 사회복지전문직의 주요 가치와 사회복지사의 개인적 가치는 일치할 수 있지만, 경우에 따라 일치하지 않을 수도 있다. 예를 들어, 사회복지사의 개인적 경험과 가치에 따라서는 모든 인간의 존엄성을 존중해야 한다는 가치에 제한적으로 동의할 수도 있다. 더욱이 가치는 오랜 시간에 걸쳐 내면화되기 때문에 사회복지사 자신도 자신의 가치를 충분히 인식하지 못할 수 있다. 사회복지사가 클라이언트의 고유성과 개별성을 존중한다고 생각하지만, 실제 행동과 태도에는 선입견이나 부정적 편견이 드러날 수 있다.

사회복지사는 자신의 가치가 전문직의 가치와 어느 정도 일치하는지, 실천에서 자신의 가치가 어떻게 반영되고 있는지 등에 대한 자기 성찰이 필요하다. 사회복지실천의 가치에 대해서는 제3장에서 자세히 살펴본다.

3) 지식

가치와는 달리, '지식(knowledge)'은 세상과 인간에 대해 입증되었거나 입증이 가능한 관찰 결과다. 지식이 옳거나 그르다고 말할 때, 우리는 객관적인 경험 연구를 통해 확인된 주장의 정도로 말할 수 있다(Pincus & Minahan, 1973).

사회복지실천에서는 사회복지학에서 축적해 온 지식뿐 아니라 행동과학, 사회과학, 인문과학, 심지어 자연과학 등에서 가져온 순수 혹은 응용 지식과 이론을 실제에 적용한다. 이런 의미에서 사회복지학을 응용학문 혹은 실천학문이라고 한다. 또한 탁상공론이 아닌 실제에 기초한 과학적·객관적 지식을 추구한다는 의미에서 사회복지학은 실사구시(實事求是)에 초점을 둔다고도 한다.

사회복지사에게 필요한 핵심 지식은 인간과 사회 환경에 대한 기초지식과 사회복지실천을 위한 전문지식으로 구분할 수 있다(김혜란, 홍선미, 공계순, 박현선, 2022). 기초지식은 사회복지실천에 적용되는 행동과학과 사회과학, 기타 인접 학문의 지식을 포함한다. 전문지식은 클라이언트에 대한 이해부터 실천 과정과 방법, 사회정책과 서비스에 대한 이해를 위한 지식을 포함한다. 보다 구체적으로, 인간행동과 발달에 관한 지식, 인간관계와 상호작용에 관한 지식, 실천이론과 모델에 관한 지식, 특정 분야나 대상 집단에 관한 지식, 사회정책과 서비스에 관한 지식, 사회복지사 자신에 관한 지식을 포함한다(Johnson, Schwartz, & Tate, 1997).

미국사회복지교육협의회는 사회복지실천을 위한 지식을 크게 다섯 범주로 구분하고 이를 사회복지학 교육 내용에 포함하도록 요구하였다. 이 다섯 범주는 인간행동과 사회환경, 사회복지정책과 서비스, 사회복지실천방법, 조사연구, 실습으로 구성된다(CSWE 홈페이지 자료). 한국사회복지교육협의회(2020)는 사회복지학 교육과정에 필수적으로 포함해야 하는 10개의 교과목을 제시하였다. 이는 '인간행동과 사회환경', '사회복지조사론', '사회복지실천론', '사회복지실천기술론', '지역사회복지론', '사회복지정책론', '사회복지행정론', '사회복지법제', '사회복지개론', '사회복지현장실습'이다.

4) 방법

사회복지실천의 가치와 지식은 '방법'(methods)으로 실제에 구현된다. 즉, 추상적·개념적 형태의 가치와 지식은 사회복지사의 구체적 활동을 통한 실천방법으로 실제에 드러나게 된다. 예를 들어, 인간의 존엄성을 존중한다는 가치는 사회복지사가 실천과정에서 클라이언트를 대하는 태도와 행동을 통한 실천방법으로 실제에 반영된다.

사회복지실천방법은 모든 대상과 분야, 영역, 실천현장에 적용되는 일반적인(generic) 방법과 특정 대상이나 분야, 영역, 실천현장에 적용되는 특정(specific) 방법으로 구분할 수 있다. 일반적인 방법은 모든 개입에 적용되는 사회복지사와 클라이언트와의 관계형성, 의사소통과 면담, 개입과정과 평가 등을 포함한다.

특정 방법은 대상이나 분야, 현장 등에 특화되거나 전문화된 방법으로서 다양한 기준에 따라 다시 구분할 수 있다. 먼저 전문화된 실천방법에 따라 개인 대상의 사회복지실천, 가족 개입, 집단사회복지실천, 지역사회조직, 행정, 정책 개발과 분석, 조사연구 등으로 구분할 수 있다. 예를 들어, 가족의 욕구를 사정하고 개입하는 사회복지사는 사회복지실천의 일반적 방법뿐 아니라 가족상담 혹은 가족치료에 관한 전문지식과 기술, 기법을 배워야 한다.

또한 특정 방법은 실천 대상에 따라 아동, 여성, 장애인, 노인 등으로 구분할 수 있으며, 주요 문제 영역과 욕구에 따라 고용, 빈곤, 중독, 자살, 발달장애, 학대, 성폭력 등으로 구분할 수 있다. 실천현장에 따라 복지관, 자활센터, 상담소, 병원, 학교, 생활시설 등으로 구분하기도 한다. 〈표 1-2〉는 사회복지실천방법의 구분을 보여 준다.

표 1-2 사회복지실천방법의 구분

	구분의 기준	예시
일반 실천	일반적 방법	모든 개입에 적용되는 관계형성, 면담, 개입과정, 평가 등
전문 실천	실천방법	개인 대상 사회복지실천, 가족 개입, 집단사회복지실천, 지역사회조직, 행정, 정책 개발과 분석, 조사연구 등
	실천 대상	아동, 여성, 장애인, 노인 등
	실천 영역	고용, 빈곤, 중독, 자살, 발달장애, 학대, 성폭력 등
	실천현장	복지관, 자활센터, 상담소, 병원, 학교, 생활시설 등

이러한 구분에 따라 사회복지사를 일반적인 실천방법에 초점을 둔 일반사회복지사(generalist)와 특정 실천방법이나 대상, 영역, 현장에 초점을 맞춘 전문사회복지사(specialist)로 구분할 수 있다. 이 책에서는 사회복지실천의 일반적인 방법에 초점을 두고 이를 제7장에서 제14장에 걸쳐 자세하게 살펴본다.

5) 공인

사회는 법률, 재원, 사회 기능에 대한 책임 부여, 기능 수행을 위한 기제 등을 통해 전문직 활동을 공적으로 승인(sanction)한다. 우리 사회에서 사회복지전문직 활동은 관련 법률과 정부의 예산 지원에 따라 사회에서 부여받은 책임을 수행하며 이를 위한 서비스 전달체계와 사회복지사의 활동에 대해 공인을 받는다.

사회복지전문직을 공인하고 있는 가장 기본적인 법률은 「사회복지사업법」이다. 사회복지사업에 관한 기본적 사항을 규정하는 「사회복지사업법」에 따라 '사회복지사업'은 다음의 법률에 의한 복지 사업과 이와 관련된 자원봉사활동과 복지시설의 운영 또는 지원을 목적으로 하는 사업으로 규정된다.

- 국민기초생활 보장법
- 아동복지법
- 노인복지법
- 장애인복지법
- 한부모가족지원법
- 영유아보육법
- 성매매방지 및 피해자보호 등에 관한 법률
- 정신건강증진 및 정신질환자 복지서비스 지원에 관한 법률
- 성폭력방지 및 피해자보호 등에 관한 법률
- 입양특례법
- 일제하 일본군위안부 피해자에 대한 생활안정지원 및 기념사업 등에 관한 법률
- 사회복지공동모금회법
- 장애인 · 노인 · 임산부 등의 편의증진 보장에 관한 법률
- 가정폭력방지 및 피해자보호 등에 관한 법률
- 농어촌주민의 보건복지증진을 위한 특별법
- 식품등 기부 활성화에 관한 법률

- 의료급여법
- 기초연금법
- 긴급복지지원법
- 다문화가족지원법
- 장애인연금법
- 장애인활동 지원에 관한 법률
- 노숙인 등의 복지 및 자립지원에 관한 법률
- 보호관찰 등에 관한 법률
- 장애아동 복지지원법
- 발달장애인 권리보장 및 지원에 관한 법률
- 청소년복지 지원법
- 그 밖에 대통령령으로 정하는 법률

이 밖에도 「사회복지사업법」은 사회복지서비스, 사회복지시설 등의 개념과 사회복지사의 자격과 등급, 자격취소 등을 규정하고 있다. 또한 국가와 지방자치단체가 복지와 인권증진의 책임을 지도록 규정하고, 중앙 정부와 지방자치단체는 사회복지사업의 운영비와 운영인력의 인건비를 지원하도록 규정하고 있다.

3. 사회복지실천의 이념과 철학

1) 사회복지실천의 이념

'이념'(ideology)은 사람들과 세상에 대해 이상적으로 여기는 생각이나 견해를 의미한다. 사회복지학 문헌에 나타난 사회복지실천의 이념으로는 인도주의, 민주주의, 개인주의, 다양성 존중, 경험주의, 미학 등을 포함한다. 다음에서는 각 이념이 사회복지실천에 어떻게 내포되어 있는지 간략하게 살펴본다.

(1) 인도주의

사회복지실천의 근본적인 이념 가운데 하나는 인도주의(humanitarianism)로서 이는 사람들의 안녕과 복지를 증진하기 위해 전문 원조를 제공하는 사회복지실천의 궁극적 목적에 반영되어 있다. 사회복지실천은 클라이언트의 인간으로서의 존엄성을 최고의 가치로 여기는 전문 활동이다. 또한 인종, 민족, 국적, 성, 종교, 연령, 경제적 지위, 정치적 신념, 정신 혹은 신체 장애, 기타 개인적 선호, 특징, 조건, 지위와 상관없이 클라이언트의 복지를 증진하기 위해 전문 원조를 제공한다.

(2) 민주주의

사회복지실천과정에서 클라이언트는 정부 혹은 민간의 시혜 차원으로 사회서비스를 받기보다 시민의 기본 인권에 의해 이에 대한 권리를 가진다. 나아가 민주주의의 기본 원리인 자유권(right to freedom) 개념은 클라이언트의 자기결정권으로 이어진다. 즉, 사회복지실천에서는 클라이언트가 자신의 문제에 관여하고 자신이 원하는 방향으로 결정할 수 있는 권리를 매우 중요하게 여긴다. 또한 민주주의의 평등권(right to equality) 개념은 클라이언트가 빈곤, 차별, 억압에서 벗어날 수 있도록 동등한 기회를 부여받을 권리를 매우 중요하게 여기는 사회복지실천으로 이어진다.

(3) 개인주의

개인의 가치를 인정하고 개인의 권리와 자유를 존중하는 사고방식인 개인주의(individualism)는 사회복지실천에 깊게 영향을 미치고 있다. 개인주의의 영향으로 사회복지실천에서는 개인의 능력 계발을 위한 활동을 중요하게 여기고, 클라이언트의 잠재력을 최대한 실현할 수 있도록 자원과 기회를 제공하는 원조 활동을 강조한다. 또한 사회복지실천에서 개별화(individualization) 원칙에 따라 클라이언트의 개별적 특성과 상황을 고려한 개입을 매우 중요하게 여긴다.

(4) 다양성 존중

사회복지실천에서는 적자생존(survival of the fittest)의 원리가 아니라 다양한 사람들이 성장하고 발전하는 가능성을 중요하게 여긴다. 나아가 다양성 혹은 차이로 인한 차별과 억압, 불의에 맞서며 다양한 사람들의 강점과 변화 의지, 잠재가능성 등을 최대화하여 이들의 능력을 강화하는 역량강화를 강조한다. 역량강화 접근에 서는 사회복지사가 전문인으로서 클라이언트를 지도하는 관계보다는 다양한 특성의 클라이언트와 함께 어려움을 해결해 나가는 협력적 동역(partnership) 관계를 형성하는 것을 중요하게 여긴다.

(5) 경험주의

사회복지실천은 인식과 지식의 근원을 경험에서 찾는 경험주의(empiricism)에 기반하며 이는 과학성으로 이어진다. '사회복지실천의 과학성(science)'이란 논리적이고 체계적인 탐구를 통해 확실성이 입증된 지식과 이론, 방법 등에 의해 실천이 이루어지는 것을 의미한다. 즉, 사회복지사는 선의(goodwill) 혹은 자신의 주관적인 선호에 의해 실천하는 것이 아니라 전문 원조자로서 과학적 혹은 경험적(empirical)으로 입증된 자료에 근거하여 실천한다. 이를 반영한 실천이 증거기반실천이다.

'증거기반실천(evidence-based practice)'은 실천의 효과성과 효율성에 관한 증거를 체계적으로 확인하고 분석, 평가한 결과에 기반한 실천이다. 이를 위해 사회복지사는 체계적인 일련의 과정을 거친다(공계순, 서인해, 2006). 먼저, 사회복지사는 효과적인 개입방법, 예방적인 프로그램, 타당하고 신뢰할 만한 사정도구, 비용효율성 등에 관한 의사결정을 하기 위해 질문을 만들고, 그 질문에 대한 답이 되는 증거를 데이터베이스, 인터넷 등을 활용하여 찾는다. 다음으로, 수집된 증거의 타당성, 효과성, 적용가능성에 대해 비판적으로 평가한다. 수집된 증거는 수준에 따라 '최고의 실천'에서부터 '우수한 실천', '받아들일 만한 실천', '의심스러운 실천', '위험한 실천'까지 다섯 등급으로 구분한다. 사회복지사는 평가 결과가 좋은 실천으로 확인된 것을 선택하여 실제 상황에 적용하고, 자신이 적용한 실천의 내용을 점검한다.

(6) 미학

사회복지실천은 미학(aesthetics)적 요소를 포함하는데, 이를 예술성이라 한다.

'사회복지실천의 예술성(art)'이란 사회복지사가 지식과 가치를 실제 상황에 직관적 · 창의적으로 응용한 기술로 실천 활동을 전개해 나가는 것을 의미한다. 예술성은 사회복지사가 클라이언트에 대한 연민(compassion)과 고통을 직면하고 극복하려는 용기, 클라이언트와의 긍정적 신뢰 관계, 현명한 판단, 희망, 인내력 등을 가지고 있을 때 발휘할 수 있다.

앞에서도 언급했듯이, 클라이언트 혹은 클라이언트가 처한 상황은 고유하며 개별적이기 때문에 개별화된 접근이 필요하고 이를 위해 사회복지사는 지식과 가치, 기술을 개별 상황에 적합하게 직관적이고 창의적인 방법으로 적용해야 한다. 예를 들어, 아동학대의 경우에 학대가 발생하는 상황, 학대 아동의 특성과 피해 정도, 가해자의 특성 등은 사례마다 다르다. 따라서 아동학대에 대해 객관적 · 과학적으로 입증된 이론과 방법을 적용해야 할 뿐 아니라 개별 사례에 적합한 방법을 창의적으로 모색하고 응용해야 한다. 흔히 개입은 상황에 따라 사례에 따라 달라질 수 있다는 표현에서 보듯이, 예술성은 경험과 훈련, 슈퍼비전 등을 통한 숙련 과정을 거쳐 이루어질 수 있다.

2) 사회복지실천의 철학

사회복지에 대한 철학적 접근은 사회복지에 대한 최고 원리와 사회복지를 구성하는 모든 영역의 통일원리를 성찰하고 탐구하는 지적 활동 또는 그 결실이다(오정수 외, 2022). 국내외 문헌을 중심으로 살펴본 사회복지실천의 철학은 다음과 같이 요약할 수 있다.

(1) 클라이언트의 권익 옹호

사회복지사가 실천현장에서 만나는 클라이언트들은 사회적 욕구를 충족하기 위한 자원이나 경험이 부족한 사람이다. 사회복지사는 이들의 사회 구성원으로서의 권리를 옹호함으로써 사회 기능의 향상을 원조한다. 특히 사회구조적으로 차별, 배제, 불의, 부당한 대우 등을 받는 클라이언트의 권리를 옹호하기 위해 사회 환경을 변화시키려는 노력에 주력한다. 예를 들어, 사회복지사는 장애인이 경험하는 현실적 어려움을 장애로 인한 한계 혹은 유전적 결함으로 이해하지 않는다. 정상 (normality) 이데올로기에서 벗어나 장애인과 비장애인이 다름을 이해하고 장애인이 자신에게 적합한 사회적 역할과 기능을 수행하도록 사회의 변화를 모색한다.

옹호(advocacy) 활동은 흔히 다른 체계와의 갈등을 수반한다. 사회복지사는 갈등을 이해하고 해결하는 방법을 배우고, 필요한 경우 다른 체계와 협의하거나 협력한다. 다양한 전문인과 팀 접근을 하는 경우, 사회복지사는 생태체계에 대한 이해를 바탕으로 리더십을 발휘할 필요가 있다.

(2) 클라이언트의 자기결정권 존중

전문 원조에 대한 오해 가운데 하나는 클라이언트가 제시한 문제 혹은 어려움을 원조자가 해결해 주거나 해결 방법을 알려 준다고 생각하는 것이다. 사회복지사는 클라이언트의 문제를 해결해 주는 원조자가 아니다. 문제해결의 주체는 클라이언트이며 사회복지사는 클라이언트가 최선의 대안을 선택하고 문제를 해결해 나가도록 원조하는 전문인이다. 즉, 사회복지사는 클라이언트가 원하는 목표와 방법을 선택하고 실행해 나가도록 지원한다.

클라이언트의 자기결정권에 대한 존중은 이 장에서처럼 사회복지전문직의 주요 가치와 철학으로 강조되기도 하며, 제7장에서처럼 클라이언트와 관계를 형성하고 유지하기 위한 주요 원칙으로도 다루어진다. 클라이언트의 자기결정권에 대해서는 제7장에서 자세히 살펴본다.

(3) 전인적 접근

사회복지사는 인간의 생물학적 · 심리적 · 사회적 · 영적 차원을 인식하고 모든 사람을 전인적(whole) 인간으로 대한다. 이 같은 전인적 접근은 전체론적인(holistic) 사정과 개입 과정에 반영된다. 사회복지사는 클라이언트를 전인적으로 이해하고 원조하기 위해 사회과학, 인문과학, 자연과학, 법학, 의학, 교육학 등의 방대한 지식과 이론을 실제에 응용하고 적용한다. 또한 클라이언트 혹은 환경의 변화를 위해 다른 전문직과 협의하고 협력하며, 지역사회의 다양한 자원을 개발하거나 연계함으로써 클라이언트의 전체론적 욕구를 충족하기 위해 노력한다.

(4) 강점 접근

강점 접근은 결핍, 약점, 문제, 일탈보다는 클라이언트가 이미 가지고 있는 것, 강점, 이전의 성공 경험, 자원 등에 초점을 둔다. 또한 강점을 통해 변화와 성장을 더욱 효과적으로 이룰 수 있음을 강조한다. 클라이언트의 변화와 성장을 지원하는 원조전문인으로서 사회복지사는 강점 접근을 적용하여 클라이언트의 역량을 강조하고 자원을 동원한다. 사회복지사가 만나는 대부분의 클라이언트들은 자원이 결핍되거나 성취 경험이 부족할 수 있기 때문에 사회복지사는 흔히 병리적인 부분이나 결핍, 약점, 문제를 지적하는 오류에 빠지기 쉽다. 사회복지사의 강점 접근은 사회복지실천의 주요 관점으로서 제4장에서 자세히 살펴본다.

(5) 변화 지향

사회복지사는 변화를 지향하는 변화 매개인(change agent)이다. 사회복지사는 클라이언트의 변화, 환경체계의 변화, 혹은 클라이언트와 환경체계 간의 상호작용 변화를 위해 개입한다. 체계이론에 의하면, 모든 체계는 항상성(homeostasis), 즉 변화와 유지 사이에서 균형 상태를 이루고 있으며, 이에 도전하는 새로운 변화에 저항하려는 속성을 가진다. 따라서 클라이언트가 보이는 다양한 저항(resistance) 행동은 자연스러운 반응일 수 있다. 사회복지사는 클라이언트뿐 아니라 환경체계의 저항에 대한 이해와 이를 극복하기 위한 지식과 기술을 숙지할 필요가 있다.

변화에 대한 저항은 부정 행동뿐 아니라 긍정 행동에 대한 반응으로도 나타난다. 예를 들어, 가족에게 무관심한 아버지가 가족에게 관심을 보이며 배려하는 행동을 하려 할 때, 가족은 불신과 의심을 보이고 이전 상호작용으로 반응하며 저항할 수 있다. 사회복지사는 변화 전문가로서 다양한 사회체계가 저항을 극복하고 바람직한 변화를 수용하도록 전문 원조를 제공한다.

(6) 현재 지향

사회복지실천은 현재 클라이언트의 안녕과 복지의 향상을 위해 개입한다. 현재 상황을 이해하기 위해 과거를 탐색하기도 하지만 이 역시 현재에 효과적으로 개입하는 방법으로, 주요 초점은 항상 현재에 둔다. 간혹 클라이언트가 해결되지 않은 과거에 고착되거나 과거로 퇴행하는 경우 이 같은 고착이나 퇴행으로 인한 현재의 사회 기능에 초점을 두고 이를 향상하는 개입에 주력한다.

(7) 인간관계 중시

사회복지사는 개인, 가족, 집단, 조직, 지역사회의 안녕을 효과적으로 향상하기 위해 사람들의 관계를 강화하고자 노력한다. 또한 클라이언트와의 관계가 변화를 위한 중요한 수단임을 이해하고 관계의 중요성을 인식한다. 사회복지사는 클라이언트를 수용하고 공감하며 클라이언트와 진실한 관계를 형성하고자 노력한다. 관계형성과 유지 방법에 대해서는 제7장에서 자세히 살펴본다.

(8) 통합성 중시

사회복지실천에서 사회복지사의 통합성(integrity)은 매우 중요하다. 사회복지사는 전문인으로서 전문직의 사명, 가치, 윤리 원칙과 표준에 부합하는 실천을 하고자 노력한다. 사회복지사는 직무 수행을 위한 기술과 능력을 개발하고 유지해야 하며, 정직하고 책임감, 신뢰감 있게 행동해야 한다.

또한 사회복지사는 직장, 사적인 삶, 사회에서 전문적 · 개인적으로 자신을 돌보고 배려하는 노력을 기울여야 한다. 즉, 전문인으로서의 자신과 개인으로서의 자신을 똑같이 돌보고 배려함으로써 역량, 성취감, 자긍심을 느낄 수 있어야 한다.

(9) 연대 구축

사회복지사는 포용적이고 책임성 있는 사회를 구축하기 위해 지역사회에서 연대(solidarity) 네트워크를 구축하고 이를 위해 동료들과 협력한다. 사회복지사는 존중과 신뢰로서 사회복지전문직 혹은 다른 전문직 동료를 대하며, 서로의 직무 가치와 내용을 이해하고 상호 민주적 관계를 이루도록 노력해야 한다.

(10) 기술과 미디어의 윤리적 활용

사회복지사는 디지털 기술과 미디어 활용이 사생활 보호와 비밀보장의 위협이 될 수 있다는 것을 인식하고 윤리적 실천을 위한 지식과 기술을 갖추어야 한다. 이는 사회복지실천, 교육, 연구 모두에 적용된다.

마지막으로, 헵워스와 동료들은 사회복지실천의 철학으로서 다음을 강조하였다 (Hepworth et al., 2016).

- 모든 클라이언트는 자발적이든 비자발적이든 존경과 존엄으로 대우받고 자신들의 선택을 촉진할 권리를 가진다.
- 사회복지실천에서 클라이언트가 경험하는 문제들은 사회, 체계, 개인 출처의 자원 혹은 지식, 기술의 결핍으로 일어나거나 이들의 결합적인 결핍으로 일어난다.
- 사회복지실천에서 클라이언트는 대개 빈곤과 인종차별, 성차별, 동성애차별, 차별대우, 자원 결핍의 대상이 되기 때문에 사회복지사는 자신의 클라이언트가 권리, 자원, 치료에 존엄하게 접근하도록 체계와 협의하고 변화를 옹호한다. 또한 사회복지사는 클라이언트의 욕구에 반응하도록 자원체계를 수정하거나 개발하려고 시도한다.
- 사람들은 자기 자신의 선택과 결정을 할 수 있다. 어느 정도 환경에 의해 통제될지라도, 사람들은 자신이 깨닫는 것보다는 환경을 더 잘 관리할 수 있다. 사회복지사는 클라이언트의 역량강화를 돕는 것을 목적으로 실천한다. 클라이언트의 역량강화를 위해, 첫째, 클라이언트가 결정하는 능력을 획득하도록 원조하고, 둘째, 클라이언트가 자신의 삶에 영향을 미치는 중요한 자원에 접근하고 자신에게 부정적으로 영향을 미치는 환경적 영향을 개인적으로 혹은 집단의 성원으로서 변화시키는 능력을 향상하도록 원조한다.

- 종종 사회복지사는 다른 사람들의 압력이나 법에 의해 의뢰되어 서비스받기를 원하지 않는 사람들을 대한다. 사람들은 자신의 가치와 믿음에 대한 권리를 가짐에도 불구하고, 때로 이들의 행동은 다른 사람들의 권리를 침해한다. 사회복지사는 클라이언트가 이런 자신의 어려움을 직면하도록 돕는다. 비자발적인 클라이언트는 종종 원조관계를 원하지 않고 피하려 하므로, 흔히 협의가 필요하다.

- 사회서비스 체계는 대개 개인의 역기능에 기반하여 재정 지원이 이루어지기 때문에 사회복지사는 서비스 전달체계가 건강, 강점, 자연적 지지체계를 강조하는 보다 체계적인 문제해결 접근에 민감해지도록 교육적인 기능을 수행한다.

- 클라이언트의 행동은 종종 쉽게 드러나지 않을지라도 목적 지향적이다. 하지만, 클라이언트는 새로운 기술과 지식, 자신의 어려움을 해결하기 위한 접근을 배울 수 있다. 사회복지사는 클라이언트가 자신의 강점을 찾아내고 성장과 변화 능력을 확인하도록 원조할 책임이 있다.

- 일부 클라이언트들은 사회복지사의 도움으로 변화를 경험하길 원하며 서비스를 받기 위해 지원한다. 이런 클라이언트들은 대개 적절한 자기 노출(self-disclosure)과 함께 사회복지사와 수용적 관계를 형성한다. 이런 관계를 통해 클라이언트는 더 나은 자기인식을 하게 되고 보다 현실적인 삶을 살 수 있다.

- 클라이언트의 현재 문제들이 종종 과거의 관계와 관심사에 의한 영향을 받더라도, 또한 과거에 제한적인 초점을 두는 것이 때로 유익할지라도, 대부분의 어려움은 현재 선택에 초점을 두고 강점과 대처 유형을 활성화함으로써 경감될 수 있다.

연습문제

1. 사회복지사들은 사회적으로 취약하거나 인권과 정의가 보장되지 못하는 사람들에게 특별한 관심을 가진다. 우리 사회에서 어떤 사람들이 이에 해당한다고 생각하는가? 왜 그런가?

2. 우리 사회에서 일반사회복지사(generalist)와 전문사회복지사(specialist)가 활동하는 기관과 이들의 주요 활동 내용에 대해 조사하여 비교해 보시오.

3. '사회복지사는 과학자이면서 동시에 예술가이다.' 사회복지사가 과학자와 예술가로서 갖추어야 할 조건과 교육, 훈련에 대해 생각해 보시오.

4. 사회복지실천의 이념 혹은 철학 가운데 자신에게 가장 인상 깊은 내용은 무엇인가? 왜 그런가?

제2장
사회복지실천의 역사

　근대적 사회복지실천의 초기 형태인 자선조직협회와 인보관은 영국에서 먼저 태동되었다. 제2차 세계대전 이후 영국에서는 공공부문의 사회복지실천조직을 발전시키면서 공공 중심의 실천으로 발전했고, 민간 부문의 실천은 보조적인 역할에 그쳤다. 이러한 초기 실천의 원형이 미국으로 전해지면서 독립된 학문적 배경을 가진 전문 직업군으로 발달할 수 있었다. 우리나라에 영미식 인보관인 태화관이 설립된 시점은 1920년대이지만 본격적인 근대사회복지실천은 전후 외원단체의 활동을 통해서다. 이 장에서는 서구 사회복지실천의 역사를 영국과 미국의 발전사를 중심으로 살펴보고, 아울러 한국 사회복지실천의 발달사를 사회, 정치, 경제적 맥락에서 함께 이해한다.

1. 서구의 사회복지실천의 역사

1) 근대적 사회복지실천의 태동

1800년대 말부터 1900년대 초까지 근대 사회복지실천의 태동기는 '최소한의 자선'을 강조하던 시기다. 선한 의도를 가진 자원봉사자들이 빈곤 집단을 대상으로 식사와 주거 같은 생존에 필수적인 지원을 하면서 나태한 빈민의 도덕적인 교화에 치중했다. 성직자나 그들의 가족들, 즉 '선한 부자'나 '지식인 계층'이 주도했다. 과학적 자선을 위한 빈민 상담과 가정방문 조사 등의 초기 형태는 독일에서 먼저 찾아볼 수 있으나 본격적인 활동은 영국과 미국으로 확산된 자선조직협회(The Charity Organization Society: COS)와 인보관(settlement house)에서 찾아볼 수 있다 (Zastrow, 2010).

(1) 자선조직협회와 과학적 자선

① 영국의 자선조직협회

자선조직협회가 출현하던 19세기 후반은 대영제국의 절정기였다. 그러나 영국에서는 산업혁명 후 도시화와 공업화로 도시빈곤 문제가 심각해짐에 따라 구빈제도의 문제점, 특히 정부의 구빈법이 지나치게 가혹하다는 비판이 높아졌고, 민간의 자선활동이 증가했다. 영국의 자유주의자들은 가혹한 정부 개입 없이 민간의 자구노력에 의해 빈곤문제를 해결할 수 있다고 생각했다. 그러나 민간단체들 간에 정보교환이나 조정이 이루어지지 않음에 따라 중복적인 구호로 인한 비효율이 지적되었다. 영국정부의 구빈당국과 민간 자선기관들이 협력하여 빈곤문제에 보다 효율적으로 대응하기 위하여 1869년 러스킨(John Ruskin)에 의해 '자선구제 및 구걸방지 협회(The Society for Charitable Relief and Repressing Mendicity)'가 런던에 최초로 만들어지고, 이는 후에 자선조직협회(Charity Organization Society)로 이름을 변경했다. 당시 러스킨과 COS 창립위원이던 옥타비아 힐(Octavia Hill)은 19세기 영국의 도시 빈민의 주거복지를 위해 힘쓴 사회개혁가로 알려져 있다(Younghusband, 1981).

영국의 자선조직협회는 런던 전역의 40개 이상의 지역위원회의 업무를 조정하는 중앙사무소(Central Office)를 의미했다. 지역사무소간 조정과 분배, 사례회의 ,연차보고서 발간 등의 출판 업무등을 담당했다. 자선조직협회가 생기면서 지역협회나 다른 기관들에서 도움이 필요한 빈자들을 쉽게 접근할 수 있게 되었고, 지역사회 홍보나 정보공유가 용이해졌다.

당시 영국 사회에 영향을 미친 이론은 맬서스 인구론, 다윈의 진화론이었다. 사상적 배경은 벤덤의 공리주의, 근검절약의 프로테스탄트의 노동윤리 등을 배경으로 했다. 빈곤 문제에 대해서도 계급이나 사회구조적인 원인보다 개인적 성격에 관심을 가졌다. 근검절약을 강조하고, 빈자들의 물질적 필요에 관심을 기울였다. 태동기 영국 자선조직협회의 실천활동도 이러한 맥락에서 이해할 수 있다. 그들은 철저한 조사를 통해 빈곤한 사람들의 상황적 특성과 문제들을 개별화하고, '자격이 있는 사람'들과 '가치 없는 빈자'로 구분했다. 자선조직협회에서 구제할 만한 가치가 있는 빈민은 장애인, 고아 등 개인적인 노력으로 극복하기 어려운 사람들로 제한했으며, 나태하거나 타락한자, 주벽이 있는 자 등에 대해서는 자선을 허용하지 않았고 열등처우원칙을 고수했다(Younghusband, 1981).

② 미국의 자선조직협회

미국에서는 1820년 빈곤예방협회(Society for the Prevention of Pauperism)가 빈곤가정의 가정환경을 조사하고, 원조하고자 하는 목적에서 설립되었다. 가정방문을 통해 체계적인 조사를 수행한 빈곤예방협회의 활동은 이후 자선조직협회(Charity Organization Society)를 중심으로 전개되었다. 미국 최초의 자선조직협회는 1877년에 뉴욕의 버펄로에서 시작되었다. 자선조직협회는 자선활동을 과학적으로 수행하기 위해 '클라이언트 등록 중앙시스템'을 마련하였다. 이 당시 과학적 자선이란 서비스의 중복을 막기 위해 빈민에 대한 체계적인 조사, 등록, 조정을 하는 업무를 의미했다(Zastrow, 2010).

이러한 과학적 자선활동을 전개하고 오늘날 사회복지사의 원형이 된 실천 인력들이 바로 우애방문원이다. 초기에는 중산층과 기독교를 배경으로 하는 자원봉사자들로 구성되었지만 점차 순수 자원봉사 인력만으로 과학적 자선이라는 목적을 성취하기 어려웠다. 과학적 자선을 위한 전문가 양성 프로그램이 필요하게 되었고, 이러한 현장의 움직임은 고용계약에 의한 유급직원의 필요성으로 자연스럽게 이어지게 되었다. 이들의 활동이 이후 개별사회사업의 기초가 되었다고 할 수 있다. 우애방문원들은 가정에 방문해서 가족을 지원하고, 상담하는 역할 또한 담당하면서 가족 대상 실천에도 많은 영향을 미쳤다(DuBois & Miley, 2010).

적절한 지원을 제공하기 전에 조사, 등록, 협력, 조정 등을 거치는 절차나 목표는 현대 실천의 자산조사와 유사했다. 영국의 자선조직협회에서와 같이 노동능력이 있는 사람이나 나태하거나 알코올중독자 등에게는 도움을 제공하지 않았다. 유급직원을 고용하여, 행정당국의 기금 집행과 관리, 회계, 우애방문원와 같은 자원봉사자의 조직화와 교육훈련의 역할을 하기 시작했다. 초기 유급직원들은 지역사회 조직활동, 조사에 근거한 빈자에 대한 지원 및 처우 결정, 유급 사회복지사 배치 등의 역할을 수행했다(Zastrow, 2010).

당시 미국의 자선조직협회를 이끌면서 초기 사회복지전문직의 발전에 기여를 한 실천가로는 메리 리치몬드(Mary Richmond)가 있다. 그녀는 빈곤가정을 직접 방문하고, 다양한 사람을 접하면서 곤경에 처한 사람들을 어떻게 도울 수 있는지를 경험했다. 인도주의에 기초하고 있으나 나태한 무능력자의 사회적 도태를 합리화하는 사회진화론적인 가치와 개인의 도덕성과 책임을 강조했기 때문에 공공정책에 대해서는 반대하는 입장을 가졌다. 물질적인 구호활동 위주의 영국 자선조직협회와는 달리 미국 자선조직협회 활동에서는 빈곤가정 아동을 위한 보육 프로그램 등의 가족 서비스의 원형도 발견되며, 사회통계를 위한 사례기록의 수집, 축적 등 과학적 자선의 방법론적 발전도 찾아볼 수 있다(Zastrow, 2010).

(2) 인보관 운동의 사회개량적 접근

① 최초의 인보관, 런던의 토인비홀

영국에서는 1884년 빅토리아 시대에 최초의 인보관인 토인비홀(Toynbee Hall)이 성공회 사제인 바넷(Samuel Augustus Barnett)에 의해 런던에 세워졌다. 바넷은 당시 영국의 구빈제도와 자선조직협회의 조사가 취약한 빈자들의 인격을 존중하지 않음을 비판하면서 사회개량을 주장했다. 바넷은 실업으로 인해 노동계층에서 빈곤, 영양실조, 질병, 무질서와 폭력 등 복합적인 문제가 발생하는 것을 관찰하고 이들에 대한 교육을 강조하는 등 인보관 운동을 주도했다. 바넷은 지식과 교양으로 시민성을 고양해서 빈곤에 대응하고자 하였다. 교육을 통해 모든 계층의 역량을 향상시킴으로써 공공선이 구현될 수 있다고 본 것이다(박선영, 2017).

당시 토인비홀에서 빈곤한 노동계층 지역주민을 대상으로 문학, 예술 등의 교양 교육을 하고, 소집단 클럽 활동을 통해 자연스럽게 계층간 사교가 이루어질 수 있도록 한 것도 이러한 맥락에서 이해할 수 있다. 주로 옥스퍼드대학교를 배경으로 하는 젊은 지식인들이 토인비홀에 거주하면서 자발적으로 참여했다. 그러나 영국 내에서 초기 인보관 운동을 이끌던 지식인들도 노동자의 평등한 인권을 강조하면서도 인종 간 불평등이나 이민자에 대한 인식 수준은 매우 낮았다(박선영, 2017).

② 제임 아담스의 시카코 헐하우스

영국의 토인비홀을 방문한 제인 아담스(Jane Adams)는 미국으로 돌아와 1899년 미국 최초의 인보관인 헐하우스(Hull House)를 시카고에 설립했다. 이주배경을 가진 빈민의 생활 조건을 개선하고, 경제적 착취로부터 아동과 여성을 보호하는 활동가로 살아갔다. 빈곤, 노동, 이주의 복합적 문제를 안고 있는 취약한 지역주민들을 대상으로 교육, 문화적응, 양육, 질병 간호 등을 통해 일상적 결핍을 채우는 활동을 주도했다(Timberlake, Farber, & Sabatino, 2007).

미국의 초기 인보관 운동을 주도한 세력은 기독교 배경의 중산층 대학생들로서 노동에 대한 중산층의 가치인 근면과 절제를 강조하는 선교적인 접근을 취했다

(DuBois & Miley, 2010). 그러나 미국 사회에서 주택, 공중위생, 실업 및 이민자 문제가 폭증하면서 빈곤을 더 이상 개인의 노력 부족이나 실패의 결과라고 보기 어려워졌다. 이민자나 공장노동자가 대부분인 도시빈민들과 인보관에서 함께 거주하면서 일자리를 찾아 주고, 직업기술을 가르쳤으며, 주변환경 개선을 위한 협력을 강조했다. 이러한 초기 활동들은 이후의 집단사회사업, 사회행동, 지역사회조직과 같은 실천방법론을 발전시키는 데 기여했다(박선영, 2017; Zastrow, 2010).

또한 인보관은 지역 문제를 해결을 위한 조례를 제정하는 등 빈곤에 대한 구조적인 접근의 견인차 역할을 하게 된다. 이와 같이 미국의 인보관 운동은 빈곤문제가 개인의 도덕성 결함뿐 아니라 사회구조에 원인이 있기 때문에 그 해결책 또한 개인적 도덕성의 회복과 더불어 지역사회의 도덕성 회복에 있음을 강조했다.

③ 자선조직협회와 인보관의 비교

자선조직협회와 인보관을 동시대에 존재했던 상반된 실천 양상으로 간주해서는 안 된다. 두 조직의 시작은 약 20여년의 시차가 있을 뿐만 아니라 자선조직협회 활동의 문제점과 한계에 대한 대안으로 인보관이 시작되었다고 볼 수 있다(박선영, 2017).

표 2-1 자선조직협회와 인보관 운동의 비교

구분	자선조직협회	인보관 운동
빈곤의 원인	나태, 게으름 등 개인의 성격적 특성 강조	환경적인 요소 강조
이념적 지향	사회진화론	자유주의, 급진주의
주도세력	중산층의 종교계 지도자(목사 등)의 배우자들	교육을 받은 젊은 대학생 자원봉사자
접근 방식	개인의 성격 개조나 역기능 수정	빈민과 거주하면서 환경 중심의 사회 개량적 접근 강조
영향	개별사회사업, 가족지원과 상담	집단사회사업, 지역사회조직사업

2) 전문 직업활동으로의 발전

사회복지실천 활동이 더 이상 자원봉사가 아니라 전문적인 직업으로 인식되는 실질적인 전환은 유급 사회복지사의 출현으로 보수체계를 정립하면서부터이다. 이를 계기로 교육과정을 정비하고, 협회를 통해 조직화함으로써 사회복지사가 직업인으로서 면모를 갖추게 된다. 영미 국가에서는 1800년대 후반부터 과학적 자선을 위한 행정적 정비를 위해 자선조직협회나 인보관에서 유급의 사무국장을 채용하기 시작하였다. 이렇게 채용된 사무국장들은 더 이상 자원봉사자로서가 아니라 유급의 전일제 직업인으로서 활동하면서 역할이 확대되고, 서비스의 지속성과 책임성이 높아졌다(Zastrow, 2010).

(1) 미국 사회복지실천의 전문성 논쟁

유급 사회복지사가 출현하게 되자 서비스 기준을 마련해야 할 필요성이 대두되고, 이는 교육과정의 필요성으로 이어졌다. 1898년에 뉴욕 자선조직협회가 최초로 사회복지 교육, 훈련과정을 6주 단기과정으로 개설하였다. 1904년에는 뉴욕 박애학교라는 1년 과정 프로그램이 생기고, 이 과정은 1910년에 이르러 2년 과정으로 확대 운영되었다(Zastrow, 2010).

이러한 전문화 노력에도 불구하고 1915년 당시 의료전문직 평론가로 유명했던 에이브러햄 플렉스너(Abraham Flexner)는 사회복지사가 전문직이 아니라는 충격적인 문제제기를 하면서 사회복지실천의 교육과정 정비와 전문화 노력에 불을 붙이게 된다. 그에 의하면 전문직은 교육적으로 전달할 수 있는 기술을 가지고 있어야만 하는데 사회복지사들의 업무는 너무나 많고 다양하기 때문에 조직화된 교육적 훈련을 구체화할 수 없다는 것이다. 또한 사회복지사의 업무성격이 단순히 풍부한 자원을 매개하는 매개자(mediator)에 불과하고, 이러한 매개자의 역할만으로는 전문직이 될 수 없다고 주장했다.

플렉스너가 제기한 전문성 논쟁을 계기로 사회복지계는 정규교육 과정인 전문 사회복지학교를 1919년까지 17개나 설립하면서 교육과정 정비에 박차를 가하게 되었다. 또한 사회복지실천이 전문적인 교육이 필요한 독특하고 체계적인 방법과 이론이 있음을 보여 주고자 하는 이론구축의 노력을 하게 되었다. 결과적으로 플렉스너의 비판은 당시의 학계가 통일된 전문직에 대한 추구, 개념적 틀과 고유한 사회사업 방법의 추구 등 다양한 노력을 하게 만드는 데 기여했다(이원숙,임수정,2020).

플렉스너의 전문성 비판 이후 당시 필라델피아 자선조직협회에서 일하던 메리 리치몬드(Mary Richmond)는 1917년에 『사회진단(Social Diagnosis)』, 1922년에 『케이스워크란 무엇인가(What is Social Casework)』을 집필하여, 케이스워크의 어머니로 불린다. 『사회진단』은 사회복지사가 개인의 문제에 개입하는 방법과 기술에 중점을 두고 사회복지실천의 과정을 이론화한 책이다. 이 책에서 서술한 사회복지실천의 과정은 오늘날에도 활용되는 조사(정보수집), 진단(문제 서술), 예후(개선전망 서술), 처우계획(클라이언트를 변화시키는 데 필요한 사항 서술)으로 이루어진다. 당시 진단이나 예후 등 의료적 용어가 많이 활용되었다는 비판을 받기도 했지만 환경에 대한 개입을 통해서 개인도 변화시킬 수 있다는 관점을 수용했기 때문에 다른 의료전문직과는 구분되는 사회복지실천의 정체성을 보여 주었다는 평가도 받는다(Timberlake et al., 2007; Zastrow, 2010).

이 외에도 전문화 노력의 일환으로 사회복지전문가들의 조직화의 필요성이 대두되었고, 그 결과 1918년에는 최초로 미국병원사회사업협회가 조직되었고, 이를 시작으로 전문직으로서의 사회복지사들의 조직적 기초가 마련되기 시작하였다.

3) 실천방법론과 실천이론의 발전

1920년대에서 1950년대까지의 사회복지실천이론과 방법론의 발전은 미국에서 가시화되었다. 제1차 세계대전을 마친 직후 1920년대 미국의 사회분위기는 이전의 사회개혁적 흐름이 퇴보하고, 최소한의 정부를 지지하는 자유방임주의 시대로 변화했다. 인보관 등의 사회참여적 활동에 대한 비판도 많아지면서 사회참여도 위축되었다. 반면에 참전군인 및 가족에 대한 개별상담이나 서비스 수요가 높아졌다. 그러나 1930년대말에 경제대공황으로 인해 사회구조적인 문제에 대한 관심이 높아지면서 다시 환경적 개입의 필요성이 강조되는 시기를 맞는다. 이 시기의 미국 사회복지실천의 중요한 특징은 실천방법론의 발전과 진단주의와 기능주의의 논쟁으로 요약된다.

(1) 3대 실천방법론의 발전

1920년대 당시 후발선진국이었던 미국은 제1차 세계대전에 늦게 참여하여 전쟁으로 인한 물량피해는 상대적으로 적었고, 오히려 다른 나라에 전쟁물자를 공급해 주게 되어 국내 산업은 크게 발전하는 계기를 마련한 상태였다. 전후 경제적으로 부흥한 미국에서는 빈곤이나 약자에 대한 사회구조적 관심은 상대적으로 저조했다. 이보다는 급격한 사회 변화에 적응하지 못하는 사람들의 치료와 성격발달에 대한 논의가 보다 설득적이었다. 따라서 이 시기에는 프로이트(Sigmund Freud)의 성격발달과 치료이론이 정신의학은 물론 학문적 경계를 넘어 인문사회과학 전반에 널리 영향을 미치게 되었다.

사회복지실천 또한 예외가 아니었다. 정신의학적인 개념의 활용은 과학적인 속성을 갈망하던 사회복지실천가들에게 유용했고, 매력적이었다. 개별사회사업가(caseworker)들은 정신분석방법을 전문성으로 동일시했고 이로 인해 작은 정신과 의사라는 오명을 받기도 하였다. 개별사회사업가들은 더 이상 환경개선을 강조하지 않았다. 클라이언트의 정신 내적 과정을 강조하고 클라이언트가 자신이 처한 상황을 수용하게 하고, 현 상황에 적응하도록 원조하는 데 초점을 두게 되면서 개별 심리치료나 상담의 강화를 가져왔다. 이러한 정신 내적 과정의 강조와 전문화 경향에 따라 1920년대에는 개별사회사업, 의료사회사업, 학교사회사업, 정신의료사회사업, 가족사회사업이라는 4개의 대표적인 전문화된 임상사회복지실천 분야가 급속도로 성장하게 되었다. 1930년대 이후에는 집단사회사업이 전문적인 사회복지실천의 방법론으로 인식되었고, 1946년 미국 사회복지사 회의에서 사회복지실천기술로 공식적으로 인정되었다(Brieland, 1995).

한편 사회복지실천이 3대 방법론으로 분화되고, 병원, 학교, 지역사회 등 다양한 영역에서 실천활동이 확대되면서 사회복지 내부에서는 공통의 지식기반을 마련하자는 문제의식이 대두되었다. 이에 1929년에는 밀포드회의(Milford Conference)에서 개별사회복지실천을 기본으로 하는 8개의 실천의 공통요소를 발표하였다. 이와 같이 밀포드회의는 1920~1950년까지 3대 실천방법론의 독자적 발전과 다양한 실천 영역의 전문적 분화기가 주요 흐름이었던 시기에 사회복지가 공통된 지식기반을 가진 전문직이라는 점을 확인한 중요한 역사적 사건이다(DuBois & Miley, 2010).

(2) 진단주의와 기능주의 논쟁

1930년대 말 경제대공황으로 미국 내 빈곤과 사회문제는 최고조에 달했고, 다시 사회개혁과 환경개입의 필요성에 직면하게 되었다. 루스벨트 정부의 뉴딜정책과 1935년에 실시한 사회보장법은 공공부조와 사회복지사의 취업기회를 대대적으로 확대하였다. 공적기금의 형성과 공적기관의 구호기능 확대에 따라 공적, 민간 부문의 사회복지전문직의 급격한 양적 확대가 불가피하게 되었다. 환경개선을 강조하는 분위기로 인해 지역사회기반의 실천이 다시 강조되었고, 이 시기 지역사회를 대상으로 한 지역사회조직론도 주요한 사회복지실천방법론으로 인식되었다(Zastrow, 2010).

1920년대 개인 내적인 '치료'지향의 사회분위기가 1930년대에 대공황을 맞으면서 그 한계를 드러내 환경 '개선'의 분위기로 전환되었던 것과 같이 사회복지실천에 대한 이론적 지향도 1920년대는 진단주의 학파가 1930년대에는 기능주의 학파가 적극적으로 활동하게 되었다. 진단주의와 기능주의는 개입의 초점에서 대조적인 관점을 강조해 왔기 때문에 이 시기의 실천관점의 대립을 이른바 진단주의와 기능주의 논쟁이라고 한다(Zastrow, 2010).

대표적인 진단주의 학자는 메리 리치몬드(Mary Richmond), 고든 해밀턴(Gordon Hamilton), 플로렌스 홀리스(Florence Hollis) 등이다. 고든 해밀턴은 메리 리치몬드의 초기이론적 개념에 정신분석이론을 결합시켜 폭넓은 개념적 기초를 마련했다. 그는 '환경 속의 인간'이라는 이중초점(dual focus) 개념을 발전시켰다. 진단주의자들도 완전히 환경적 관점을 배제한 것은 아니었지만 그들의 관점에서는 여전히 심

표 2-2 진단주의와 기능주의 비교

구분	진단주의	기능주의
학문적 배경	프로이트의 정신분석학의 영향	성장심리학, 실존주의적 철학에 기반
치료전략	심리적 통찰 및 자아능력 강화를 위한 지지	스스로 성장과 선택이 가능하도록 내적 힘 촉진
변화의 중심	진단과 계획을 세우는 실천가 중심	변화의 중심은 클라이언트
주요개념	과거, 무의식, 전이, 저항, 정신적 결정론 강조	원조관계, 기관의 기능, '지금 여기' 개념 강조
주요학자	고든 해밀턴, 플로렌스 홀리스	오토 랭크(Otto Rank), 제시 타프트(Jessie Taft)

리 내적인 개입을 더욱 강조했다는 점에서 기능주의와 차이가 있다.

실업과 빈곤문제를 해결하기 위한 뉴딜프로그램은 사회복지실천의 새로운 시대를 열었다. 민간기관을 중심으로 시작된 사회복지실천은 대공황 이후 점차 공공영역으로 확대되었다. 정부의 빈곤관련 정책과 프로그램 지원으로 공공복지기관과 시설이 급격하게 증가했으며, 1935년 사회보장법에서는 빈곤 등 사회문제가 개인적 결함이 아닌 사회구조적 문제로 야기된다는 것을 표명했다. 대공황 이후 갑작스러운 경제불황으로 인해 실직과 빈곤을 경험하게 된 근로자나 중산층 가족들이 대거 늘어나면서 사회복지사들도 사회문제의 원인을 보다 구조적 관점에서 접근하기 시작했다. 제2차 세계대전 동안 전쟁의 영향을 받은 지역사회의 재건에 노력했고, 보건 및 정신 건강 분야의 사회복지실천도 확대되었다. 주정부와 연방정부의 전후 공공정신건강 프로그램들은 임상사회복지사들의 고용기회를 크게 증가시켰다(최해경, 2017; Herrick & Sturt, 2005).

따라서 이러한 1930년대의 사회적 분위기 속에서 개인이 경험하는 다양한 문제를 거의 성장 과정에서 비롯된 문제로 보기에는 한계가 있었다. 이에 제시타프트, 오토 랭크의 영향을 받은 기능주의 학파들은 성장심리학적인 낙관적 견해를 지지하고, 인간중심의 실존주의적 철학에 동의했다. 또한 기관의 기능을 강조하였으며,

과거의 심리사회적인 문제보다 현재 클라이언트의 사회적 기능과 일상적 문제에 초점을 맞추었다. 개입기간도 장기적인 개입보다는 시간제한적이고 과업중심적인 개입을 선호했다(이윤로, 2006).

1950년대에 이르기까지 미국의 진단주의와 기능주의 간 논쟁은 지속되었다. 학문 내 논쟁은 학문의 발전을 가져오기 마련이다. 진단주의와 기능주의의 논쟁이 지금까지 언급되고 중요시되는 것은 이들의 논쟁이 환경 속의 인간이라는 사회복지실천의 이중초점을 어떻게 개입의 과정에서 구체화할 것인가를 고민하는 장을 마련했다는 데 있다. 이러한 논쟁의 발전은 사회복지실천을 보다 정교하게 발전시키고, 실천 모델의 다양화에 기여하였다.

4) 전후 실천의 발전과 통합

제2차 세계대전이 끝나고 미국은 전후 경제적인 번영의 시대를 맞았으나 내부적으로는 전쟁으로 인한 피해자가 늘면서 사회서비스의 대상은 늘어난 상태였다. 1946년에 정신보건법이 제정되면서 지역사회치료와 예방이 강조되었고, 정신병리에 관심이 있는 사회복지사들은 새로운 영역에서 일할 수 있게 되었다. 한편, 영국에서는 제2차 세계대전 종전 후 사회재건을 위해 베버리지 보고서에 근거한 복지국가체제가 출범했다. 전체 국민의 복지에 대한 책임을 국가가 지고, 지방정부가 관할하는 지역사회복지와 공공사회복지 실천이 발전했다.

(1) 미국의 통합방법론 발전

1960년대 미국 내 사회적 배경의 핵심 키워드는 인권운동, 흑인해방운동, 대빈곤전쟁이다. 다양 사회운동의 영향으로 빈곤에 대한 구조적·환경적 접근이 다시 강조되었고, 존슨 대통령은 대빈곤전쟁(War on Poverty)을 선포하여 사회복지 프로그램을 적극적으로 확대했다. 1964년 존슨 대통령은 풍요의 시대임에도 불구하고 미국 국민의 20%가 빈곤한 생활을 하고 있고, 거의 절반 가까운 흑인이 빈곤하다는 점을 지적했다. 1950년대 경제 호황기 동안 가려져 있던 빈곤문제가 주택문제,

청소년문제, 인종문제 등과 결합되면서 심각성을 드러낸 것이다. 기존 사회복지 프로그램에 대한 재정지원이 증가했고 헤드 스타트(Head Start)를 비롯하여 다양한 새로운 프로그램이 급증했고, 이러한 프로그램의 최일선에서 일하는 일반주의적 사회복지사에 대한 수요도 급증했다. 사회적, 경제적으로 압박을 받는 저소득 클라이언트에 대해 미시적이고 임상적인 접근보다는 사회학적·환경적·통합적 접근에 눈을 돌리게 되었다. 복잡하고 다양해지는 사회문제에 대해서 과거의 분화된 접근법으로는 대응할 수 없으며, 인간중심의 접근이나 환경중심의 접근으로 이분화하는 것이 아니라 인간과 환경의 상호작용에 초점을 두고 통합적으로 접근할 필요성이 제기되었다(Johnson & Yanca, 2010).

미국 실천의 역사에서 통합방법론의 이론을 구축하기 위한 노력의 기원은 1929년 밀포드회의까지 거슬러 올라갈 수 있지만, 보다 본격적으로 통합방법론이라는 이론과 모델로 구체화된 것은 1950년대 후반에 시작하여 1960~1970년대에 본격화되었다. 전통적인 사회복지실천방법의 분류는 개인을 대상으로 하는 개별사회사업, 집단 대상의 집단사회사업, 지역사회대상의 지역사회조직으로 대표되는 3대 실천방법론이다. 그러나 통합방법론의 핵심적인 문제의식은 대상이 개인이든, 집단이든 지역사회든 간에 모든 클라이언트 체계에 대해서 개입할 때 공통된 실천 원리와 방법이 필요하다는 것이다. 보다 실용적으로 정의하면 한 명의 사회복지사가 하나의 전문적인 방법론으로만 실천을 하는 것이 현실적으로 바람직하지도 가능하지도 않다는 것이다.

통합방법론의 구체적인 예로는 펄만(Helen Harris Perlman)의 문제해결 모델, 핀커스(Pincus)와 미나한(Minahan)의 4체계 모델, 콤튼(Compton)과 갤러웨이(Galaway)의 6체계 모델 등이 있다. 1970년대 이후 일반체계이론, 생태체계이론 등이 통합화의 유용한 이론으로 등장하였고, 생태체계론적 관점에 입각한 새로운 접근으로의 전환이 두드러졌다. 병리보다는 개인의 강점에 초점을 두며, 클라이언트의 상황에 맞는 역할 및 개입전략의 다양성을 중시하는 경향이 두드러졌다. 이러한 관점에서 등장한 새로운 모델과 이론으로서는 과업중심 모델, 강점 관점, 역량강화이론, 사례관리 모델들을 들 수 있다.

(2) 영국의 시봄보고서와 사회서비스 행정조직 통합

1950년대 영국에도 미국의 해밀턴(1957년), 펄먼(1957년), 홀리스(1964년)의 실천 모델이 소개되면서 사회사업실천에 대한 관심이 높아지고 있었다. 1960년대 사회과학 변화의 혼란과 소용돌이 속에서 사회사업과 대인사회서비스(Personal Social service) 또한 더 큰 관심을 받게 되었다. 당시 영국에서는 지역사회, 권력, 불평등에 대한 사회과학적 분석과 관심이 높아지고, 사회적으로 빈곤과 취약계층을 옹호하고 대변하는 사회행동 집단들이 성장했다(Jones, 2020).

그 전까지 아동국과 복지국으로 분리운영되어 오던 사회서비스 행정조직을 1968년 시봄위원회(The Seebohm Report)의 보고서에 기초하여 사회서비스국(social servece department)이라는 하나의 부서로 통합했다. 시봄위원회의 권고안에는 모든 사회복지사가 동일한 초기 교육과 훈련을 받을 수 있도록 하는 내용이 포함되어 있었다. 또한 사회사업교육중앙협의회에 의해 단일 전문자격으로 관리·감독하고, 아동·복지·정신건강서비스를 담당하는 3개의 부서를 새로운 사회서비스 부서로 통합하도록 제안했다. 위원회는 사회복지실천 교육은 지역사회에 기반하여 서비스를 계획, 평가하고, 개발할 수 있는 최일선 제너럴리스트 양성이 중심이 되어야 하며, 스페셜리스트 교육과정은 선택하여 받을 수 있도록 제안했다(Jones, 2020).

5) 새로운 논쟁을 통한 전문직으로의 발전

(1) 미국의 효과성 논쟁과 증거기반의 실천 강조

플렉스너의 사회사업 전문직 논쟁만큼이나 미국 사회복지실천의 역사에서 반향이 큰 논쟁이 있다면 바로 1973년 피셔(Joel Fisher)가 제기한 효과성 논쟁이다 (Fischer, 1973). 이 논쟁은 실천가이자 학자이던 피셔가 사회사업적 개입의 효과성을 조사연구한 내용을 재분석하여 「개별사회사업은 효과적인가?」라는 논문을 『사회사업』지에 발표하면서 시작되었다. 그는 논문에서 사회복지실천은 효과성을 입증할 만한 증거가 없으며, 오히려 클라이언트의 상태를 악화시킨 경우도 있었다는 충격적인 발언을 했다. 이 논쟁은 효과적인 개입을 입증하기 위한 사회복지사의 역할이 무엇인가에 대한 논란을 야기했다. 이러한 효과성 논쟁은 1980년대에 와서는 사회복지가 효과적인 전문직이 되기 위해서는 비과학적 지식체계를 벗어나 경험적으로 검증된 지식과 기법에 근거해야 된다는 실천의 과학화로 이어졌다. 즉, 과학적인 조사방법에 의해 클라이언트의 문제를 사정하고, 효과성이 검증된 개입방법이 적용되어야 한다는 것이다. 이에 단일사례연구, 단기의 측정 가능한 개입, 구조화된 접근 등의 필요성이 강조되는 계기를 마련했고, 미국사회사업교육협의회는 조사연구방법을 사회복지교육의 학부, 대학원 박사과정의 핵심 과목으로 공인했다. 이러한 역사적 논쟁은 2000년대 초반의 의학, 심리학, 사회복지 분야에 영향을 미친 증거기반의 실천(Proctor, 2007)과도 맥을 같이 한다(최혜지 외, 2013; 황성철, 1998).

〈표 2-3〉에서와 같이 미국의 실천과 제도의 변화를 역사적으로 살펴보면 사회개혁에 보다 관심을 가졌던 시기가 있었던 반면에 개인의 변화와 적응을 지원하는 직접적 개입에 보다 강조를 두는 시기도 있었다. 즉, 실천의 초점이 변화를 거듭해

표 2-3 미국의 사회복지실천의 변화

연도	~1900	1910	1920	1930	1940	1950	1960	1970	1980~
배경	-산업화 -시민전쟁	-제1차 세계대전	-보수주의 -정신분석 이론의 성장	-대공황	-제2차 세계대전 -정신보건법	-보수주의	-대빈곤 전쟁 -인권운동 -흑인해방 운동		-보수주의
초점	-사회개혁		-개인변화	-사회개혁		-개인변화	-사회 개혁		-개인변화
실천 동향	-COS -인보관	-전문화 -조직화	-전문가 주의 -개인치료 지향	-환경개선, -지역기반 실천강조	-지역사회 치료와 예방 15조	-NASW	-공공 영역 실천 수요 증가	-효과성 논쟁	
	-유급직업으로 전환 -플렉스너의 비판 -사회진단 출간		-밀포드회의 -진단주의/기능주의 논쟁 -3대 실천방법론(CW GW CO) 발전			-통합방법론의 본격화		-생태체계적 접근 -증거기반의 실천 강조	

왔다. 1900년대의 진보주의 시대, 1930년대의 대공황, 1960년대와 같은 시기에는 사회복지실천이 사회개혁에 관심을 가졌다면, 전후 경제적 호황기나 보수주의 시대인 1920년대, 1950년대, 1980년대와 같은 시기에는 개인의 변화와 적응에 더 초점을 두는 양상을 보여 왔다(최해경, 2017). 그러나 포스트모더니즘의 등장과 함께 보편타당한 절대적인 이론체계에 대한 연구가 한계를 드러내면서 다중관점의 필요성이 제기되었다.

(2) 영국 사회복지실천 교육과 협회의 통합 과정

영국에서는 시봄보고서 이후에도 사회복지사의 정체성과 자격에 대해서는 지속적으로 쟁점화되다가 1970년 영국 전역에서 다양한 형태의 대인사회서비스를 수행하는 직군들이 '사회사업'이라는 단일 전문 직업군으로 통합되는 혁신적인 변화를 겪었다(Jones, 2020).

영국의 사회복지실천은 19세기부터 발전했던 자선구호단체와 노동조합의 실무자들, 법원 내 복지서비스 담당자, 병원의 연금관리자, 그리고 구빈법 최일선 관리자의 역할 등에서 그 기원을 찾을 수 있다. 그러나 국가 제공 사회 서비스에 대한 조직 기반을 구성하고 법적 책임을 마련한 것은 1940년대 복지 국가 개혁의 일부로서 이루어진 핵심 입법이었다. 이 법은 사회복지실천과 관련된 세 가지의 별도의 법과 관련법률로 구성되었다. 세 가지 주요 법은 1948년 「아동법」과 「국민구제법」, 1946년 「국민보건서비스법」이다(Jones, 2020).

1951년 사회복지사 협회가 창설되던 시기까지만 해도 영국의 사회복지사들은 여전히 상이한 회원자격을 두는 직업군별 조직, 예를 들면 아동보육사협회, 정신의료사회복지사협회, 의료사회복지사협회 등에 대한 소속감이 더 높았다(Jones, 2020).

사회복지사들이 고용된 광범위한 분야와 기관 그리고 그들의 공통적인 업무에 기반하여 1954년 런던 정경대에 일반주의사회복지사 교육과정(generic course)이 개설되었다. 당시에는 개별사회사업, 집단사회사업, 지역사회조직사업의 3대 방법론을 별도의 과목으로 교육하다가 1970년대 중반에 가서야 통합방법론으로 단일

화되었다(Jones, 2020)

　영국의 이러한 일반주의적 사회복지교육과 훈련의 추진은 정부가 위촉한 사회복지실무단의 권고에 따라 적극 추진되었고, 1960년대 신생대학을 중심으로 하는 사회복지사 자격 교육의 확대로 이어졌다. 그러나 여전히 사회복지실천현장과 제도는 파편화되어 있어서 이러한 제도의 비효율성이 사회복지사의 전문성을 저해한다는 주장이 현장과 학계에서 일기 시작했다. 그 결과, 1970년에 통합된 영국사회복지사협회(BASW)를 구성하는 성과를 이루었다. 영국 전역에서 활동하던 상이한 배경과 자격을 가진 현장 실무자들의 협회를 통합한 것이기 때문에 협회의 회원 자격기준, 사회복지사로 활동하기 위한 등록과 승인 등이 당시 협회회원들의 주요한 관심사였다(Jones, 2020).

　영국정부의 요청으로 연구된 1982년 바클레이 보고서(Barclay Report)에서는 사회복지사의 역할을 상담 지향에서 지역사회에 기반한 사회서비스 계획(social care planning)으로의 전환을 권고했다. 비공식적 보호망의 중요성을 강조하고, 사회복지사에 의한 공공부문과 민간기관 및 비공식 보호망의 파트너십을 강조했다. 1979년 대처의 보수당 정부 등장 이후 가족과 지역사회 중심의 복지서비스가 강조되고, 1990년 제정된 「커뮤니티케어법」의 시행으로 공공사회복지실천에서는 직접적인 실천과 상담보다는 '조정자'와 '구매자'의 역할이 강조되었다. 이러한 변화는 민간부문의 직접서비스 제공 역할을 강화하는 계기가 되었고, 민간서비스 제공자가 다양화됨에 따라 서비스의 질 관리와 모니터링이 중요하게 되었다. 토니 블레어의 노동당 정부가 집권한 이후에도 서비스의 질과 결과에 초점을 두고, 높은 질의 효과적인 서비스에 대한 강조는 지속되었다(오정수, 2000).

　이와 같이 영국 사회복지실천의 역사는 단일 전문 직업군으로서의 정체성 확립과 서비스의 질 관리를 강조하는 방향으로 발전해 왔음을 보여 준다. 영국 사회복지실천의 변화 과정을 연대기표로 정리하면 〈표 2-4〉와 같다.

표 2-4 영국 사회복지실천의 변화

연도	~1900	1910	1920	1930	1940	1950	1960	1970	1980~
배경	-산업화 -도시화 -구빈법	-제1차 세계대전			-제2차 세계대전 -국민보건서비스법 -아동법 -국민구제법	-정신보건법	-시봄보고서		-바클레이 보고서 -커뮤니티 케어법
실천 동향	-COS -인보관	-민간자선구호단체/법원복 지서비스/병원의 연금관리 자 등 별도 직업으로 활동			-공공사회복지실천에 대한 조직기 반 구성 -아동보육사업협회, 정신의료사회복 지사협회,의료사회복지사협회 등 직업군별 조직으로 파편화	-사회서비스 국으로 조직 통합 -일반주의사 회사업 강조	-BASW -통합방법 론 교육	-서비스 질 관리 -모니터링 중시	

2. 한국 사회복지실천의 역사

1) 외원단체 중심의 근대적 사회복지실천의 도입

우리나라에 근대적 사회복지의 도입 시점은 미국식 인보관인 태화여자관(현 태화기독교 사회복지관)이 서울에 설립되어 활동하던 1921년으로 거슬러 올라갈 수 있다. 그러나 우리나라에 미국식 사회복지실천방법이 본격적으로 도입되기 시작한 시기는 1950년대 초다. 당시 우리나라는 제1공화국 시기로서 사회 전체가 절대빈곤을 경험하던 시대였다. 한국전쟁으로 인한 고아와 난민구호를 위해 민간 외원단체들이 구호사업을 전개했다. 구호를 통한 선교를 목적으로 했던 당시의 외원단체들의 활동을 전문적인 실천활동으로 평가하기는 어렵지만 근대적인 사회복지실천과 실천방법이 본격적으로 도입되는 계기가 되었다.

외원단체들은 초기에는 일시적인 긴급 구호사업을 전개하다가 점차 학교, 병원, 고아원 등과 같은 기관을 설립하여 운영하거나 전쟁 이재민을 위한 지역사회 조직이나 지역개발사업 등을 전개하는 등 중장기적인 사업으로 확대해 나갔다. 우리나라 최초 의료사회사업가도 1958년 한노병원, 1959년 국립중앙의료원, 원주기독교

병원 등 외원단체들이 설립한 병원에서 일하던 유급 사회복지사들이었다(김규수, 1994). 기독교아동복리회(현 초록우산 어린이재단), 선명회(현 월드비전), 홀트아동복지회, 한국지역사회복리회(현 세이브더칠드런)가 오늘날까지 활동하고 있는 대표적인 외원단체들이다(카바편찬위원회, 1995).

당시의 외원단체의 활동은 한국의 사회복지실천이 전문사회복지실천으로 발전하는 계기를 마련하고, 시설 중심의 사회복지실천이 발전하는 데 기여했다. 이후 수많은 구호단체가 들어와 사회복지서비스가 비조직적이고 비체계적으로 제공되면서 기관 간 협력과 조정이 필요해졌고, 이를 위해 1952년 한국외원단체협의회(Korea Association of Voluntary Agencies: KAVA)가 결성되었다. 당시 7개 기관이 주축이 되어 조직되었으나 1970년에 123개로 소속 단체 수가 증가할 정도로 커졌다. 기관 간 정보교환을 통해 전반적인 욕구를 함께 파악하고, 그에 따른 각 단체의 사업계획을 수립하였으며, 사업 간 연계와 조정, 사회문제에 대한 조사연구를 함께 수행하는 등 단체 간 유대와 협력을 도모했다. 1950년대에 이르기까지의 상황은 해방과 전쟁이라는 사회적 격변으로 창출된 절대빈곤층을 해외 원조자원을 통해 구호한 응급구조 시기였다고 할 수 있다(구인회 외, 2017).

비슷한 시기에 한국사회사업연합회, 사회관연합회 등의 사회단체가 결성되어 현장의 경험을 서로 나누고 연구모임 등을 통해 사회복지사들을 조직화하는 계기가 만들어졌다. 또한, 미군병원과 세브란스 병원에서 사회복지사를 고용함으로써 충분히 성숙되지 않은 한국사회복지현장에 미국식 전문적 실천 영역이 이식되었다.

전후 영미의 근대적 사회복지의 도입은 자연스럽게 사회복지 전문인력의 교육과 양성이라는 결과로 이어졌다. 1947년에 최초로 이화여자대학교 사회사업학과(현 사회복지학과)가 설치되었으며 1953년에는 중앙신학교(강남대학교)에 사회사업과가 설치되었다. 이후 1959년에는 서울대학교 대학원에 사회복지 전공이 개설되었고, 1960년대에는 중앙대학교, 성심여자대학교(현 가톨릭대학교), 서울여자대학교, 숭실대학교 등에 사회사업학과가 설치되었다. 이 시기의 대학 교육 또한 미국의 사회사업 교육을 적극 수용하여 임상 중심의 사회사업 실천방법론이 주류를 이루었다(김융일 외, 1995).

2) 제도적 · 실천적 정체와 전문인력의 조직화

1960년대부터 1970년대까지 20여 년간 우리나라는 정치적으로는 군부독재 시대(제3~5공화국 시기)였으며, 경제적으로는 장기 경제발전계획이 국가정책의 핵심논리로 작용하던 시기였다. 19세기 후반에서 20세기 초반에 이르기까지 사회복지실천을 태동하게 했던 영미의 산업화 과정과는 달리 전후 급격한 산업화와 도시화를 경험한 우리나라에서는 산업화나 도시화로 인한 부작용이 더 심했음에도 불구하고 경제 우선 논리에 밀려 사회복지는 사회적 관심의 뒷전으로 밀려나 있었다.

물론 1960년 「공무원연금법」, 1961년 「생활보호법」 등의 제정으로 사회보험과 공공부조, 사회복지서비스의 제도적 기반을 구축했지만 입법취지대로 실현되지는 못했다. 1970년대와 1980년대에 들어서도 「사회복지사업법」(1970)이나 「아동복지법」(1984), 「노인복지법」(1981), 「장애인복지법」(1981) 등 사회복지서비스와 관련된 법들이 대부분 제정되었으나 '선성장 후분배'의 사회분위기는 여전히 달라지지 않았다. 따라서 사회복지실천에서도 정부의 역할은 거의 없었으며 민간 외원단체를 중심으로 한 실천현장도 2~30년간 별다른 변화 없이 지속되어 전후의 명맥만을 이어가는 수준에 머물러 있었다(구인회 외, 2017; 김상균 외, 2004).

이러한 사회복지 전반의 정체기였음에도 불구하고 사회복지 전문인력에 대한 자격을 공적으로 명시화하고, 전문가들 간의 연계와 조직화가 이루어졌다는 점은 주지할 만하다. 현장에서 근무하는 전문인력의 자격과 관련된 사항이 1970년에 제정된 「사회복지사업법」에 처음으로 '사회복지사업종사자'라는 명칭으로 명시되었다. 1973년에는 의료법 전면 개정에 따른 의료법시행규칙이 시행됨에 따라 "종합병원에는 「사회복지사업법」의 규정에 의한 사회복지사 자격을 가진 자 중에서 환자의 갱생, 재활과 사회복귀를 위한 상담 및 지도업무를 담당하는 요원을 1인 이상 둔다"고 함으로써 종합병원 단위의 의료기관에서 사회복지사를 고용해야 하는 법적 근거를 마련하였다(김규수, 1994).

초기 실천전문가들의 연계와 조직화 과정은 1965년에 개별사회사업가협회로 시작하였다. 1967년에 한국사회사업가협회로 명칭을 변경하고, 1974년에 지방사회사업가협회를 통합하여 한국사회사업가협회(현 한국사회복지사협회)가 되었다.

3) 실천현장의 양적 확대와 사회복지사 자격 관리

1981년 신군부에 의한 제5공화국이 출범 당시 우리나라는 급속한 고도성장을 통해 이미 산업국가의 면모를 갖추었고, 도시화가 어느 정도 완성됐으며, 대학진학률도 상당히 높아졌다. 이에 제5공화국은 선성장 후분배 정책의 부산물인 불평등, 지역 간 격차의 문제를 해결하기 위한 각종 사회복지시책을 마련했다. 또한 1976년 외국원조기관의 철수가 완료되자 정부는 민간사회복지조직에게 보조금을 지급하며 사회복지서비스 제공업무를 지원하게 된다. 또한 1982년에는 사회복지사 윤리강령이 처음으로 제정되어서 이후 도래할 사회복지실천의 질적·양적 팽창기의 가치적 기반을 형성할 수 있었다(한국사회복지사협회, 2013).

1987년을 기점으로 하여 1988년 제6공화국 출범 후 사회복지와 관계되는 새로운 법률이 입법화되었고, 기존의 제도를 개선하는 작업도 계속되었다. 노태우 대통령과 김영삼 대통령의 문민정부에서 일련의 입법조치를 통해 복지행정의 확대가 이루어졌다(김상균 외, 2004). 1995년에는 지방자치제도가 전면 실시되어 사회복지 환경이 변화하였다. 이 시기에는 지방자치제도 실시와 함께 사회복지의 전문성과 행정의 효율성·효과성을 제고하기 위해 사회복지전달체계를 개선해야 한다는 주장이 강력하게 대두되기 시작하면서 사회복지 행정과 관련이 있는 중요한 변화들이 생겨났다.

이와 같이 1980년대 입법조치와 복지행정의 확대, 1990년대 말 국가 전체의 경제적 위기로 인한 빈곤에 대한 정책변화 등으로 전문적인 교육을 받은 복지 인력들이 다양한 분야에서 필요하게 되었다. 즉, 그동안 '선성장 후분배' 정책으로 뒷전으로 밀려나 있던 사회복지의 중요성이 정책적 우선순위로 떠오르게 되었다. 시민사회의 발달과 인권의 중요성이 대두되면서 모든 인간이 평등할 권리와 삶의 질이 강조됨에 따라 복지의 필요성으로 자연스럽게 이어졌다.

사회복지실천과 관련해서도 주요한 변화와 발전이 있었다. 사회복지사 자격제도의 확립과 교육과정 개편이 전문성 제고와 관련된 주요한 발전이었다면 저소득 밀집지역에 지역사회복지관을 의무 설치하고, 공적 전달체계에 사회복지 전문요원을 전격적으로 배치한 것은 한국적인 지역사회복지 모델 정착의 계기가 되었다.

(1) 사회복지전담공무원 제도와 지역사회복지관

① 사회복지전담공무원

공공부문에 사회복지사가 진입한 것은 사회복지의 팽창을 가시화하는 데 결정적으로 기여한 사건이었다. 사회복지전담공무원 제도는 1987년 서울시 관악구의 최초 시범사업을 시작으로 도입되었다. 7급 별정직 사회복지전문요원이 1991년부터 최일선 읍면동에 본격적으로 배치되어 도시 저소득층 밀집지역의 생활보호업무를 담당했다. 주로 생활보호대상자에 대한 자산 조사 및 보호 여부 결정, 생계보호, 자립지원, 후원자의 연계 등을 담당했고, 이후 1999년에는 일반직(사회복지직)으로 전환하면서 명칭 또한 사회복지전담공무원으로 변경되었다.

1987년 초기 도입 당시에는 저소득층을 위한 복지 자원이나 토대가 미약한 상황에서 사회복지 전문인력이 다수 배치되는 것이 얼마나 효과가 있을까 또는 일반 행정공무원 전환보다 의미 있는 결과를 초래할 것인가 하는 우려가 있었다. 그러나 우려와 달리 사회복지전문요원들은 생활보호사업을 정착해 나가는 과정에 효과적으로 기여했다. 2005년에 사회복지전담공무원을 증원하고, 사회복지사무소시범사업을 실시하는 등 전담공무원을 활용한 공공체계 내 사회복지실천이 강화되었다. 1990년대 중후반 외환위기 이후 급증한 실직자를 위한 자활 지원 업무를 수행하면서 사례관리적 개념이 전격적으로 도입되었고, 이로 인해 지역사회 내 전담공무원의 역할이 더욱 중요해졌다. 사회복지전담공무원은 공적 전달체계에 사회복지 인력이 공식적으로 진입했다는 의의가 있다(구인회 외, 2017; 엄명용 외, 2020).

② 지역사회복지관

공적 전달체계에 사회복지직을 배치하고 저소득밀집지역을 중심으로 사회복지관이 의무적으로 설치되기 시작한 것은 한국 사회복지의 실천현장에 중요한 역사적 의미를 갖는다. 영미의 인보관을 모델로 도입된 사회복지관은 1989년 사회복지관 설치운영규정이 만들어지면서 정책적으로 확산되었고, 당시 수용시설 중심이었던 사회복지실천현장을 이용서비스 중심으로 변화시킴으로써 실천의 양적인 증가뿐 아니라 질적인 변화 계기가 되었다(구인회, 손병돈, 안상훈, 2017). 초기 사회복지서비스는 생활시설 중심의 보호서비스로 제공되어 왔다. 1983년 「사회복지사업법」 개정으로 사회복지관 국고 보조가 가능해지고, 1989년 「주택건설촉진법」 등에 의해 영구임대단지에 사회복지관 건립을 의무화 하면서 지역사회서비스 기관이 늘기 시작하였다. 1980년대 후반부터 많이 생겨나기 시작한 사회복지관과 같은 이용서비스 제공기관들은 지역단위의 물리적 경계에 기반하여 지역주민이 서비스 이용자로 편입되었다는 점에서 이전의 시설방식과 큰 차이가 있다(홍선미, 2022).

원칙적으로는 모든 지역주민을 대상으로 서비스를 제공하여야 하나, 우선적으로 「국민기초생활 보장법」에 따른 수급자 및 차상위 계층이나 장애인, 노인, 한부모가족 및 다문화가족, 직업 및 취업 알선이 필요한 자, 보호와 교육이 필요한 유아·아동 및 청소년 등이 사회복지관 서비스의 제공 대상으로 되어 있다(홍선미, 2022).

(2) 사회복지사 자격제도

1983년 「사회복지사업법」이 전면 개정되면서 '사회복지사업종사자'가 '사회복지사'로 명칭이 변경되었고 모든 공식적 문서에서 사회복지사라는 용어를 사용하게 되었다. 사회복지의 다양한 분야별로 필요로 하는 구체적 지식과 전문 교육과정이 요구된다는 문제제기가 있어서 1996년에는 임상사회복지사 자격제도를 실시하였다. 그 후에 전문사회복지사제도로 명칭을 변경하고 제도적으로 보완했지만 실효성이 높지 않아서 폐지되었다. 당시에는 전문적 기술과 지식을 발휘할 만한 사회복지실천현장 자체가 희소했기 때문에 전문사회복지사 자격을 가졌다고 해도 현장에서 필요로 하는 역할은 크게 다르지 않았다. 또한 채용, 승진, 급여 등에서 차별적 지위를 보장받을 수도 없었기 때문에 실효성 있는 제도로 안정화되지 못한 것으로 보인다(한국사회복지사협회, 2013).

이와 같이 임상적인 전문성을 인정하는 협회차원의 자격제도는 실패했으나 1995년 「정신보건법」 시행의 결과로 「정신보건법」 제7조에 의한 정신보건전문요원인 정신보건사회복지사 자격증은 정신보건 영역의 전문화된 국가자격으로서 사회복지사 1급 자격보다 상위 자격이다. "정신보건사회복지사는 사회복지사업법에 의한 사회복지사 1급 자격소지자로서 보건복지부장관이 지정한 전문요원수련기관에서 1년 이상 수련을 하고 필기시험과 구술시험을 합격하면 2급 정신보건사회복지사 자격증을 취득할 수 있다."라고 되어 있기 때문이다. 1998년에 정신보건사회복지사 2급 자격시험이 최초로 실시되었고, 이들이 5년간 수련을 받은 시점인 2002년에 첫 1급 승급시험이 있었다. 이들은 병원의 정신의료 실천현장이나 지역사회정신보건센터에서 주로 활동하고 있다(한국정신보건사회복지사협회, 2013).

일반사회복지사 자격과 이들을 지도 감독하는 국가제도 또한 이 시기에 확립되었다. 1997년에 개정된 「사회복지사업법」에 따라 2003년부터 사회복지사 1급 자격을 취득하기 위한 국가시험이 신설되었기 때문이다. 사회복지사가 국가자격으로 제도화되면서 이들을 양성하는 표준 교과과정의 정비가 필수적이었다. 이러한 과정에서 개별사회사업과 집단사회사업, 지역사회조직이라는 전통적인 3대 방법론의 실효성이 문제시되었고, 통합의 필요성이 제기되었다. 이에 1998년 사회복지사업법 개정을 계기로 기존의 실천 교과목을 사회복지실천론과 사회복지실천기술론으로 통합하게 되었다.

4) 실천현장의 다양화와 질 관리 강화

이 시기의 한국 사회복지실천에 영향을 미친 중요한 사회적 사건은 IMF 경제위기로 인한 사회적 안전망의 필요성 증가, 정보통신기술의 발전으로 인한 행정 인프라의 변화, 이주배경 이민자의 증가로 인한 다문화 사회로의 전환이다.

1990년대 후반은 우리사회가 외환위기를 겪으면서 사회안전망의 필요성에 대한 공감대가 형성되었다. 경제위기와 함께 출범한 국민의 정부는 국민기초생활보장제도의 시행(2000)을 포함하여 누구에게나 닥칠 수 있는 빈곤에 대한 사회안전망

구축에 힘을 쏟았다(김상균 외, 2004). 2003년 참여정부 출범 이후에도 사회안전망의 강화작업은 지속되어서(구인회, 손병돈, 안상훈, 2017), 2005년 「긴급복지지원법」을 통해 갑자기 생계가 어려워지는 위기상황이 발생하였을 때 신속하게 지원할 수 있게 했고, 노인이나 장애인 등 특정 인구 집단에 대해 소득이나 서비스를 지원하는 제도들도 꾸준히 개선되었다(김진우, 2017). 이와 같이 사회적 안전망의 정책적 강화는 전 생애 발달단계에 따른 복지, 예방적 복지, 보편적 복지, 지속 가능한 복지의 필요성으로 이어지면서 실천현장이 더욱 다양화되었고, 다양한 이주배경과 문화를 가진 클라이언트도 증가했다.

(1) 평가제도의 도입과 사회보장정보시스템 개통

실천의 책무성을 높이기 위해서 평가제도가 도입되었다. 정부의 민간기관 위탁계약방식의 확산과 더불어 1998년 사회복지기관 평가제도가 도입됨에 따라 사회복지서비스의 질 관리의 방법이 다양화되는 계기가 되었다. 이러한 기관평가의 확산과 더불어 정보통신기술의 발전은 2010년 사회복지통합관리망 '행복e음' 구축과 2012~2013년 범정부 복지정보시스템인 사회보장정보시스템의 단계별 개통으로 이어지면서 사회복지행정 인프라의 혁신을 가져왔다. 이는 실천현장의 기록과 정보관리뿐만 아니라 기관평가 방법이 현장방문 평가 위주에서 시스템기반 평가로 전환되는 새로운 변화를 가져왔다.

(2) 분야별 전문자격 제도와 전문가 교육 강화

다양한 분야별 전문자격제도가 도입되어 전문성을 높일 수 있었다. 2018년에 「사회복지사업법」 개정안이 통과하여 정신건강사회복지사, 의료사회복지사, 학교사회복지사 국가자격증이 신설되었다. 이러한 자격은 모두 사회복지사 1급을 취득한 이후 전문적인 수련과정을 통해 취득할 수 있는 상위자격증이다. 해당 현장에 대한 특수 지식과 실천역량을 강화하고자 한 사회복지학계 및 실천현장의 노력의 결과라고 할 수 있다. 기존에 병원, 학교 등 2차 현장에서 다학제팀과 함께 활동하던 사회복지사의 전문성이 법적으로 제도화되고 공인되는 계기가 되었다.

같은 시기에 전문화를 위한 현장 교육도 다양화되었다. 사회복지사협회를 중심으로 2000년에 예비사회복지사교육과 슈퍼바이저 보수교육을 실시하고 2001년, 2002년 사회복지사 해외연수 및 국제 포럼, 아태사회복지사교육자대회 개최 등 국제적인 교류를 통한 현장 사회복지사들에 대한 전문 교육이 다양하게 이루어졌다. 현장실습기관 등록제 연구 및 실습관리 지침 개발 등 사회복지 교육의 핵심인 현장실습 교육에 대한 정비, 문화적 다양성에 대한 교육도 2000년대 이후에 이루어졌다(한국사회복지사협회, 2013).

5) 팬데믹과 사회복지실천

2019년 하반기부터 코로나19 바이러스로 인한 팬데믹 위기가 한국의 사회복지실천현장에도 막대한 영향을 미쳤다. 초기에는 사회적 거리두기와 방역 강화로 대부분의 기관이나 시설이 불가피한 서비스 중단을 단행했지만, 코로나19가 장기화되고, 백신보급, 감염병의 특성에 대한 이해가 깊어짐에 따라 긴급돌봄 및 방역물품지원, 아동학대 및 가정폭력 예방 등을 위하여 점차 서비스를 비대면 및 대면으로 확대했다(경기연구원, 2021).

특히 사회적 관계 단절로 인한 정신건강 취약계층(확진자뿐만 아니라 독거노인, 취약아동 등)에 대한 개입이 중요해졌다. 불가피하게 인터넷이나 스마트폰 등 기기 접근이 어려워 정신건강 서비스의 접근성이 떨어지는 노인 등 소위 '디지털 소외계층'에 대한 전략도 요구되었으며, 지역주민에 대한 코로나 블루 예방사업와 같은 정신건강 증진 사업도 필수적인 사업으로 강조되었다(경기연구원, 2021).

이와 같이 사회복지실천현장은 팬데믹을 계기로 재난의 불평등한 영향에 대한 인식이 높아졌으며, 재난 시 취약계층 돌봄에 대한 최후 방어선으로 역할을 담당하면서 서비스의 내용과 방법 측면에서 변화를 경험하였다. 또한 실천적으로 지역주민 간의 연대와 나아가 민간과 공공의 협력, 민간과 민간기관 간의 협력체계 구축과 운영을 통해 지역 중심의 통합적 돌봄체계를 강화하는 계기가 되었다(최송식, 권혜민, 2021).

표 2-5 한국 사회복지실천의 변화

연도	1950	1960	1970	1980	1990	2000	2010	2020
사회 배경	-한국전쟁 -제1공화국	-4.19혁명 -제2공화국	-제3공화국 -제4공화국	-제5공화국 -제6공화국	-문민정부 -지방자치제 -외환위기 -국민의정부	-참여정부 -실용정부 -사회 전반의 문화적 다양성의 증가 -4차 산업혁명(연결, 탈중앙화, 공유, 개방을 통한 맞춤시대의 지능화 세계 를 지향)	-박근혜정부 -문재인정부	-팬데믹
실천 동향	-외원단체 구호활동 -대학전문 교육 태동	-경제발전 우선 지향 -제도적 · 실천적 정체기 -윤리강령 제정			-실천현장의 양적 팽창 -시 · 도 단위 종합사회복지관 -민간복지 영역 확충 -공공 분야 사회복지전달체계 마련 -재가복지사업실시	-실천의 질 관리의 필요성 대두 -사회복지자격제도 도입 -사회복지통합관리망 '행복e음' 구축 -실천 전반에서 사례관리 모델 강조 -기술의 진보로 정보관리의 체계화 -가상복지관 등 비대면서비스 발전		

지금까지 이루어진 한국 사회복지실천의 역사를 사회적 배경에 따른 실천동향
의 변화를 중심으로 연대기표로 정리하면 〈표 2-5〉와 같다. 한국 사회복지실천의
역사도 자격제도의 도입과 질 관리의 강화 기조로 발전해 왔으며, 최근 기술의 진
보로 인한 행정 인프라의 변화뿐 아니라 서비스 지원 방법 또한 다양화되고 있음을
보여 준다.

연습문제

1. 역사적으로 미국의 사회복지실천에서 '환경 속의 인간'의 관점이 어떻게 변화했는지를 미국 사회의 경제·정치·사회적 변화와 관련해서 논의해 보시오.

2. 최근 한국 사회복지 역사의 가장 큰 변화는 무엇이라고 생각하는지 신문 기사나 매체 보도를 근거로 토론해 보시오.

3. 제도와 정책의 변화가 실천현장에 어떤 영향을 미쳤는지 한국과 미국의 역사적 경험을 통해서 분석해 보시오.

4. 기능주의-진단주의 논쟁, 플렉스너의 사회사업 전문직 논쟁, 피셔의 사회복지실천의 효과성 논쟁 등 미국 사회복지실천 역사에서 등장하는 주요 논쟁들의 쟁점과 각 논쟁이 실천에 미친 영향을 정리해 보시오.

5. 팬데믹과 기술의 진보가 사회복지실천현장과 서비스에 미친 영향에 대해서 조사하고, 토론해 보시오.

제**3**장

사회복지실천의 가치와 윤리

　사회복지실천에서 가치는 지식 및 기술과 더불어 사회복지실천을 구성하는 핵심적인 요소다. 가치는 좋거나 바람직하다고 여기는 것으로 사회복지전문직의 주요 가치는 바로 사회복지실천이 추구해야 할 것이 무엇인지를 나타내고 있다. 윤리는 가치로부터 나오며 무엇이 옳고 그른지에 대한 판단기준이 되는 것으로 사회복지사가 반드시 지켜야 할 행동원칙은 윤리강령을 통해 구체적으로 명시되기도 한다. 사회복지사들은 개인적인 가치, 전문적인 가치, 그리고 클라이언트의 가치 사이에서 갈등을 겪을 수 있으며, 실천과정에서 두 가지 이상의 가치와 윤리가 서로 상충하는 딜레마를 경험하면서 어떻게 판단하고 행동해야 할지에 대해서 모호할 수 있다. 그러므로 사회복지사 자신의 가치관이 무엇이며 그것이 어떻게 사회복지실천에 영향을 미치는지를 인식해야 하고, 또한 윤리적인 이슈를 파악하여 이를 적절히 다룰 수 있어야 한다. 이 장에서는 사회복지실천에서 주요하게 여기는 가치가 무엇이며 윤리적인 실천원칙이 무엇인가를 살펴본다. 그리고 가치 및 윤리가 서로 상충하는 딜레마 상황에서 이를 해결할 수 있는 방안을 알아보도록 한다.

1. 사회복지실천과 가치

일반적으로 가치는 선하고 바람직하며 소중한 것으로 여겨지는 것에 대한 믿음 또는 신념을 의미한다. 그러나 가치는 단지 선호하는 것 이상으로 정당하다고 느껴지거나 혹은 정당하다고 간주되어야 하는 것이어야 하며, 선호와는 다르게 사람들에게 좀 더 강한 정도의 심리적 부담과 이와 연관된 사회적 제재를 포함하는 것이다(Linzer, 1999; 김기덕, 2006에서 재인용).

사회복지실천에는 사회적 가치, 사회복지전문직의 가치, 사회복지기관의 가치, 사회복지사의 가치 그리고 클라이언트의 가치 등이 영향을 미친다(김기덕, 2006; Congress, 2004). 사회적 가치는 사회가 무엇을 중요하게 여기는가에 대한 공감대를 반영한 것으로, 그 사회가 추구하는 원칙이나 목표에 반영된다. 역사적으로 건강한 가족의 형태와 동성애자 등에 대한 가치가 변한 것처럼 사회적 가치는 시대에 따라서 변한다. 전문적 가치는 특정한 직업이 사회에서 전문직으로 인정되는 과정에서 그 전문직의 독특한 실천활동과 관련하여 강조되는 가치를 말한다. 사회복지전문직은 다른 어떤 원조전문직보다도 뚜렷한 가치를 기반으로 발전했다. 사회복지기관은 그 기관의 사명과 설립 배경에 따라 강조하는 가치가 다를 수 있으며, 기관이 선택하는 사회복지실천방법은 기관의 가치에 영향을 많이 받는다. 예를 들어, 종교 재단에서 운영하는 기관에서는 임신한 미혼모에 대한 개입방법을 선택하는 데 있어서 종교적 가치에서 벗어나는 방법은 고려하지 않을 수도 있다. 개인적 가치는 개인적인 경험이나 종교 및 문화에 의해 강력히 영향을 받는다. 사회복지사의 개인적인 가치는 클라이언트와의 관계에 영향을 줄 수 있으며 개입방법의 선택에 영향을 미친다. 사회복지사의 개인적인 가치는 사회복지전문직의 가치와 충돌을 빚을 수도 있으므로 자신의 가치를 정확히 이해하는 것이 중요하다. 클라이언트의 개인적 가치 역시 사회복지실천의 주요한 구성 요소로서 클라이언트의 가치를 정확하게 이해해야만 효과적인 실천이 될 수 있다.

가치는 사회복지실천에서 다음과 같은 역할을 한다(김기덕, 2006; Reamer, 2018).

첫째, 가치는 사회복지실천 사명의 본질, 즉 사회복지실천의 기본적인 임무와 목표를 제시해 준다. 역사적으로 사회복지가 사회적으로 존재해 온 근거는 사회복지사나 사회복지기관이 공유하던 가치관과 밀접히 관련이 있다. 사회복지실천의 가치는 단순히 사회의 주도적인 가치를 반영하는 것만은 아니었으며 오히려 집단적인 책임에 대한 표준을 제시해 온 것으로 그 책임감이 바로 사회복지의 사명으로 간주되었다.

둘째, 가치는 사회복지실천 활동에서 사회복지사나 사회복지기관이 어떤 종류와 성격의 사회적 관계를 형성해 나가야 할지에 영향을 미친다. 예를 들어, 어떤 사회복지사는 저소득계층을 사회복지실천 활동의 주요 대상자로 간주하는 반면, 다른 사회복지사는 부유한 계층의 클라이언트와 일하기를 원할 수도 있다. 또한 어떤 사회복지사는 학대받은 아동과 같이 희생자라고 생각되는 클라이언트와 일하기를 원하는 반면, 다른 사회복지사는 대부분의 사람이 가해자라고 생각하는 교도소에 있는 성범죄자를 위해 일하기를 원할 수도 있다. 사회복지사가 어떤 클라이언트와 관계를 맺을지에 대한 이러한 차이는 사회복지사들이 가진 가치관에서 비롯된다.

셋째, 가치는 사회복지실천에서 개입방법을 결정하는 데 영향을 미친다. 같은 문제 혹은 대상을 다룬다 하더라도 사회복지사의 가치에 따라서 개입의 목표나 선호하는 개입기술은 다를 수 있다. 예를 들어, 지역사회 주민의 공통된 욕구나 문제 해결을 위한 노력이 필요할 때 어떤 사회복지사는 지방정부에 대해서 직접적인 압력과 대결을 사용하는 집단 옹호활동을 적극적으로 사용하기를 원할 수도 있는 반면, 다른 사회복지사는 대립과 갈등이 수반되는 방법은 원하지 않을 수도 있다. 어떤 사회복지사는 직면기술이 클라이언트의 행동을 변화시키는 데 효과적이라고 생각하고 이 기술의 사용을 선호하는 반면, 어떤 사회복지사는 직면이 인간성을 잃게 한다고 생각하고 사용하지 않는다.

넷째, 가치는 사회복지실천과정에서 발생하는 윤리적 딜레마와 윤리적 갈등을 분석하고 해결하는 데 중요한 이론적인 자원의 역할을 한다. 윤리적인 딜레마 상황에서 어떤 원칙을 우선할 것인가 하는 윤리적인 의사결정은 결국 그 윤리원칙이 기초한 가치 중 어떤 가치를 우선할 것인가의 문제다.

2. 사회복지실천의 중심가치

사회복지사들에게 바람직한 것으로 공유되는 가치로서 여러 문헌에서 공통적으로 언급된 가치들은 "개인의 존귀함과 존엄성, 인간에 대한 존중, 개인의 변화 능력에 대한 인정, 클라이언트의 자기결정과 역량강화, 자아실현의 기회제공, 기본적인 욕구 충족을 위한 적절한 자원과 서비스의 제공, 평등한 기회, 차별금지, 다양성의 존중, 사회변화와 사회정의에 대한 헌신, 비밀보장과 사생활보장, 그리고 전문적 지식과 기술의 전파 의지" 등이다(Reamer, 2018, p. 27). 사회복지실천의 주요 가치는 대체로 각 나라의 사회복지사 윤리강령에 반영되고 있으며, 사회복지전문직이 발전해 오면서 강조되는 가치는 시대에 따라 조금씩 변화되었다.

1) 사회복지사 윤리강령에 나타난 가치

사회복지실천의 핵심 가치에 대해 비교적 최근에 명백하게 밝히고 있는 것은 미국사회복지사협회(NASW)의 윤리강령으로, 여섯 가지의 핵심적인 가치와 그 가치에 기반한 윤리적인 원칙은 다음과 같다.

- 서비스: 사회복지사의 궁극적인 목표는 도움을 필요로 하는 사람들을 돕고 사회적 문제에 대응하는 것이다. 사회복지사는 자신의 이익보다 다른 사람들에게 서비스를 제공한다. 사회복지사는 도움을 필요로 하는 사람들을 돕고 사회문제에 대처하기 위해 지식ㆍ가치ㆍ기술을 활용한다. 사회복지사는 경제적 보상을 기대하지 않은 채 자신의 전문적 기술의 일정 부분을 자원봉사하도록 권장된다.
- 사회정의: 사회복지사는 사회적 불의에 도전해야 한다. 사회복지사는 약하고 억압받는 개인 및 집단과 함께 그리고 그들을 위해서 사회변화를 추구한다. 사회복지사의 사회변화를 위한 노력은 주로 빈곤, 실업, 차별, 기타 사회적 부

정의 문제에 초점이 맞추어진다. 이런 활동들은 억압과 문화적 및 민족적 다양성에 대한 지식과 민감성을 고양시키고자 한다. 사회복지사는 필요한 정보, 서비스와 자원에 대한 접근, 기회의 평등, 의사결정에 모든 사람의 의미 있는 참여를 보장하기 위해 노력한다.

- 인간에 대한 존엄성과 가치: 사회복지사는 타고난 인간의 존엄성과 가치를 존중해야 한다. 사회복지사는 개인적 차이와 문화적 그리고 민족적 다양성을 염두에 두고 개개인을 배려와 존중으로 대한다. 사회복지사는 클라이언트가 사회적으로 책임 있는 자기결정을 하도록 돕는다. 사회복지사는 클라이언트가 변화하고 그들의 욕구를 충족시킬 수 있는 기회와 능력을 향상시키도록 돕는다. 사회복지사는 클라이언트에 대한 책임과 전체 사회에 대한 책임 모두를 인식한다. 사회복지사는 가치, 윤리적 원칙, 전문직의 윤리적 표준에 일치하는 사회적으로 책임 있는 방식으로 클라이언트의 이익과 사회의 이익 간의 갈등을 해결하도록 한다.
- 인간관계의 중요성: 사회복지사는 인간관계의 중요성을 인식해야 한다. 사회복지사는 사람들 간의 관계가 변화를 위해 중요한 매개체임을 이해한다. 사회복지사는 원조과정에 사람들을 동반자로 참여시킨다. 사회복지사는 개인, 가족, 집단, 조직, 지역사회의 안녕을 촉진하고, 회복하며, 유지하고, 향상시키기 위하여 의도적인 노력으로 사람들의 관계를 강화하도록 한다.
- 성실: 사회복지사는 신뢰할 수 있게 행동해야 한다. 사회복지사는 사회복지전문직의 임무와 가치, 윤리적 원칙과 표준을 인식하고 이와 일치하는 방식으로 실천한다. 사회복지사는 정직하고 책임 있게 행동해야 하며, 소속된 조직에 기반하여 윤리적인 실천을 한다.
- 능력: 사회복지사는 자신의 능력 범위 안에서 실천활동을 해야 하며 자신의 전문적 기술을 개발하고 향상해야 한다. 사회복지사는 전문직의 지식과 기술을 향상하고 이를 실천에 적용하기 위하여 지속적으로 노력한다. 사회복지사는 전문직의 지식기반을 구축하는 데 기여해야 한다.

우리나라의 사회복지사 윤리강령에서도 사회복지실천이 추구해야 할 주요 가치가 무엇인지를 나타내고 있으며, 윤리강령과 함께 공포된 사회복지사 선서에서도 사회복지사가 추구해야 할 가치를 나타내고 있다. 윤리강령의 전문에는, "사회복지사는 인본주의 · 평등주의 사상에 기초하여, 모든 인간의 존엄성과 가치를 존중하고 천부의 자유권과 생존권의 보장 활동에 헌신한다. 특히 사회적 · 경제적 약자의 편에 서서 사회정의와 평등, 자유, 민주주의 가치를 실현하는 데 앞장선다."라고 되어 있다. 사회복지사 선서에서는 "모든 사람이 인간다운 삶을 누릴 수 있도록, 인간 존엄성과 사회정의의 신념을 바탕으로, 소외되고 고통 받는 사람들의 인권과 권익을 지키며, 사회의 불의와 부정을 거부하고, 개인의 이익보다는 공공이익을 앞세운다."라는 다짐을 하고 있다. 윤리강령의 전문과 사회복지사 선서에 나타난 대표적인 주요 가치는 '인간의 존엄성 존중'과 '사회정의 실현'이다. 이러한 가치 외에도 윤리강령에 포함된 윤리기준에 여러 가치가 나타나고 있는데, 클라이언트에 대한 차별대우 금지, 클라이언트의 사생활 보호 및 비밀보장, 자기결정권, 충분한 정보제공을 통한 알 권리 존중, 전문가로서 사회복지사의 성실하고 공정한 업무수행, 전문성 개발을 위한 노력과 전문적 기술과 능력 발휘 등의 가치가 포함되어 있다.

2) 사회복지 가치의 유형화

　　일부 학자는 사회복지의 사명과 목표를 더욱 명확히 하기 위하여 사회복지의 가치를 유형화하였다. 다음은 사회복지의 가치를 유형화한 대표적인 예이며, 사회복지에서 중요하게 여기는 가치가 갖는 성격과 기능을 보다 잘 이해하는 데 도움이 된다.

　　펌프리(Pumphrey)는 사회복지 가치를 추상적인 목적과 관련된 궁극적 가치와 목적을 달성하기 위한 수단인 도구적 가치로 구분하였다(Reamer, 2018). 궁극적 가치로는 인간에 대한 존중, 인간의 능력에 대한 인정, 평등한 대우 및 차별 금지 등이 해당하며, 도구적 가치로는 수용적이며 비난하지 않는 태도, 비밀보장의 원칙, 자기결정의 원칙, 충분한 정보에 근거한 클라이언트의 동의 등이 해당한다.

그는 또한 사회복지사의 활동 대상에 따라 사회문화적 범주, 전문가 집단 범주, 클라이언트 범주로 나누어 가치를 유형화하였다. 사회문화적 범주에 속하는 가치로는 사회정의, 사회개혁, 공통 욕구의 충족이 포함된다. 전문가 집단 범주에 속하는 가치로는 전문가 상호 간의 의사소통 및 정책결정 과정을 통해 각자가 신봉하는 가치와 윤리원칙들을 명료화하는 가치가 포함되며, 클라이언트 범주에 속하는 가치로는 개인의 존엄성, 개인의 변화잠재력, 자기결정권, 클라이언트의 능력배양이 포함된다.

레비(Levy)는 사회복지전문직이 가져야 하는 인간 자체에 대한 개념, 목표로 하는 결과에 대한 개념, 인간을 대하는 방법에 대한 개념으로 구분하여 해당하는 가치를 제시하였다(Reamer, 2018). 첫 번째 범주에 속하는 가치로는 인간의 본성을 제시해 줄 수 있는 가치로서 인간의 타고난 가치와 존엄성, 건설적인 방향으로의 변화 가능성, 개별성에 대한 인정, 보편적인 인간욕구 등을 들 수 있다. 두 번째 범주에 속하는 가치는 인간에게 바람직한 결과가 무엇인가를 알려 주는 가치로서 인간의 기본 욕구 충족, 사회적 문제의 제거, 평등한 기회와 차별금지 등이 해당한다. 세 번째 범주에 속하는 가치는 사회복지사가 클라이언트를 대하는 태도나 방법에 관한 것으로서 자기결정의 권리존중, 비심판적인 태도 등이 해당한다.

3. 인권 및 사회정의의 가치와 사회복지실천

최근 우리나라 사회복지에서 인권과 사회정의에 대한 관심이 높아지고 있다. 인권과 사회정의는 사회복지실천의 주요한 핵심 가치이자 사회복지실천의 정당한 근거로서 강조되고 있다. 국제사회복지사연맹(The international Federation of Social Workers: IFSW)과 국제사회복지교육협의회(International Association of Schools of Social Workers: IASSW)가 사회복지실천의 정의에서 제시한 원칙의 내용을 보면, "사회복지실천의 가장 중요한 원칙은 인간의 고유한 가치와 존엄성을 존중하고, 해

를 끼치지 않으며, 다양성을 존중하고, 인권과 사회정의를 수호하는 것이다. 인권
과 사회정의를 옹호하고 지지하는 것은 사회복지실천의 동기이자 정당성이다."라
고 하고 있다(http://ifsw.org/what-is-social-work). 또한 우리나라 사회복지사 윤리
강령에서도 인권 존중과 사회정의에 관한 내용들이 포함되어 있음을 알 수 있다.
그런데 실제로 사회복지실천에서 인권과 사회정의가 주류적 가치지향으로 자리잡
았는지, 사회복지사들의 실천과정에서 그 가치들은 잘 실현되고 있는지에 대해서
는 의문이 제기되고 있다(홍선미, 2018). 인권과 사회정의가 사회복지실천의 가치로
서 중요함에도 불구하고 사회복지실천에서 잘 다루어지지 않은 점이 있어서 이에
대해 살펴보고자 한다.

1) 인권과 사회복지실천

인권은 사회복지실천에서 추구하는 목표 및 지향하는 가치에 대해 기본적인
근거를 제공하고 있어서 사회복지실천과 밀접하게 연관되어 있다(UN Centre for
Human Rights, 1994). 인권의 기본 가치인 인간의 생명 존중, 자유, 평등 등은 사회
복지에서도 중요한 기본 가치이다. 인권(human rights)은 '인간이 인간답게 살기위
해 당연히 가지는 권리'인데, 인권의 구체적인 항목은 역사적으로 발전되어 왔다.
특히 유엔(United Nations: UN)의 세계인권선언과 그 선언에서 파생된 규약과 협약
들(인종차별철폐협약, 시민적 · 정치적 권리에 관한 국제규약, 경제적 · 사회적 · 문화적 권
리에 관한 국제규약, 여성차별철폐협약, 고문방지협약, 아동권리협약, 국제이주노동자권
리협약, 장애인권리협약 등)은 특정 주제나 인구 집단에 대한 구체적인 인권 내용에
대한 기반을 제공하고 있다. 예를 들어, 우리나라도 비준한 아동권리협약의 주요
원칙과 아동권리 항목은 아동복지 분야의 사회복지실천에서 매우 중요한 이념적
기초이자 달성해야 할 목표 및 과제로 여겨지고 있다.

호주의 사회복지학자인 짐 아이프(Ife, 2001)는 사회복지사는 여러 형태의 인권을
옹호하고 실현할 수 있어서 어느 전문 분야보다도 인권 전문직이며, 기존의 욕구
에 기반한 사회복지실천이 아니라 인권에 기반한 사회복지실천이 되어야 한다고

주장하고 있다. 우리 사회에서 빈민, 아동, 장애인, 노인, 여성, 이주민 등의 인권이 침해되는 사례가 많이 발생하고 있고, 인권 존중을 외치는 사회복지종사자가 시설 보호 대상자의 인권을 침해하는 사례도 발생하고 있다(배화옥 외, 2015). 앞으로 사회복지실천현장의 다변화와 더불어 다양한 인권 문제가 더 많이 발생할 것으로 예상되고 있어서, 인권 기반 또는 인권 관점의 사회복지실천을 해야 할 필요성이 더욱 높아지고 있다. 인권에 기반한 사회복지실천은 다양한 수준의 개입과정에서 적용될 수 있는데, 다음 〈표 3-1〉은 여러 수준의 개입과정에서 적용할 수 있는 인권 기반의 사회복지실천방법이다.

표 3-1 다양한 수준의 개입에서 인권 기반 사회복지실천의 적용

- 개인수준
  - 지원을 구하는 개인들은 지원을 받을 가치가 있는지의 여부로 판단되기 보다는 권리 소유 자로 인정되어야 한다.
  - 사회복지사는 개인의 권리를 요구할 수 있도록 지원해 주고 또한 어떻게 권리가 침해되었 는지를 다른 사람들이 이해할 수 있도록 설명을 해 주어야 한다.
  - 개입은 낙인을 제공하는 방식이 아니라 모든 개인에 대한 존엄성과 존중을 기반으로 하여 지원을 제공하는 방법이어야 한다.

- 집단, 조직, 그리고 지역사회 수준
  - 집단, 조직, 그리고 지역사회 수준에서의 노력은 필요로 하는 자원을 제공하는 것에서 자원 에 대한 사람들의 권리를 주장할 수 있는 방법에 대한 학습으로 전환되어야 한다.
  - 사회복지사들은 인권교육에 치중해야 한다. 인권교육에는 인권 관련 국제협약 및 법률에 관한 지식, 인권접근의 원칙 및 방법을 포함하여야 한다.

- 사회수준
  - 사회 정책이나 목표는 욕구를 충족하는 것을 포함하여 인권 실현을 촉진하는 방향으로 전 환되어야 한다.
  - 사회정책의 결정과정에 다양한 목소리를 반영한 정책결정이 이루어지도록 사회복지사들 은 노력해야 한다.

출처: Berthold (2015). p. 15.

사회복지실천가들은 사회복지실천에서 인권 존중을 추상적으로 이해하는 것이 아니라 인권의 현실적인 의미와 인권 실현을 위해서 구체적으로 무엇을 어떻게 해야 할 것인가를 알아야 한다. 인권이 짓밟히는 사람들의 경험을 그들의 입장에서 볼 수 있으며, 인권 관련의 국·내외 문서나 법의 내용을 이해하고, 인권이 부정되는 사례에서 인권 관련 쟁점을 비판적으로 분석할 수 있는 역량을 향상해야 한다.

2) 사회정의와 사회복지실천

사회정의가 미국과 우리나라의 사회복지사 윤리강령에서 중요한 가치로 나타나고 있듯이 사회정의는 사회복지의 본질적인 가치이자 목표로 간주되어 왔다. 학자에 따라 사회정의의 실질적인 내용은 다양하며 논쟁이 되고 있으나, 사회정의는 한 사회에서 선과 악을 어떻게 올바르게 배분할 것인가에 관한 합리적인 기준을 의미한다(김기덕, 2006, p. 223). 그동안 사회복지 분야에서는 사회정의에 관해 가장 대표적인 윤리학자인 존 롤스(John Rawls)의 분배정의를 기반으로 사회정의를 실천하는데 관심이 있어 왔다(남현주, 2007). 롤스는 정의를 사회제도의 첫 번째 덕목으로 여겼으며, 정의의 원칙으로서 '평등한 자유의 원칙'과 '차등의 원칙'을 제시하였다(황경식, 2018; Rawls, 1999).

제1원칙에서는 모든 사람에게 평등하게 배분되어야 할 가장 우선적인 것은 자유

표 3-2 롤스(Rawls)의 정의의 원칙

제1원칙: 평등한 자유의 원칙(principle of equal liberty)
각자는 모든 사람에게 유사한 자유체계와 양립할 수 있는, 평등한 기본적 자유의 가장 광범위한 체계에 대해 평등한 권리를 가져야 한다.

제2원칙: 차등의 원칙(principle of difference)
사회적·경제적 불평등은 다음과 같은 두 조건을 만족시키도록 편성되어야 한다.

(a) 최소 수혜자에게 최대의 혜택이 되고,
(b) 공정한 기회 평등의 조건에서 모든 사람에게 개방된 직책과 직위가 결부되도록 한다.

이며, 이때 요구되는 자유는 가장 광범위한 기본적 자유이어야 함을 나타내고 있다. 제2원칙에서는 사회적 · 경제적 불평등한 처우가 정당화될 수 있는 조건을 제시하고 있는데, 그 사회에서 가장 취약한 사람에게 가장 큰 이득이 기대될 수 있으며, 공정한 기회 평등의 조건에서 모든 사람에게 개방된 직위와 직책에 관련되어 있는 한 불평등한 처우가 정당화될 수 있다고 하였다. 제1의 원칙은 제2의 원칙에 우선하며, 제2의 원칙에서는 공정한 기회 평등의 원칙이 우선한다고 하였다. 롤스의 정의론은 사회적 불평등을 해소하기 위한 재분배정책이나 소수자 우대정책과 같은 사회제도 및 사회적 취약계층의 권익을 옹호하고 역량을 강화하고자 하는 사회복지실천의 정당성에 대해 규범적 근거를 제공하고 있다.

사회정의를 촉진하기 위하여 사회복지사는 어떻게 해야 할 것인가에 대해서는 국제사회복지실천 윤리원칙 선언문에 다음과 같이 제시되어 있다(https://www.ifsw.org/global-social-work-statement-of-ethical-principles/).

- 차별과 제도적 억압에 대한 도전: 사회복지사는 연령, 능력, 시민지위, 계급, 문화, 민족, 성별, 성 정체성, 언어, 국적, 의견, 기타 신체적 특징, 신체적 또는 정신적 능력, 정치적 신념, 빈곤, 인종, 관계 상태, 종교, 성적 취향, 사회경제적 지위, 영적 신념 또는 가족 구조 등에 따른 차별에 도전한다.
- 다양성 존중: 사회복지사는 개인, 가족, 집단 및 지역사회의 차이를 고려하여 사회의 인종 및 문화적 다양성을 존중하는 포용적인 공동체를 강화하기 위해 노력한다.
- 공평한 자원에 대한 접근: 사회복지사는 자원과 부의 접근과 공평한 분배를 옹호하고 이를 위해 일한다.
- 부당한 정책 및 관행에 대한 도전: 사회복지사는 정책과 자원이 부적절하거나 정책과 관행이 억압적이거나 불공정하거나 유해한 상황에서 고용주, 정책 입안자, 정치인 및 대중의 관심을 끌기 위해 노력한다. 이렇게 하는 것으로 인해 사회복지사가 처벌되어서는 안된다.
- 연대 구축: 사회복지사는 혁신적 변화와 포용적이고 책임있는 사회를 위한 연

대 네트워크를 구축하기 위해 전문직 안팎에서 지역사회 및 동료와 적극적으로 일한다.

우리사회에서 사회정의에 대한 관심이 굉장히 높아지고 있으나 일반 대중의 사회정의에 대한 인식은 차별과 불평등을 개선하는 것을 사회정의로 여기는 사회복지계의 인식과는 다를 수 있다. 연구(이명호, 2021)에 의하면, '불평등과 같은 사회적 격차는 규정과 절차에 따라 경쟁한 결과로서 정당하며, 그 결과를 수정하려는 정책은 오히려 정의롭지 못하다'고 생각하는 것으로 나타나고 있다. 능력과 업적을 기준으로 분배가 이루어져야 한다는 인식은 사회복지제도가 전제하고 있는 합의와 원칙에 의문을 제기할 가능성이 크다. 따라서 사회복지사는 사회정의를 촉진하기 위하여 앞서 제시된 활동뿐만 아니라 사회정의에 대한 우리사회의 합의를 만들어 나가는 데도 적극적으로 참여할 필요가 있다.

4. 사회복지사의 가치에 대한 자기인식

사회복지사의 가치관은 어떤 클라이언트가 원조를 받을 만한 가치가 있는지, 어떤 변화가 가능하고 그 변화는 어떻게 이루어질 수 있는지 등에 대해서 영향을 미친다. 사회복지사는 자신의 개인적인 가치와 반대되는 문화적 · 종교적 신념을 가진 사람을 만날 수도 있으며, 때로는 개인적인 가치와 전문적인 가치 사이에서 갈등할 수도 있다. 그러므로 사회복지사는 자신의 가치체계가 무엇이고 이것이 자신의 행동과 대인관계에 어떻게 영향을 미치는지에 대해서 명확히 아는 것이 중요하다. 이러한 인식은 사회복지사 자신을 정직하게 해주고 비윤리적인 행동을 하지 않도록 도와준다. 사회복지사는 자신의 가치관을 객관적이고 합리적으로 평가해야 하며, 이 평가에 근거해 필요한 경우 자신의 가치관을 변화시켜야 한다.

다음은 원조전문가들이 자신들의 실천에서 가치관의 역할에 대해 생각해 볼 수 있는 기회를 마련하기 위해 제시된 질문의 일부(Corey, Corey, & Corey, 2017)로 사

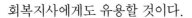

회복지사에게도 유용할 것이다.

- 사회복지사가 클라이언트의 가치선택에 영향을 미치는 것이 정당화될 수 있다고 생각하는가? 만약 그렇다면 언제 어떤 상황에서 정당화될 수 있는가?
- 사회복지사는 가치판단 없이 클라이언트와 솔직하게 상호작용하는 것이 가능한가?
- 클라이언트가 사회복지사 자신의 신념과 가치를 받아들이기를 바라는가?
- 사회복지사의 개입과정과 뗄 수 없는 특정 가치관이 있다고 믿는가? 만약 그렇다면 그런 가치관들은 무엇인가?
- 사회복지사 자신의 가치를 강요하지 않고 클라이언트에게 어떤 식으로 의사를 전달할 수 있는가?
- 다른 사람이 당신의 가치관에 대해 문제를 지적한다면 받아들일 준비가 되어 있는가?
- 클라이언트가 자신의 목표를 세울 수 있도록 도와주는 방식에 당신의 가치관과 신념이 어떻게 반영되는가?
- 당신의 가치관과 다르더라도 클라이언트가 자신의 가치와 신념을 선택하는 것을 허용하겠는가?
- 클라이언트가 당신의 신념과 가치관을 받아들일 때 당신은 어떨 것 같은가?

5. 사회복지실천과 윤리

윤리는 가치로부터 나오는 것으로 가치를 실현하는 행동의 기준이나 원칙을 말한다. 가치가 추구해야 할 이상적인 것과 관련된 것이라면 윤리는 옳고 그름을 판단하는 기준이 된다. 사회복지사들이 전문가로서의 가치, 지식 및 기술을 바탕으로 내린 거의 모든 결정에는 윤리적 측면을 다 포함한다. 사회복지실천을 전반적으로 살펴보면 사회복지실천의 주요 원칙은 곧 윤리적 원칙에 기반함을 알 수 있다. 또한 사회복지사는 실천과정에서 '주어진 상황에서 마땅히 해야 할 옳은 일은 무엇이며, 또 상황에서 비윤리적인 행동을 어떻게 피할 것인가?'와 같은 윤리적 질문을 하게 되는 경우를 많이 겪을 수 있다. 따라서 사회복지사는 실천과정에서 제기되는 윤리적 문제에 대처할 수 있는 능력을 갖추어야 한다. 사회복지실천 윤리는 사회복지사에게 무엇이 윤리적으로 올바른 실천인지를 인식할 수 있도록 도와주며, 복잡한 사회복지실천상황에서 직면할 수 있는 윤리적 쟁점에 대해 올바른 판단을 내릴 수 있도록 해 주는 지침이 된다.

사회복지실천에서 윤리가 본격적으로 논의되기 시작한 것은 1970년대부터이며, 그 이전에는 사회복지실천의 가치에 주로 초점이 주어졌다. 1970년대 후반에 사회복지실천 윤리에 대한 관심이 고조된 것은 다양한 요인에 기인하나, 특히 의학 분야를 비롯한 여러 분야에서의 기술적 발전, 사회복지 대상자의 권리에 대한 인식의 증가, 비윤리적인 전문가들에 대한 불만과 소송의 증가 등이 주요한 요인으로 작용하였다(Reamer, 2018). 장기이식이나 인공수태 등이 가능해지면서 환자가 심장이나 신장과 같은 장기를 기증받아야 하는지의 여부를 결정하는 데 어떤 기준이 적용되어야 하는지, 실험실 조작을 통해 태아에게 어느 정도 영향을 주는 것이 적절한지 등에 대해서 윤리적인 결정을 해야만 하는 상황이 많이 생겨났다. 그리고 사회적 변화로 인하여 환자의 권리, 재소자의 권리 등에 대한 사회적 관심이 증가하면서 사회복지전문직 내에서도 클라이언트의 권리에 대한 전문직의 윤리적 의무에 대해서 보다 관심을 가지게 되었다. 또한 다양한 원조전문직이 도움을 받으려는 사람들을 악용하거나 또는 업무상 과실행위를 한 점들이 언론에 널리 알려지면서 모든 전문직에 대한 불만과 소송이 증대하였고, 잠재적 폐해를 막기 위하여 사회복지실천 윤리에 대해 관심을 가지게 되었다.

사회복지실천 윤리는 사회복지사 윤리강령의 표준화를 통해서 본격적으로 논의되고 발전되었지만, 앞으로도 사회복지실천을 둘러싼 환경의 변화와 더불어 기존 윤리의 한계와 대안을 마련하는 체계적인 노력이 꾸준히 요구된다(Dolgoff, Loewenberg, & Harrington, 2012; Reamer, 2018). 컴퓨터기술 및 정보기술이 사회복지실천현장에도 많이 도입되면서 클라이언트의 사생활보호와 비밀보장에 관한 새로운 문제가 더 생길 수 있으며, 첨단의료기술의 발달은 의료서비스의 배분 및 삶과 죽음에 관한 새로운 문제들을 계속 야기할 것으로 보인다. 또한 사회복지 분야가 전문직으로 성숙함에 따라 취약계층에 관심을 집중해 온 전통적인 사회복지의 사명과 핵심 가치가 약화되는 형태로 구조적·제도적 요인들이 작용하고 있어서 이러한 정책의 윤리적인 한계를 파악하고 대안을 마련하는 노력이 필요하다.

6. 사회복지사 윤리강령

사회복지사들의 윤리적 결정을 돕는 가장 대표적인 것은 윤리강령이다. 일반적으로 윤리강령은 다음과 같은 기능이 있다(Dolgoff, Loewenberg, & Harrington, 2012).

- 실천가들에게 윤리적 쟁점을 포함하여 윤리적 딜레마에 대한 지침을 제공한다.
- 부정직하고 무능한 실천가로부터 대중을 보호한다.
- 자기규제를 통해 정부의 규제로부터 전문직을 보호한다.
- 전문직의 내부갈등으로부터 초래되는 자기파멸의 예방과 전문가들 간의 조화로운 화합을 도모한다.
- 강령을 준수한 실천가를 소송으로부터 보호한다.

미국사회복지사협회(National Association of Social Workers: NASW)의 윤리강령에는 윤리강령이 다음의 여섯 가지의 주요 목적이 있다고 밝히고 있다(www. socialworkers. org).

- 사회복지의 사명에 근거한 주요 가치를 확인한다.
- 전문직의 주요 가치를 반영하는 광범위한 윤리적 원칙을 요약하며 사회복지 실천에 대한 지침으로 사용될 구체적인 윤리적 기준을 수립한다.

- 전문직으로서의 의무가 상충되거나 윤리적인 불확실성이 있을 때 사회복지사들이 적절한 조치를 하도록 도와준다.
- 일반인들이 사회복지전문직을 신뢰할 수 있도록 윤리적 기준을 제공한다.
- 사회복지의 사명, 가치, 윤리적 원칙 및 윤리적 기준에 대하여 신진사회복지사들을 사회화시킨다.
- 사회복지사들이 비윤리적인 행위에 관여했는지의 여부를 사회복지전문직이 판단할 수 있는 기준을 만든다. 기준을 어길 시에는 NASW의 공식적인 판결절차를 따른다.

우리나라 사회복지사 윤리강령은 1973년에 초안 제정이 결의되었으며, 1982년에 윤리강령이 제정 공포되었다. 그동안 윤리강령은 1988년에 1차 개정, 1992년에 2차 개정, 2001년에 3차 개정이 되었다. 2021년에 4차 개정으로 특정 단어(사회복지사의 기본윤리—전문가로서의 자세에서 성 취향을 성적 지향으로 수정)만 수정되었으며, 사실상 2001년에 개정된 윤리강령이 20년 넘게 사용되어 왔다(한국사회복지사협회 홈페이지, www.welfare.net). 현행 윤리강령이 사회복지실천현장의 변화된 현실을 충분히 반영하지 못하며 윤리강령의 내용과 범위가 제한적이라는 점에서 개정의 필요성이 대두됨에 따라, 5차 개정을 위한 일련의 활동이 이루어지고 있다(한국사회복지사협회, 2022).

현행 사회복지사의 윤리강령은 전문, 윤리기준, 사회복지사의 선서로 구성되어 있다. 전문에는 기본적인 이념이, 윤리기준에는 기본적 윤리기준, 클라이언트에 대한 윤리기준, 동료에 대한 윤리기준, 사회에 대한 윤리기준 및 기관에 대한 윤리기준으로 나누어 제시되고 있다. 윤리강령이 모든 윤리적인 딜레마에서 고려해야 할 점들을 사정하고 해결책을 제시해 주는 데 한계는 있지만 사회복지사가 지켜야 할 윤리적인 책임과 원칙이 제시되어 있으므로 세부적인 윤리기준을 잘 알아야 한다.

사회복지사 윤리강령

2021. 07. 05. 개정

전문

사회복지사는 인본주의·평등주의 사상에 기초하여, 모든 인간의 존엄성과 가치를 존중하고 천부의 자유권과 생존권의 보장활동에 헌신한다. 특히 사회적·경제적 약자들의 편에 서서 사회정의와 평등·자유와 민주주의 가치를 실현하는 데 앞장선다. 또한 도움을 필요로 하는 사람들의 사회적 지위와 기능을 향상시키기 위해 저들과 함께 일하며, 사회제도 개선과 관련된 제반 활동에 주도적으로 참여한다. 사회복지사는 개인의 주체성과 자기결정권을 보장하는 데 최선을 다하고, 어떠한 여건에서도 개인이 부당하게 희생되는 일이 없도록 한다. 이러한 사명을 실천하기 위하여 전문적 지식과 기술을 개발하고, 사회적 가치를 실현하는 전문가로서의 능력과 품위를 유지하기 위해 노력한다. 이에 우리는 클라이언트·동료·기관 그리고 지역사회 및 전체사회와 관련된 사회복지사의 행위와 활동을 판단·평가하며 인도하는 윤리기준을 다음과 같이 선언하고 이를 준수할 것을 다짐한다.

윤리기준

I. 사회복지사의 기본적 윤리기준

1. 전문가로서의 자세

1) 사회복지사는 전문가로서의 품위와 자질을 유지하고, 자신이 맡고 있는 업무에 대해 책임을 진다.

2) 사회복지사는 클라이언트의 종교·인종·성·연령·국적·결혼 상태·성적 지향·경제적 지위·정치적 신념·정신, 신체적 장애·기타 개인적 선호, 특징, 조건, 지위를 이유로 차별 대우를 하지 않는다.

3) 사회복지사는 전문가로서 성실하고 공정하게 업무를 수행하며, 이 과정에서 어떠한 부당한 압력에도 타협하지 않는다.

4) 사회복지사는 사회정의 실현과 클라이언트의 복지 증진에 헌신하며, 이를 위한 환경조성을 국가와 사회에 요구해야 한다.

5) 사회복지사는 전문적 가치와 판단에 따라 업무를 수행함에 있어, 기관 내외로부터 부당한 간섭이나 압력을 받지 않는다.

6) 사회복지사는 자신의 이익을 위해 사회복지전문직의 가치와 권위를 훼손해서는 안 된다.

7) 사회복지사는 한국사회복지사협회 등 전문가단체 활동에 적극 참여하여, 사회정의 실현과 사회복지사의 권익옹호를 위해 노력해야 한다.

2. 전문성 개발을 위한 노력

1) 사회복지사는 클라이언트에게 최상의 서비스를 제공하기 위해, 지식과 기술을 개발하는 데 최선을 다하며 이를 활용하고 전파할 책임이 있다.

2) 클라이언트를 대상으로 연구하는 사회복지사는 저들의 권리를 보장하기 위해, 자발적이고 고지된 동의를 얻어야 한다.

3) 연구과정에서 얻은 정보는 비밀보장의 원칙에서 다루어져야 하고, 이 과정에서 클라이언트는 신체적·정신적 불편이나 위험·위해 등으로부터 보호되어야 한다.

4) 사회복지사는 전문성을 개발하기 위해 노력하되, 이를 이유로 서비스의 제공을 소홀히 해서는 안 된다.

5) 사회복지사는 한국사회복지사협회 등이 실시하는 제반교육에 적극 참여하여야 한다.

3. 경제적 이득에 대한 태도

1) 사회복지사는 클라이언트의 지불능력에 상관없이 서비스를 제공해야 하며, 이를 이유로 차별대우를 해서는 안 된다.

2) 사회복지사는 필요한 경우에 제공된 서비스에 대해, 공정하고 합리적으로 이용료를 책정해야 한다.

3) 사회복지사는 업무와 관련하여 정당하지 않은 방법으로 경제적 이득을 취하여서는 안 된다.

II. 사회복지사의 클라이언트에 대한 윤리기준

1. 클라이언트와의 관계

1) 사회복지사는 클라이언트의 권익옹호를 최우선의 가치로 삼고 행동한다.

2) 사회복지사는 클라이언트에 대하여 인간으로서의 존엄성을 존중해야 하며, 전문적 기술과 능력을 최대한 발휘한다.

3) 사회복지사는 클라이언트가 자기결정권을 최대한 행사할 수 있도록 도와야 하며, 저들의 이익을 최대한 대변해야 한다.

4) 사회복지사는 클라이언트의 사생활을 존중하고 보호하며, 직무 수행과정에서 얻은 정보에 대해 철저하게 비밀을 유지해야 한다.

5) 사회복지사는 클라이언트가 받는 서비스의 범위와 내용에 대해, 정확하고 충분한 정보를 제공함으로써 알 권리를 인정하고 존중해야 한다.

6) 사회복지사는 문서 · 사진 · 컴퓨터 파일 등의 형태로 된 클라이언트의 정보에 대해 비밀보장의 한계 · 정보를 얻어야 하는 목적 및 활용에 대해 구체적으로 알려야 하며, 정보공개 시에는 동의를 얻어야 한다.

7) 사회복지사는 개인적 이익을 위해 클라이언트와의 전문적 관계를 이용하여서는 안 된다.

8) 사회복지사는 어떠한 상황에서도 클라이언트와 부적절한 성적 관계를 가져서는 안 된다.

9) 사회복지사는 사회복지 증진을 위한 환경조성에 클라이언트를 동반자로 인정하고 함께 일해야 한다.

2. 동료의 클라이언트와의 관계

1) 사회복지사는 적법하고도 적절한 논의 없이 동료 혹은 다른 기관의 클라이언트와 전문적 관계를 맺어서는 안 된다.

2) 사회복지사는 긴급한 사정으로 인해 동료의 클라이언트를 맡게 된 경우, 자신의 의뢰인처럼 관심을 갖고 서비스를 제공한다.

III. 사회복지사의 동료에 대한 윤리기준

1. 동료

1) 사회복지사는 존중과 신뢰로서 동료를 대하며, 전문가로서의 지위와 인격을 훼손하는 언행을 하지 않는다.

2) 사회복지사는 사회복지전문직의 이익과 권익을 증진시키기 위해 동료와 협력해야 한다.

3) 사회복지사는 동료의 윤리적이고 전문적인 행위를 촉진시켜야 하며, 이에 반하는 경우에는 제반 법률규정이나 윤리기준에 따라 대처해야 한다.

4) 사회복지사가 전문적인 판단과 실천이 미흡하여 문제를 야기했을 때에는 적절한 조치를 취하여 클라이언트의 이익을 보호해야 한다.

5) 사회복지사는 전문직 내 다른 구성원이 행한 비윤리적 행위에 대해, 제반 법률규정이나 윤리기준에 따라 조치를 취해야 한다.

6) 사회복지사는 동료 및 타 전문직 동료의 직무가치와 내용을 인정 · 이해하며, 상호 간에 민주적인 직무관계를 이루도록 노력해야 한다.

2. 슈퍼바이저

1) 슈퍼바이저는 개인적인 이익의 추구를 위해 자신의 지위를 이용해서는 안 된다.

2) 슈퍼바이저는 전문적 기준에 의해 공정하게 책임을 수행하며, 사회복지사 · 수련생 및 실습생에 대한 평가는 저들과 공유해야 한다.

3) 사회복지사는 슈퍼바이저의 전문적 지도와 조언을 존중해야 하며, 슈퍼바이저는 사회복지사의 전문적 업무수행을 도와야 한다.

4) 슈퍼바이저는 사회복지사 · 수련생 및 실습생에 대해 인격적 · 성적으로 수치심을 주는 행위를 해서는 안 된다.

IV. 사회복지사의 사회에 대한 윤리기준

1) 사회복지사는 인권존중과 인간평등을 위해 헌신해야 하며, 사회적 약자를 옹호하고 대변하는 일을 주도해야 한다.

2) 사회복지사는 필요한 사회서비스를 개발하기 위한 사회정책의 수립 · 발전 · 입법 · 집행에 적극적으로 참여하고 지원해야 한다.

3) 사회복지사는 사회환경을 개선하고 사회정의를 증진시키기 위한 사회정책의 수립 · 발전 · 입법 · 집행을 요구하고 옹호해야 한다.

4) 사회복지사는 자신이 일하는 지역사회의 문제를 이해하고, 그것을 해결하는 일에 적극적으로 참여해야 한다.

V. 사회복지사의 기관에 대한 윤리기준

1) 사회복지사는 기관의 정책과 사업목표의 달성, 서비스의 효율성과 효과성의 증진을 위해 노력함으로써 클라이언트에게 이익이 되도록 해야 한다.

2) 사회복지사는 기관의 부당한 정책이나 요구에 대하여, 전문직의 가치와 지식을 근거로 이에 대응하고 즉시 사회복지윤리위원회에 보고해야 한다.

3) 사회복지사는 소속기관 활동에 적극 참여함으로써, 기관의 성장발전을 위해 노력해야 한다.

VI. 사회복지윤리위원회의 구성과 운영

1) 한국사회복지사협회는 사회복지윤리위원회를 구성하여, 사회복지윤리실천의 질적인 향상을 도모하여야 한다.
2) 사회복지윤리위원회는 윤리강령을 위배하거나 침해하는 행위를 접수받아, 공식적인 절차를 통해 대처하여야 한다.
3) 사회복지사는 한국사회복지사협회의 윤리적 권고와 결정을 존중하여야 한다.

사회복지사선서

나는 모든 사람들이 인간다운 삶을 누릴 수 있도록,

인간의 존엄성과 사회정의의 신념을 바탕으로,

개인 · 가족 · 집단 · 조직 · 지역사회 · 전체사회와 함께 한다.

나는 언제나 소외되고 고통받는 사람들의 편에 서서,

저들의 인권과 권익을 지키고,

사회의 불의와 부정을 거부하면서,

개인이익보다 공공이익을 앞세운다.

나는 사회복지사 윤리강령을 준수함으로써,

도덕성과 책임성을 갖춘 사회복지사로 헌신한다.

나는 나의 자유의지에 따라 명예를 걸고 이를 엄숙하게 선서합니다.

7. 사회복지실천상의 윤리적인 딜레마

　사회복지사는 복잡한 윤리적인 이슈와 관련된 결정을 자주 하게 된다. 사회복지사는 클라이언트의 윤리적인 문제를 가려내도록 도울 뿐만 아니라 사회복지사로서 자신이 취해야 할 행동이 윤리적으로 적절한지를 결정해야 한다. 어떤 경우에는 사회복지사가 두 가지 이상의 윤리적인 의무를 가지고 있으나 한 가지를 위반하지 않고는 다른 것을 지킬 수 없는 상황, 즉 윤리적인 딜레마가 발생하기도 한다. 또한 다양한 대상체계(클라이언트, 사회복지사, 기관, 지역사회 등)가 의사결정을 해야 하는 상황에서 문제의 정의, 목표 설정, 우선순위, 전략과 수단에 대한 결정, 바람직한 결과 등에 대해 서로 의견을 달리하거나 또는 다양한 대상체계가 인간본성, 가치, 이슈, 체계 수준에 대한 서로 다른 가정을 가지고 있을 때, 사회복지사는 윤리적인 결정을 하는 데 더 큰 어려움을 겪을 수 있다(Dolgoff, Loewenberg, & Harrington, 2012).

윤리적인 문제는 일반적으로 상충되는 가치와 상충되는 충성심으로 인해 발생한다(Dolgoff, Loewenberg, & Harrington, 2012). 사회복지실천에서 강조되는 가치들은 다양하며 어느 것이 우선적이라고 단정하기 어렵기 때문에 사회복지사들이 상충되는 가치를 직면할 경우 윤리적인 딜레마를 가장 많이 경험할 수 있다. 예를 들어, 의학적 치료를 받지 않으면 생명이 위험한 노인이 경제적으로 어려운 형편에 있는 자녀에게 부담을 주지 않기 위해 자신의 질병을 자녀에게 알리지 말며 치료도 받지 않겠다고 하는 경우, 사회복지사는 클라이언트의 비밀보장 및 자기결정과 생명보호의 가치 사이에서 윤리적인 딜레마를 경험할 수 있다.

사회복지사들이 경쟁과 갈등상태에 있는 집단으로부터 제각기 충성심을 요구받는 경우에 윤리적인 딜레마를 경험할 수 있다. 예를 들어, 사회복지사가 근무하는 기관에서 요구하는 바가 클라이언트의 이익에 배치되는 경우, 기관에 대한 의무와 클라이언트에 대한 의무 사이에서 윤리적인 딜레마가 있을 수 있다. 또한 가정폭력이 발생하는 가족에 대한 개입과 같이 여러 클라이언트 체계를 다루어야 하는 경우, 누구의 관점과 이익에 우선순위를 두고 개입을 할지에 대해 윤리적인 딜레마가 있을 수 있다.

다음은 사회복지실천과정에서 겪을 수 있는 윤리적인 딜레마의 일부다(Dolgoff, Loewenberg, & Harrington, 2012; Reamer, 2009, 2018).

1) 비밀보장에서의 윤리적인 딜레마

비밀보장은 사회복지전문직의 기본적인 원칙으로 사회복지사는 전문적인 서비스를 제공하는 과정에서 얻은 정보의 비밀을 지켜야 한다. 정보의 공개는 원조관계에 손상을 입힐 수 있고, 클라이언트를 법적·사회적 어려움에 처하게 할 수 있으며, 정보를 공개했다는 이유로 사회복지사 자신이 윤리적·법적 소송을 당할 수도 있다. 그런데 사회복지사는 클라이언트가 제3자에게 위협을 가할 것이라는 것을 알게 된 경우 제3자를 보호하기 위하여 그 정보를 공개할 것인가에 대해서 딜레마를 겪을 수 있다. 부부 상담에서 남편이나 아내가 자신의 배우자에게 꼭 비밀로 해 달라고 하는 정보가 있다면 사회복지사는 배우자에게 비밀을 지켜야 할지 아니면 알려야 할지에 대해 갈등을 겪을 수 있다.

2) 클라이언트의 자기결정에서의 윤리적인 딜레마

사회복지실천과정에서 클라이언트는 자유로운 선택과 결정을 할 수 있는 권리와 욕구가 있다. 사회복지사는 자기결정권이 실현될 수 있도록 클라이언트의 선택에 필요한 충분한 정보의 제공과 실행 가능한 대안을 제시할 의무가 있으며 부당하게 영향을 주거나 강제하는 것을 삼가해야 한다. 그런데 클라이언트의 자기결정권은 사회복지사의 온정주의와 상충하면서 윤리적인 딜레마가 발생할 수 있다. 사회복지사는 클라이언트의 이익을 위해서 정보를 완전히 공개하지 않거나 또는 클라이언트가 원하지 않더라도 강제적으로 보호시설이나 치료시설에 입소를 시키는 것이 더 정당하다고 여길 수 있다.

3) 전문적 가치와 개인적 가치 사이의 윤리적인 딜레마

사회복지사는 자신의 개인적인 가치가 사회복지실천의 주요한 가치나 자신이 일하고 있는 기관이 표방하는 주요 가치와 서로 맞지 않아 윤리적인 갈등을 경험할 수 있다. 예를 들어, 사회복지사가 주요한 공공 정책이슈와 관련하여 기관의 정치적 결사체나 입장에 반대하는 경우에 그러하다. 또한 사회복지사의 개인적인 가치가 클라이언트의 가치와 충돌할 수 있는데, 클라이언트가 불법적인 활동 또는 비윤리적인 행동을 하는 경우 가치 충돌이 일어날 수 있다.

4) 전문적 경계에서의 윤리적 딜레마

사회복지사는 클라이언트와의 관계에서 분명한 경계를 유지해야 한다. 혼동스러운 경계나 이중·다중 관계는 개입의 목적과 과정을 훼손할 수 있기 때문이다. 예를 들어, 사회복지사가 개인적으로 겪는 어떤 어려움을 자신의 클라이언트가 도와줄 수 있을 것 같은 경우 사적인 도움을 요청하면 사회복지사와 클라이언트와의 관계가 혼란스러워진다. 부적절한 성관계나 사업관계처럼 명백히 비윤리적인 이중관계도 있으나 비윤리적인 이중관계로 보기에는 다소 모호한 경우도 있다. 예를 들어, 사회복지사가 거주하는 지역사회가 크지 않아 여러 모임에서 클라이언트를 만나게 되는 것을 피할 수 없거나 클라이언트가 자신의 삶에 있어서 중요한 행사에 사회복지사를 초대하는 경우 그 초대에 응하는 것을 비윤리적인 이중관계로 보아야 할지 주의 깊은 분석과 자문이 필요할 수 있다.

5) 제한된 자원의 할당에서의 윤리적 딜레마

사회복지실천현장에서는 필요로 하는 서비스나 프로그램에 비해 자원은 제한되어 있어서 사회복지사들은 자원할당에 관해 어려운 결정을 내려야만 하는 경우가 많다. 자원배분이 때로는 행정가 개인의 편견, 정치적 압력, 기관 전통 등 사회적 정의나 공평성의 개념과 상관없이 이루어기도 하나 사회복지사는 자원배분에 관한 윤리적인 문제를 충분히 검토해야 한다. 자원을 배분하는 기준이 모든 자격을 갖춘 사람에게 자원을 동일하게 나누어야 할지, 욕구의 정도에 따라 우선순위를 정해야 할지, 아니면 사회적으로 불공정한 차별을 받아온 사람을 더 우선적으로 고려해야 할지 등 다양한 기준이 적용될 수 있다.

6) 규칙 및 법의 준수에서의 윤리적 딜레마

사회복지사들은 때로는 부당하다고 생각되는 규칙과 법을 대하게 된다. 이러한 경우에 클라이언트를 심각한 위해로부터 보호하기 위해 규칙이나 법을 위반해야 할지 아니면 합법적으로 제정된 규칙과 법을 반드시 지켜야 할지에 대한 결정을 내려야 한다. 예를 들어, 시설에 입소해야만 하는 불가피한 상황인데도 입소자격을 갖추지 못한 경우라면, 생존권을 존중해야 한다는 관점에서 입소를 허용해야 할지 아니면 법률에 위반되는 대상자의 입소를 반대해야 할지 갈등상황에 놓이게 된다.

7) 전문적 동료관계에서의 윤리적 딜레마

만일 사회복지사가 동료의 불법적인 행위를 발견하게 된다면 사회복지사는 어떻게 해야 할지 매우 혼란스러울 것이다. 부정행위가 너무 심각하여 상부기관이나 슈퍼바이저에게 보고하는 것만이 유일한 선택일 수도 있지만 동료의 부정행위를 둘러싼 상황은 애매할 수도 있다. 불법 행위의 증거가 희박하고 부정행위의 결과도 분명치 않다면 고발이 동료와 기관에게 미칠 영향과 덜 극단적인 방법으로 문제를 해결할 수 있는 방법은 없는지 등을 고려해 볼 수도 있다.

8) 조사와 평가에서의 윤리적 딜레마

사회복지 분야에서 욕구조사, 임상적 실천 및 프로그램에 대한 평가, 기관 운영 전반에 대한 평가 등의 중요성이 강조되면서 사회복지사들이 조사와 평가활동에 참여하는 정도가 증가하고 있다. 이러한 평가와 조사연구활동에서 윤리적인 문제가 발생할 수 있다. 예를 들어, 특정 서비스의 효과성 여부에 대한 조사를 위해서 일부 대상자를 통제 집단에 배정하여 서비스 제공을 보류해야 하는 경우, 클라이언트가 연구목적을 이해하고 동의하는 능력이 의심스러운 경우, 연구의 목적을 숨기고 연구를 하는 경우 등에서 윤리적인 문제가 발생할 수 있다.

8. 사회복지실천과 윤리적인 의사결정

1) 윤리적인 의사결정의 특성에 대한 이해

사회복지실천에서 윤리적인 의사결정이란 사회복지실천과정에서 발생하는 다양한 윤리적인 딜레마를 해결하기 위하여 사회복지사가 선택할 수 있는 다양한 대안들 가운데 가장 윤리적인 것을 선택하는 행위를 말한다. 사회복지실천에서 이루어지는 윤리적인 의사결정은 다음과 같은 특징이 있다(김기덕, 2006, pp. 253-257).

첫째, 윤리적인 의사결정은 기본적으로 이성적인 작업이다. 사회복지사는 이성적인 판단을 사용하여 충동적이며 비계획적인 요소를 최소한도로 줄이고 객관적인 합리성에 근거해서 윤리적인 의사결정을 한다.

둘째, 윤리적인 의사결정은 일련의 단계로 이루어지는 하나의 과정이다. 윤리적인 의사결정은 순간적인 판단이 아니라 체계적으로 이루어져야 하며 주어진 사례와 관련된 모든 측면들을 고려하기 위해서는 조직화된 일련의 단계를 따르는 것이 중요하다.

셋째, 윤리적인 의사결정에는 이성적이고 합리적인 요인과 함께 심리적인 요인도 영향을 미친다. 감정과 이성은 인간이 도덕적인 사고를 해나가는 데 상호보완적인 자원으로 활용되어야 하며, 윤리적인 의사결정과정에 심리적인 요소도 작용한다는 점을 분명하게 인식하는 것이 좀 더 나은 결과를 얻는 데 중요하다.

넷째, 윤리적인 의사결정은 다양한 가치 사이에서 이루어지는 하나의 절충이다. 윤리적 결정은 단순히 올바른 것과 나쁜 것 사이에서 하나를 구별하는 것처럼 쉬운 경우는 거의 없으며, 서로 양립할 수 없지만 둘 다 윤리적으로 존중되어야 하는 가치나 의무 사이에서 하나를 선택하거나 또는 서로 양립할 수 없으면서 동시에 둘다 윤리적으로 바람직하지 않은 행위들 중에 하나를 선택해야 하는 것이다.

다섯째, 윤리적인 의사결정과정은 결정원칙과 결정절차에 의해서 이루어진다. 윤리적인 의사결정은 서로 경합하는 가치와 의무 사이의 우선순위를 정하는 것으로, 우선순위에 대한 판단기준이 필요하며 또한 우선순위를 합리적으로 확인하고 판단해 나가는 데 요구되는 일련의 체계적 절차가 필요하다.

여섯째, 윤리적 의사결정은 주어진 사례의 윤리적 측면만을 고려해 이루어지는 것이 아니라 비윤리적 요소의 영향을 받는다. 비윤리적 요소에는 사회복지실천과 관련된 전문지식 및 사회복지사 자신의 실천 경험 등이 포함된다.

일곱째, 윤리적인 결정이 합리적·체계적 기준과 절차에 의해 이루어지는 것이라 해도 그 과정에서 의사결정자가 가지는 자유재량의 요소가 있다. 윤리적 의사결정은 분명하게 주어진 원칙, 규칙, 규정을 주어진 사례에 기계적으로 적용하는 것이 아니며, 사회복지사는 의사결정과정에서 여러 가지 선택과 판단의 재량을 가진다.

여덟째, 윤리적인 의사결정과정은 한 명의 사회복지사에 의해 독단적으로 되는 것이 아니며 결정에 영향을 끼칠 수 있고 또 영향을 받을 수 있는 모든 당사자들이 전체적으로 참가한 결과이다. 다양한 행위 주체가 결정과정에 참가하는 것이 바람직한 윤리적인 의사결정의 전제가 되는 민주주의 정서를 구현하는 것이다.

2) 윤리적인 의사결정 모델

사회복지실천현장에서 일어나는 윤리적인 딜레마를 분석하고 이와 관련한 의사결정의 문제를 해결하기 위하여 다양한 모델이 개발되었다. 여러 학자가 제시한 모델은 윤리적 의사결정 시에 견지해야 할 생각의 방향을 제시하는 모델, 가치와 원칙 사이의 우선순위에 대한 지침 제공을 주요 목적으로 하는 모델, 의사결정과정에서 다양한 결정의 단계를 어떻게 체계적으로 조직화하는가에 중점을 두는 모델, 윤리적인 의사결정의 핵심 요소인 원칙과 절차에 대해 모두 관심을 가지고 있는 모델로 나눌 수 있다(김기덕, 2006). 여기서는 원칙과 절차 모두에 관심을 가지고 이 둘을 유기적으로 통합하고자 시도한 돌고프(Dolgoff)와 동료들이 개발한 모델에 대해 간단히 살펴본다.

돌고프와 동료들은 사회복지사들이 윤리적인 결정을 하는 데 적용 가능한 일반적 결정 모델과 3개의 윤리적 사정 심사표를 개발하여 제시하고 있다(Dolgoff, Loewenberg, & Harrington, 2012). [그림 3-1]에 제시된 '일반적 의사결정 모델'은 윤리적인 결정뿐만 아니라 일반적인 의사결정에도 사용 가능한 모델로, 사회복지사들이 직면한 다양한 개입상황에서 무엇이 필요한지를 합리적으로 계획할 수 있도록 7단계로 제시하고 있다. 이 모델은 사회복지사는 개입에서 필요로 하는 것을 합

1. 문제 및 이 문제와 관련된 사람, 기관, 클라이언트, 전문가, 지지체계, 희생자 등을 확인한다.

2. 누가 의사결정에 참여할 것인지를 결정한다.

3. 클라이언트와 사회복지사를 포함하여 1단계에서 확인된 사람들의 가치를 확인한다.

4. 문제를 해결하거나 줄일 수 있다고 믿는 목적과 목표를 확인한다.

5. 대안이 되는 개입전략과 표적을 확인하고, 확인된 목적과 관련하여 각 대안의 효과성과 효율성을 사정한다.

6. 가장 적합한 전략을 선택하고 실행한다.

7. 예기치 않은 결과에 특별히 주의를 기울이면서 실행을 점검하고, 결과를 평가하며, 추가적인 문제와 기회, 선택을 확인한다.

그림 3-1   일반적 의사결정 모델(General Decision–Making Model)

출처: Dolgoff, Loewenberg, & Harrington (2012). p. 73.

표 3-3 윤리적 사정 심사(Ethical Assessment Screen)

1. 이 윤리적 딜레마와 관련하여 이루어져야 할 윤리적 의사결정과 관련된 전문적 가치와 윤리, 자신의 가치 및 사회적 가치를 확인한다.
2. 개인적·사회적·전문적 가치 사이에서 갈등을 최소화하기 위해 당신은 무엇을 할 수 있는가?
3. 당신이 취할 수 있는 대안적인 윤리적 선택을 확인한다.
4. 어떤 윤리적인 대안이 클라이언트의 권리, 타인의 권리, 사회의 권리 간의 갈등을 최소화하며 또한 클라이언트의 권리와 복지, 타인의 권리와 복지, 사회의 권리와 이익을 최대한 보호할 것인가?
5. 어떤 대안의 행위가 가장 효율적, 효과적, 윤리적이며 또한 가장 최소한의 피해를 줄 것인가?
6. 각 대안에 대해 단기 및 장기적인 윤리적 결과를 고려하고 비교해 보았는가
7. 최종 확인: 계획된 행위는 공정하며, 일반화할 수 있고, 타당한가?

출처: Dolgoff, Loewenberg, & Harrington (2012). p. 74.

리적으로 결정할 수 있는 능력이 있으며, 비합리적이며 충동적이고 무계획적인 결과를 최소화하기를 원한다는 가정에 기초하고 있다.

〈표 3-3〉의 '윤리적 사정 심사'는 사회복지사들이 사회복지실천에서 의사결정의 윤리적 측면을 더 명료화하고 통합하도록 도와주기 위한 것이다. [그림 3-2]의

> 1. 윤리강령을 살펴보고 어떤 규칙을 적용할 수 있는지 결정한다. 이러한 규칙들은 사회복지사 개인의 가치 체계보다 우선되어야 한다.

> 2. 한 가지 또는 여러 가지의 강령규칙이 적용된다.

> 3. 구체적인 문제에 대해서 강령규칙이 직접적으로 부합되지 않거나 또는 여러 개의 강령규칙이 상충되는 지점을 제공한다.

> 강령규칙을 따른다.

> 윤리적 원칙 심사 (〈표 3-4〉)를 이용한다.

그림 3-2 윤리적 규칙 심사(Ethical Rules Screen)

'윤리적 규칙 심사'는 윤리강령의 적용에 대한 지침이다. 사회복지사들은 우선 윤리적 규칙심사를 먼저 사용해야 하며, 만일 이것이 만족스러운 지침을 제공하지 못할 경우 다음 단계로 '윤리적 원칙 심사'(〈표 3-4〉)를 사용해야 한다. '윤리적 원칙 심사'는 윤리적 원칙의 우선순위를 제시해 놓은 것으로, 높은 순위의 원칙을 지키는 것이 낮은 순위의 원칙을 지키는 것보다 더 우선시된다.

표 3-4 윤리적 원칙 심사(Ethical Principles Screen)

1. 생명보호 원칙 (protection of life)	클라이언트 및 모든 사람의 생명에 다 적용되는 가장 기본적인 윤리적 원칙으로 다른 윤리적 원칙보다 우선시된다.
2. 사회정의 원칙 (social justice)	동등한 상황에 있는 사람은 동등하게 처우되어야 하며, 다른 상황에 있는 사람이 불평등 문제와 관련이 있다면 다르게 처우되어야 한다. 즉, 취약한 위치에 있는 사람에게 더 많은 혜택이 가도록 하는 것이 사회정의를 촉진하는 것이다.
3. 자기결정, 자율성과 자유 원칙 (self determination, autonomy & freedom)	사회복지사는 개인의 자기결정, 자율성, 자유를 강화해야 한다. 그러나 자기결정, 자율성, 자유의 보장이 타인이나 클라이언트에게 해가 되는 경우, 사회복지사는 원칙 1에 따라 개입해야 할 의무가 있다.
4. 최소 해악 원칙 (least harm)	사회복지사는 위해가 발생하는 것을 미리 예방해야 하며, 어떤 대안을 택하더라도 클라이언트나 다른 사람에게 피해가 생기는 상황이라면 최소한의 해가 되는 것을 선택해야 한다.
5. 삶의 질 원칙 (quality of life)	사회복지사는 클라이언트 개인 및 지역사회의 보다 나은 삶의 질을 촉진하는 실천을 해야 하며, 무엇보다 우선적으로 클라이언트의 안녕을 촉진해야 한다.
6. 사생활보호와 비밀보장 원칙 (privacy & confidentiality)	사회복지사는 모든 사람의 사생활보호와 비밀보장 권리를 최대한 강화하는 실천을 해야 한다. 그러나 비밀보장이 오히려 해를 초래할 경우 폭력이나 손해를 예방하는 것이 더 우선시되어야 한다.
7. 진실성과 완전 개방 원칙 (truthfulness & full disclosure)	사회복지사는 진실을 말해야 하며 관련된 모든 정보를 충분히 공개해야 한다. 사회적 및 전문적 관계를 원활히 하기 위해서는 신뢰가 필요하며 신뢰는 정직에 기반한다.

출처: Dolgoff, Loewenberg, & Harrington (2012). pp. 80-82에서 구성

연습문제

1. 다음은 사회복지실천과 관련된 몇 가지 쟁점에 대한 질문으로, 여러분 자신의 가치관을 확인하고 명확히 하는 데 도움이 되기 위한 목적으로 제시되었다. 옳고 그른 답이 있는 것이 아니니 각 질문에 대해 답해 보고, 다른 사람들과도 의견을 나누어 보시오.

   1) 미혼이라면, 다른 인종의 사람과 결혼하겠습니까?

   2) 낙태를 불법화하는 정책을 지지합니까?

   3) 특정 유형의 범죄에 대해서 사형이 반드시 필요하다고 생각합니까?

   4) 여성을 잔인하게 성폭행한 사람을 당신의 클라이언트로 면담할 수 있겠습니까?

   5) 당신이 노인이 되어 자신을 돌볼 수 없을 때 기꺼이 요양원에 가겠습니까?

   6) 알코올중독자를 위한 그룹홈이 여러분의 집주변에 있게 되는 것을 찬성하겠습니까?

2. 사회복지사와의 면담을 통하여 실천현장에서 주로 경험하는 윤리적인 딜레마는 무엇인지 알아보시오.

3. 여러분이 관심을 가지고 있는 분야나 인구대상과 관련된 인권의 내용과 인권의 실태에 대해 알아보시오.

4. 돌고프와 동료들이 제시한 윤리적 원칙의 우선순위에 대해 급우들과 논의해 보고 여러분이 생각하는 우선순위를 정해 보시오.

제**4**장
사회복지실천의 관점과 관련 접근

　사회복지학은 실천 학문 혹은 응용 학문으로서 인간과 사회에 관한 다양한 이론을 실제에 적용하는 실사구시(實事求是)를 강조한다. 같은 맥락에서 사회복지실천은 인접 학문과 사회복지학에서 제시하는 다양한 순수 혹은 응용이론과 지식을 과학적이고 창의적으로 적용하여 클라이언트의 문제를 해결하거나 사회 환경을 개선하기 위한 활동이다. 사회복지사는 다양한 학문, 즉 정치학, 경제학, 경영학, 사회학, 인류학, 심리학, 의학, 법학, 교육학, 철학, 종교학 등에서 가져온 이론들과 지식을 사회복지실천의 관점을 통해 실제에 적용한다. 이 장에서는 다양한 이론과 지식을 적용하기 위한 사회복지실천의 관점을 살펴본다.

　관점(perspective)이란, 현상 혹은 상황을 이해하기 위한 기본 틀로서 이론(theory)의 상위 개념이다. 예를 들어, 발달 과정을 강조하는 발달 관점은 애착이론이나 인지발달이론, 도덕성발달이론의 상위 개념으로서 여러 이론을 실제에 적용하는 기본 틀을 제공한다. 사회복지실천의 주요 관점으로는 생태체계 관점, 발달 관점, 강점 관점 등을 포함한다.

제1장에서 살펴보았듯이, 사회복지사는 인간과 환경의 상호성에 많은 관심을 둔다. 사회복지사는 클라이언트와 클라이언트가 처해 있는 환경을 이해하고 클라이언트와 환경과의 상호작용에 관여한다. 또한 사회복지사는 클라이언트의 발달 과정과 경험, 과거가 현재에 미치는 영향 등에 주의를 기울인다. 이런 점에서 클라이언트와 환경의 관계를 설명하는 생태체계 관점과 클라이언트의 성장과 변화를 설명하는 발달 관점은 매우 유용하다. 생태체계 관점이 클라이언트가 처한 상황을 공간의 개념에서 이해하도록 돕는다면, 발달 관점은 클라이언트를 시간의 개념에서 이해하도록 돕는다. 역시 제1장에서 언급했듯이, 사회복지사는 클라이언트 혹은 환경의 변화 혹은 개선을 위해 전문 원조를 제공한다. 강점 관점은 변화 지향적인 사회복지실천의 철학적 · 경험적 근거를 제시한다는 점에서 매우 유용하다.

이 장에서는 먼저 사회복지실천의 주요 관점으로 생태체계 관점, 발달 관점, 강점 관점을 살펴보고 이를 적용하는 방법을 알아본다. 이어 실천현장에서 적용하는 관련 접근들과 통합 접근을 살펴본다.

1. 인간과 환경을 이해하는 개념틀로서 생태체계 관점

생태체계 관점(eco-systems perspective)은 생태학적 관점(ecological perspective)과 체계론적 관점(systems perspective)을 결합한 것이다. 생태학적 관점이 인간을 환경과 상호작용하는 체계로 이해하는 시각을 제공한다면, 체계론적 관점은 체계들 사이에서 관계를 이해하는 시각을 제공한다. 다음에서는 각 관점을 자세히 살펴본다.

1) 생태학적 관점

생물학에서 개발된 생태학(ecology)에 의하면, 모든 유기체는 유기체를 둘러싼 환경과 지속적으로 영향을 주고받으며 적응해 나간다. 여기서 '적응'해 나간다는 의미는 유기체를 환경에 순응하는 수동적인 존재로 이해하는 것이 아니라 환경의 영향을 받는 동시에 환경에 영향을 미치며 변화해 나간다는 의미로 이해할 수 있다. 따라서 적응은 인간의 일방적인 변화가 아니라 인간을 수용하기 위해 환경도 변화해야 함을 내포하는 의미다. 예를 들어, 군대에서 전역하고 복학한 대학생이 변화된 환경에 적응하기 위해 노력하는 한편, 학과나 동아리, 대학도 복학생의 적응을 위해 변화를 모색하며 적응하게 된다.

생태학적 관점은 사회복지실천에서 '환경 속의 인간(Person-In-Environment: PIE)'의 개념과 일치한다. 사회복지실천에서는 인간을 환경과 지속적으로 상호작용하면서 변화하는 존재로 이해하고, 인간과 환경의 적응적 균형(adaptive fit) 혹은 적합성(goodness-of-fit)을 이루기 위해 개입한다. 이를 위해 클라이언트의 변화를 모색하거나, 환경의 개선을 도모하거나, 혹은 클라이언트와 환경의 상호작용을 향상하기 위한 활동에 주력한다.

생태학적 관점에서 인간이 경험하는 어려움은 이를 해결하기 위한 대처 방법이 부족하거나, 적절한 자원이 부족하거나, 혹은 이 모두 때문으로 이해할 수 있다. 예를 들어, 저소득 맞벌이 가정의 자녀들이 방과후 방임되는 문제는 부모가 방과후 서비스의 중요성과 활용 방법을 모르거나, 방과후 아동보육 서비스를 제공하는 지역사회 자원이 부족하거나, 혹은 이 모두가 결합하여 발생할 수 있다. 사회복지사는 부모에게 필요한 자원을 연결하고 지역사회 내 부족한 자원을 개발하기 위해 환경에 개입함으로써 이 가정의 적응적 균형을 지원할 수 있다.

인간 발달의 생태학을 연구한 브론펜브레너(Bronfenbrenner, 1979)는 환경체계를 네 가지로 구분하여 제시하였다. 첫째, 미시체계(micro system)는 아동이 직접 참여하거나 상호작용하는 환경으로서 흔히 우리가 생각하는 사회 환경인 가족, 학교, 친구들, 이웃 등을 포함한다. 둘째, 중시체계(meso system)는 아동이 활발하게 참여하는 2개 이상의 체계 간 상호 관계를 의미한다. 예를 들어, 부모와 자녀 학교와의 관계, 부모와 자녀 친구들과의 관계는 중간체계에 해당한다. 셋째, 외부체계(exo system)는 아동을 포함하지는 않으나 아동을 포함한 체계에 영향을 미치는 체계로서 예를 들어, 부모의 직장, 부모의 친구망, 형제자매의 학교 등은 외부체계로서 아동 발달에 영향을 미친다. 넷째, 거시체계(macro system)는 경제적·정치적·사회문화적 환경으로서 예를 들어, 국가의 교육 혹은 빈곤 정책 등이 이에 해당한다.

생태학적 관점에서 사회복지사는 클라이언트와 직접 상호작용하는 미시체계뿐 아니라 체계들 간 상호 관계인 중시체계, 심지어 클라이언트를 포함하지는 않으나 간접적으로 클라이언트에게 영향을 미치는 외부체계, 국가, 사회제도와 같은 거시적 차원의 체계를 파악하고 적절한 개입을 모색할 필요가 있다.

2) 체계론적 관점

물리학에서 개발된 일반체계이론(general systems theory)은 사회과학에서 사회현상을 설명하는 사회체계이론(social systems theory)으로 확장되었다. 체계이론은 이론보다는 관점으로 이해할 수 있기 때문에 체계론적 관점으로 명명하는 것이 적절함에도 불구하고 흔히 체계이론으로 불리기도 한다. 사회체계론적 관점에서 체계 행동은 체계들 간 상호작용에 의해 결정된다. 예를 들어, 영유아 가족의 보육관련 행동은 영유아 자녀와 부모뿐 아니라 체계들 간 상호작용의 결과로 이해할 수 있다. 즉, 사회의 보육제도와 정책, 부모 직장의 가족 정책, 확대가족, 이웃, 부모와 자녀의 건강과 기질, 장애 등을 포함한 체계들 간 상호작용에 의해 결정된다.

사회체계론적 관점은 사회체계들 간의 상호작용 혹은 관계를 설명한다. 가족을 초점체계로 볼 때, 사회체계론적 관점은 초점체계인 가족과 환경체계들 간의 관계를 설명한다. 예를 들어, 노인부부 가족을 초점체계로 볼 때, 이 가족 주변의 다양한 환경체계, 즉 자녀, 친척, 친구, 이웃 사람, 소속되어 있는 단체, 병원, 노인복지관 등과의 관계를 설명한다.

사회체계론적 관점에서 체계들 간의 관계를 설명하기 위해 다음의 개념을 활용한다.

(1) 환경체계
환경체계는 초점체계 주변의 다양한 대인체계(interpersonal systems)와 물리적 체계를 포함한다. 한 개인을 초점체계로 볼 때, 대인체계는 가족, 친구들, 이웃 사람들, 소속 집단의 성원을 포함하며, 물리적 환경체계는 학교 혹은 직장, 사회복지시설, 그 밖의 조직과 지역사회 등과 주거, 이웃 환경 등을 포함한다. 또한 환경체계는 가족, 학교, 사회복지시설 등과 같은 유형의 체계뿐 아니라 교육, 문화, 종교 등과 같은 무형의 체계도 포함한다.

(2) 순환적 인과성

체계론적 관점에 의하면, 모든 사회체계는 다른 사회체계의 영향을 받으며 동시에 영향을 미치는 상호 관계(reciprocal relationship)를 형성하며 이 관계는 단선적(linear)이기보다는 순환적이다. 이 같이 체계들 간 상호작용이 순환적으로 이루어지는 현상을 순환적 인과성(circular causation)이라 한다.

순환적 인과성에 따르면, 사람들의 행동(action)은 상대에 대한 반응(reaction)으로 이해할 수 있다. 예를 들면, 교사가 두 학생의 잘못된 행동을 지적했을 때 한 학생은 반성의 태도를 보이며 행동을 고치려 노력하였으나 다른 학생은 반항적 태도와 분노 행동을 보였다면, 교사는 반성하는 학생을 이해하고자 하는 반면, 반항하는 학생에게는 더욱 엄하게 대할 수 있다. 학생의 이후 행동 역시 교사의 행동에 영향을 받게 되고, 교사의 행동 역시 다시 학생 행동의 영향을 받는다. 이렇게 교사와 학생이 계속 영향을 주고받는 관계를 순환적 인과성으로 설명할 수 있다.

변화를 시도하는 사회복지사에게 순환적 인과성의 개념은 매우 유용하다. 순환적 인과성 개념을 실제에 적용하면, 문제를 누가 시작했는지 시시비비를 가리는 것보다는 문제가 현재 어떻게 유지되는지를 분석하고 상황을 개선하기 위해 어떤 시도를 하는 것이 바람직한지에 초점을 둘 수 있기 때문이다. 예를 들어, 부모와 갈등하는 청소년 자녀의 반항적 행동에 대해 부모와 자녀 가운데 누가 더 잘못했는지, 누가 먼저 시작했는지를 따져 책임을 묻는 것보다는 자녀의 문제 행동이 현재 어떻게 유지되고 있는지, 이를 변화시키기 위해 누가 어떤 시도를 해야 하는지에 초점을 둘 수 있다.

(3) 체계들 간 경계

사회체계론적 관점에서 체계들 간 경계(boundaries)는 매우 중요한 개념이다. 사회체계는 다른 체계들과 에너지 교환의 정도에 따라 경계를 형성하는데, 경계는 상대적으로 투과적이거나 경직되어 있을 수 있다. 예를 들어, 이웃들과 정보와 에너지 교환이 자유롭게 일어나는 가족이 있는 반면, 이웃들과 거의 교류하지 않거나 접촉하지 않는 가족이 있을 수 있다. 가족의 경계가 지나치게 투과적이어서 성원들의 유대감이나 응집력이 부족한 경우도 바람직하지 않지만, 가족 경계가 지나치게 경직되어 성원들의 차이, 선호, 바람 등을 인정하지 않는 경우도 바람직하지 않다.

체계들 간 경계를 유지하면서 환경체계와 정보, 에너지의 교환이 자유롭게 일어나는 체계를 개방체계(open systems)라고 하며, 환경체계와의 상호작용이 제한적인 체계를 폐쇄체계(closed systems)라고 한다. 예를 들어, 발달장애를 가진 자녀가 있는 가족들 가운데 어떤 가족은 다른 발달장애인 가족이나 사회복지시설 등과 정보와 도움을 자유롭게 주고받는 개방체계로 지내는 반면, 어떤 가족은 자녀의 장애를 가족 외부에 거의 공개하지 않은 채 지역사회와의 접촉을 제한하는 폐쇄체계로 지낼 수 있다. 또 다른 예를 들어, 학급 내에서 형성된 하위집단의 학생들이 다른 학생들과 자유롭게 교류하는 개방체계를 형성하기도 하지만, 집단 내 학생들만 상호작용하며 다른 학생들을 배척하는 폐쇄체계를 형성할 수도 있다. 알코올중독 성원이 있는 가족, 가정폭력이 있는 가족은 그렇지 않은 가족에 비해 만성적 어려움과 고통을 가족 외부와 공유하며 도움을 요청하기보다는 사회적으로 고립된 폐쇄체계를 형성할 가능성이 크다.

(4) 항상성

사회체계론적 관점에 따르면, 모든 사회체계는 변화하려는 동시에 현상을 유지하려는 속성을 가진다. 변화하려는 속성을 형태발생성(morphogenesis)이라 하고 현상을 유지하려는 속성을 형태유지성(morphostasis)이라 하며, 이 사이에서 균형을 유지한 상태가 항상성(homeostasis)이다. 모든 사회체계는 현재의 균형을 유지하려는 속성, 항상성을 가진다. 즉, 현재의 균형이 기능적이지 못할 때 변화를 시도하는 한편, 급격한 변화에 저항하면서 다시 균형을 이루게 된다.

사회체계의 항상성은 환류(feedback)를 통해 이루어진다. 사회체계는 부적 환류(negative feedback)를 통해 현상을 유지하고 정적 환류(positive feedback)를 통해 변화를 수용한다. 예를 들어, 부모의 간섭으로부터 벗어나려는 청소년 자녀의 또래관계, 옷차림 등에 대해 부모가 현재의 기준과 규범을 강화함으로써 현상을 유지하려는 부적 환류의 반응(예: 잔소리)을 보일 수 있다. 부적 환류에도 불구하고 현상이 유지되지 않거나 결과가 부정적인 경우 부모는 변화를 시도하는 정적 환류의 반응(예: 간섭을 최소화하거나 자녀와 협의)으로 바뀔 수 있다. 이런 유지와 변화 과정을 거치며 새로운 균형, 즉 항상성을 찾아갈 수 있다. 또 다른 예로서, 낮은 학업성취를 보이는 빈곤 아동에게 교사가 기대 수준을 낮추어 낮은 수준의 지적 자극과 교육을 제공(부적 환류)하게 되면 아동은 점점 학교에 적응하지 못하게 되지만, 기대 수준을 높이어 양질의 교육과 지원을 제공(정적 환류)하면 아동은 성취를 경험하고 발전할 수 있다.

(5) 의사소통

사회체계들 간의 모든 행동은 의사소통(communication)으로 이해할 수 있다. 의사소통은 언어적(verbal)·비언어적(nonverbal) 의사소통을 모두 포함한다. 눈빛과 표정, 태도 등으로 이루어지는 비언어적 의사소통은 말로 이루어지는 언어적 의사소통과 마찬가지로 매우 중요하다. 또한 의사소통은 내용(contents) 차원과 관계(relationship) 차원으로 구분할 수 있다. 내용 차원은 사실적인 정보나 의견, 감정을 전달하며, 관계 차원은 정보를 전달하는 과정에서 관계의 속성을 규정한다. 의사소통에 대해서는 제8장에서 자세히 살펴본다.

3) 생태체계 관점의 적용

생태체계 관점은 이론과는 달리 구체적인 개입 방법을 제시하지는 않는다(Whittaker & Tracy, 1989). 또한 생태체계 관점은 사회체계들에 관해 전반적인 개념적 설명을 다루지만, 특정 영역이나 문제(예: 빈곤, 중독, 학대), 대상(예: 아동, 장애인, 노인) 등에 대한 설명을 제시하지는 않는다(Wakefield, 1996a, 1996b). 하지만 생태체계 관점은 사회복지사가 클라이언트와 사회환경의 관계를 파악하고 다양한 이론을 적용하여 개입할 수 있는 틀을 제공한다는 점에서 매우 유용하다.

다음에서는 사례를 제시하고 생태체계 관점을 적용하는 연습을 해 본다.

(1) 사례[1] 개요

○○은 가출, 도벽, 학교 부적응으로 단기 상담소에 입소한 12세 남자 아이다. 약 3개월 전 큰아버지에 의해 상담소에 의뢰되었다. ○○의 아버지는 7남매 중 둘째로 언어장애가 있었으며 ○○가 1세 때 술로 인해 익사하였다. ○○의 어머니도 한쪽 팔을 못 쓰고 한쪽 다리를 저는 지체장애인이었고 ○○의 아버지가 사망하고 얼마 후 가출하였고 재가했다는 말이 있다. 어머니의 가출 이후 ○○와 누나는 할아버지, 할머니와 같이 살았다. ○○의 누나는 지적 장애가 있었는데 ○○는 누나를 따라다니며 마치 오빠처럼 누나를 챙겨 주곤 했다. 할머니는 ○○를 지나치게 감싸는 반면, ○○가 잘못한 것에 대해서도 누나를 야단쳤다. 누나의 행동이 통제되지 않아 누나를 보육원에 보냈고 다시 절에서 운영하는 시설에 보냈는데 누나는 그곳에서 가출했다고 하고 전혀 소식이 없다. 3년 전 할아버지가 돌아가시고 생활이 힘들어져 그 다음 해 6월 할머니와 ○○는 서울로 이사 왔다. 정부에서 약간의 경제적 지원을 받았으나 할머니가 어렵사리 일을 하여 생활해 왔다. 아버지의 형제가 많으나 모두 형편이 어렵고 왕래가 잦지 않았다.

할머니가 몇 달 전 뇌출혈로 쓰러져 사망하였는데, ○○는 할머니가 병원에 입원했던 때부터 큰집에서 살게 되었다. 큰집에서 생활하기 시작한 이후 6, 7차례 가출했으며, 가출 기간도 1~2주 정도 되었고, 파출소에서 연락을 받고 데려오곤 했다. 할머니와 살 때도 종종 가출했고 그 때문에 할머니가 찾으러 다니며 무척 속상해했다고 하나 자세한 상황은 알 수 없었다. 상담소 입소 바로 얼마 전에도 ○○는 큰

---

1) 서울특별시립동부아동상담소(1995)에서 발췌, 요약

집에서 가출하여 전혀 연락이 없다가 예전에 살던 동네의 쇼핑센터에서 연락이 와 12일 만에 찾았다. ○○는 가출하면 대부분의 경우 자신이 할머니와 함께 살았던 동네로 가곤 했다.

(2) 개입과정에서 생태체계 관점의 적용

첫째, 초점체계를 ○○ 개인으로 보고 다양한 환경체계를 포함한 생태도(eco-map)를 작성한다.[2] 환경체계는 단기 상담소, 사회복지사, 상담소 또래들, 큰아버지 혹은 큰집 식구들, 아버지의 형제들, 파출소, 예전에 살던 동네 혹은 이웃들, 학교 등을 포함한다.

둘째, 클라이언트와 환경체계들 간의 관계에 대해 분석하고 필요한 경우 환경체계들 간의 관계에 대해서도 분석한다. 특히 클라이언트와 큰집 식구들과의 관계, 클라이언트와 예전에 살던 동네 이웃들과의 관계에 대해 살펴보고 이들 관계에서 환류 과정이 어떻게 일어나는지 분석한다.

셋째, 생태체계 관점에서 클라이언트의 욕구에 대해 사정하고 욕구를 충족하기 위한 자원을 탐색해 본다. 클라이언트에게 적합한 거주 대안, 심리정서 지원, 학습 지원, 확대가족과의 관계 개선, 물질적 지원 등에 대해 생각해 보고 주변 환경체계들을 강화·활성화·개발하기 위한 개입 계획을 세운다.

넷째, 개입 과정에서 클라이언트와 환경체계들 간의 관계에 변화가 일어나는지, 클라이언트와 환경과의 적응적 균형을 이루기 위한 계획이 달성되어 가는지 확인한다. 필요한 경우 생태도를 반복 작성하여 변화를 확인해 본다. 마지막으로 개입의 목표가 달성되었는지 확인하고 종결한다.

---

2) 생태도의 작성과 분석 방법은 제10장에서 자세히 살펴본다.

2. 발달 과정을 이해하는 개념틀로서 발달 관점

인간을 포함한 모든 사회체계는 시간이 지남에 따라 발달한다. 체계의 발달 과정에서 과거는 현재에 영향을 미치고 현재는 미래의 과거로서 미래에 영향을 미친다. 즉, 과거는 긍정이든 부정이든 혹은 어떤 방식으로든 현재에 영향을 미치고 현재에 어떻게 행동하는지에 따라 미래는 달라진다.

발달 관점(developmental perspective)은 과거, 현재, 미래라는 시간의 개념으로 클라이언트를 이해하기 위한 기본 틀을 제공한다. 제1장에서 살펴보았듯이, 사회복지실천은 현재 지향적이지만 사회복지사가 클라이언트의 현재를 지원하기 위해서는 클라이언트의 현재 기능과 욕구에 영향을 미치는 발달 과정을 이해할 필요가 있다. 또한 현재의 변화를 통해 미래가 달라질 수 있으므로 클라이언트의 변화 노력을 강조할 필요가 있다.

다음에서는 발달 관점에서 인간의 발달과 가족, 집단의 발달을 설명하는 이론을 간략하게 살펴본다.

1) 인간의 발달 과정

인간은 태어나면서 죽기까지 지속적으로 발달한다. 단계이론(stage theory)에 의하면, 인간은 질적으로 차이를 보이는 단계들을 거치며 발달한다. 또한 개인 차이가 있기는 하지만, 인간은 단계별로 구분되는 공통적 발달 특성을 보인다. 프로이트(Freud)는 인간의 심리성적(psychosexual) 발달을 단계이론으로 설명하였고 에릭슨(Erikson)은 심리사회(psychosocial) 발달, 피아제(Piaget)는 인지(cognitive) 발달, 콜버그(Kohlberg)는 도덕성(morality) 발달을 각각 단계이론으로 설명하였다.

인간발달이론은 '인간행동과 사회환경' 교과목에서 자세히 다루므로, 여기서는 사회복지실천에 발달 관점을 적용하는 예시로서 에릭슨의 심리사회발달이론을 간략하게 살펴본다. 에릭슨과 동료들(Erikson, Erikson, & Kivnick, 1994)이 주장한 후성설(epigenesis)에 따르면, 인간은 영유아기, 학령기, 청소년기, 성인 초기, 성인 기, 노년기 등의 단계를 거치며 각 단계에서 요구되는 심리사회 발달과업을 수행하게 되고 각 단계에서 과업을 수행해 나가는 과정과 결과는 그 사람의 기능과 특성으로 이어진다.

예를 들어, 성인기에 해당하는 40대 남성은 자신의 일과 가족 혹은 공동체를 돌보는 발달과업을 주로 수행하게 되고, 이 단계의 과업을 수행하는 과정에서 이전 단계들의 영향을 받는다. 이 남성이 성인초기 단계에서 '친밀감 대 고립감(intimacy vs isolation)'의 갈등, 청소년기 단계에서 '정체성 대 역할 혼돈(identity vs role confusion)'의 갈등, 혹은 학령기의 '근면성 대 열등감(industry vs inferiority)'의 갈등을 어떻게 경험하였는지, 즉 이런 갈등을 경험한 과정과 결과가 성인기 발달과업 수행에 영향을 미친다. 한편, 성인기에 '생산성 대 침체(generativity vs self absorption)'의 갈등을 경험하는 과정과 결과는 이후 노년기에 경험하게 되는 '자아 통합 대 절망(ego integrity vs despair)'의 갈등을 수행하는 과정에 영향을 미친다.

다른 예로서, 성인 초기에 해당하는 대학생은 직업 준비와 이성과의 친밀감 형성이라는 과업을 주로 수행하고 이 과정에서 이전 단계인 청소년기나 학령기, 영유아기 경험의 영향을 받는다. 부모에게 의존적인 청소년기를 보내면서 자아 정체감(ego identity)을 제대로 형성하지 못했다면, 자아 정체감을 기반으로 이루어지는 성인 초기의 이성과의 친밀감 형성에 어려움이 있을 수 있다. 만일 성인 초기까지 정체감의 혼돈이 이어진다면, 즉 자신이 의미를 두는 가치, 바람, 선호 등에 대해 혼란스러워한다면 이성과 친밀하고 안정적인 관계를 형성하며 '사랑'이라는 덕목을 성취하는 것이 어려울 수 있다.

하지만 에릭슨에 따르면, 인간은 이전 단계들에서 경험한 과업의 수행을 이후 단계에서 재경험하기도 한다. 예를 들어, 영아기에 적절한 돌봄을 받지 못하거나 돌봄 제공자와 애착을 형성하지 못했더라도 좋은 가정에 입양된 후 영아기의 '신뢰감 대 불신감(basic trust vs basic mistrust)'의 갈등을 이후 단계들에서 재경험함으로써 '희망'이라는 덕목을 성취할 수 있다.

2) 가족의 발달 과정

개인뿐 아니라 가족도 시간이 지남에 따라 발달한다. 가족학자들은 가족의 발달을 가족생애주기(family life cycle)로 설명한다. 결혼으로 형성된 가족은 자녀 출생과 양육, 자녀의 독립, 중년 부부, 노년 부부, 배우자 사별 등을 거치며, 각 단계에서 요구되는 과업을 수행하게 된다. 예를 들어, 자녀 양육기를 보내고 있는 가족의 발달과업은 자녀가 독립하고 부부만 남은 가족의 발달과업과 다를 수밖에 없다. 만일 자녀 양육기에 배우자와 사별하거나 이혼하게 되면, 양육기에 요구되는 부모 역할을 한부모가 전적으로 수행함으로써 역할 과부하가 발생할 수 있다.

한편, 현대 사회에서 가족의 형태와 기능은 매우 빠르게 변화하고 있다. 양친부모 가족이 여전히 다수이기는 하지만, 한부모 가족, 무자녀 가족, 동거 가족, 동성애자 가족, 단독세대 가족 등 다양한 형태의 가족이 매우 빠르게 증가하고 있다. 가족 형태에 따라 가족의 생애주기가 달라질 수 있으므로 다양한 형태를 반영한 가족생애주기 연구가 필요한 상황이다.

가족은 생애주기에 따라 발달할 뿐 아니라 세대를 거치며 발달한다. 다세대 접근은 가족이 여러 세대에 걸쳐 반복되는 혹은 여러 세대를 거치며 전해 내려오는 고유한 특성이 있다는 점을 강조한다. 즉, 조부모 세대로부터 부모, 자녀 세대로 이어지는 가족 구성원의 역할이나 관계, 문화 등이 있으며 이런 특성은 가족의 현재 기능과 욕구에 영향을 미친다. 예를 들어, 가족 전통과 의례, 가족 내 삼각관계,[3] 성인자녀 역할에 대한 기대 등 가족마다 서로 다른 특성이 있으며 이는 여러 세대를 거쳐 반복되기도 한다.

발달 관점을 적용하는 사회복지사는 가족생애주기에 따른 가족의 욕구와 발달과업을 파악하고 이를 적절하게 지원한다. 또한 다세대 접근을 통해 여러 세대에 걸쳐 반복되는 가족 구성원의 행동을 이해하고 지원하며 변화를 모색한다.

---

3) 가족 내 삼각관계에 대한 자세한 설명은 『사회복지실천기술론』(김혜란 외, 2022) 참고.

3) 집단의 발달 과정

사회복지실천을 위해 형성한 소집단 역시 시간이 지남에 따라 발달한다. 집단의 발달 단계를 설명한 학자들(Garland, Jones, & Kolodny, 1973)에 따르면, 집단은 성원들이 소속감을 느끼기 이전(pre-affiliation) 단계부터 시작하여 권력과 통제(power & control)의 단계, 친밀감(intimacy)의 단계, 분화(differentiation)의 단계, 분리(separation)의 단계를 거치며 발달한다.

집단에서 성원들의 주요 과업은 발달 단계에 따라 다르며 이에 따라 발달 단계에 적합한 사회복지사의 역할 역시 달라진다. 예를 들어, 소속 이전 단계에서는 성원들이 서로에 대해 신뢰감을 형성하는 것이 무엇보다 중요하다. 사회복지사는 성원들 사이에 어느 정도의 거리감을 허용하는 한편, 서로 친숙해지기 위한 다양한 활동을 진행하고 성원들이 정서적으로 집단에 헌신할 수 있도록 격려한다. 집단이 발달함에 따라 점차 의사소통 유형이 생기고 성원들의 역할과 책임이 분담되는 권력과 통제의 단계가 되면, 성원들 사이에서 권력 갈등(power struggle)이 일어날 수 있다. 이 단계에서 사회복지사는 성원들이 권력 갈등을 해결하는 방법을 모색하도록, 이를 위한 적절한 집단 규범을 형성하도록 지원하는 역할을 한다. 권력 갈등이 해소되고 친밀감의 단계로 발달하게 되면, 사회복지사는 성원들이 집단모임과 활동을 통해 변화와 발전을 경험하도록 지원한다. 집단의 효율성이 극대화되는 분화의 단계에서는 성원들이 각자 자신의 목표를 달성하며 자신에게 유익한 행동과 역할을 시도해 보게 되고 사회복지사는 이를 지원하고 격려한다. 마지막 분리 단계에서 사회복지사는 성원들이 집단 경험을 평가하고 종결 관련한 감정을 표현하도록 지원한다.

4) 발달 관점의 적용

사회복지사는 발달 관점을 적용함으로써 클라이언트의 과거가 현재에 미치는 긍정, 부정 영향을 파악하고, 클라이언트가 현재의 발달과업을 적절히 수행하도록 지원하며, 현재의 변화를 통해 더 나은 미래를 도모하도록 지원할 수 있다. 또한 클라이언트가 제시하는 어려움을 이해하기 위해 과거의 영향을 탐색할 필요가 있는지, 과거의 어떤 경험이 현재에 영향을 미치는지, 현재의 변화를 가져오기 위해 어떤 부분에 초점을 두어야 하는지 등을 살펴볼 수 있다.

사회복지실천에 발달 관점을 효과적으로 적용하기 위해 사회복지사는 다음에 대하여 고려할 필요가 있다.

(1) 다양한 상황과 차이의 반영

발달 관점은 체계의 일반적 발달 과정과 결과를 설명하는 틀을 제공한다. 하지만 발달 관점을 다양한 특정(specific) 상황이나 영역, 대상에 적용하기 위해 사회복지사는 특정한 지식과 이론을 학습하고 훈련과 경험을 쌓아야 한다. 예를 들어, 아동기에 학대를 경험한 성인에게 개입하는 경우 발달 관점뿐 아니라 학대이론과 지식, 경험이 필요하다. 즉, 사회복지사는 발달 관점뿐 아니라 학대의 영향을 구체적으로 설명하는 이론을 적용함으로써 클라이언트가 아동기의 상처로 인해 성인이 되어서도 분노조절의 어려움, 충동적 행동, 낮은 자존감 등으로 인한 대인관계 문제를 가질 수 있다는 점을 이해할 수 있다. 나아가 클라이언트의 현재 대인관계 문제에 발달 경험이 어느 정도 영향을 미치는지, 문제를 개선하기 위해 어떤 개입이 적절한지 등을 판단할 수 있다.

또한 일반적 발달이론은 개인 차이, 가족 특성에 따른 차이, 민족문화 차이, 성 차이 등을 충분히 반영하지 못한다. 예를 들어, 에릭슨의 심리사회발달이론은 20세기 중반 미국 백인 양친부모 중산층 가정을 전제로 발달한 이론으로 알려져 있으므로 현재 우리나라 저소득 한부모 가정에 에릭슨의 이론을 그대로 적용하기에는 한계가 있다. 개인 혹은 가족, 문화, 성 차이 등을 반영한 이론을 개발할 필요가 있으며, 발달 관점을 적용하는 사회복지사는 클라이언트의 다양한 차이를 반영하기 위해 융통성을 발휘해야 한다.

(2) 현재 선택의 강조

발달 관점은 과거가 현재에 영향을 미친다는 점뿐 아니라 현재 선택이 미래를 바꾸기도 한다는 점을 강조한다. 예를 들어, 학대받은 여성이 가해 남성과 헤어진 후 다시 폭력적인 남성을 만나 학대 관계를 반복하기도 하지만, 클라이언트의 미래는 지금 클라이언트가 어떤 선택을 하는지에 따라 달라질 수 있음을 강조함으로써 클라이언트의 결정을 도울 수 있다.

비슷한 맥락에서 발달 관점은 미래를 예측하고 예방 차원의 개입을 할 수 있다는 점에서 유용하다. 예를 들어, 학교를 중단한 청소년은 졸업한 청소년에 비해 경제적·사회적 지위에서 불리할 수 있다는 연구 결과들을 사회복지사는 활용함으로써 청소년 클라이언트의 현재 선택에 따른 미래를 예측하고 예방적 개입에 초점을 둘 수 있다.

(3) 시기의 중요성에 대한 이해

발달 관점에서 볼 때, 같은 사건이라도 사건 발생의 시기 혹은 타이밍에 따라 클라이언트의 욕구는 달라진다. 예를 들어, 가족생애주기에서 부모 이혼이 언제 일어나는지에 따라 그 영향은 달라진다. 자녀 양육기의 어린 자녀는 자녀 독립기의 성인 자녀보다 부모 이혼으로 인한 영향을 더 크게 받을 수 있다. 또 다른 예로서, 미혼모가 되었다는 사실뿐 아니라 미혼모의 연령이 중요할 수 있는데 10대 미혼모와 30대 미혼모가 처한 상황과 환경은 다를 수 있다.

3. 강점 관점

1) 강점 관점의 개념

강점 관점(strengths perspective)은 클라이언트의 내재된 강점, 이미 성취한 것, 현재 가지고 있는 자원 등을 강조하는 관점으로서 병리적 관점 혹은 문제중심 관점과 대치된다. 강점 관점은 약점을 보완하거나 부족한 것을 채우기 위한 변화는 결국 강점, 긍정적 요인, 자원 등에서 찾을 수 있다는 철학적·경험적 근거에 기반한다.

사회복지사는 원조전문가로서 대부분 결핍이나 문제, 어려움을 호소하는 클라이언트에게 개입한다. 즉, 사회복지사는 클라이언트의 문제를 파악하고, 역기능과 한계를 사정하며, 사회 기능을 회복 혹은 향상하기 위한 이론과 지식, 경험을 바탕으로 전문성을 발휘하고자 한다. 이 과정에서 자칫 클라이언트의 강점보다는 약점, 긍정적인 부분보다는 부정적인 부분, 이미 가지고 있는 것보다는 부족한 것에 초점을 맞추기 쉽다.

더욱이 병리적 관점에서는 문제를 가진 사람을 문제와 동일시하거나 환경과 맥락을 충분히 고려하지 않은 채 문제를 가진 사람에 대해 부정적·비관적 전망을 하는 경향이 있다. 예를 들어, 약물을 사용하는 청소년에게 문제 중심으로 접근하게 되면, 청소년의 개별 특성이나 가족, 환경적 특성, 혹은 상황과 맥락을 도외시한 채 '약물사용 청소년'이라는 낙인을 찍기 쉽다. 결국 청소년의 희망과 열망, 변화 가능성을 기대하기보다는 문제의 원인과 치료에 초점을 두고, 치료에 성공하지 못하는 경우 비관적으로 전망하게 된다.

강점 관점에 의하면, 변화와 성장은 가지고 있지 않은 것에 집착하기보다는 이미 성취한 것에 대한 의식적인 강조, 즉 강점의 강조를 통해 이루어진다(Saleebey, 2013). 컵에 물이 절반 정도 담겨 있는 경우 '물이 반이나 없어졌다.'라고 생각할 수 있지만, '물이 반이나 남아 있다.'라고 생각할 수 있다. 강점 관점을 가진 사회복지사는 없어진 절반에 집착하기보다는 남아 있는 절반을 강조함으로써 클라이언트의 변화와 성장을 도모한다. 다시 말해, 클라이언트가 현재 잘하지 못하는 것보다는 잘하는 것, 가지고 있지 않은 것보다는 가지고 있는 것, 한계나 약점보다는 강점을 강조함으로써 클라이언트가 변화하도록 원조한다. 예를 들어, 사람들과의 관계에서 어려움을 호소하는 클라이언트에게 혹시 친밀하고 편안한 관계를 맺고 있는 사람이 있는지, 현재 없다면 이전에는 있었는지 등을 살펴봄으로써 지금 어려움을 겪는 관계가 긍정 관계와 무엇이 다른지, 긍정 관계를 경험하기 위해 무엇을 변화시킬 수 있는지 등을 탐색해 볼 수 있다.

강점 관점은 사회복지사와 클라이언트가 강점을 의식적으로 살펴보기 위한 시 각을 제공한다는 점에서 유용하다. 아무리 열악한 상황에 처한 클라이언트라도 강 점이나 자원이 전혀 없을 수 없지만, 클라이언트는 자신의 약점, 결핍, 문제로 오 랜 기간 어려움을 경험하면서 주위의 비난이나 자기 자신에 대한 의심으로 인해 강 점을 보지 못할 수 있다. 강점 관점을 적용함으로써 사회복지사는 어려움과 문제 상황에서 클라이언트가 이미 사용하고 있는 성공 전략이나 강점으로부터 해결 방 법이 나올 수 있다는 점을 이해하고 이를 원조과정에서 클라이언트에게 강조한다 (Glicken, 2004).

2) 강점 관점의 실천

(1) 강점 관점의 사정 틀

강점 관점에서 '강점'이란 개인적 요인뿐 아니라 사회환경적 요인을 모두 포함한 다. 개인적 요인으로는 클라이언트의 장점, 재능, 영성(spirituality), 대인적 특성, 이 전 역경을 극복한 경험 등을 포함하며, 사회환경적 요인으로는 클라이언트의 지지 자원, 지역사회 특성, 사회 조건 등을 포함한다. 사회복지사는 개입의 모든 과정에 서 클라이언트의 강점을 강조하지만, 특히 사정 단계에서 강점과 자원, 열망, 희망 을 의도적으로 살펴볼 필요가 있는데 초기 단계에서 자칫 강점을 간과할 수 있기 때문이다.[4]

앤더슨(Anderson, 2013)은 클라이언트의 개인적·사회환경적 강점과 더불어 역 량강화를 방해하는 장애물을 함께 살펴볼 필요성을 제기하며 강점 관점의 사정 틀 을 [그림 4-1]과 같이 제시하였다. [그림 4-1]에서 보듯이, 강점 관점의 사정은 원 조 요청자 요인과 환경 요인을 한 축으로, 강점과 장애물을 또 다른 축으로 구분하 는 사분면으로 이루어져 있다.

제1사분면은 사회적·정치적 장애물로서 억압, 불평등 등을 포함하고, 제2사분

---

4) 클라이언트의 강점을 찾기 위한 질문들에 대한 자세한 설명은 제8장을 참고.

면은 개인적·대인적 장애물로서 억압의 결과로 나타나는 무력감, 심한 고통, 고립 등이 해당한다. 사람들은 사회적 억압, 불평등으로 인한 다른 사람들의 부정적 평가를 내재화하기도 한다. 다른 사람들의 부정적 시선으로 자신을 바라봄으로써 자신의 가치를 평가절하 하는 경우 이는 장애물로 작용하게 된다. 제3사분면은 사회적·정치적 강점으로서 생존과 번영을 위한 비폭력적 수단의 사용, 인간적 사회 조건의 형성, 사회 불평등에 대한 도전, 공정하고 배려하는 지역사회 확립 등을 포함한다. 마지막 제4사분면은 개인적·대인적 강점으로서 억압에 저항하는 클라이언트의 인지, 정서, 동기, 대처, 대인적 특성을 들 수 있다.

강점

제3사분면 사회적·정치적 강점	제4사분면 개인적·대인적 강점
• 생존과 번영을 위한 비폭력적 수단의 사용 • 인간적인 사회 조건의 조성 • 사회 불평등에 대한 도전 • 공정하고 배려하는 지역사회 확립 • 사회 문제의 명명/의견 제시 • 부정적 사회 상황을 개인적 고통과 연결	침해와 억압 경험에 대한 저항 • 인지 • 정서 • 동기 • 대처 • 대인적 특성
제1사분면 사회적·정치적 장애물	제2사분면 개인적·대인적 장애물
• 체계적 억압 • 불평등 • 지배와 폭력의 합법화	• 무력감 • 침해 • 심한 고통 • 권리 박탈 • 고립 • 비밀/침묵

환경적 요인 (왼쪽)　　원조 요청자 요인 (오른쪽)

장애물

그림 4-1 강점 관점의 사정 틀

출처: Anderson (2013). p. 194.

(2) 강점 관점의 실천원칙

강점 관점은 사회복지사가 실천에 적용할 수 있는 구체적인 지침들이나 방법을 제시하지는 않는다. 하지만 강점 관점의 철학적·경험적 근거에 기반한 실천원칙(Kisthardt, 2013; Saleebey, 2013)을 다음과 같이 제시하고 있다.

① 모든 개인과 집단, 가족, 지역사회는 강점을 가지고 있다

사회복지사는 원조과정의 초점을 강점과 관심, 능력, 지식, 역량에 두고 이를 적극 활용한다. 사회복지사는 클라이언트 주변 사람들에 의해 규정된 진단과 결함, 증상, 약점에 개입의 초점을 두지 않도록 한다.

② 외상(trauma), 학대, 질병, 투쟁은 해로울 수 있지만, 도전과 기회의 근원이 될 수 있다

사람들은 역경 속에서 좌절하기도 하지만, 새로운 기술과 생존 방법을 터득하기도 하고, 여전히 두려움과 상처가 있을지라도 도전에 맞서 싸웠다는 성취감을 가지기도 한다. 예를 들어, 부모의 정신장애(예: 우울, 알코올중독, 인격장애 등)의 영향을 받으면서도 잘 성장했다는 자부심, 학대자로부터 독립했다는 자부심, 성폭력 피해자로 머물지 않고 성폭력으로부터 생존해 냈다는 자부심 등과 같은 '생존자의 자부심(survivor's pride)'도 매우 중요한 강점이다. 사회복지사는 역경을 이겨 낸 클라이언트의 역량과 강점을 강조하고 이를 확대하도록 개입한다.

③ 모든 사람은 학습과 성장, 변화하는 내재적 능력을 가지고 있다. 사람들은 시도하고 성공하고 목표에 미치지 못하는 학습을 경험할 권리를 가진다

사람들은 시도할 권리, 성공할 권리뿐 아니라 실패할 권리를 가진다. 성장 과정에서 시도하고 성공하는 경험도 중요하지만, 시도하고 실패하는 경험 역시 필요하다. 성공하지 못하더라도 시도하는 과정에서 배우며, 시도해 봤다는 의미도 중요하다. 사회복지사는 클라이언트가 성공뿐 아니라 실패를 통해 학습할 권리를 실현하도록 지원한다.

④ 사회복지사는 성장과 변화 능력에 상한선이 없는 것으로 가정한다

사회복지사는 현재의 한계에도 불구하고 클라이언트가 희망과 바람, 열망을 가지고 있는 한 변화할 수 있다는 점을 인식하고 개인과 가족, 집단, 지역사회의 열망을 진지하게 받아들이고 지원한다.

⑤ 사회복지사는 클라이언트와 협력함으로써 클라이언트를 가장 잘 도울 수 있다

원조관계는 협력(collaboration)과 상호성(mutuality), 동역(partnership)의 관계이며, 권력을 공유하는 관계다. 사회복지사가 지식과 경험, 정보력, 자원 동원력 등에서 비롯된 권력을 가지고 클라이언트에게 일방적으로 지시하고 지도하는 경우 클라이언트는 자신의 변화를 주도하지 못하게 된다. 원조과정에서 변화의 주체는 클라이언트의 자신이 되어야 한다.

⑥ 모든 환경은 자원으로 가득하다

사회복지사는 지역사회에서 자연적으로 발생하는 자원, 예를 들어 가족, 친지, 이웃 등의 지원으로부터 클라이언트를 분리하지 않으며, 공식적 사회 서비스를 비공식적 자원에 앞선 가능성으로 간주하지 않는다. 사회복지사는 강점 기반으로 이루어지는 자연적·비공식적 원조 활동을 촉진하고 비공식적 자원을 우선적으로 활용한다.

3) 강점 관점의 적용

강점 관점은 피학대자, 약물남용자, 정신장애인, 말기 암환자, 노인 등 다양한 클라이언트에게 효과적으로 적용할 수 있다(Saleebey, 2013). 다음에서는 학대아동에게 강점 관점을 적용한 개입을 간략하게 보여 준다.

(1) 사례[5] 개요

○○은 네 살부터 어머니에게 신체적으로 학대받은 아홉 살 여자아이다. 어머니는 조현병을 앓고 있으며 최근에는 정신병원에 입원 중이다. ○○는 어머니가 회복되길 그리고 다시 함께 살게 되길 바라고 있다. 개입의 목적은 ○○가 어머니의 행동을 이해하고 자신의 행동과 연관 짓지 않으며, 자신에 대해 긍정적인 감정을 가지도록 원조하는 것이다.

○○는 어머니의 학대 행동에 대한 책임이 자신에게 있고 자신에게 사악한 무엇인가가 있다고 생각하고 있었다. 이는 ○○가 악마에게 사로잡혀 있다고 믿은 어머니에게 받은 메시지였다. 사회복지사는 ○○가 감정을 표현하도록 격려하고, ○○가 학대를 받으면서도 성취한 많은 것을 언급하였다. 사회복지사는 또한 어머니가 ○○를 얼마나 사랑하는지, 자신의 행동에 대해 얼마나 미안해하는지, 자신의 행동이 ○○의 행동과는 상관없으며 자신의 병과 관련되어 있다고 언급한 편지를 전해 주었다. 어머니는 ○○를 위해 매일 기도하고 있고 신에게 자신이 ○○에게 한 올바르지 못한 행동에 대한 용서를 빌고 있었다. ○○는 어머니의 편지에 강한 감동을 받았고 자신이 사랑받고 있다는 느낌을 받았다.

○○는 현재 안정적이고 지지적인 할머니와 함께 살고 있다. 할머니는 신앙심이 깊고, ○○는 할머니와 함께 종교 경험에서 위안을 찾기 시작했다. ○○가 다니는 교회는 지지적이고, 이 교회에는 친척이나 위탁 부모와 사는 학대아동이 상당수 있다. ○○는 친구들을 지혜롭게 선택하여 학대아동들의 지지망을 발전시켰다. 이를 통해 ○○는 학대아동에게는 어느 수준의 슬픔이 있다는 것을 알았다. 힘든 날들도 있지만, ○○는 할머니와 친구들의 지지로 학교에서 잘 적응하고 있고, 음악에 대한 재능도 발견하게 되었다.

(2) 개입과정에서 강점 관점의 적용

사회복지사는 클라이언트가 어머니로부터 받은 부정적 경험, 상처 등에 초점을

---

5) 사례를 글리큰(Glicken, 2004, pp. 144-145)에서 발췌, 요약

맞추기보다는 클라이언트의 강점을 강조하였다. 이를 통해 클라이언트가 자신에 대한 부정적인 생각에서 벗어나 긍정적인 자기 이미지를 발전시키도록 원조할 수 있었다. 클라이언트가 화를 내거나 슬퍼하는 정서 반응을 보일 때, 이런 감정을 역기능적으로 이해하기보다는 학대를 극복하는 과정에서 보일 수 있는 자연스러운 반응으로 이해하고 이를 마음대로 표현하도록 원조하였다. 사회복지사의 보살피고 보호, 배려하는 행동은 클라이언트의 회복과 변화에 긍정적 영향을 미쳤다. 또한 할머니의 안정적 돌봄과 지지, 교회에서 경험하는 종교적 위안, 교회에 형성된 학대아동 지지망과 같은 자원들을 적극 활용함으로써 개입 성과를 가져올 수 있었다.

4. 사회복지실천의 주요 접근

사회복지실천에 적용하는 주요 접근은 다양하지만, 다음에서는 가장 대표적으로 역량강화, 적응유연성, 예방적 접근에 대해 살펴본다.

1) 역량강화

역량강화(empowerment)는 사회복지실천에서 가장 중요한 개념 가운데 하나다. 역량강화는 제1장에서처럼 사회복지실천의 이념과 철학에서 다루기도 하고 사회복지실천의 궁극적인 목적으로 언급되기도 한다. 즉, 사회복지실천은 다양한 클라이언트 체계(개인, 가족, 집단, 지역사회 등)의 역량강화 과정이며 사회복지사는 클라이언트 체계의 역량강화를 원조하는 전문인으로 이해할 수 있다.

사회복지사가 만나는 클라이언트들은 어느 정도의 무력감을 가질 수 있다. 양극화가 심화된 사회에서 가난한 사람들이 경험하는 무력감, 오랜 기간 차별과 편견을 경험한 장애인의 무력감, 가부장 사회에서 여성이 경험하는 무력감 등을 예로 들 수 있다. 사회복지사는 이들의 무력감을 역량감으로 변화시키기 위해 개입한다.

이를 위해 사회복지사가 직접 문제를 해결하는 노력을 하기도 하지만, 클라이언트가 자신의 욕구를 충족하고 문제를 해결해 감으로써 역량을 강화하도록 원조한다.

(1) 역량, 역량강화의 개념

'역량(power)'이란 힘(strength), 영향(influence), 통제(control), 권위(authority), 능력(ability) 등의 단어로 설명할 수 있다. 역량과 상반되는 단어는 무력(inability), 나약함(weakness), 무력함(powerlessness) 등이다. 사회복지실천에서 '역량'은 자신의 삶의 과정에 영향을 미치는 능력, 자기 가치(self-worth)의 표현, 다른 사람들과 협력하여 공적 삶의 영역을 통제하는 능력, 공적인 의사결정 기제에의 접근 등을 의미한다(Gutiérrez, Parsons, & Cox, 1998).

역량강화는 역량을 증가하거나 회복하는 과정(process)인 동시에 성과(outcome)다. 애덤스(Adams, 2008, p. 17)는 역량강화를 '개인, 집단, 지역사회가 자신의 상황을 통제하고 역량을 행사하고 자신의 목적을 성취하는 능력이며, 삶의 질을 최대화하기 위해 개별적이고 집합적으로 자신과 다른 사람들을 도울 수 있는 과정'이라고 규정하였다. 구티에레즈와 동료들(Gutiérrez, Parsons, & Cox, 1998)은 역량강화를 자신의 삶과 자신이 배려하는 사람들에게 영향을 미치는 사건에 참여하고, 이에 대한 통제를 공유하며, 이에 영향을 미치는 자신의 역량이 증가되는 것으로 설명하였다.

역량 방해물은 사회로부터 받는 직접적인 방해나 부정 평가, 차별 등을 의미하는 직접 방해물과 다른 사람들의 눈으로 자신을 바라봄으로써 그들의 부정적 평가가 내재화된 가치나 기준 등을 의미하는 간접 방해물을 포함한다. 예를 들어, 어린 자녀를 양육하는 한부모가 주변의 학부모나 이웃들, 사회로부터 부정적 시선이나 차별(직접 방해물)을 받게 될 때, 이 같은 부정적 평가를 내재화한 한부모 자신의 가치, 기준 등(간접 방해물)을 가질 수 있다. 역량 방해물은 복잡하게 작용한다. 예시로, 빈곤 가정의 자녀가 주위의 부정적 편견을 피하려 다른 아이들과 어울리지 않고 고립되면서 위축 혹은 공격적 행동을 보이거나 부정적 자아상을 형성하고 역량에 한계를 가져올 수 있다. 역량강화 실천(empowerment practice)은 역량 방해물을 규명하고 이들의 영향 혹은 작동을 감소시키기 위한 구체적인 전략을 개발하고 실행한다(Solomon, 1976).

역량강화 실천은 주로 사회적 약자 혹은 억압받는 집단을 대상으로 이루어지므로 사회복지사는 사회적 억압에 대한 이해가 필요하다. 보다 구체적으로, 역량강화 실천을 위해 사회복지사는 다음과 같은 5중의 시각을 이해할 필요가 있다(Gutiérrez, Parsons, & Cox, 1998).

- 억압에 대한 역사적(historical) 시각: 억압받는 집단과 관련된 사회정책의 역사를 이해한다. 예를 들어, 우리 사회에서 장애인에 대한 억압이 사회정책적으로 이루어진 역사를 이해한다.
- 생태학적(ecological) 시각: 개인의 적응 잠재력, 권력, 권력 남용, 구조적 불평등, 사회경제적 문제 등에 대한 지식을 갖는다. 예를 들어, 근로빈곤층이 겪는 생계의 어려움을 사회구조적 불평등 차원에서 이해한다.
- 민족계급적(ethnoclass) 시각: 인종차별과 계급차별, 이 두 가지 상호작용의 영향에 대한 이해를 심화한다. 예로서, 우리 사회에서 이주노동자 혹은 결혼이민자에 대한 민족적, 계층적 차별이 상호작용한 결과로 나타나는 현상에 대해 이해한다.
- 여성주의적(feminist) 시각: 여성에 대한 억압과 '개인적인 것은 정치적인 것'과 같은 개념을 이해한다. 즉, 여성이 개인적으로 경험하는 것은 많은 여성들이 공통으로 경험하는 것이며 이는 사회정치적인 근거를 갖는다는 점을 이해한다.
- 비판적(critical) 시각: 모든 형태의 억압을 비판적으로 이해하고 개인의 변화와 사회 변화를 이어 줄 전략을 개발한다.

역량강화 실천에서는 클라이언트의 역량, 영향, 통제, 능력 등을 강조하며 실천과정에서 클라이언트가 역량강화를 경험하는 것을 중요하게 여긴다. 이에 따라 클라이언트와 사회복지사는 동역자(partners)로서 협력하는 관계를 형성하고 함께 변화 노력을 기울인다. 클라이언트는 사회복지사를 통해 제공되는 사회 서비스를 받기만 하는 수동적인 존재가 아니라 사회복지사와 함께 협력하며 자신의 욕구를 충족시키고 문제를 해결해 가는 주체적인 존재로서 활동한다.

(2) 역량 수준에 따른 개입

역량은 개인적, 대인적, 환경적 수준으로 구분할 수 있다(Andrus & Ruhlin, 1998). 이에 따라 사회복지사는 클라이언트의 역량강화를 촉진하기 위해 개인적 · 대인적 · 환경적 수준 가운데 일부에 초점을 둘 수 있으며, 필요한 경우 세 수준 모두에 개입할 수 있다. 다음에서는 역량의 수준과 이에 따른 사회복지사의 활동을 살펴본다.

① 개인적 역량

개인적(personal) 역량은 자신의 인생에 미치는 영향, 자신의 문제해결 능력과 관련한 감정과 생각 등을 포함한다. 개인적 역량이 강화된 성과는 자기 존중, 자기 수용, 자기효능감(self-efficacy), 권리감(entitlement) 등으로 나타난다. 이는 자신이 원하는 모든 것을 성취했다는 의미가 아니라 자신의 삶에 영향을 미치는 통제력을 의미한다. '지금은 고군분투하고 있지만 발전하고 있고 해낼 수 있다'고 생각하거나, '남과 비교하지 않고 내가 원하는 것을 찾아갈 것'이라고 생각하거나 '나는 내 주위의 의미 있는 사람들에게 존중받을 권리가 있다'고 생각하는 것이다.

예를 들어, 노숙인은 자신의 생활 공간에 대한 통제력 상실, 상황에 압도당하는 느낌이나 무력감, 우울감을 느끼거나, 자존감과 자신감의 손상을 경험할 수 있다. 사회복지사는 클라이언트에게 정서적 지지를 제공하고 클라이언트를 쉼터, 건강보호 서비스, 공공부조 등의 자원과 연결함으로써 자기 존중감과 권리감을 회복하도록 지원할 수 있다.

② 대인적 역량

대인적(interpersonal) 역량은 문제해결을 촉진하는 다른 사람들과의 경험을 강조한다. 대인적 역량이 강화된 성과는 주장성(assertiveness), 문제해결, 자원 접근성, 비판적 사고 등으로 나타난다.

같은 예로서, 노숙인은 쉼터의 사회복지사 혹은 다른 노숙인들과의 관계에서 불신과 무관심을 나타내거나 자신의 가족, 친구, 기타 사회 지지원으로부터 고립될 수 있다. 사회복지사는 쉼터 내 자조(self-help) 집단을 조직하도록 지원하거나 공통의 문제를 해결하기 위한 기술을 개발하고 교육함으로써 클라이언트가 지지 자원의 접근성과 문제해결력을 획득하도록 원조할 수 있다.

③ 환경적 역량

환경적(environmental) 역량에서는 자조 노력을 촉진하거나 방해하는 사회 제도, 사회적 차별 등을 강조한다. 환경적 역량이 강화된 성과는 불합리한 제도나 차별에 맞서는 사회행동 혹은 정치행동에의 참여 등으로 나타난다.

예를 들어, 노숙인 자립을 지원하는 공공 프로그램의 신청 자격이 현실적이지 않거나 노숙인 상황을 충분히 고려하지 않음으로써 오히려 노숙인의 자조 노력을 방해하는 경우, 사회복지사는 이를 해결하기 위한 방법과 기술을 개발하도록 원조하고 사회 변화를 가져오기 위한 행동을 지원할 수 있다.

표 4-1 역량의 수준에 따른 사회복지사의 활동: 노숙인

	사회복지사 활동의 예시
개인적 역량	노숙인에게 정서적 지지 서비스 제공 노숙인과 쉼터, 건강보호서비스, 공공부조 등의 자원을 연계하고 관리
대인적 역량	쉼터 내 자조 집단 조직을 지원 쉼터 내 공통적인 문제해결을 위한 기술 개발을 원조
환경적 역량	노숙인의 자조 노력을 촉진하는 사회 제도를 구현

(3) 역량강화의 다차원 활동

사회복지사의 역량강화 실천은 클라이언트의 사회 기능을 향상시키기 위한 개인적 차원에서부터 모든 사람의 안녕에 필요한 사회 자원과 기회를 옹호하는 사회정치적 차원까지 다차원 활동으로 이루어진다(Gutiérrez, Parsons, & Cox, 1998). 사회복지사는 일부 차원에 초점을 두거나 필요한 경우 모든 차원을 포함하는 활동에

관여한다.

① 제1차원: 욕구 충족

사회복지사는 개인 혹은 가족의 당면한 욕구 충족을 위해 개입한다. 사회서비스를 제공하고 연결하며, 클라이언트가 자원을 찾거나 요구하는 방법에 대해 학습하도록 지원하고, 클라이언트의 의식 향상(consciousness raising) 과정을 강조한다.

② 제2차원: 교육과 기술 개발, 자조

사회복지사는 개인, 가족 혹은 소집단의 교육과 기술 개발, 자조(self-help)를 목표로 개입한다. 공통의 문제해결에 초점을 두고 문제에 대한 구체적 지식과 문제해결, 옹호, 중재 등의 기술을 개발하도록 지원하며, 문제해결을 위한 집단을 활용하고 자조 집단을 강조한다.

③ 제3차원: 환경 혹은 지역사회 변화

사회복지사는 개인, 가족, 소집단 혹은 대집단이 당면한 환경과 지역사회를 변화시키도록 개입한다. 자원과 조직에 대한 지식, 전문가 혹은 조직과 의사소통하는 기술 개발, 조직과 지역사회의 변화를 위한 기술 개발, 조직 변화에 참여, 공식적 자조 프로그램과 조직의 조성과 합류 등에 주력한다.

④ 제4차원: 사회 · 정치행동

사회복지사는 지역사회, 전국적 조직의 사회행동 및 정치행동 혹은 국제적 행동에 참여한다. 정치경제체계, 거시적 쟁점에 대한 지식과 기술의 개발을 강조하고, 지역사회, 법률, 정책, 정부의 변화를 표적으로 협상, 중재, 로비, 캠페인 활동 등을 전개한다.

표 4-2 역량강화 실천에서 사회복지사의 다차원 활동

	사회복지사 활동의 예시
1차원	개인 혹은 가족의 당면한 욕구 충족을 목표로 개입 사회서비스의 제공 및 연결 자원을 찾고 요구하는 방법의 학습과 의식 향상 강조
2차원	개인, 가족, 소집단의 교육, 기술 개발, 자조를 목표로 개입 공통의 문제해결에 초점 집단 활용, 자조 집단 강조
3차원	개인, 가족, 소집단, 대집단이 당면한 환경의 변화를 목표로 개입 자원과 조직에 대한 지식과 변화 기술 개발 조직과 의사소통하는 기술 개발 지역사회 변화 기술 개발
4차원	사회행동, 정치행동, 국제적 행동을 목표로 개입 거시적 쟁점에 대한 지식과 기술 개발 법률, 정책, 정부의 변화를 도모

출처: Gutiérrez, Parsons, & Cox (1998). pp. 15-16에서 재구성

2) 적응유연성

(1) 적응유연성 개념

적응유연성(resilience)이란 '심각한 사회적 혹은 건강 문제의 위험에 상당히 노출되었음에도 불구하고 정상적 혹은 예외적으로 긍정적인 발달 성과를 보이는 것'을 의미한다(Fraser, Kirby, & Smokowski, 2004, p. 22). 이를 회복탄력성 혹은 리질리언스라고도 한다.

인간은 역경에도 불구하고 뛰어난 심리적·사회적 적응을 보이기도 한다. 빈곤아동 연구에 따르면, 빈곤은 아동의 인지, 정서, 행동, 사회성 발달에 부정적인 영향을 미친다. 하지만 빈곤한 아동들 가운데 일부는 빈곤하지 않은 아동처럼 혹은 빈곤하지 않은 아동보다 오히려 더 긍정적인 발달 성과를 보인다. 마찬가지로 알코올중독 부모의 자녀들이 성장하여 알코올 문제를 전혀 가지지 않는 경우가 많으

며, 성장 과정에서 반복적인 가정폭력에 노출되었음에도 성인이 되어 공격적이거나 강압적인 대인관계 스타일을 전혀 보이지 않는 경우도 많다. 학자들은 이와 같은 상태를 적응유연성으로 설명한다.

(2) 위험 요인과 보호 요인

적응유연성은 위험 요인과 보호 요인의 개념과 함께 설명된다.

① 위험 요인

위험 요인(risk factors)은 문제의 발생 혹은 악화 가능성을 증가시키는 개인, 가족, 환경 요인을 의미한다. 예를 들어, 청소년 비행의 위험 요인으로는 낮은 학업성취, 비행 또래들과의 관계, 가족 갈등, 부모의 지도감독 소홀, 부모의 관여 부족, 지역사회 폭력 등을 들 수 있다. 이런 위험 요인을 복합적으로 가지고 있는 경우를 고위험(high risk), 상대적으로 적게 가지고 있는 경우를 저위험(low risk)으로 구분한다.

② 보호 요인

보호 요인(protective factors)은 위험의 영향을 받지 않거나 위험을 감소시키는 개인, 가족, 환경 요인을 의미한다. 같은 예로서, 청소년 비행의 보호 요인은 자기 훈육(self-discipline), 문제해결기술, 긍정적 또래관계, 학업적 성공, 지지적인 가족 분위기, 부모에 대한 강한 애착, 효과적인 부모의 지도감독, 지역사회 내 사회 서비스 등을 들 수 있다.

사회복지실천에서 적응유연성, 위험 요인, 보호 요인의 개념은 개입의 초점을 제시한다는 점에서 매우 유용하다. 사회복지사는 위험 요인을 감소시키거나 제거하고 보호 요인을 증가시키는 개입을 통해 클라이언트의 적응유연성을 도울 수 있다. 예를 들어, 청소년 비행을 예방하거나 청소년 비행에 개입하기 위해 문헌에서 밝혀진 보호 요인에 개입의 초점을 둘 수 있다. 즉, 청소년 대상의 분노관리, 갈등해결, 사회기술훈련, 학교 적응 등을 지원하거나 부모에게 부모기술훈련 프로그램을 제공할 수 있으며, 지역사회를 조직하는 활동에 초점을 둘 수 있다.

또한 적응유연성과 위험 요인, 보호 요인의 개념은 클라이언트의 변화를 위해 다체계 수준의 개입 여지를 제공한다. 클라이언트의 개인적인 한계가 있는 경우에도 대인적·환경적 자원을 적극 활용하거나 이를 개발하기 위한 개입에 주력함으로써 긍정적 변화를 가져올 수 있다.

3) 예방

(1) 예방의 개념

예방(prevention)은 문제를 일으키거나 문제에 기여하는 사회적·심리적 조건, 혹은 다른 조건들을 최소화하거나 제거하기 위한 활동을 의미한다. 예방은 문제가 발생 혹은 증폭되기 전에 개입함으로써 인간 중심적일 뿐 아니라 사회비용을 절감할 수 있다는 실제적인 근거에 기반한다. 의료적 예방활동에 비해 사회복지실천 예방 활동은 충분한 관심을 받지 못하고 있으나, 현대 사회에서 더욱 심각해지는 가정폭력, 아동학대, 물질남용, 자살 등의 사회 문제에 대한 예방적 개입의 필요성은 계속 증가하고 있다.

(2) 예방의 수준
예방은 개입 수준에 따라 1차, 2차, 3차 예방으로 구분한다.

① 1차 예방
1차 예방은 문제가 일어나기 전에 문제의 발생을 방지하는 활동이다. 청소년을 대상으로 약물예방교육 혹은 성교육을 실시하거나 대학에서 학생들을 대상으로 자살예방 캠페인을 전개하는 활동을 예로 들 수 있다.

② 2차 예방
2차 예방은 문제가 경미하게 발생하였으나, 상대적으로 변화하기 쉬운 초기에 개입함으로써 문제가 더 이상 진전되지 않거나 나아가 문제에서 회복하도록 지원하는 활동이다. 예를 들어, 자녀의 문제 행동을 바로 잡기 위해 경미한 수준의 체벌을 사용하는 부모들을 대상으로 대안적 훈육방법을 포함한 아동학대 예방교육을 실시하는 경우이다. 다른 예로서, 인터넷 게임시간이 과다한 청소년을 대상으로 게임사용을 스스로 통제하고 사용 시간을 줄이도록 개입하는 활동을 들 수 있다.

③ 3차 예방

3차 예방은 이미 심각한 문제가 더 악화되거나 추가적인 피해가 발생하지 않도록 혹은 다른 영역으로 파급되지 않도록 취하는 활동이다. 알코올중독의 문제를 가진 클라이언트를 치료하기 위해 개입할 뿐 아니라 가족 관계, 직장 생활에서 알코올중독으로 인한 문제를 최소화하거나 회복하기 위해 개입하는 활동을 예로 들 수 있다.

표 4-3 예방적 접근의 수준—알코올 중독

	사회복지사 활동의 예시
1차 예방	알코올남용 예방교육, 음주 자기결정권 교육 실시 지역사회 내 건전한 음주문화 캠페인 전개
2차 예방	경미한 알코올남용 문제를 가진 사람들을 대상으로 예방교육 실시 스트레스 대처기술, 문제해결기술 교육
3차 예방	심각한 알코올중독 문제를 가진 사람들을 대상으로 치료, 가족 개입, 자원 연계 및 관리

5. 사회복지실천의 통합 접근

사회복지사는 클라이언트에게 가장 바람직하고 적합한 개입을 하기 위해 앞에서 살펴본 관점과 접근뿐 아니라 다양한 모델과 이론에서 제시하는 실천기술과 기법을 통합적으로 적용한다. 이 장의 마지막 부분에서는 통합 접근(integrative approach)의 필요성과 원칙을 살펴본다.

1) 통합 접근의 필요성

인간 행동과 사회 현상을 완벽하게 설명하는 하나의 이론이나 모델은 없으며 각 이론이나 모델은 같은 인간 행동과 사회 현상을 다르게 설명하거나 서로 다른 부분에 주요 관심과 초점을 둔다.

예를 들어, 정신역동 접근은 사람들의 갈등적 사고와 감정을 이해하고 통찰하는 데 유용하다. 이 접근은 클라이언트의 내면에 초점을 두고 현재를 이해하기 위해 과거의 경험을 분석하며 특히 내면에 억압되어 있는 부정적 감정(예: 분노, 두려움, 복수심, 성적 관심 등)이 현실에 미치는 영향을 분석한다. 무의식, 방어기제(defense mechanisms), 대상관계(object relations) 등에 대한 분석, 현실 적응적인 자아(ego)에 대한 지지 등을 강조한다.

행동주의 이론가들은 인간의 모든 행동은 학습되는 것이라고 주장한다. 정신역동 접근과는 달리 행동주의 접근에서는 관찰 가능한 행동에 초점을 둔다. 특히 행동의 전후 상황, 즉 강화 조건부(contingencies of reinforcement)를 분석하고 변화시킴으로써 바람직하지 않은 행동을 수정하거나 새로운 바람직한 행동을 학습하도록 돕는다.

인지행동 접근은 보다 현실적이고 긍정적인 인식과 사고, 행동을 증진시키는 데 유용하다. 인간의 문제 행동이나 고통은 비합리적인 사고, 사고 오류 등과 같은 인지(cognition)에 기인하므로 이를 합리적이고 현실적인 인지로 변화시키기 위한 개입이 이루어진다. 인지 재구조화, 논리 분석 등의 방법을 주로 사용하며 사고의 변화가 행동 변화로 이어지도록 행동주의 기법들도 사용한다.

개입의 초점을 개인보다는 가족체계에 두는 가족치료는 가족의 사회 기능을 증진시키고 가족 구성원들의 상호작용을 변화시키기 위한 실천이다. 가족체계이론을 적용한다는 공통점에도 불구하고 가족치료는 서로 다른 개념과 절차를 강조하는 다양한 접근을 포함한다. 가족의 구조에 초점을 두는 구조적 접근, 가족의 변화를 전략적으로 도모하는 전략적 접근, 원가족(family of origin)에서의 경험을 강조하는 정신역동 접근, 의사소통을 강조하는 경험적 접근 등은 가족체계와 성원들의 변화를 위해 다양한 기법을 활용한다. 소집단이론은 소집단 경험을 통해 집단 성원들과 집단의 변화와 문제를 해결하는 방법을 제안하며, 지역사회 변화이론은 지역사회의 욕구 혹은 문제를 예방 또는 해결하기 위한 다양한 방법을 제안한다.

이 밖에도 사회복지사가 활용할 수 있는 이론과 모델은 매우 다양하다. 사회복지사는 다양한 이론과 모델의 최신(state-of-the-art) 지식과 기술을 알아야 할 뿐 아니라 클라이언트에게 가장 적합한 개입을 위한 방법을 선택하여 적용할 수 있어야 한다. 사회복지사가 활용할 수 있는 이론과 모델을 예시로서 다음과 같이 제시할 수 있다(가나다 순).

- 가족치료(family therapies)
- 거래분석(transactional analysis)
- 게슈탈트치료(gestalt therapy)
- 과업중심 모델(task-centered model)
- 문제해결 모델(problem solving model)
- 사회학습이론(social learning theory)
- 소집단이론(small group theory)
- 실존주의 모델(existential model)
- 심리사회 모델(psychosocial model)
- 위기개입(crisis intervention)
- 인간중심이론(person-centered theory)
- 인지행동치료(cognitive-behavioral yherapy)
- 정신분석(psychoanalysis)
- 정신역동이론(psychodynamic theory)
- 조직변화 모델(organizational change model)
- 지역사회변화 모델(community change model)
- 행동주의 모델(behavioral model)
- 현실치료(reality therapy)

2) 통합 접근의 원칙

사회복지실천의 통합 접근은 과학성과 예술성에 근거한다. 사회복지사는 과학성을 반영하여 증거기반실천(evidence-based practice)을 하는 동시에 예술성을 반영하여 직관적이고 창의적인 자신의 방법을 활용한다.

헵워스와 동료들(Hepworth et al., 2016)은 사회복지사가 다양한 이론과 개입 방법을 클라이언트에게 통합적으로 적용하기 위한 기준을 다음과 같이 제시하였다.

- 경험적으로 지지되는 개입을 우선적으로 선택해야 한다.
- 두 개입이 모두 효과적일 때에는 적은 시간과 비용, 노력으로 결과를 생산할 수 있는 개입이 효율적이며 따라서 더 바람직하다.
- 이론에 포함된 개입과 기법이 구체적으로 제시되어야 한다. 즉, 사회복지가 실제 실천 상황에서 실행할 수 있는 방법이 구체적으로 제시되어야 한다.
- 사회복지실천의 윤리와 가치에 부합하는 개입인지를 중요하게 고려한다. 예를 들어, 병리보다는 건강과 강점을 강조하는지, 사회복지사와 클라이언트의 협동 노력을 강조하는지 등을 살펴본다.
- 사회복지사가 개입과 관련한 지식과 기술을 가지고 있어야 한다. 사회복지사는 시행착오 학습의 위험이 있는 개입을 적용하지 않아야 할 윤리적 책임이 있다.
- 개입은 민족문화적 민감성과 적절성을 갖추고 있어야 한다.
- 사회복지현장 밖에서 개발된 이론과 절차들을 적용할 때에는 기관, 환경, 클라이언트, 지역사회 변수들의 맥락을 고려해야 한다.

연습문제

1. 체계론적 관점에서 강조하는 '순환적 인과성(circular causation)'의 개념을 '단선적 인과성 (linear causation)'의 개념과 비교하여 주변 상황에 적용해 보시오.

2. '정적 환류(positive feedback)'와 '부적 환류(negative feedback)'의 개념을 설명해 보고 이를 주변 상황에 적용해 보시오.

3. '개인적인 것은 정치적이다.'라는 개념을 우리 사회에서 억압받는 집단에 적용해 보시오.

4. 자신의 개인적 강점과 사회환경적 강점을 가능한 한 많이 나열해 보시오.

5. '생존자의 자부심(survivor's pride)'을 주변 상황에 적용해 보시오.

6. 우리 사회에서 예방적 접근이 상대적으로 잘 이루어지고 있는 사회문제는 무엇인가? 예방 적 접근이 실제로 어떻게 이루어지고 있는가?

제**5**장

사회복지실천의 대상

사회복지실천의 개념 정의에서 살펴본 바와 같이, 사회복지실천의 접근방법과 실천과정은 개입대상에 따라 다르게 적용될 수 있다. 사회복지실천은 모든 영역에 걸쳐 삶의 문제를 다루고 있으나, 특정 대상이나 문제 영역별로 그 특성을 파악하고 실천현장의 다양성을 이해하며 이에 맞는 서비스 구성이나 전달방식, 실천방법 등에 관한 지식과 기술을 갖출 필요가 있다. 제5장에서는 사회복지실천의 대상을 분류하는 기준을 사회체계의 수준별, 생애주기별, 문제 및 욕구의 특성별로 구분하여 각각의 특성에 대해 알아본다. 다양한 실천 대상의 이슈와 문제에 대응하기 위한 사회복지실천현장과 사회복지사의 실천 활동에 관해서도 학습한다.

1. 사회체계 수준별 실천 대상

'환경 속의 인간'을 강조하는 사회복지실천에서는 개인과 상호작용하는 다양한 체계를 대상으로 하며, 사회체계의 수준에 따라 개인, 가족, 집단, 지역사회 등으로 나누고 있다. 전통적인 사회복지실천의 방법인 개별사회사업, 집단사회사업, 지역 사회조직론의 구분도 이와 같은 개입대상별 분류와 관련이 있다. 전통적으로는 개인이나 가족 또는 소집단을 대상으로 하는 상담이나 교육, 자원제공 등의 직접적인 개입 활동이 많은 부분을 차지하였다. 그러나 최근의 통합적 접근에서는 문제와 관련된 체계들의 상호연결성을 고려하며 다양한 체계에 대한 포괄적인 개입을 강조한다. 이에 따라, 전통적인 방법론에 따라 개입대상별 접근방법을 선택하기보다는 다양한 대상체계에 동시에 접근하는 경향이 늘고 있다.

1) 개인

사회복지실천은 초기부터 개별화된 문제의 특성과 적응방식에 초점을 둔 미시 접근을 강조하였다. 개인을 대상으로 하는 실천활동은 사회복지실천의 초기에는 개별지도(casework)라는 용어를 사용하였다. 리치몬드(Richmond, 1922)는 마치 오케스트라와 같이 각자의 사회적 관계와 환경 속에서 조화롭게 살기 위해서는 개인의 성격 발달과 성장이 중요하며, 이를 위해 개인 대 개인으로 의도적인 영향을 주는 조정의 과정이 개별지도를 통해 이루어진다고 하였다. 현재도 사회복지기관이나 시설에서 일하는 대부분의 사회복지사는 문제와 욕구를 갖고 있는 개별 클라이언트를 대상으로 일대일 서비스를 제공하고 있다. 최근에는 민간기관뿐 아니라 동 주민센터와 같은 공공기관에서도 사례관리가 보급되면서 개인의 문제를 해결하기 위한 개별적인 개입의 중요성이 커지고 있다. 개인을 실천 대상으로 하여 개입이 필요한 경우의 예를 살펴보면 다음과 같다(엄명용 외, 2020).

- 문제가 주로 클라이언트의 내적 · 주관적 원인에서 비롯되는 경우
- 대인관계에 문제가 있는 경우
- 문제의 초점이 명확하지 않아 문제해결에 어려움이 있는 경우
- 위기상황에 직면하여 복잡한 감정 상태와 갈등을 겪고 있는 경우
- 자원을 이용할 수 있는 클라이언트의 능력이 많이 손상된 경우

개인을 대상으로 하는 실천에서는 사회복지사와 클라이언트 간의 직접적인 접촉을 통해 이루어지는 정보제공이나 교육, 상담과 같은 개입활동이 많다. 전통적인 개별지도에서는 개인의 성격발달과 적응을 강조하면서 클라이언트의 심리 내적 기능을 강화하고 대인관계의 기술을 향상시키는 개입활동을 중시하였다. 현재도 개인의 심리정서적 상황을 이해하고 가족이나 주변 사람들과 긍정적 관계를 형성하도록 돕는 것이 개인을 대상으로 하는 실천에서 중요하다. 특히 개인의 개별성(individuality)을 존중하고 타인과 다른 고유성(uniqueness)을 반영하는 것이 중요하다. 개인이 갖고 있는 다양한 특성을 이해하기 위해서는 다음과 같은 요소들을 살펴보는 것이 필요하다.

- 연령, 성별, 학력 등의 인구사회학적 정보
- 개인적 정서나 심리 상태
- 신체 기능 및 건강상태, 질환 유무 등
- 경제 수준과 현재의 재정 상황, 채무관계 등
- 주거형태 및 주거 안정성, 지역사회내 접근성 등
- 직업 경험 및 이력 사항, 직무 기술 등
- 가족 구성 및 가족 관계 특성, 배우자나 자녀 등 가족원과의 의사소통 방식
- 이웃과의 관계, 지역사회내 주민활동 및 서비스 이용 등

최근의 개인 대상의 실천 모델에서는 클라이언트가 전문가에 의지해 문제해결을 하기보다는 클라이언트의 적극적인 문제해결 능력을 기르고 환경 변화를 위한

주도적 역량을 높이는 방향을 강조하고 있다. 또한 '환경 속의 인간'을 강조하는 생태체계적 관점에서는 개인 대상의 실천에서도 클라이언트와 상호작용하는 다양한 환경체계에 대한 이차적 개입을 중요하게 여긴다. 따라서 개인 대상의 실천을 하는 사회복지사도 클라이언트와의 일대일 관계 이외에 개인을 둘러싼 다양한 체계와 관련성을 갖고 활동하게 된다. 그 예로 개별사례에 개입을 하는 사례관리(case management)에서는 클라이언트 개인에 대해 직접 지원을 하는 동시에, 문제해결에 필요한 클라이언트의 주변체계나 지원체계에 개입을 하고 있다.

2) 가족

가족은 사회를 구성하는 중요한 단위다. 혈연이나 혼인, 입양 등의 관계를 통해 구성되며, 가족 고유의 특성으로 인해 외부와 구분되는 경계를 갖는다. 상호의존 관계에 있는 가족 구성원 간의 상호작용 패턴이나 의사소통 방식은 가족체계가 기능하는 데 있어서 중요한 영향을 미친다. 가족의 기능 가운데 대표적인 것은 가족 구성원의 성장이나 발달을 도모하는 사회화 기능이다. 그러나 가족의 형태와 기능은 시대에 따라 달라지기도 한다. 현대사회에서는 정상가족에 대한 이데올로기를 벗어나 가족의 의미와 기능을 보다 다양하게 해석하고 있다.

가족을 대상으로 하는 실천현장으로는 가족센터(구 건강가정 · 다문화가족지원센터)가 대표적이며, 그 외 가정폭력상담소나 가족상담센터 등이 있다. 사회복지관과 같은 일반 복지기관에서도 가족 프로그램이나 가족지원서비스를 제공하고 있다. 사회복지실천에서 가족을 대상으로 할 때에는 가족마다 갖는 고유의 특성을 이해하고 가족의 욕구와 필요를 파악하는 것이 중요하다. 일반적으로 가족을 이해하는 데 필요한 내용은 다음과 같다.

• 가족배경과 역사에 대한 발달적 이해: 가족은 개인의 심리적 · 신체적 · 사회적 발달과정에 영향을 준다. 가족 구성원 개인의 가치나 감정, 행동에 영향을 미치는 가족의 역사로부터 현재의 상황을 인식하고 이해하는 것이 필요하다. 또한

사회복지사 스스로도 자신의 가족으로부터 받은 영향을 인식함으로써 가족에 대한 민감성을 갖게 된다.

- 가족의 상황과 생활 여건에 대한 이해: 가족 구성원의 기본적 욕구를 충족시키는 데 필요한 경제적 수준이나 주거환경 등을 파악하고, 일상생활에 필요한 다양한 자원의 충분성도 확인한다.

- 가족의 구성 및 역동에 대한 이해: 가족 구조와 그에 따른 가족역할을 파악하는 것이 중요하다. 가족 구성원의 특성이나 가족관계 등을 도식화한 가계도(Genogram)를 활용할 수 있다. 또한 가족 내에서 발생하는 역기능적 문제나 갈등에 대해 이해가 필요하다. 가족 내 성원 간 정서적 관계나 의사소통, 문제해결 방식 등이 가족 기능을 결정짓는 중요한 요소가 된다.

- 가족의 외부환경, 지역 내 이웃과의 관계 등 이해: 가족과 외부 환경과의 상호작용을 파악하는 것이 중요하다. 이웃이나 지역주민 외에도 학교나 직장 등 관련된 외부체계와의 관계나 교류 상황도 살펴본다. 생태도(Eco-map)는 개인을 둘러싼 사회적 상황을 이해하는 데 유용한 도구로서, 개인과 가족에 대한 전체적인 상황뿐만 아니라 가족 구성원과 외부 환경과의 관계나 에너지의 흐름 등을 파악하는 데 도움을 준다.

3) 집단

개별성이나 다양성을 강조하는 사회복지현장에서는 개인이나 가족을 대상으로 하는 개입이 많다. 반면에 유사한 상황에 있거나 공통의 과업을 가진 개인들은 집단을 통해 성원 간 상호작용을 하면서 성장 발전하거나 문제를 효과적으로 해결할 수 있다. 도움을 일방적으로 받는 입장이 아니라 서로 도움을 줄 수 있는 존재로서 상호지지와 학습이 가능하다는 장점이 있다. 특히 의도적 집단 경험을 통해 타인에 대한 공감과 문제에 대한 통찰력을 얻고 효과적인 대처능력을 기를 수 있다.

이와 같은 집단 대상의 접근은 사회복지실천의 초기부터 인보관에서 도시빈민이나 이민자를 대상으로 하는 사회교육이나 계몽 활동에 활용되었다. 현재도 사회복지현장에서 정보제공이나 교육, 상담이나 심리치료, 사회기술훈련 등 다양한 목적과 방식으로 널리 활용하고 있다. 집단 대상의 실천은 아동이나 청소년과 관련한 실천현장에서 빈번히 사용하고 있으며, 가족을 대상으로 하는 기관에서도 집단 프로그램이나 소집단 활동을 많이 활용한다. 집단을 대상으로 개입할 때에는 집단의 목적이나 구성, 과정 등이 중요하며, 개별성원 및 집단의 욕구를 파악하고 집단역동을 잘 이해하면서 개입하는 것이 필요하다. 집단을 이해하는 데 고려해야 할 요소를 살펴보면 다음과 같다.

- 집단 구성의 특성: 집단의 크기, 집단 운영 기간과 모임 빈도, 집단성원 모집의 개방성과 폐쇄성, 집단 구성원 간 동질성과 이질성 등
- 집단의 운영적 특성: 집단의 목표와 과업, 집단 규칙, 집단 성원 간 상호작용 및 관계 등
- 집단 성원의 특성: 연령, 성별, 학력 등 개별 성원의 인구사회학적 정보, 집단 참여 동기, 집단 내 역할과 행동적 특성 등

4) 지역사회

지역사회는 다양한 의미가 있지만 일반적으로 물리적 경계로 구분되는 특정 지역을 뜻한다. 사회복지실천의 관점에서 지역사회는 주민의 전반적인 삶의 질 향상을 위해 함께 참여하여 공동의 문제를 해결하며 지역의 바람직한 변화를 위해 활동이 이루어진다는 점에서 중요한 의미를 갖는다. 지역사회를 대상으로 하는 실천활동은 오랜 역사를 갖고 있다. 19세기 후반의 자선조직협회활동을 비롯하여, 지역의 환경·교육·빈곤 등의 문제에 대해 주민 스스로가 참여하여 변화를 이끌던 인보관 운동과 같은 역사적 흐름은 현재의 지역복지실천에도 반영되어 있다. 현재는 지역주민의 삶의 질에 대한 지방정부의 관심이 늘고 지역의 이슈나 변화와 관련한 주민의 참여가 활성화되면서 지역복지실천 분야가 확대되고 있다.

로스만(Rothman, 2001)은 지역사회 개입을 위한 핵심 방식(core modes of community intervention)으로 사회계획(Social Planning), 지역개발(Locality development), 사회행동(Social action)을 제시하고 있다. 이와 같은 분류는 지역사회 변화를 위해 이루어지는 활동의 특성을 이해하고 지역 상황에 맞게 개입 방안을 설계하는 데 유용하다. 지역사회변화를 위한 세 가지 접근 방식의 세부 내용을 살펴보면 다음과 같다.

첫째, 사회계획은 지역사회 내의 제반 문제를 합리적으로 해결하기 위한 계획을 수립하여 체계적인 변화를 이끄는 것이다. 이 접근에서는 지역문제해결을 위한 전반적인 계획수립의 과정과 활동을 지원할 전문가 역할이 강조된다. 지역사회계획을 수립하기 위해 공공기관과 민간서비스기관, 지역주민 등은 전문가와 함께, 지역의 욕구를 파악하고 지역 여건과 자원현황을 분석하며 지역에 맞는 프로그램과 서비스를 개발하고 기획하는 역할을 수행하면서 지역 변화를 이끌게 된다.

둘째, 지역개발은 '스스로를 돕는 지역사회'에 초점을 맞추고 있다. 이 접근방식에서는 지역사회의 변화가 지역 내 다양한 사람의 폭넓은 참여를 통해 이루어진다고 여긴다. 또한 지역사회의 문제를 해결하는 데 있어서 궁극적으로는 개인적 이익을 양보하면서 상호 유익한 목표를 달성하기 위해 함께 일하며 변화할 것이라고 가정한다. 이와 같은 접근방식에서는 지역사회의 민주적인 절차와 자발적인 협동, 토착적 지도자 개발 등이 중요하며, 다양한 주체가 합의를 이루어 나가는 데 필요한 토론과 의사소통을 주요 전략으로 활용한다. 이때 지역사회의 갈등을 조정하고 문제해결 역량을 높여 주는 개입이 도움이 된다.

셋째, 사회행동이란 지역사회의 소외된 주민들에 대한 자원의 적절한 배분과 향상된 처우를 요구하고 변화를 촉구하는 단체행동을 의미한다. 지역사회개발이 주민의 참여와 공동의 합의에 의한 변화라면, 사회행동은 지배계층과의 갈등이나 대립을 통해 힘과 자원의 재분배를 요구하면서 변화를 이끄는 차이가 있다. 이 접근방식에서는 소외된 집단 구성원들의 조직화가 중요하며, 옹호나 협상, 중재와 같은 개입역할이 필요하다.

지역사회에 대한 개입, 즉 지역사회 실천은 주민을 조직하는 것에서부터 대인서비스를 계획하고 조정하는 데 이르기까지 광범위하다. 지역복지실천은 넓은 의미로 전문 혹은 비전문 인력이 지역사회에 개입해서 지역의 문제를 예방하고 해결하는 사회적 노력이다. 이와 같은 지역사회 실천에서 지역주민의 참여는 핵심적인 요소다. 주민들이 공동으로 세운 계획이나 목표를 성취할 수 있도록 초기에는 지역 주민들의 참여를 활성화하면서 점차 주민 주도의 활동과 주체적인 의사결정이 이루어지는 방향으로 변화를 이끌어 내도록 한다. 또한 지역사회 내에는 주민 외에도 기관이나 시설, 단체와 같은 조직 활동이 이루어지면서 지역사회 네트워크가 구성된다. 지역주민들의 공통된 욕구나 지역 공동의 문제해결이라는 목적을 갖고 교육이나 홍보활동, 프로그램 운영, 주민 활동지원 등을 다양하게 수행한다. 복지 분야의 서비스 네트워크를 통해서는 취약가구에 대한 위기지원이나 효율적인 서비스 전달 및 자원 활용을 위해 기관 간의 연계나 조정과 같은 간접적인 개입활동이 이루어진다.

2. 생애주기별 실천 대상

생애주기적 관점에서 연령 및 발달단계에 따라 사회복지실천의 대상을 구분할 수 있다. 인간은 발달적 존재로서 일생을 살아가면서 삶의 각 단계에 따라 새로운 과업과 문제에 직면한다. 사회복지실천에서는 아동, 청소년, 노인 등 인구 집단별 분야를 중심으로 실천현장이 형성되고 사회복지사의 개입활동이 이루어지고 있다. 주요 인구 집단별 내용을 살펴보면 다음과 같다.

1) 아동

우리나라 「아동복지법」에서는 아동을 18세 미만의 자로 규정하고 있으며, 이에 따라 교육이나 보호에 관한 일반적인 법적 연령기준을 18세로 정하고 있다. 아동을 대상으로 하는 실천 분야는 아동보육 및 교육, 아동상담, 아동보호에 이르기까지 다양하다. 또한 아동의 문제해결을 위해 아동에 대해 개별적으로 개입하기도 하지만 가족을 단위로 개입하기도 한다.

아동을 대상으로 하는 실천활동은 크게 아동의 가정 내 보호와 가정 외 보호로 구분하여 이루어진다. 가정 내 보호는 가족의 기능을 지지하거나 보충하는 방식으로서, 아동에게 필요한 서비스제공을 통해 가족의 아동양육과 보호에 대한 부담을 줄이면서 가정 내에서 아동의 성장발달을 도모하는 것이다. 가정에서 아동을 돌보기 어려운 상황에서는 가정과 유사한 여건에서 의식주를 제공하며 대리적으로 아동에 대한 양육과 보호서비스를 제공하는 방안이 있다. 입양이나 위탁보호를 통해 부모의 역할을 대신할 보호자를 찾는 가정보호 형태가 있으며, 아동양육시설이나 공동생활가정, 아동일시보호시설, 아동보호치료시설과 같은 시설보호 형태가 있다 (「아동복지법」 제52조). 아동 대상의 실천현장의 종류와 주요 내용을 살펴보면 다음과 같다.

- 아동양육시설: 보호대상아동을 입소시켜 보호, 양육 및 취업훈련, 자립지원 서비스 등을 제공하는 것을 목적으로 하는 시설
- 아동일시보호시설: 보호대상아동을 일시보호하고 아동에 대한 향후의 양육대책 수립 및 보호조치를 행하는 것을 목적으로 하는 시설
- 아동보호치료시설: 아동에게 보호 및 치료 서비스를 제공하는 시설
  - 불량행위를 하거나 불량행위를 할 우려가 있는 아동으로서 보호자가 없거나 친권자나 후견인이 입소를 신청한 아동 또는 가정법원, 지방법원소년부지원에서 보호 위탁된 19세 미만인 사람을 입소시켜 치료와 선도를 통하여 건전한 사회인으로 육성하는 것을 목적으로 하는 시설
  - 정서적·행동적 장애로 인하여 어려움을 겪고 있는 아동 또는 학대로 인하여 부모로부터 일시 격리되어 치료가 필요한 아동을 보호·치료하는 시설
- 공동생활가정: 보호대상아동에게 가정과 같은 주거여건과 보호, 양육, 자립지원서비스를 제공하는 것을 목적으로 하는 시설
- 자립지원시설: 아동복지시설에서 퇴소한 사람에게 취업준비기간 또는 취업 후 일정 기간 동안 보호함으로써 자립을 지원하는 것을 목적으로 하는 시설
- 아동상담소: 아동과 그 가족의 문제에 관한 상담, 치료, 예방 및 연구 등을 목적으로 하는 시설

아동을 대상으로 활동하는 사회복지사는 조력자의 역할을 수행하기 위해 아동이 건강하게 성장하는 데 필요한 발달단계별 특성을 이해하고 아동에게 적합한 방식으로 개입하는 것이 필요하다. 즉, 아동의 발달단계에 적합한 언어와 행동을 이해하고 아동에게 효과적인 면접기술과 놀이를 통한 의사소통 방법을 개발하고 필요한 도구를 준비해야 한다. 또한 부모나 주 양육자가 아동과 긍정적 관계 속에서 보호를 제공할 수 있도록 지지하며, 아동의 성장 발달에 필요한 자원을 체계적으로 제공하는 역할을 한다. 신체적 또는 정서적 장애와 같이 특수한 문제나 욕구를 가진 아동의 경우에는 관련 문제에 관한 전문적인 지식과 경험을 갖고 직접적인 개입을 하도록 한다. 아동보호시설의 경우에는 정서적 지지나 물질적 지원을 하는 역할 외에도 아동의 성장변화를 전체적으로 관리하기 위한 사례관리자나 바람직한 행동을 학습하도록 돕는 교사의 역할이 강조될 수 있다.

2) 청소년

청소년기를 흔히 질풍노도의 시기라고 한다. 신체적으로는 성장 폭발이라고 할 정도로 급격한 신체 발달을 하며 정서적으로는 자아정체감을 형성하기 위한 혼란의 과정을 겪기도 한다. 청소년을 대상으로 개입하는 경우에는 이와 같이 불안정하며 급격한 변화를 겪는 청소년기의 특성과 사회적 기능 수준을 이해하고 개별 청소년의 욕구를 파악하여 개인적 성장과 적응을 돕는 것이 중요하다.

청소년 대상의 실천에서는 청소년의 학업이나 교우관계, 학교생활을 지원하는 학교사회복지 분야가 있다. 개별 심리 상담이나 집단 활동 프로그램 등을 통해 학생들의 심리 · 사회적 기능을 향상시키고 학교 · 가정 · 지역사회와 연계하여 학교 내외의 다양한 인적, 물적, 제도적 자원을 활용하도록 돕는다. 청소년복지시설에서는 학교 및 가정생활에 어려움을 겪는 위기청소년이나 가정 밖 보호가 필요한 청소년을 보호지원한다. 지역사회 이용시설로는 청소년과 가족 또는 보호자에 대해 상담이나 교육, 가족지원서비스를 제공하는 청소년 상담복지센터가 있다. 그 외 청소년의 다양한 수련 활동 등을 지원하는 청소년수련관이나 청소년문화의집과 같은 청소년 수련시설이 있다(「청소년복지지원법」). 청소년 대상의 복지시설과 수련시설을 세부 유형별로 살펴보면 다음과 같다.

- 청소년복지시설
    - 청소년쉼터: 가정 밖 청소년에 대하여 가정·학교·사회로 복귀하여 생활할 수 있도록 일정 기간 보호하면서 상담·주거·학업·자립 등을 지원하는 시설
    - 청소년자립지원관: 일정 기간 청소년쉼터 또는 청소년회복지원시설의 지원을 받았는데도 가정·학교·사회로 복귀하여 생활할 수 없는 청소년에게 자립하여 생활할 수 있는 능력과 여건을 갖추도록 지원하는 시설
    - 청소년치료재활센터: 학습·정서·행동상의 장애를 가진 청소년을 대상으로 정상적인 성장과 생활을 할 수 있도록 해당 청소년에게 적합한 치료·교육 및 재활을 종합적으로 지원하는 거주형 시설
    - 청소년회복지원시설: 「소년법」 제32조 제1항 제1호에 따른 감호 위탁 처분을 받은 청소년에 대하여 보호자를 대신하여 그 청소년을 보호할 수 있는 자가 상담·주거·학업·자립 등 서비스를 제공하는 시설

- 청소년수련시설
    - 청소년수련관: 청소년활동, 교육문화, 생활체육, 진로교육 등 다양한 수련거리를 실시하는 종합수련시설.
    - 청소년문화의집: 캠프·동아리활동 등 청소년활동, 수학·어학 강좌 등 교육문화 강좌, 진로체험 및 진로지도 등의 프로그램을 운영하는 청소년 대상 정보, 문화, 예술 중심의 수련시설
    - 청소년특화시설: 영상미디어, 진로 및 대안교육, 성문화, 국제교류, 자원봉사 등 특정 목적의 청소년활동을 전문적으로 실시할 수 있는 수련시설

청소년과 함께 일하는 사회복지사는 불안정하며 다양한 변화를 경험하는 청소

년기의 특성을 이해하는 것이 중요하다. 전문가로서 청소년의 욕구를 파악하고 이를 기초로 청소년의 개인적 성장과 사회적응과정을 돕는 프로그램을 개발하는 것이 중요하다. 특히 활동적인 청소년의 특성을 살린 체험 프로그램이나 또래 집단을 활용한 집단 프로그램이 유용할 수 있다. 비자발적인 청소년 클라이언트인 경우 저항적인 행동이나 언어에 대해 권위적으로 반응하지 않으며, 가정이나 학교에서 어려움을 겪는 청소년에게는 지지를 통해 문제해결을 도와주는 상담가, 조력자의 역할을 수행한다. 또한 청소년들이 가진 심리정서, 가족, 교육, 직업 등 다양한 욕구에 대해 포괄적으로 접근하며 가정과 학교, 지역사회를 기반으로 통합적으로 접근할 필요가 있다. 이를 위해서는 청소년에 대한 정서적 지지 외에도 다양한 물질적·사회적 지원서비스를 연결하는 중개자의 역할을 수행할 필요가 있다. 청소년의 문제를 청소년 개인의 차원을 넘어 학교, 가정, 지역사회 차원에서 구조적으로 접근하며 체계적인 청소년지원을 위한 정책 및 제도 개선의 필요성을 알리는 옹호자, 행동가, 현장개입가의 역할을 담당할 수 있다.

3) 노인

「노인복지법」이나 「노인장기요양보험법」에서는 노인을 65세 이상인 자로 보고 있다. 평균수명이 늘고 고령인구가 증가함에 따라, 노인을 대상으로 하는 복지정책과 제도는 꾸준히 늘고 있다. 노인을 대상으로 하는 실천 분야에서는 노후생활을 지원하기 위한 다양한 복지지원 프로그램과 서비스를 제공하고 있다. 노인의 사회참여와 여가활동을 지원하는 기관이 많아지고 혼자서 일상생활을 수행하는 데 불편이 있는 노인들을 주간보호나 재가방문을 통해 돌보는 기관도 지속적으로 증가하고 있다. 노인을 대상으로 서비스를 제공하는 실천현장의 종류와 주요 내용을 살펴보면 다음과 같다.

- 노인주거복지시설
  - **양로시설**: 노인을 입소시켜 급식과 그 밖에 일상생활에 필요한 편의를 제공

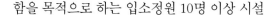

함을 목적으로 하는 입소정원 10명 이상 시설

- **노인공동생활가정**: 노인들에게 가정과 같은 주거여건과 급식, 그 밖에 일상생활에 필요한 편의를 제공함을 목적으로 하는 입소정원 5명 이상 9명 이하 시설
- **노인복지주택**: 노인에게 주거시설을 분양 또는 임대하여 주거의 편의·생활지도 상담 및 안전관리 등 일상생활에 필요한 편의를 제공함을 목적으로 하는 30세대 이상 시설

• 노인의료복지시설

- **노인요양시설**: 치매·중풍 등 노인성질환 등으로 심신에 상당한 장애가 발생하여 도움을 필요로 하는 노인을 입소시켜 급식·요양과 그 밖에 일상생활에 필요한 편의를 제공함을 목적으로 하는 시설로 입소정원 10명 이상
- **노인요양공동생활가정**: 치매·중풍 등 노인성질환 등으로 심신에 상당한 장애가 발생하여 도움을 필요로 하는 노인에게 가정과 같은 주거여건과 급식·요양, 그 밖에 일상생활에 필요한 편의를 제공함을 목적으로 하는 시설로 입소정원 5명 이상 9명 이하

• 재가노인복지시설

- **방문요양서비스**: 가정에서 일상생활을 영위하고 있는 노인으로서 신체적·정신적 장애로 어려움을 겪고 있는 노인에게 필요한 각종 편의를 제공하여 지역사회 안에서 건전하고 안정된 노후를 영위하도록 하는 서비스
- **주야간보호서비스**: 부득이한 사유로 가족의 보호를 받을 수 없는 심신이 허약한 노인과 장애노인을 주간 또는 야간 동안 보호시설에 입소시켜 필요한 각종 편의를 제공하여 이들의 생활안정과 심신기능의 유지·향상을 도모하고, 그 가족의 신체적·정신적 부담을 덜어주기 위한 서비스
- **단기보호서비스**: 부득이한 사유로 가족의 보호를 받을 수 없어 일시적으로 보호가 필요한 심신이 허약한 노인과 장애노인을 보호시설에 단기간 입소시

커 보호함으로써 노인 및 노인가정의 복지증진을 도모하기 위한 서비스
- 방문목욕서비스: 목욕 장비를 갖추고 재가노인을 방문하여 목욕을 제공하는 서비스
- 재가노인지원서비스: 재가노인에게 노인생활 및 신상에 관한 상담을 제공하고, 재가노인 및 가족 등 보호자를 교육하며 각종 편의를 제공하여 지역사회 안에서 건전하고 안정된 노후생활을 영위하도록 하는 서비스
- 방문간호서비스: 간호사 등이 의사, 한의사 또는 치과의사의 지시서에 따라 재가노인의 가정 등을 방문하여 간호, 진료의 보조, 요양에 관한 상담 또는 구강위생 등을 제공하는 서비스
- 복지용구지원서비스: 장기요양기관이 수급자의 일상생활·신체활동 지원 및 인지기능의 유지·향상에 필요한 복지용구를 제공하거나 대여하는 서비스

노인 대상의 실천을 하는 사회복지사는 노인들의 사회적 욕구나 취미에 맞는 교육이나 활동 프로그램을 개발하여 제공하는 역할을 한다. 사회교육이나 취업훈련, 여가활동지도, 치매노인을 위한 가족교육 등 다양한 프로그램을 개발하고 지도하는 교사로서의 역할이 강조된다. 또한 노년기의 역할 변화에서 오는 정체감 상실이나 무력감과 같은 정서 상태에 대해 민감성을 갖고 대응하며 노년기를 정서적으로 안정되게 꾸려 갈 수 있도록 돕는 조력자 역할을 한다. 이 외에도 질병이나 장애, 학대와 같은 특수한 상황에 있는 노인에게 필요한 전문적인 프로그램과 서비스를 개발하고 자원을 연계하는 미시 차원에서의 중개자 역할이나 기관 차원에서의 중재자 역할이 필요하다. 지역사회 내 재가 서비스가 활성화되면서 방문상담이나 사례관리를 제공하는 전문가도 늘고 있다.

3. 문제 및 욕구의 특성별 실천 대상

개인이나 가족에게 필요한 생활상의 조건이 충족되지 못해 발생하는 문제들이

있으며, 사회 변화에 따라 새로운 서비스를 필요로 하는 대상도 생겨난다. 사회복지실천 분야는 문제의 특성과 이로 인한 욕구에 따라 분야별 서비스가 세분화되고 있다. 기본적인 생활유지가 어려운 경제적 문제로부터 건강이나 장애로 인한 문제, 생활경험이나 적응상의 문제로 인해 다양한 개입이 필요한 실천의 대상이 있다.

1) 빈곤

인간의 존엄성을 유지하기 위한 최저생활을 보장받지 못하는 소외계층에 대해서는 국가의 관심과 제도 및 정책 차원의 접근이 필요하다. 그러나 경제적 문제나 생활상의 어려움은 개인의 생활방식과 여건, 기회와 자원 등에 다르게 영향을 미치기 때문에, 개별 클라이언트 차원에서 접근을 하는 것이 중요하다. 단순히 빈곤하기 때문에 접근하지 못하는 사회적 기회가 있는가를 파악하고 경제적 상황으로 인해 발생하는 일상의 문제를 이해하고 공감해야 클라이언트 관점에서 원조가 가능하다(Gaine, 2010). 가족 내외부의 정서적 · 행동적 문제에 관한 지지와 상담을 제공하고 필요시 치료나 재활, 자활 및 자립에 필요한 자원이나 서비스를 연계하는 역할이 중요하다. 저소득 취약가구를 지원하는 공적 기능이 강화되면서, 동 주민센터의 맞춤형 복지지원을 하는 팀에서 사각지대 발굴이나 위기가구 지원업무를 확대하고 있으며 위기가구 통합지원을 위한 공공사례관리 기능도 강화해 나가고 있다.

경제적 어려움을 가진 취약계층을 지원하는 사회복지사는 빈곤의 과정에서 발생하는 제반 문제에 관한 지지와 상담을 할 수 있는 조력자의 역할과 문제완화에 필요한 주변 자원을 연결하는 중개자로서의 역할을 담당한다. 또한 기관 내 서비스 제공 역할을 넘어 지역 내 기관들과 연계하여 취약계층 지원을 위한 지역사회 자원을 확보하고 효율적인 서비스 전달이 가능하도록 중개자, 촉진자, 옹호자, 행동가로서 활동을 한다.

2) 장애

「장애인복지법」에서는 장애로 인해 장기간에 걸쳐 일상생활이나 사회생활에 상당한 제약을 받는 자로 장애인을 규정하고 있다. 장애를 의학적 또는 생물학적인 측면에서 신체 기능과 구조상의 문제로 국한하기보다는 기능수행의 여러 영역을 포괄하면서 물리적·사회적 환경을 강조하며 활동과 참여의 관점에서 이해하는 방향으로 변화하고 있다.

장애인을 대상으로 하는 실천 분야는 장애인이 사회의 구성원으로서 존엄과 가치를 존중받으며 필요한 보호와 지원을 받는 것을 목적으로 한다. 장애인에 대한 다양한 생활지원 외에 장애로 인한 사회적 배제나 불이익을 줄이기 위한 정책이나 제도의 개선, 스스로를 보호할 수 없는 상황에 있는 장애인에 대한 권익보호와 권리옹호 등이 중요하다. 장애인 대상의 실천현장의 종류와 주요 활동을 살펴보면 다음과 같다.

- 장애인 거주시설(장애유형별 거주시설, 중증장애인 거주시설, 장애영유아 거주시설, 장애인 단기거주시설, 장애인 공동생활 가정): 거주공간을 활용하여 일반가정에서 생활하기 어려운 장애인에게 일정 기간 동안 거주·요양·지원 등의 서비스를 제공하는 동시에 지역사회생활을 지원하는 시설
- 장애인 지역사회재활시설(장애인복지관, 장애인 주간보호시설, 장애인 체육시설, 장애인 수련시설, 장애인 생활이동지원센터, 수화통역센터, 점자도서관, 점자도서·녹음서출판시설, 장애인 재활치료시설): 장애인을 전문적으로 상담·치료·훈련하거나 장애인의 일상생활, 여가활동 및 사회참여활동 등을 지원하는 시설
- 장애인직업재활시설(장애인 보호작업장, 장애인 근로사업장, 장애인 직업적응훈련시설): 일반 작업환경에서는 일하기 어려운 장애인이 특별히 준비된 작업환경에서 직업훈련을 받거나 직업 생활을 할 수 있도록 하는 시설
- 장애인 의료재활시설: 장애인을 입원 또는 통원하게 하여 상담, 진단·판정, 치료 등 의료재활서비스를 제공하는 시설

- 장애인 생산품 판매시설: 장애인의 생산품의 판매활동 및 유통을 대행하고, 장애
  인생산품이나 서비스 · 용역에 관한 상담, 홍보, 판로개척 및 정보제공 등 마케
  팅을 지원
- 장애인자립생활지원센터: 장애인을 대상으로 포괄적인 자립생활 정보제공, 권익
  옹호활동, 동료상담, 자립생활기술훈련, 개인별 자립지원, 거주시설 장애인 탈
  시설 자립지원 등의 서비스를 통하여 장애인의 자립생활 역량강화와 지역사
  회에서의 다양한 사회참여 활동을 지원

장애인 대상의 실천을 하는 사회복지사는 장애인이 신체적 · 정신적 기능상의
장애를 극복하고 사회의 한 구성원으로 살아가는 데 필요한 정서적 지지와 지원을
해 줄 수 있는 조력자 · 중개자 역할을 담당한다. 또한 장애인이 정상화된 삶을 누
릴 수 있는 환경을 만들기 위해 장애인의 권리를 알리고 경제적 · 물리적 · 사회적
제반 서비스를 개발하는 옹호자, 행동가, 현장개입가의 역할도 한다. 장애인의 의
료, 교육, 심리, 직업재활 분야 전문가들과의 팀협력에 필요한 조정자나 사례관리
자, 중재자, 촉매자의 역할도 수행한다. 장애인에게 효과적인 프로그램에 관한 이
론과 기술을 습득하고, 물리치료, 작업치료, 언어치료와 같이 장애인 분야의 다양
한 치료적 접근에 관해 탐구하는 연구자 역할도 유용하다.

3) 정신질환

정신건강 분야에서는 정신적 또는 정서적 장애로 어려움을 겪는 사람들의 일상
생활을 지원하고 정신질환의 치료와 재활에 필요한 자원을 연계한다. 또한 정신건
강 증진 차원에서 예방활동을 하면서 정신건강의 문제가 발생했을 때 조기에 개입
하도록 지원한다. 정신장애인 대상의 실천현장의 종류와 주요 활동을 살펴보면 다
음과 같다.

- 생활시설: 정신질환자등에게 작업 · 기술지도, 직업훈련, 사회적응훈련, 취업지

원 등의 서비스를 제공하는 시설

- 재활훈련시설
  - **주간재활시설**: 정신질환자등에게 작업 · 기술지도, 직업훈련, 사회적응훈련, 취업지원 등의 서비스를 제공하는 시설
  - **공동생활가정**: 완전한 독립생활은 어려우나 어느 정도 자립능력을 갖춘 정신질환자 등이 공동으로 생활하며 독립생활을 위한 자립역량을 함양하는 시설
  - **지역사회전환시설**: 지역 내 정신질환자등에게 일시 보호 서비스 또는 단기 보호 서비스를 제공하고, 퇴원했거나 퇴원계획이 있는 정신질환자 등의 안정적인 사회복귀를 위한 기능을 수행하며, 이를 위한 주거제공, 생활훈련, 사회적응훈련 등의 서비스를 제공하는 시설
  - **직업재활시설**: 정신질환자등이 특별히 준비된 작업환경에서 직업적응, 직무기능 향상 등 직업재활훈련을 받거나 직업생활을 할 수 있도록 지원하며, 일정한 기간이 지난 후 직업능력을 갖추면 고용시장에 참여할 수 있도록 지원하는 시설
  - **아동 · 청소년정신건강지원시설**: 정신질환 아동 · 청소년을 대상으로 한 상담, 교육 및 정보제공 등을 지원하는 시설
- **중독자재활시설**: 알코올 중독, 약물 중독 또는 게임 중독 등으로 인한 정신질환자등을 치유하거나 재활을 돕는 시설
- **생산품판매시설**: 정신질환자등이 생산한 생산품을 판매하거나 유통을 대행하고, 정신질환자등이 생산한 생산품이나 서비스에 관한 상담, 홍보, 마케팅, 판로개척, 정보제공 등을 지원하는 시설
- **종합시설**: 제1호부터 제4호까지의 정신재활시설 중 2개 이상의 정신재활시설이 결합되어 정신질환자등에게 생활지원, 주거지원, 재활훈련 등의 기능을 복합적 · 종합적으로 제공하는 시설

정신건강 분야에서 정신질환자나 정신건강의 문제에 노출된 클라이언트를 돕기 위해 활동하는 사회복지사는 개인의 심리사회적 적응이나 사회복귀, 자립생활 지

원을 위한 조력자, 상담가, 중개자, 교사 역할을 한다. 상담을 통해 정신질환으로 인한 임상적 문제와 장기간의 치료와 회복과정에서 겪는 생활상의 어려움에 대응하도록 개인의 문제해결 역량을 기르도록 한다. 클라이언트와 가족에게 치료와 재활에 필요한 정보를 제공하고, 정신과적 개입이 필요한 상황에서는 외래진료나 입원 등의 정신과적 치료서비스를 받을 수 있는 정신의료기관으로 의뢰한다. 대인관계 기술이나 집단 활동을 통해 의사소통기술이나 대인관계 기술 등을 학습하도록 한다. 정신장애인 가족을 대상으로 정신질환에 관한 지식을 제공하고 질환으로 인한 스트레스를 최소화할 수 있는 증상완화 방법과 대처기술, 문제해결방법 등에 대한 교육을 하며 가족의 회복과 상호지지를 위한 프로그램도 실시한다. 정신질환자에 대한 사회적 편견을 줄이고 치료환경을 개선하기 위한 옹호자, 행동가, 현장개입가 역할도 필요하다.

4) 학대 및 폭력

학대 및 폭력과 관련하여, 사회복지현장에서 주요하게 다루는 이슈로 가정폭력과 아동학대가 있다. '가정폭력'이란 가족 구성원 사이의 신체적·정신적 또는 재산상 피해를 수반하는 행위를 말한다. 가족 구성원에는 부모, 배우자, 자녀, 형제자매, 친척 등을 포함하며, 이혼한 배우자와 같이 이전에 가족관계에 있던 사람도 가정폭력의 당사자가 될 수 있다. 가정폭력은 상해, 폭행, 유기, 학대, 감금, 강간, 협박 등 다양한 형태를 보인다. 무엇보다 가정폭력의 가해자와 피해자가 동일한 가족 구성원이라는 점과 폭력이 상습적으로 장기간 지속될 수 있다는 점에서 가정폭력은 더 큰 트라우마일 수 있다.

아동학대는 아동의 건강·복지를 해치거나 정상적인 발달을 저해할 수 있는 신체적·정신적·성적 폭력, 가혹행위 및 아동의 보호자에 의하여 이루어지는 유기와 방임을 말한다. 아동학대의 유형에는 보호자를 포함한 성인이 아동에게 우발적 사고가 아닌 상황에서 신체손상을 입히는 신체학대와 보호자나 양육자가 아동에게 언어적·정서적 위협, 감금이나 억제 등의 가학적인 행위를 하는 정서학대, 성인이 자신의 성적인 욕구충족을 위해 미성숙한 아동과 함께하는 모든 성적 행위를 포함하는 성학대, 보호자가 아동에게 의식주를 포함한 기본적 보호·양육 및 치료를 반복적으로 소홀히 함으로써 아동의 정상적인 발달을 저해할 수 있는 방임, 성인의 보호감독을 받아야 하는 아동을 버리는 행위인 유기 등이 포함된다.

최근 급증하는 아동학대문제에 대처하고자 공공인력을 확충하여 아동학대 조사기능을 강화하고 있다. 학대피해아동을 보호하고 아동학대를 예방하는 데 있어서 핵심적인 역할을 담당하고 있는 아동보호전문기관에서는 피해아동을 지원하기 위한 상담과 치료, 보호 등에 필요한 사례관리를 수행한다. 가정폭력이나 아동학대 등의 상황에 노출된 개인이나 가족을 돕는 사회복지사는 당사자의 심리정서적·신체적·사회적 상황에 대한 충분한 공감과 상황 인식을 해야 한다. 미시 차원에서 상담가나 임상가의 역할을 하며 필요한 제반 서비스를 지원하고 연계하는 조력자나 중개자 역할을 수행할 수 있다. 또한 폭력상황으로부터 피해자를 보호하고 법적 대응을 돕는 옹호자 역할이나, 폭력의 비정당성에 대한 사회적 관심을 촉구하고 관련 제도나 법, 사회인식 등을 개선하기 위해 활동하는 행동가 역할을 할 수 있다.

연습문제

1. 사회복지실천의 대상을 구분하는 기준을 살펴보고, 각자의 관심 있는 실천 대상에 대해 토의해 보시오.

2. 본문에 제시된 (생애주기별 또는 문제 및 욕구의 특성별) 실천 대상 외에, 사회복지실천현장에서 관심을 가져야 할 실천 대상이 있는지 알아보시오.

3. 사회복지사가 실천 대상을 이해하고 접근하는 데 있어서, 실천 대상별로 알아야 할 내용은 무엇인지 각각 살펴보시오.

제6장

사회복지사의 역할

사회복지사는 개인이나 지역, 나아가 사회의 문제를 해결하는 데 있어서 직접 실천가로서뿐만 아니라 간접 실천가로 다양한 역할을 수행한다. 사회복지직은 사람 중심의 가치를 강조하며 문제를 종합적으로 이해하고 접근하는 방식에 있어서 타 원조전문직(helping professionals)과 구분되는 특성을 갖는다. 그러나 사회복지직이 우리 사회에 필요한 직업으로 자리 잡고 있음에도 불구하고, 전문직의 위상이나 직업적 정체성과 관련한 질문이 여전히 제기되고 있다. 제6장에서는 사회복지사의 다양한 역할을 알아보고, 사회복지사의 전문성과 사회복지전문직의 정체성 등에 대해 살펴보기로 한다.

1. 사회복지사의 역할에 대한 이해

사회복지사의 역할이란 사회복지사에게 중요하다고 여기는 전문적인 기능과 기대되는 행동을 말한다. 사회복지실천의 목적을 실현하기 위해 사회복지사는 다른 어떤 전문직 종사자보다 다양한 실천현장에서 여러 욕구를 가진 클라이언트들과 일한다. 사회복지사가 활동하는 분야는 아동과 가족, 노인, 장애, 정신건강 등 매우 다양하다. 사회복지사들은 포괄적 시각에서 일반주의실천(generalist practice)을 하는 한편, 일부는 보다 전문화된 분야(specialties)에 관여한다. 미국사회복지사협회 (US National Association of Social Worker)에서는 사회복지사들이 활동하고 있는 다양한 현장과 주요 클라이언트의 특성을 중심으로 사회복지사의 역할을 16개의 실무 분야로 다음과 같이 제시하고 있다(NASW, 2022).

- 아동(Child Welfare)
- 학교사회복지(School Social Work)
- 노인(Aging)
- 정신건강 및 임상사회복지(Mental Health and Clinical Social Work)
- 정신건강 및 약물남용(Mental Health and Substance Abuse Social Work)
- 보건(Health Care)
- 교정복지(Justice and Corrections)
- 발달장애(Developmental Disabilities)
- 직업 및 근로자지원(Occupational and Employee Assistance Program (EAP) Social Work)
- 행정 및 관리(Administration and Management)
- 옹호 및 지역사회조직화(Advocacy & Community Organizing)
- 공공복지(Public Welfare)
- 국제사회복지(International Social Work)

- 정책 및 계획(Policy and Planning)
- 복지담론 및 정치(Politics)
- 연구(Research)

개인이나 집단, 가족, 조직, 지역사회와 함께 일하는 사회복지사는 사회복지실천의 개입목적을 이루는 데 필요한 사회복지 전문가의 역할을 이해하고 기본적인 지식과 기술을 갖추어야 한다. 미국사회복지사협회(NASW, 1981)에서는 사회복지실천의 개입목적을 다음과 같이 네 가지로 규정하고 있다. 첫째, 클라이언트 개인 수준에서 클라이언트의 문제해결 및 적응능력을 향상시키기 위한 지지적 역할을 수행한다. 둘째, 외부체계와 연결하는 수준에서 자원, 서비스, 기회 등을 제공하는 체계와 연계하는 중개 역할을 수행한다. 셋째, 기관이나 조직 차원에서 자원과 서비스를 제공하는 체계의 효과적이며 인본주의적 운영을 위해 옹호, 프로그램 개발, 슈퍼비전, 조정 등의 역할을 수행한다. 넷째, 사회정책을 개발하고 발전시키는 역할을 한다. 이와 같은 개입목적에 따라 주요하게 개입하는 체계가 미시 수준으로부터 거시 수준에 이르기까지 달라질 수 있다.

다음의 〈표 6-1〉은 다양한 체계에 개입하는 사회복지사의 역할을 여러 학자가 분류한 내용이다(Federico, 1980; Johnson, 1986; Miley, O'Melia, & DuBois, 2001; Zastrow, 1995). 이들 역할은 개별 클라이언트 차원에서의 직접적인 서비스 제공을 위한 미시 역할로부터 지역사회 차원에서의 거시 역할을 포괄하는 것으로, 앞서 살펴본 사회복지실천의 네 가지 기본 목적을 이루는 데 필요한 역할이다. 밀리 등(Miley et al., 2001)은 사회복지사가 개입하는 체계의 수준에 따라 미시 차원(개인/가족), 중시 차원(조직/공식적 집단), 거시 차원(지역사회/사회), 전문가 차원(사회복지 전문가 집단)의 네 가지로 나누어 사회복지사의 역할을 제시하고 있다. 밀리 등이 제시한 각각의 역할은 〈표 6-2〉에서 설명하고 있다. 그 외 페데리코(Federico, 1980)는 사회복지사가 실천현장에서 담당하는 역할을 서비스 제공자, 행동변화 유발자, 촉진자/조력자, 중개자, 옹호자, 교사, 행정가, 자문가, 계획가, 현장개입가, 자료관리자, 평가자 등으로 제시하고 있다. 쉐퍼와 호레시(Sheafor & Horejsi, 2014)

⚙ **표 6-1** 사회복지사의 역할

	밀리 등	페데리코	쉐퍼와 호레시	제스트로
미시 차원의 역할 (개인/가족)	조력자 중개자/옹호자 교사	서비스 제공자 행동변화유발자 촉진자/조력자 중개자 옹호자 교사	상담가/임상가 사례관리자 중개자 옹호자 교사	조력자 집단촉진자 중개자 옹호자 교육가
중시 차원의 역할 (조직/공식적 집단)	촉진자 중재자 훈련가	행정가 자문가	행정가 업무량 관리자 직원개발자	중재자 협상가 조정가
거시 차원의 역할 (지역사회/사회)	계획가 행동가 현장개입가	계획가 현장개입가	사회변화 대행자	주창자 행동가
전문가 차원의 역할 (전문가 집단)	동료 촉매자 연구자/학자	자료관리자 평가자	전문가	연설가 연구자

는 사회복지사가 수행하는 역할을 상담가/임상가, 사례관리자, 중개자, 옹호자, 교사, 행정가, 업무량관리자, 직원개발자, 사회변화 대행자, 전문가로 나누고 있다. 제스트로(Zastrow, 1995)가 제시한 역할에는 조력자, 중개자, 옹호자, 교육가, 중재자, 협상가, 조정가, 주창자, 행동가, 연구자 외에 집단 촉진자, 연설가가 포함되어 있다.

한편, 사회복지현장에서 일반주의 실천을 하는 사회복지사가 수행하는 기능을 중심으로 살펴보면 상담(consultancy), 자원 관리(resource management), 교육(education)의 세 가지 기능으로 나누어 볼 수 있다(DuBois & Miley, 2010).

첫째, 사회복지사의 상담 기능은 개인, 가족, 소집단 클라이언트의 역량을 강화하기 위해 개입하는 과정에 필요하다. 즉, 사회복지사는 클라이언트의 욕구와 강점, 자원에 대해 사정하고 최선의 대안이나 해결책을 선택하여 실행하도록 지지하며 변화 과정과 결과를 클라이언트와 함께 점검한다.

둘째, 사회복지사는 클라이언트의 주변 자원을 관리하는 역할을 수행한다. 사회복지사는 자원관리 기능을 통해 클라이언트가 현재 가진 자원을 더욱 강화하거나 미약한 자원을 활성화하고 필요한 경우에는 새로운 자원을 개발하는 활동에 관여한다.

셋째, 사회복지사는 클라이언트와 지식과 경험을 공유하는 과정에서 교육 기능을 수행한다. 교육은 사회복지사가 클라이언트에게 일방적으로 지식과 경험을 전달하기보다는 같이 배워 나가는 협동의 과정으로 인식하며, 클라이언트의 자기 주도적 학습과 적용을 강조한다. 또한 사회복지사는 간접 실천가로서 행정가, 정책개발 및 분석가, 연구자의 역할을 수행한다.

다음의 〈표 6-2〉는 사회복지사가 담당하는 역할을 상담, 자원관리, 교육의 세 가지 기능으로 구분하고 미시, 중시, 거시 차원의 개입 수준별로 제시한 것이다.

표 6-2 개입수준 및 기능별 사회복지사의 역할

		체계수준별(System Levels)		
		미시체계 (micro-level system)	중시체계 (mezzo-level system)	거시체계 (macro-level system)
기능별 (Functions)	상담 기능 (consultancy function)	조력자 (enabler)	촉진자 (facilitator)	계획가 (planner)
	자원관리 기능 (resource management function)	중개자 (broker)/ 옹호자 (advocate)	중재자 (mediator)	행동가 (activist)
	교육 기능 (education function)	교사 (teacher)	훈련가 (trainer)	현장개입가 (outreach worker)

1) 미시 차원의 역할

　미시 차원에서, 사회복지사는 클라이언트의 욕구와 문제를 해결하기 위해 직접 서비스를 제공하는 역할을 수행한다. 사회복지사는 개별 클라이언트가 처한 문제를 잘 극복할 수 있도록 문제해결과정에 직접적으로 참여하여 지원하는 역할을 한다. 이때, 클라이언트의 상황에 대한 인식과 문제해결 역량을 기르기 위한 상담이나 클라이언트에게 필요한 정보를 안내하고 서비스나 자원을 확보할 수 있도록 돕는 조력자, 중개자/옹호자, 교사 등의 역할이 중요하다. 이 역할은 앞에서 페데리코(Federico, 1980)가 제시한 서비스 제공자, 행동변화 유발자, 촉진자/조력자, 중개자, 옹호자, 교사의 역할과, 쉐퍼와 호레시(Sheafor & Horejsi, 2014)의 상담가/임상가, 사례관리자, 중개자, 옹호자, 교사 역할과 유사하다.

(1) 조력자(enabler)
　조력자란 클라이언트가 자신의 욕구를 파악하고 문제를 명확히 규명하며 효과적인 문제해결능력을 개발하고 향상하도록 지원하는 역할이다. 개인이나 가족, 집단을 원조하는 과정에서 면접과 상담 등을 통해 사회복지사가 가장 빈번히 수행하는 역할이다. 조력자 역할의 사회복지사는 단순한 서비스 제공자나 치료자의 차원을 넘어, 목적을 성취하고 과업을 이루어 가는 데 필요한 클라이언트의 문제해결 역량이나 내적 힘을 기르는 데 주력한다.

　조력자 역할을 수행하기 위해, 사회복지사는 직접적인 원조과정에 필요한 관계형성 및 문제해결의 지식과 기술을 갖추어야 한다. 사회복지사는 클라이언트와 긍정적인 원조관계를 형성하고 문제해결에 필요한 변화를 모색하며, 주로 클라이언트의 문제와 상황에 대한 인식과 태도, 행동이나 관계 유형, 환경의 변화를 시도한다. 사회복지사는 클라이언트가 가진 양가감정이나 선입견, 편견 등이 있는가를 사전에 파악하고, 클라이언트가 자신의 문제와 상황에 대해 객관적으로 인식하고 합리적으로 판단할 수 있도록 돕는다. 클라이언트가 자신의 강점과 문제해결의 가능성을 찾도록 지지하고, 필요한 대인관계의 기술이나 의사소통의 기술을 갖추도록 돕는다.

(2) 중개자(broker)

중개자는 클라이언트에게 필요한 자원을 연결하는 역할이다. 중개자는 클라이언트가 위기상황에서 긴급하게 필요로 하는 서비스나 자원으로부터 일상적인 의식주나 생활지원, 법률적 도움에 이르기까지 클라이언트에게 적합한 자원을 확보하도록 한다. 이와 같은 역할을 수행하기 위해 사회복지사는 지역사회 내 서비스와 자원의 공급 및 전달체계에 대한 현황을 파악해야 한다. 다각적인 자원발굴 및 연계를 위해, 지역사회의 다양한 분야나 주체들과 협업체계를 갖추고 자원과 서비스의 연결이 원활히 이루어지도록 활동하는 것이 필요하다. 지역사회 자원이나 서비스망이 불충분한 경우에는 사회복지사가 일하는 기관이나 비공식적 지원체계로 중개 영역이 제한될 가능성이 크다. 중개자는 접근 가능한 서비스와 지역사회 자원을 발굴·연계하는 데 그치는 것이 아니라, 필요에 맞게 서비스가 적절히 연계되는가를 모니터링하고 평가하는 역할을 수행하도록 한다.

(3) 옹호자(advocate)

옹호란 "사회정의를 지키고 유지하려는 목적으로 소수자의 입장을 대변·보호·지지하며 일련의 변화를 이끄는 행동"이다. 사회복지실천현장에서 사회복지사는 사회적·법적·제도적 체계가 갖추어지지 않거나 기관의 기능이 불충분하여 발생하는 개인이나 집단, 지역사회의 문제에 대해 해당 클라이언트의 권익을 옹호하는 활동을 한다. 옹호자의 역할을 수행하는 사회복지사는 클라이언트의 관점에서 상황을 공감하고 일을 진행하면서 클라이언트를 대변하는 역할을 한다. 예를 들어, 지적 장애를 가진 성폭력 피해여성을 도우며 수사와 재판 과정에서 장애여성의 권익을 옹호하기 위한 활동에 관여할 수 있다. 또한 옹호자는 소수자의 권익을 대변하는 역할을 수행하면서 클라이언트 집단에 부정적 효과를 주는 프로그램이나 불평등한 정책을 변화시키는 운동에 적극 참여한다. 이때, 옹호자는 이해관계가 다른 다수나 기득권에 맞서 클라이언트의 입장에 서야 하기 때문에 위험이나 갈등상황을 감수해야 하는 경우도 발생한다. 사회복지사 본인이 근무하는 기관이 클라이언트 욕구에 부합하지 않거나 이들의 권리에 반하는 경우에 기관을 대상으로 클라이언트를 대변하며 변화를 요청하는 역할을 수행하기도 한다. 클라이언트를 직접적으로 돕는 미시 차원에서의 이와 같은 옹호활동은 제도변화를 위해 사회적 압력을 행사하거나 정치적 과정에 영향력을 미치기 위한 거시 수준의 행동가 역할로 연결될 수 있다.

(4) 교사(teacher)

교사는 클라이언트의 문제해결에 도움이 되는 정보를 제공하고, 사회 기능이나 문제해결 능력을 향상시키는 데 필요한 지식과 기술을 습득할 수 있도록 돕는 역할을 한다. 예를 들어, 개인이 겪는 스트레스에 대처하는 기술이나 문제 상황에서 적절히 대응하는 방법을 알려 주거나 교육한다. 교사의 역할을 효과적으로 수행하기 위해 사회복지사는 클라이언트가 필요로 하는 내용을 파악하고 다양한 정보를 수집하며 이를 명확히 전달하는 의사소통의 기술을 갖추고 클라이언트의 눈높이에 맞는 교육방식과 기술을 사용하여야 한다. 클라이언트의 특정 행동이나 인식 변화를 이끌어 내기 위해서는 임상적 실천기술도 필요하다.

2) 중시 차원의 역할

중시차원에서 사회복지사는 클라이언트에게 필요한 자원이 적절히 활용될 수 있도록 기관 내부의 상호작용이나 기관 간의 연결망을 강화하고 조정하는 역할을 한다. 또한 기관 간 또는 지역사회 내에서 적합한 방식으로 서비스가 전달되고 이용되는가를 모니터링하고 서비스네트워크를 활성화하기 위해 노력한다. 이를 위해 사회복지사는 기관이나 조직차원에서 촉진자, 중재자, 훈련가 등의 역할을 수행하게 된다. 이러한 역할은 페데리코(Federico, 1980)의 행정가, 자문가의 역할과 쉐퍼와 호레시(Sheafor & Horejsi, 2014)가 제시한 행정가, 업무량 관리자, 직원개발자 역할과 유사하다.

(1) 촉진자(facilitator)

촉진자는 집단이나 조직의 기능을 향상시키고 구성원들과의 상호작용과 정보교환 등을 통해 변화를 촉진시키는 역할을 한다. 이를 위해 조직의 목표를 세우고, 기관의 성과를 높이기 위한 조직 변화를 도모한다. 기관업무를 기획하고 실행하며 조직 내의 관계를 향상시키는 데 필요한 행정가로서의 능력이 강조된다. 또한 변화를 촉진시키기 위해, 서비스와 프로그램의 효과성을 높이고 전달 방식을 개선하기 위해 노력한다. 이와 같은 중시차원의 촉진자 역할은 클라이언트의 욕구가 충족되었는지, 예방적 서비스에 대한 욕구가 있는지, 서비스 간 괴리는 없는지를 점검하고 평가하는 미시 차원의 역할과 관련성을 갖고 함께 수행할 수 있다.

(2) 중재자(mediator)

중재자란 견해가 다른 개인이나 집단 사이의 의사소통을 원활히 하면서 타협하도록 돕는 역할이다. 사회복지사는 다양한 체계 사이의 갈등을 해결하기 위해 협의 · 조정하는 역할을 많이 수행하는데, 특히 중시 수준에서는 집단이나 조직 내 의견을 조율하고 갈등을 해결하는 역할을 하게 된다. 중재자는 갈등 관계에 있는 집단이나 조직의 어느 한편에 치우치지 않고 중립적인 입장에서 서로의 의사를 분명히 밝히도록 도우며 양측이 서로의 입장을 명확히 이해하고 있는가를 확인하면서 당사자들이 문제를 해결할 수 있도록 지원한다. 협상가가 어느 한쪽의 편에서 다른 집단이나 체계에서 무엇인가를 얻기 위해 노력하는 것과 다르게, 중재자는 가능한 합의에 도달할 수 있도록 중간지점을 찾는 역할을 한다. 이와 같은 역할에는 클라이언트와 기관, 또는 기관 간의 연계와 협력을 지원하고 맞추어 가는 조정자(coordinator) 역할이 포함될 수 있다.

(3) 훈련가(trainer)

훈련가는 전문가를 양성하기 위해 기관 내부 및 외부의 교육이나 워크숍, 사례발표, 슈퍼비전 등의 다양한 활동을 계획하고 참여를 독려하며, 직접 교육이나 훈련을 담당하기도 한다. 조직의 전문성 향상과 역량 개발을 위한 학습뿐만 아니라, 기관 내부의 상호작용이나 기관 간의 연결망을 강화하며 관계와 소통을 향상시키기 위한 훈련 프로그램을 제공할 수 있다. 또한, 실무자나 직원 대상의 교육을 담당하는 것 외에 실습생이나 자원봉사자에 대한 지도와 자문, 지역주민들과의 간담회나 모임을 통해 학습의 기회를 제공한다.

3) 거시 차원의 역할

거시 차원에서는 지역사회 문제를 해결하고 사회 불평등을 줄이기 위한 복지정책이나 제도 등의 변화를 위해 역할을 한다. 정책개발과 수립, 사회변화를 위한 연대활동, 홍보, 교육 등을 포함한다. 이를 위해 사회복지사는 계획가, 행동가, 현장개입가 역할을 담당한다. 페데리코(Federico, 1980)의 계획가, 현장개입가 역할과 쉐퍼와 호레시(Sheafor & Horejsi, 2014)가 제시한 사회변화 대행자 역할이 이와 유사하다.

(1) 계획가(planner)

사회복지사는 지역사회와 주민의 욕구에 맞게 현 상황을 개선하는 데 필요한 정책을 설계하고, 프로그램을 개발하며 기획하는 역할을 한다. 계획가의 역할을 수행하기 위해, 지역사회에 영향을 미치는 구조와 기능에 관한 폭넓은 이론적 기초를 갖추고, 지역사회의 현황과 욕구, 정책과 제도, 서비스전달체계 등을 분석하며, 지역사회의 바람직한 변화를 이끌 계획을 세우도록 한다.

(2) 행동가(activist)

행동가는 권리 침해나 불평등 이슈에 대해 민감성을 갖고 클라이언트가 기본적 권리를 행사할 수 있도록 적극적으로 도우며 클라이언트의 삶의 질을 높이는 데 필요한 제도 개선과 사회변화를 위해 활동한다. 사회복지실천현장에서 사회복지사는 문제해결과정의 장애요인이나 상황을 민감하게 인식하고 변화의 목표를 명확히 파악하는 것이 중요하다. 행동가로서 특히 사회적 배제나 소외, 부정의나 불공평 등에 관심을 두고 사회 불의에 맞서 실체적이며 구체적인 변화를 만들기 위한 행동을 계획하고 이에 필요한 자원을 동원한다. 사회보장체계가 잘 발달되어 있지 않고 절대적으로 자원이 부족한 경우에는 기존의 서비스를 단순히 연결하는 수준에서 벗어나 사회의 인식변화와 실질적인 법제도 개선, 예산 확보 등을 위해 보다 적극적인 행동가의 역할이 필요하다. 필요한 경우 사회복지사는 연대를 형성하여 법적 행동을 취하고 법안을 만들기 위해 로비활동을 한다. 이러한 노력은 문제나 변화에 직접 영향을 받는 당사자가 함께 역할을 수행할 때 보다 효과적일 수 있다.

(3) 현장개입가(outreach worker)

클라이언트의 다양한 욕구와 상황을 구체적으로 확인하고 문제를 해결하기 위해, 직접 지역사회로 나가 현장에서 원조 방안을 모색하고 개입방법을 찾아 제공하는 역할을 한다. 현장개입가로서 사회복지사는 서비스 욕구가 드러나지 않은 일반인이나 지역주민들을 대상으로 사회문제를 예방하거나 그 심각성을 인식시켜 주는 홍보활동과 교육을 담당하고, 지역이 당면한 현장의 이슈에 대해 실제적인 접근을 하면서 지역의 전반적인 문제해결역량을 높이는 역할을 한다.

4) 전문가 차원의 역할

전문가 차원에서 동료, 촉매자, 연구자/학자 역할을 수행하면서 학문 분야를 발전시키고 실천현장을 개선해 나가기 위한 활동을 한다. 여기에는 페데리코(Federico, 1980)의 자료관리자, 평가자의 역할과 쉐퍼와 호레시(Sheafor & Horejsi, 2014)의 전문가 역할이 해당된다.

(1) 동료(colleague)

전문가로서 전문가 행동강령이나 윤리지침을 지키는 데 있어서 상호 지지하는 역할을 한다. 전문가 조직이나 활동에 참여하면서 전문적 실천 역량을 높이고 전문직의 발전에 기여하는 동반자 역할을 한다.

(2) 촉매자(catalyst)

촉매자는 보다 효과적으로 기능하며 발전하는 체계를 만들기 위해 활동한다. 사회복지사는 미시, 중시 또는 거시 차원에서 사람들을 모으고 의사전달 통로를 만들고 활동이나 자원을 활성화하며 서비스나 개입의 효과성을 높이기 위해 역할을 수행한다. 전문가 차원에서는 전문지식이나 기술을 발전시키면서 전문가조직의 변화도 촉진시킨다. 또한 전문직 내부에서뿐만 아니라 다분야 전문직과의 협조와 학제 간 협력을 통해 전문가 조직이 발전할 수 있도록 노력한다. 사회복지전문직의 위상을 높이기 위한 국제적인 활동이나 국가 차원의 역할을 수행한다.

(3) 연구자(researcher)

연구자는 관심 있는 주제에 관한 문헌연구나 조사연구 등을 통해 전문이론을 발전시키며, 실증자료를 근거로 사회복지 실무를 향상시키는 역할을 한다. 연구자는 실증적 조사연구의 시행 과정에서 일선 현장의 사회복지사나 기관과의 협력 관계를 구축해 현장을 기반으로 자료를 검증하고 적합한 대안을 제시하는 것이 필요하다. 실천의 책무성(accountability)을 높이기 위해 사회복지사는 연구자의 관점에서 클라이언트의 변화를 모니터하고 개입의 효과성을 검증하는 역할을 담당할 필요가 있다. 이를테면 실무자가 활용할 수 있는 사례 연구, 지역사회 욕구조사, 프로그램 개발과 평가 등 현장 기반의 연구방법을 익히는 것이 중요하다. 연구자 역할을 수행하는 사회복지사는 정책이나 프로그램이 현장에 어떠한 영향을 미치는가를 분석하는 데 그치는 것이 아니라, 연구결과를 활용하면서 실천적 함의를 높이도록 한다. 프로그램의 개선이나 서비스의 효과성과 효율성 등을 높이는 데 필요한 제안이나 자문을 할 수 있다.

사회복지사는 실천현장의 특성과 주어진 상황에 맞는 개입역할을 선택하고, 각각의 역할 수행에 필요한 전문 지식과 기술을 적용하는 것이 필요하다. 다양한 현장에서 활용할 수 있는 사회복지사의 역할은 미시나 중시체계와 직접적인 관련이 있는 것과 거시체계 상황에서 더 유용한 것이 있다. 지금까지 실무에서 사회복지사들이 수행하는 여러 역할을 체계수준별로 또는 기능에 따라 구분하여 학습함으로써 사회복지사의 가치와 지식을 필요에 맞게 활용할 수 있다.

2. 다학제 팀 접근에서의 사회복지사의 역할

휴먼서비스 분야의 전문가들은 서비스 전달을 위해 함께 일하는 것이 점점 더 중요해지고 있다. 사회복지사도 복합적인 욕구를 가진 클라이언트에게 포괄적인 서비스를 제공하기 위해 타 직종 전문가와의 협력과 연계가 필요하다. 학교나 병원과 같은 사회복지 2차 현장에서는 이전부터 타 직종 전문가와의 팀 접근이 강조되어 왔다.

다학문적 팀(multi-disciplinary team)이란 다양한 분야의 사람들이 서로 독립적으로 일하면서 공동의 목표를 위해서 함께하는 것을 의미한다. 학제 간 팀(inter-disciplinary team)은 다양한 분야의 사람들로 구성된 팀 성원 간의 상호작용을 통해 서로 개입활동을 조정하는 것을 뜻한다. 학제 간 팀 접근이 다학문적 팀 접근보다 더 이상적인 팀 접근을 의미하나, 그 차이를 명확히 구분하여 사용하지는 않는다. 타 전문직과의 협력이 중요해지는 만큼, 다학문적 팀(multi-disciplinary team), 학제 간 팀(inter-disciplinary team), 범학문적(trans-disciplinary)과 같은 유사 용어들 간의 차이를 구분하여 정의할 필요가 있다.

최근 일반사회복지현장에서도 다학문적 팀 접근 또는 학제 간 팀 접근이 증가하고 있다. 인구 고령화와 만성 질환의 증가로 통합적 케어의 필요성이 증가하고 있으며, 이에 따라 사회복지 및 보건의료 분야의 전문가들로 구성된 팀 접근이 많아지고 있다. 또한, 취약계층 주민에 대한 통합사례관리 과정에서 보건, 복지, 교육, 주거, 고용 분야 전문가들로 구성된 팀 접근이 활용되고 있다.

다학문적 팀 접근과 협업(joint working)을 통해 다양한 지식과 기술을 연계하고 혼합하려는 시도가 많아지고 있으나 문제에 대한 통찰과 서비스의 효과성이 늘어나기 위해서는 단순한 통합(integration)이 아닌 협력(cooperation)의 질이 중요하다(Daniel, 2013). 한편, 성공적인 팀 협력을 방해하는 여러 요인이 있다. 다학문적 팀 접근에서 중요한 과제의 하나는 각 전문가의 역할을 명확히 하는 것이다(Abramson, 2002). 팀으로서 함께 업무를 효과적으로 수행하기 위해 각 전문가는 자신의 역할을 명확히 인식하고 있어야 하며 타 전문가가 기대하는 역할이 무엇인지도 잘 파악하는 것이 중요하다. 다학문적 팀 접근의 역사가 짧은 우리나라에서는 타 전문가와 일하는 사회복지사의 직무나 역할이 명확히 설정되거나 구분되지 않아 팀 협력에서 사회복지사의 정체성 및 전문성을 확보하는 데 어려움이 있다. 예를 들어, 학교사회복지의 경우에 교사는 학업지도와 생활지도로 그 역할이 명확하지만 학교사회복지사는 상대적으로 역할이 명확하지 않다 보니 실제 수행하는 업무가 학교마다 다른 경우가 있다(안정선 외, 2006). 학제 간 팀 접근이 많은 의료사회복지에서도 의료사회복지사들이 인식하는 역할과 타 의료진이 인식하는 사회복지사의 역할 간에 차이가 있는 것으로 나타나고 있다(장수미, 황영옥, 2007).

타 전문직과의 팀 접근이나 협력에서 사회복지사의 역할을 명확히 하기 위해서는 사회복지전문직 자체의 노력이 필요하다. 다분야 협력 과정에서 사회복지사의 정체성을 확보하기 위해서는 다학문적 접근이 많은 분야를 중심으로 사회복지전문직의 역할과 직무가 무엇인지에 대해 표준화된 지침을 구성할 필요가 있다. 또한, 사회복지사와 타 직종 전문가와의 쌍방향적인 의사소통이 중요하다. 사회복지사가 중요하다고 생각하는 역할을 타 직종의 전문가가 인식하도록 적극적으로 알리는 동시에 타 직종의 전문가가 사회복지사에게 기대하는 역할도 반영하는 과정이 필요하다.

미국의 경우 보건의료 분야의 다학문적 팀 접근을 보면, 사회복지사가 팀 지도자로서 팀을 종합적으로 이끄는 리더십을 잘 발휘한다는 인식이 있다. 실제로도 사회복지사의 협력적 기술이 팀 기능에 긍정적한 역할을 미치는 것으로 알려져 있다(Abramson, 2002). 우리나라는 아직 다학문적 접근을 하는 분야에서 사회복지사가 지도력을 발휘할 수 있는 구조나 여건이 조성되어 있지 못하다. 앞으로 보건의료, 교육, 고용, 주거 등 여러 분야에서 타 전문직과의 협력은 더 늘어날 것이다. 사회복지사의 주도적 역할을 위해서는 사회복지직이 타 전문직과의 협력에서 중요한 역할을 할 수 있는 차별화된 역량을 개발하고 다양한 팀 협력 기술을 훈련하는 기회를 늘려 가는 것이 필요하다.

3. 사회복지사의 전문성과 정체성

1) 전문직의 개념과 사회복지직의 전문화 과정

일반직업(occupation)과 구분이 되는 전문직(profession)의 특성은 무엇일까? 전문직의 정의를 살펴보면, 특정 분야의 학문 기반, 이를 근거로 한 기술의 활용, 문제해결을 통한 사회적 책임과 기여 등을 강조하고 있다. 옥스퍼드 영어사전[1]에서는 전문직의 개념을 "특정 분야의 학문이나 과학에 대한 전문지식을 타인의 일에 적용하거나 또는 그 지식을 기반으로 한 기술을 실제로 사용하는 직업"으로 정의하고 있다. 다른 정의에서는 "사회의 제도와 문제에 대한 깊은 이해와 지식을 기초로 하여 책임감과 봉사정신을 가지고 문제의 해결을 구현하는 직업계층"으로 개념화하고 있다(정동열, 조찬식, 2007). 한편, 존슨(Johnson, 1972)은 전문직이 중대한 사회적 이슈들에 관한 지식을 제공하는 대가로 특권을 부여받는다고 하였다. 즉, 전문가들은 자신들의 영향력을 증가시키기 위해 학문적 타당성을 입증하고자 하며, 전문화 과정은 지식에 대한 통제를 통해 전문적 지위를 얻으려는 집단의 노력으로 해석되기도 한다(Reiff, 1974).

사회복지직의 전문화에 대한 열망이 사회복지실천의 역사와 함께 이어지는 동안, 사회복지직이 진정한 전문직인가와 관련한 질문도 끊임없이 제기되었다. 어떤 직업이 전문직인가를 판단할 수 있는 기준으로 가장 많이 알려진 것은 전문직의 속성에 관한 것이다. 그린우드(Greenwood, 1957)는 전문직의 속성을 기본적인 지식과 체계적인 이론체계, 클라이언트와의 관계에서 부여된 전문적 권위와 신뢰, 전

---

1) https://www.oed.com/viewdictionaryentry/Entry/152052

문가 집단의 힘과 특권, 사회로부터의 인가, 명시적이며 체계화된 윤리강령, 전문직 고유의 문화 등으로 보고 있다. 사회복지직의 전문화 과정도 다른 분야들과 매우 유사하게 권위적이고 기술적이며 독점적인 전문직의 속성(traits)을 갖춤으로써 사회적으로 전문성을 인정받으려는 경향을 보였다. 한편, 플렉스너는 전문직의 판단기준을 기본적으로 개인적 책임성을 수반하는 지적 활동, 과학적·학문적 기반을 둔 이론, 실제적이며 명확한 목적, 전문적 교육에 의한 학습, 자발적 조직, 이타주의적 동기 등 여섯 가지 특성으로 파악하고 있다(Austin, 1986). 플렉스너와 그린우드가 규정한 전문직의 속성에 대해 일치된 견해를 보이는 것은 아니지만, 대부분의 전문화 과정이 특권, 권위, 독점력 같은 전문직의 속성(traits)을 갖추는 방향으로 가고 있다(Wilding, 1982). 전문직에 관한 이후의 연구들에서는 플렉스너나 그린우드가 제시하는 것보다 더 많은 요소가 제시되고 있다. 전문적인 이론적 지식과 기술, 일의 수행에서의 자율성, 장기적인 교육기간, 평생 직업으로서의 성격, 전문직 단체의 존재, 직업윤리, 표준 및 면허제도, 사회봉사성과 사명감, 높은 금전적인 수입, 사회적 신뢰와 존경, 사회적 영향력 등이 그 예다(이홍직, 2007).

2) 사회복지직의 정체성에 기초한 전문화

사회복지 분야는 전문교육과정의 개발이나 훈련, 자격제도를 통해 사회로부터 전문성을 인정받고 사회복지사가 전문직업인으로 자리 잡는 노력을 기울여왔다. 그럼에도 불구하고 1915년에 플렉스너가 제기한 '사회복지는 전문직인가?'라는 질문은 오늘날에도 여전히 사회복지직이 전문직으로서의 요건이나 위상을 충분히 확보하고 있는가에 대한 질문으로 이어지고 있다(Flexner, 2001).

전문적 정당성을 사회적으로 인정받으려는 사회복지직의 전문화 욕구는 플렉스너가 지적한 전문직으로서의 차별성을 부각시키기 위해 과학적인 이론과 방법을 찾고 기술적인 교육체계를 갖추는 데 관심을 기울이게 되었다. 앞에서 살펴본 전문직의 속성에 비추어 볼 때, 사회복지직은 그 어떤 전문직보다 사회에 대한 봉사나 이타적 동기 면에서 뛰어나며 사회복지사를 양성하는 전문 교육과정 및 자격제도 등을 통해 전문직으로서 사회적인 재가를 받고 있다. 그러나 한편으로 사회복지직 은 독자적인 학문체계나 학문적 일관성이 부족하다는 평가를 받고 있으며, 대중들 이 인식하는 사회복지사의 전문성이 타 원조전문가와 비교하여 높지 않은 측면도 있다(강철희, 최명민, 2007; 홍선미, 2004a).

　일부 이론가들은 전문가의 독점적인 지식과 사회적 통제의 부당성을 제기하 며 사회복지직의 전문화 방향을 비판한다(Wilding, 1982; Schön, 1983). 속성론(trait approach)에 기초한 전문화 방향은 시대적 상황과 사회적 필요에 따라 사회문제에 개입해 왔던 사회복지실천의 역사와 괴리가 있다고 본다. 터너(Turner, 1968)는 이 와 같은 전문화 방향에 대해, "모든 사회 구성원의 최적의 삶의 질 보장에 기여하는 것을 목적으로 하는 사회복지실천이 실제로 가장 절실한 욕구를 가진 빈곤층이나 소외계층을 외면하며, 근본적인 원인보다는 현상적 문제에 관심을 가짐으로써 문 제를 야기시키는 사회의 조건을 유지시키는 데 기여하는 것은 사회복지실천의 존 재가치에 근본적인 의문을 던지는 것"이라고 비판하였다. 결과적으로 사회복지전 문직이 추구해 왔던 빈자에 대한 사회적 책임과 환경에 대한 관심으로부터의 전환 을 가져오면서 학문적 정체성에도 혼란을 가져 왔다(Kane, 1982; Weick, 1983), 영국 에서는 1968년의 「사회복지사업법(The Social Work Act)」과 1970년의 「지방정부사 회서비스법(the Local Authority Social Services Act)」에 근거하여 사회복지직이 법적 지위를 부여 받은 이후, 2001년에 공식적인 전문가 조직을 새롭게 구성하고 등록 된 전문가 단체로 이행하는 과정에서 사회복지직 내부에서 이견이 제시된 바 있다. 그 이유는 전문가주의에 근거한 전문가는 서비스 이용자와 거리를 두고 권한이나 숙련성을 강조하면서 왜곡될 가능성이 있다는 이유 때문이다.

　일반적으로, 전문성이란 특정 분야에서 지식과 기술, 기타 조건을 갖춘 것으로 인가 받은 전문가 집단에 의해 이루어지는 활동 수준으로 판단한다. 사회복지직의 전문성은 모든 전문직에 공통적으로 적용되는 기능적 속성보다는 사회복지실천의 목적과 가치를 반영하며 사회복지직이 사회 속에서 담당하는 역할 속에서 보다 명 확해 진다. 사회복지실천의 목적과 중심적 가치에 기초한 전문성 논의에서는 사회 의 소외계층을 돕는 사회복지직의 사명(mission)과 사회적 책임성을 강조한다. 아울러 사회복지실천의 맥락과 사회적 조건의 영향력을 인식하는 가운데, 사회복지실천의 공통의 인식의 틀(conceptual framework)을 재구성하고 사회복지실천현장의 특성에 타당한 이론을 선택하며 적용하는 과정에 의미를 둔다.

영국에서는 1968년의 「사회복지사업법(The Social Work Act)」과 1970년의 「지방정부사회서비스법(the Local Authority Social Services Act)」에 근거하여 사회복지직이 법적 지위를 부여 받은 이후, 2001년에 공식적인 전문가 조직을 새롭게 구성하고 등록된 전문가 단체로 이행하는 과정에서 사회복지직 내부에서 이견이 제시된 바 있다. 그 이유는 전문가주의에 근거한 전문가는 서비스이용자와 거리를 두고 권한이나 숙련성을 강조하면서 왜곡될 가능성이 있다는 이유 때문이다.

한편, 사회복지의 본질보다 기능적 분화를 통해 전문화 과정을 밟은 실천 분야들은 분야별 전문가(specialist)의 정체성을 가지고 각자의 발전방향을 추구해 왔다. 각 실천 분야는 사회복지의 사회적 사명이나 기본적인 가치와 지식, 기술의 틀 속에서 통합되기보다는 독자적인 전문성을 쌓아가면서 상대적으로 사회복지직 내에서의 동질성이 줄게 된다. 실천 분야 간의 이질적인 특성들을 수용하면서 독자적인 전문화 과정을 겪은 여러 분야의 사회복지사가 사회복지전문가로서 어떠한 정체성을 공유하고 있는가가 모호하다. 실천 영역들은 추상적인 수준에서 사회복지실천의 목적과 윤리강령을 준수한다고 명시함에도 불구하고, 사회복지직의 가치, 이론적 관점과 지식체계의 공통기반으로부터 점차 멀어지고 있다는 인식이 있다.

학문의 외적 경계가 모호하고 일관된 학문체계를 갖지 못한 사회복지실천이 가치에 기반을 둔 학문의 내적 정체성과 전문성·사회적 인가를 동시에 얻기 위해서는 무엇보다 사회복지실천의 목적을 명확히 하고, 기본적인 요소들을 공유하는 가치와 지식기반을 갖추며, 전문직에게 부여된 고유의 사명을 달성하는 것이 필요하다. 이를 위해서는 사회복지실천의 기본적인 목적이나 가치에 관한 합의를 이끌어내고 사회복지실천현장의 문제를 이해하고 접근할 수 있는 공통된 사회복지실천의 인식 틀을 갖추어야 한다. 개인과 환경 사이의 상호작용적 측면에 관심을 갖고 사회환경 및 다양한 사회체계와 관련한 이론과 지식들을 포괄적으로 습득하고 이를 통합된 개념틀 내에서 선택적으로 활용하는 접근방법이 개발되어야 한다. 또한,

다원화되는 실천현장의 욕구에 반응하기 위해서는 사회문제에 관한 폭넓은 시각과 함께 구체적인 대상과 문제에 개입할 수 있는 다양한 개입방법에 관심을 가져야 한다(Fook, 1993; Waltz & Groze, 1991). 개인, 가족, 소집단을 대상으로 직접적 서비스 차원에서 이루어지는 개인의 내적 적응과 기능 향상을 위한 다양한 실천 모델의 활용과 함께, 환경과의 적극적인 상호작용을 통해 자신의 상황을 주체적으로 변화시킬 수 있는 잠재력을 개발하고 역량을 강화하는 개입방법을 동시에 활용할 수 있도록 지식과 기술을 습득해야 한다. 또한, 사회복지직의 전문화 방향이 기능적으로 쏠리지 않기 위해서는 개인적 욕구가 사회적으로 보장받을 수 있도록 제도와 정책에 전문적 영향을 미칠 수 있는 사회복지직의 사회적 역할을 구체화하고 사회복지학의 가치와 윤리적 기반을 갖출 필요가 있다.

사회복지사 양성을 위한 전문 교육과정의 개발이나 전문자격제도의 발전은 사회복지직의 직업적 역할을 사회적으로 인가받고 내부의 전문성을 축적해 가는 과정에 필요하다. 그러나 사회복지전문직화의 과정에서 사회복지실천의 가치나 사명을 중요하게 고려하지 않는다면 사회복지실천의 목적이 개인의 변화에 초점을 두는 경향으로 변하게 된다는 점을 인식해야 한다(김인숙, 2005). 과학적 지식과 효과적인 기술방법과 같은 기능적 속성을 갖추는 것만으로는 사회복지실천의 가치, 사명, 목적에 충실한 사회복지직의 정체성을 확립하기 어렵기 때문이다. 사회복지직은 가치에 기반을 둔 전문직으로서 사회적으로 취약한 계층의 사람들을 원조하는 것을 일차적인 사명으로 출발했다. 사회복지직은 인간과 환경에 대해 동시적인 관심을 갖고 있어서, 개인과 환경 간의 상호작용에 사회복지실천의 초점을 두며 개인의 변화와 사회적 개혁 둘 다에 관심을 두어 왔다. 이러한 점이 여러 원조전문직 중에서도 사회복지직의 독특함이라고 할 수 있다(Sheafor & Horejsi, 2014). 사회복지실천의 대상과 영역이 확대되고 사회적 서비스에 대한 욕구가 높아지면서 사회복지사의 전문성에 대한 요구가 커지고 있다. 유사한 기능을 하는 타 원조전문직과의 경쟁도 치열해지고 있다. 사회복지직 고유의 정체성을 유지하면서 동시에 사회복지실천의 기반이 되는 지식과 기술을 기반으로 전문성을 향상하기 위해, 우선 사회복지계 내부에서 사회복지실천의 가치와 목적에 대해 합의를 해 가는 노력이 필요하다. 또한 사회문제에 대해 다양한 수준에서 개입할 수 있도록 미시 수준의 개입방법뿐만 아니라, 제도나 정책과 같은 거시적 접근방법에 대해서도 관심을 갖도록 한다.

연습문제

1. 활동 경험이 있거나 알고 있는 기관의 사회복지사들은 주로 어떤 역할들을 수행하는지 각자 토의해 보시오.

2. 사회복지사가 타 전문직과 협력하는 실천현장을 찾아보고, 타 전문직과 비교해서 사회복지사의 역할과 업무가 어떻게 다른지 알아보시오.

3. 사회복지직의 전문화 방향에 대해 토의해 보고, 사회복지사의 전문성을 발전시키기 위한 방법에 대해 의견을 나누어 보시오.

제7장

제7장
사회복지실천의 전문적 관계

　사회복지실천에서 관계는 클라이언트와 그를 둘러싸고 있는 주변 체계와의 관계를 말할 수도 있으나 여기서는 사회복지사와 클라이언트 사이의 전문적인 원조관계에 대해서 초점을 맞추어 살펴보고자 한다. 사회복지사와 클라이언트가 좋은 관계를 맺는 것은 성공적인 사회복지실천에 매우 중요하다. 사회복지사는 클라이언트와의 관계에 대해서 전반적인 책임을 지고 있으므로 좋은 관계의 요소가 무엇이며 그것이 어떻게 표현되어야 하는지에 대해 잘 알고 의식적이고 의도적으로 전문적 관계를 활용해야 한다. 이 장에서는 사회복지실천에서 전문적 관계의 특성과 기본요소, 전문적 관계의 원칙, 전문적 관계에 영향을 미치는 요인들을 살펴본다.

1. 사회복지실천에서 관계의 개념 및 특성

관계는 사회복지실천의 초창기부터 매우 중요시되어, 사회복지사는 클라이언트와 좋은 관계를 발전시키려는 노력을 반드시 해야 하는 것으로 여겨졌다. 여러 학자가 관계의 개념을 제시하고 그 중요성에 대해 강조하였다. 사회복지실천이 전문화되는 초창기에『사회적 진단(Social Diagnosis)』을 저술한 리치몬드(Richmond)는 관계는 마음과 마음이 만나는 것이며, 클라이언트의 최선의 이익을 위해 원조하는 데 영향을 미치는 것이라고 보았다(Richmond, 1917).『개별사회사업관계론(Casework Relationship)』을 저술한 바이스텍(Biestek, 1957)은 관계란 사회복지사와 클라이언트 간의 태도와 정서의 역동적인 상호작용으로, 클라이언트가 자신과 환경 간의 좀 더 나은 적응을 이룰 수 있도록 돕는 목적을 가지고 있다고 하였으며, 관계를 기술과 분리할 수 없는 것으로 보았다.『관계론(Relationship: the heart of helping people)』을 저술한 펄만(Perlman, 1979)은 관계를 타인과의 정서적 유대감으로 정의하였으며, 좋은 관계는 문제해결과 목표 달성을 촉진케 하는 힘을 가지고 있으며 클라이언트에게 안정감과 일체감을 주고 자신의 잠재력을 깨닫도록 한다고 하였다.

관계의 개념이 학자마다 조금씩 다르나 사회복지실천에서 관계가 중요한 이유는, 보살핌이 부족했던 인생경험을 가진 클라이언트에게 사회복지사가 진심어린 관심과 따뜻함으로 클라이언트와 관계를 형성하는 그 자체가 클라이언트에게 긍정적 변화를 이끌어 내는 원천이 되기 때문이다. 즉, 좋은 관계가 형성되면 클라이언트는 자신의 가치를 높이 평가하여 무엇이든 할 수 있다는 자신감을 가지게 되고, 타인과 접촉하고 관계를 맺으려는 욕구가 강해지며, 따라서 문제해결을 위해 노력하려는 동기가 강해지고 개입과정에 적극적으로 참여하고 서비스를 활용하게 되는 것이다.

사회복지사와 클라이언트와의 관계는 일반적인 인간관계와 달리 전문적인 원조관계이다. 펄만(Perlman, 1979)은 전문적 관계의 특징을 다음과 같이 다섯 가지로 제시하였다.

첫째, 전문적 관계는 사회복지사와 클라이언트 간에 서로 인정되고 합의된 목적을 위해 형성된다. 관계형성은 클라이언트가 당면한 어려움을 해결하고 사회적 기능을 향상할 수 있는 원조를 목적으로 형성되는 것이지, 개인적인 이유로 형성되는 것이 아니다. '인정되고 합의된 목적'이란 원조요청자가 필요로 하고 원하며 또한 성취하기를 기대하는 것에 대해 원조요청자와 원조자가 서로 분명히 하고, 또한 다음 단계에서 무엇이 기대되며 또 각자 무슨 일에 관여할지를 이해하는 것을 말한다.

둘째, 전문적 관계는 시간 제한적이다. 전문적 관계는 상호 합의한 목적이 달성되었거나 클라이언트의 동기와 능력 그리고 원조자의 자원이 허용하는 한도에 도달하면 종결된다. 원조관계가 시간 제한적이어야 하는 이유는 사회복지사의 현실적인 시간 제약 때문이다. 일상적인 환경에서 지지적인 관계를 경험하지 못한 클라이언트가 사회복지사에게 편안함을 느껴 관계를 계속 유지하고 싶어 할 수도 있으나, 사회복지사는 새로 발생하는 사례들을 다루어야 하므로 장기간 원조관계를 유지하는 것은 어렵다. 또 다른 이유로는 사람들은 시간적 제한이 있을 때 자신의 역량을 최대한 가동시키는 경향이 있기 때문이다. 사회복지사와 클라이언트 양자가 문제를 해결하는 데 시간적 제한이 있다는 것을 인식함으로써 서로 해야 할 일에 초점을 맞추어 노력하게 된다.

셋째, 전문적 관계는 클라이언트를 위한 것이다. 일반적인 인간관계는 쌍방의 만족과 보상을 기대하지만 전문적 관계는 클라이언트 중심적이다. 원조요청자는 만족스러운 관계를 형성하고 유지하는 능력이 없거나 또는 심한 스트레스 상황에서 자신의 안전과 보호만을 중요하게 여길 수 있으므로, 관심과 호의를 베푸는 것은 원조자의 일방적인 것이 될 수 있음을 사회복지사는 이해해야 한다. 클라이언트가 적절히 반응을 하면 원조자는 보람을 느끼지만, 클라이언트가 비협조적이면 화가 나거나 실망할 수 있다. 그러나 중요한 것은 원조자의 욕구가 충족되는 것이 아니라 서비스 대상자인 클라이언트의 욕구가 충족되어야 한다는 점을 사회복지사는 인식하고 있어야 한다.

넷째, 전문적 관계는 권위를 수반한다. 원조전문가는 전문적인 지식과 기술에서 비롯되는 권위를 가지며, 이 권위로써 클라이언트에게 영향력을 행사할 수 있다. 권위에는 책임감도 따르기 마련인데, 원조자는 클라이언트와 그의 상황을 잘 이해하여 보다 나은 결과가 나올 수 있도록 하는 방법이 무엇인지를 잘 알고 적용할 수 있어야 한다.

다섯째, 전문적 관계는 통제된 관계다. 여기서 통제란 클라이언트에 대한 통제가 아니라 원조자 자신과 원조방식에 대한 통제를 말한다. 원조자는 사례에 대해서 자기 자신의 감정과 충동을 인식하고, 무엇이 바람직하고 바람직하지 않은가에 대해 잘 판단하여, 가장 효과적인 원조 방법과 내용이 되도록 해야 한다.

2. 전문적 관계의 기본 요소

관계는 두 사람의 상호작용의 산물로서 사회복지사와 클라이언트 중 어느 쪽의 일방적인 노력으로 이루어지는 것은 아니며 서로에 대한 신뢰를 바탕으로 파트너십에 의해서 유지 · 발전된다. 그러나 일반적인 인간관계와는 달리 클라이언트는 도움을 요청하고 사회복지사는 전문적인 도움을 주는 관계로서 사회복지사는 클라이언트의 입장에서 관계를 형성해야 한다. 전문적인 관계의 기본 요소에 대해서 펄만(Perlman, 1979)은 따듯함, 수용, 공감, 관심과 진실성을, 콤튼과 동료들(Compton, Galaway, & Cournoyer, 2004)는 타인에 대한 관심, 헌신과 의무, 수용, 기대, 공감, 권한과 힘, 진실성과 일치성을 제시하고 있다. 존슨과 얀카(Johnson & Yanca, 2010)는 타인에 대한 관심, 헌신과 의무, 수용, 공감, 분명한 의사소통, 진실성, 권위와 힘, 목적을 제시하였으며, 마일리와 동료들(Miley, O'Melia, & Dubois, 2016)은 진실성, 수용과 존중, 신뢰, 공감, 문화적 민감성, 목적을 제시하고 있다. 이와 같은 요소들을 살펴보면 수용, 공감, 진실성은 공통적으로 강조되는 요소이고, 일부 요소는 서로 다른 용어로 표현되고 있다 하더라도 강조되는 내용은 서로 매우 비슷한 것으로 나타난다. 여기서는 전문적 원조관계를 형성하기 위하여 기본적으로 갖추어야 할 요소들을 종합하여 다음과 같이 살펴보고자 한다.

1) 타인에 대한 관심

타인에 대한 관심이란 클라이언트에게 무슨 일이 일어나고 있는지에 대해 진심 어린 관심을 가지며, 그러한 감정을 표현할 수 있는 것을 말한다. 관심은 좋아한다는 것과 혼동될 수 있으나, 타인에 대한 관심은 좋아한다거나 싫어한다는 개념이 아니며, 타인의 삶과 욕구에 대해서 조건 없이 긍정적으로 인정해 주는 것을 말한다. 사회복지사가 자신과 다른 생활습관을 가지거나 또는 적대적인 클라이언트를 만날 때 좋고 싫은 감정을 배제하는 것이 어려울 수 있다. 이때 사회복지사는 클라이언트를 꼭 좋아해야 할 필요는 없다는 것을 받아들이고, 자신의 감정과 판단을 잘 인식하여, 클라이언트에게 무의식적인 분노와 거부반응을 보이지 않도록 주의해야 한다. 타인에 대한 진정한 관심이란 클라이언트를 개인마다 고유한 가치가 있는 존재로 여기며, 그들의 관심사와 원하는 목표에 맞추어 사회복지사 자신을 기꺼이 내주며 자신의 지식과 기술을 제공하는 것을 말한다.

2) 수용

수용은 클라이언트를 심판하지 않으면서 있는 그대로를 받아들이고, 적극적으로 이해하려는 태도를 말한다. 사회복지사는 클라이언트의 행동은 그가 생존과 대처를 위해서 그 상황에서 최선을 다한 것으로 인식해야 한다. 클라이언트의 행동이 바람직하지 않더라도 사람과 그가 행한 행위를 구분하여 사람을 비난하지 않으면서 클라이언트의 상황과 감정을 이해하도록 노력해야 한다. 그런데 사실 가정폭력 가해자나 성폭력 가해자 등을 처음 대할 때 이들을 수용하는 것이 그리 쉽지는 않을 수 있다. 수용은 사회복지사에게 클라이언트에 대한 정형화된 편견은 없는지에 대한 자기인식과 다양한 인간의 삶과 문제에 대한 깊은 이해를 요구한다.

3) 공감

공감(empathy)은 타인의 내면 깊숙한 감정을 민감하고도 정확하게 인식하고 그 감정을 이해하고 있음을 전달하는 능력이다. 사회복지사는 클라이언트의 입장에서 보고 느끼고 공감적인 반응을 할 수 있어야 한다. 사회복지사는 클라이언트의 경험과 느낌에 몰입하되, 한편으로는 자신을 잃지 않으면서 감정적으로 거리를 유지할 수 있어야만 이성적으로 문제를 다루고 해결책을 찾아 나아갈 수 있다. 공감을 위해서는 적극적인 경청과 세심한 관찰이 필요하며, 클라이언트와 유사한 상황에 있다면 사회복지사 자신이 어떤 감정을 느낄 것인가에 대해서 상상해 보는 것이 좋다. 또한 자기 자신을 잃지 않으면서도 클라이언트의 감정과 하나가 되기 위해서 자신의 감정과 반응을 인식하고 통제할 수 있어야 한다. 클라이언트에게 공감하는 반응을 나타내기 위해서는 다양한 감정에 대한 적절한 어휘를 잘 사용하여 표현할 수 있어야 한다.

4) 진실성

관계에서 진실성은 서로에게 정직하고 위선되지 않음을 의미하는 것으로 이는 일치성이라고도 불린다. 사회복지사는 클라이언트와 관계를 맺을 때 신실하게 말하고 행동해야 하며, 말과 행동이 항상 일치하고, 자신의 내면과 외면이 일치하도록 해야 한다. 진실된 관계를 맺는 사회복지사는 전문가의 역할을 기계적으로 수행하는 사람이 아니라 타인에 대해서 진정 관심을 가지고 있으며, 자신을 가장하지 않으며 있는 실제 그대로의 모습으로 진솔한 관계를 형성한다. 진실성과 일치성을 갖추기 위해서 사회복지사는 자기인식과 자기성찰이 필요하며, 타인에 대한 관심, 수용, 헌신 등 전문적 관계에서 요구되는 기본 요소를 내면화할 수 있어야 한다.

진실하게 관계한다는 것이 사회복지사가 무분별하게 자신의 감정을 솔직히 다 드러내는 것을 의미하지는 않는다. 클라이언트에게 부정적인 감정과 판단을 갖고 있을 때, 있는 그대로 표현하는 것이 클라이언트에게 상처가 될 수도 있다. 사회복지사는 클라이언트의 성장을 촉진하고 개입목표를 증진시키는 조건에서만 자신의 감정이나 경험을 말하는 것이 적절하다.

5) 신뢰

사회복지실천의 원조관계에서 신뢰란 클라이언트는 사회복지사가 자신을 도울 수 있고 진실하다고 인식하며, 사회복지사는 클라이언트가 자기 자신의 상황에 대해 전문가이며 정직하고 변화를 위한 동기가 있는 사람으로 인식하여, 서로의 가치와 잠재력에 대해 인정하고 서로 믿을 수 있는 관계로 발전시켜나가는 것을 말한다. 원조관계를 신뢰에 기반한 관계라고 정의한 비스만(Bisman, 1994)은 사회복지사는 클라이언트와 신뢰에 기초한 유대를 수립할 책임을 지고 있으며, 특히 사회복지사의 능력에 대한 신뢰, 클라이언트의 가치에 대한 신뢰, 상황 속에서 변화를 구체화하는 클라이언트의 능력에 대한 신뢰가 중요하다고 하였다. 이를 좀 더 자세하게 살펴보면 다음과 같다.

첫째, 사회복지사는 클라이언트를 원조하는 자신의 능력에 대해 자신감이 있어야 하며, 클라이언트 또한 사회복지사가 원조능력이 있음을 믿어야 한다. 이는 사회복지사가 클라이언트의 모든 문제를 해결하거나 클라이언트의 모든 질문에 답을 준다는 것을 의미하는 것이 아니라 사회복지사로서의 전문성을 가지고 어떻게 사회복지실천을 해야 할지를 아는 사람으로서 인식되고 존중되어야 한다는 것을 말한다.

둘째, 사회복지사와 클라이언트 모두는 한 사람으로서의 클라이언트의 가치에 대한 신뢰가 있어야 한다. 클라이언트의 가치에 대한 신뢰는 클라이언트의 자존감을 높여 주고, 클라이언트는 도움을 받을 만한 가치가 있으며 자신의 상황을 변화시키고 향상시킬 수 있다는 확신을 제공해 준다. 사회복지사는 클라이언트에게 '당신은 중요한 사람이고, 나는 당신을 존중하며, 나는 당신을 위해 헌신합니다.'라는 메시지를 전달해야 한다.

셋째, 사회복지사와 클라이언트 모두가 클라이언트의 변화 능력에 대해 신뢰를 가져야 한다. 사회복지사는 클라이언트가 자신과 자신이 처한 상황에 대해 무엇인 가를 할 수 있다는 것과 변화를 구체화해 낼 수 있다는 능력이 있음을 믿는다는 메시지를 전달해야 한다. 사회복지사는 클라이언트가 바람직하지 못한 행동이나 인식에 변화를 만들어 낼 수 있는 능력이 있음을 깨닫도록 해야 하지만, 또한 필요하다면 사회복지사가 지역사회자원을 연결하여 변화를 도모하는 일을 시작함으로써 클라이언트가 새로운 가능성에 대한 전망을 가질 수 있도록 해야 한다.

6) 헌신과 의무

헌신과 의무는 원조관계에서 책임성을 의미하는 것이며, 사회복지사와 클라이언트 모두 관계의 목적을 달성하기 위하여 헌신과 의무를 받아들여야 한다. 상호관계에서 헌신을 다할 때 클라이언트는 안전하다고 느끼며, 관계의 초기에 주로 보이는 시험적인 행동이나 시행착오적인 탐색을 줄이고, 자기 자신에 대한 보호보다 현재의 과업에 관심과 에너지를 쏟게 된다. 원조관계에서 헌신에는 의무도 함께 요구된다. 클라이언트에게 요구되는 의무는 그의 문제, 상황, 대처방법에 대해서 솔직하고 정직하게 제시하며, 면접을 위해 정해진 시간과 장소에 잘 오는 것과 같은 원조 절차상의 조건을 잘 지키는 것 등이다. 사회복지사의 의무로는 미리 정해진 시간과 장소를 잘 지키고, 클라이언트의 문제에 초점을 유지하며, 성장과 변화를 가져오는 관계를 제공하는 것 등이다. 만일 사회복지사가 정당한 이유나 적절한 설명 없이 이러한 의무를 지키지 않는다면 클라이언트는 사회복지사가 자신을 중요하게 생각하지 않는다고 여길 것이며 신뢰를 하지 않게 될 것이다.

7) 문화적 민감성

문화적 민감성이란 사회복지사와 클라이언트 간의 문화적 차이를 이해하고 이를 수용하고 존중해 주는 것을 말한다. 문화는 삶의 일상적인 문제에 대처하는 방식, 자신의 요구를 충족하는 방식, 사람과의 관계를 형성하는 방식, 자기 자신 및 타인에 대한 기대, 일을 진행하는 방식 등에 영향을 미친다. 사회복지사는 자신의 문화중심주의에 빠지지 않고 다른 문화에 대한 선입견과 고정관념을 가지지 않으면서 클라이언트의 생활방식을 진정으로 이해하고 또 그 문화권에 적합한 방식으로 의사소통을 할 수 있어야 한다.

최근 우리사회는 결혼이주여성, 외국인 근로자, 새터민 등이 증가하면서 사회복지실천에 있어서 문화적 역량의 필요성이 중요하게 제기되고 있다. 개별 실천가 차원에서 사회복지사는 인식, 지식, 기술면에서 문화적 역량을 갖출 것이 요구되고 있다. 사회복지사는 자신의 문화, 가치, 행동양식에 근거해 다른 문화적 배경을 가진 클라이언트의 문제를 규정하지 않는지를 민감하게 인식해야 하고 또한 출신국가, 피부색 간에 존재하는 권력적 위계관계가 클라이언트와의 관계에 영향을 줄 수 있음을 인식해야 한다. 사회복지사는 문화적으로 다양한 클라이언트의 일상생활 경험과 세계관 등에 대해 지식을 갖추고 그들을 이해하도록 노력해야 하며, 클라이언트의 삶의 경험과 문화적 가치에 적합한 개입전략과 기술을 개발해야 한다.

3. 전문적 관계의 원칙: 바이스텍의 관계론

바이스텍(Biestek)은 도움을 구하는 클라이언트에게는 정도의 차이는 있지만 대체로 공통적이고 기본적인 형태의 정서와 태도가 있다고 하면서 이들의 욕구를 일곱 가지로 구분하였으며, 이러한 욕구에 대해 사회복지사가 어떻게 반응해야 하는가에 대해서 관계의 일곱 가지 원칙을 제시하였다(Biestek, 1957). 이 관계의 7대 원칙은 오래전에 제시되었지만 오늘날에도 사회복지실천 관계의 원칙을 설명할 때 가장 기본이 된다.

표 7-1 사회복지실천의 관계의 원칙

클라이언트의 욕구	관계의 원칙
유형 또는 범주로서 취급되기보다는 한 개인으로 취급받으려는 욕구	개별화: 모든 클라이언트는 개별적인 욕구를 가진 존재로 개별화해야 한다.
자신의 부정적인 감정과 긍정적인 감정을 표현하고자 하는 욕구	의도적인 감정 표현: 클라이언트가 감정을 자유롭게 표현하도록 해야 한다.
자기가 표현한 감정에 대해서 공감적 이해와 반응을 받으려는 욕구	통제된 정서적 관여: 클라이언트의 감정에 대해 민감하게 이해하고 반응해야 한다.
자신의 약점, 실패와 관계없이 가치 있는 사람으로서 인정받고자 하는 욕구	수용: 클라이언트를 있는 그대로 인정한다.
자신의 어려움에 대해 심판이나 비난을 받고 싶지 않은 욕구	비심판적 태도: 클라이언트를 비난하거나 심판하지 않는다.
자신의 생활에 관한 선택과 결정을 스스로 하고 싶은 욕구	클라이언트의 자기결정: 클라이언트의 자기결정을 존중한다.
자신에 관한 비밀이 지켜지기를 바라는 욕구	비밀보장: 클라이언트의 비밀을 보장해야 한다.

1) 개별화

개별화란 클라이언트 개개인의 특성을 인정하고 이해하는 것이며, 원조를 제공할 때도 개인마다 다른 원리와 방법을 활용하는 것을 말한다. 각 사람은 각기 다른 생활경험, 능력, 환경, 사고, 감정, 동기를 가진 존재로, 클라이언트는 독특한 차이를 가진 한 인간으로 다루어지기를 바란다. 따라서 사회복지사는 클라이언트를 어떤 범주나 계층의 한 사람으로서가 아니라 개인적인 차이를 가진 독특한 존재로서 인식해야 하며, 개입목표와 개입전략도 역시 개인의 차이에 기반해서 정해야 한다.

클라이언트를 개별화하기 위해서 사회복지사는 편견과 선입관으로부터 탈피해야 한다. 사회복지사가 인종, 성별, 연령, 학력, 출신지역, 경제적 계층이나 알코올중독자, 가정폭력 가해자, 비행청소년 등에 대해서 고정관념을 가질 수 있다. 클라이언트를 특정 집단에 속하는 것으로 유형화하게 되면 개별 클라이언트의 문제나 욕구를 제대로 사정하지 못하고 또한 매우 제한적인 개입 방법만 사용하는 오류를 범할 수 있다. 사회복지사는 자신의 편견과 선입관에 대해서 자기인식이 필요하다.

또한 개별화를 위해 사회복지사는 인간행동에 대한 지식을 갖추고 활용할 수 있어야 한다. 인간행동에 대한 지식은 클라이언트에 관한 사실을 이해하고 클라이언트의 욕구를 충족시킬 수 있는 적절한 방법을 찾는 틀을 제공해 준다. 예를 들어, 클라이언트가 아동일 경우 아동을 잘 이해하기 위해서는 아동기 발달의 특징에 관한 지식이 요구된다.

개별화를 위해 사회복지사는 경청과 관찰을 잘할 수 있는 능력이 필요하다. 사회복지사는 클라이언트의 언어적 표현을 잘 경청하고 얼굴 표정, 손짓, 자세 등의 비언어적 표현도 면밀하게 관찰하여 클라이언트가 무엇을 말하려고 하는지 그리고 그의 특성과 욕구는 무엇인지를 잘 이해하며, 클라이언트의 감정을 민감하게 포착할 수 있어야 한다. 또한 사회복지사는 클라이언트의 입장을 이해하고 상황에 대해서 세심하게 배려해 주어야 한다. 예를 들어, 면접 시간과 장소를 정할 때 클라이언트의 상황에 맞게 적절한 시간과 장소를 제시하는 것이 좋다.

그리고 가능하다면 사회복지실천의 전 과정에 클라이언트가 참여하도록 하여 클라이언트 스스로가 자신을 위해 무엇인가를 할 수 있다는 자신감을 갖도록 해야 한다. 사회복지사가 클라이언트와 보조를 맞추는 것도 필요하다. 클라이언트는 각자 문제해결 동기, 능력, 자원 등이 다르므로 클라이언트가 현재 처한 곳에서 출발하여 클라이언트의 수준에 맞추어서 실천과정을 진행해야 한다.

2) 의도적인 감정표현

의도적인 감정표현이란 클라이언트의 감정, 특히 부정적 감정을 자유롭게 표현하고자 하는 욕구에 기초한 것으로, 사회복지사는 클라이언트가 감정표현을 자유롭게 하도록 도와주어야 함을 말한다. 클라이언트의 문제가 물질적인 도움이나 구체적인 서비스를 필요로 하는 것이라 하더라도 모든 문제에는 감정적 요소가 포함되므로 사회복지사는 클라이언트의 감정적인 부분을 반드시 다루어야 한다. 예를 들어, 재정적인 지원을 요청하는 클라이언트는 자신의 경제적 어려움에 대해서 사람들이 자신을 인생의 낙오자나 실패자로 여길 것으로 생각할 수도 있다. 이런 경우 문제와 관련된 클라이언트의 감정표현을 막거나 비난해서는 안 되며 적극적으로 감정표현을 촉진할 필요가 있다.

사회복지실천에서 클라이언트가 자유롭게 감정을 표현하는 것에는 여러 이점이 있다. 감정표현은 클라이언트가 압력이나 긴장에서 해방될 수 있게 하며, 자신의 문제를 보다 명백하고 객관적으로 인식할 수 있도록 도와준다. 또한 어떤 경우에는 클라이언트의 부정적인 감정이 진정한 문제일 수도 있어서 자신의 감정을 밖으로 표출하게 함으로써 문제를 해결할 수 있다. 사회복지사 입장에서는 표현된 감정을 통해 클라이언트가 문제를 어떻게 보고 있으며 어떤 의미로 받아들이고 있는가를 알게 되어 클라이언트를 더욱 잘 이해할 수 있다. 문제와 관련된 클라이언트의 감정을 경청하는 것은 그의 문제를 사회복지사가 분담하고 있다고 느끼게 하여 심리적 지지가 되며, 클라이언트의 감정표현을 통해 사회복지사와 클라이언트의 상호 이해를 증진하게 되어 양자 간의 관계가 발전될 수 있다.

사회복지사는 클라이언트가 감정을 자유롭게 표현할 수 있도록 적절한 환경을 조성해야 한다. 사회복지사 자신이 긴장을 풀고, 클라이언트의 말을 경청하고 공감하는 자세가 매우 중요하다. 양가감정을 가질 수 있고 또 표현하는 것이 허용된다는 것을 직접 알려 줌으로써 클라이언트가 감정을 표현하도록 격려하는 것도 필요하다. 또한 면접실, 의자와 책상의 배열 등과 같은 물리적인 환경도 잘 정돈하여 편안한 느낌을 주도록 해야 한다.

3) 통제된 정서적 관여

통제된 정서적 관여란 표현한 감정에 대해 공감적인 이해를 얻고자 하는 욕구에 기반을 둔 것으로, 사회복지사는 클라이언트의 감정에 정서적으로 관여하되 사회복지사의 전문적인 판단에 따라 그 반응이 적절히 통제되어야 함을 말한다.

통제된 정서적 관여를 위해서 사회복지사는 클라이언트의 언어적·비언어적인 감정표현을 주의 깊게 경청하고 관찰하여야 한다. 클라이언트는 자신의 감정을 말로 표현하지 않거나 감정이 너무 깊어서 말로 표현하지 못할 수도 있다. 그러므로 사회복지사는 얼굴 표정, 자세, 손 놀림, 말의 속도나 어조 등 클라이언트의 감정을 나타내는 지표에도 주의를 기울여야 한다.

그리고 사회복지사는 클라이언트의 감정이 문제와 관련하여 무슨 의미인가를 이해하도록 해야 한다. 사회복지사는 클라이언트가 표현한 표면적인 감정의 내용뿐만 아니라 이면에 잠재된 의미를 알아차려야 한다. 예를 들어, 클라이언트가 아버지에게 적대적인 감정을 표현하고 있지만 실제로는 아버지에게 강한 애착을 가지고 있을 수 있다. 사회복지사는 클라이언트의 감정이 갖는 의미를 이해하기 위해서 인간의 공통적인 욕구와 심리적인 반응 등 인간행동에 관한 지식이 필요하며, 사회복지사 자신의 생활 경험과 전문적인 실천에서의 경험 등도 클라이언트의 감정을 이해하는 데 도움이 된다.

사회복지사가 클라이언트의 감정에 대하여 언어적으로나 비언어적으로 적절하게 반응하는 것도 중요하다. 반응은 사회복지실천에서 어려운 기술 중의 하나로 반드시 언어적일 필요는 없으며 표정과 행동 등으로도 내면적인 반응이 전달될 수 있다. 사회복지사의 반응은 클라이언트의 변화하는 욕구와 면담의 목적에 따라서 적절하게 선택되는 의도적인 것이어야 한다.

4) 수용

수용은 여러 약점이 있음에도 불구하고 자신이 가치 있는 존재로 인정받고 싶은 욕구에서 나온 것으로, 사회복지사가 클라이언트를 있는 그대로 받아들이고 대우함을 말한다. 도움을 요청하러 오는 클라이언트는 자신의 결점과 실패로 인해 사회복지사에게 무시당할지도 모른다고 생각하며 자신을 방어하려고 할 수 있다. 사회복지사에게 수용되고 있다고 느끼는 클라이언트는 안정감을 가지고 자기를 잘 표현하며, 자신의 문제를 더욱 현실적으로 대처해 나가고 바람직하지 못한 방어로부터 자신을 자유롭게 할 수 있다. 그러므로 사회복지사는 클라이언트의 인간적인 존엄성과 가치를 인정하면서 클라이언트의 장점과 단점, 긍정적인 행동과 부정적인 행동 등을 포함하여 현실적으로 존재하는 그대로를 지각하고 클라이언트를 대할 수 있어야 한다. 수용은 선하거나 좋은 것만을 받아들이는 것이 아니며, 일탈적인 태도나 행동에 동조하거나 좋아한다는 것도 아니며, 바람직한 것에 대한 전문적인 기준과 상관없이 클라이언트를 있는 그대로 인식하고 대하는 것이다. 수용의 특징은 온정, 정중한 태도, 경청, 존경, 관심, 변함없는 중립성 등이다.

5) 비심판적인 태도

비심판적인 태도는 자신의 어려움에 대해서 비난받고 싶지 않은 욕구에서 나온 것으로, 클라이언트의 문제나 욕구의 발생에 클라이언트가 어느 정도의 책임이 있는가를 사회복지사가 판단하지 않음을 말한다. 사회복지기관에 도움을 요청하는 클라이언트는 자신의 무능함, 실패, 비윤리성에 대해서 심판을 받을까 두려워하며, 비록 사회복지사가 말로 표현하지 않더라도 심판적인 태도에 대해서 매우 민감하게 느낄 수 있다. 사회복지사가 클라이언트의 잘못을 심판하지 않는다는 것을 알게 되면 클라이언트는 비난에 대한 두려움에서 벗어나 자신의 진정한 욕구에 대해서 더 잘 논의할 수 있고 자기 자신을 객관적으로 볼 수 있는 능력을 발전시킨다. 그런데 비심판적인 태도는 사회적·법적·윤리적 기준에 대한 무관심이나 거부를 의미하는 것은 아니며, 클라이언트의 태도, 가치기준, 행동에 대해 객관적으로 평가할 필요는 있다. 비윤리적이고 불법적인 태도나 행동에 대해서 사회복지사가 기준을 갖고 있지 않다면 사회적 책임을 회피하는 것이며, 사회적 가치기준에 맞게 클라이언트가 변화할 수 있도록 하는 것은 사회복지실천에서 매우 중요하다.

6) 클라이언트의 자기결정

클라이언트의 자기결정은 자신의 삶에 관한 선택과 결정을 스스로 하고 싶은 욕구에 바탕을 둔 것으로, 사회복지실천의 전 과정에서 클라이언트가 의사결정과정에 참여하여 스스로 선택하고 결정하는 것을 말한다. 클라이언트는 심리사회적 문제로 인하여 사회복지사의 도움을 요청하더라도 자신의 생활에 관해 스스로 결정할 수 있는 잠재능력이 있으며, 자신의 삶을 스스로 결정하는 것은 어느 누구도 대신할 수 없는 인간의 기본적인 권리다.

사회복지사는 클라이언트가 자기결정을 최대화할 수 있도록 클라이언트 자신의 문제와 욕구에 대해서 전체적인 관점에서 명확히 알도록 도와야 한다. 그리고 지역사회에서 활용할 수 있는 적절한 자원과 가능한 대안의 특성과 장단점에 대해서 클라이언트에게 자세히 알려 주어야 한다. 또한 클라이언트가 자신의 잠재적인 자원을 활성화할 수 있도록 자극하여 자신의 방법과 속도로 문제를 해결함으로써 성장할 수 있는 환경을 만들도록 노력해야 한다. 자기결정의 원칙에서 주의해야 할 점은 사회복지사가 문제해결의 주된 책임을 지고 클라이언트에게는 단지 종속적인 역할만을 수행하지 않도록 해야 한다는 것이다. 또한 클라이언트가 요구하는 서비스는 무시하고 클라이언트의 세세한 사회적 · 정서적 부분까지 관여하거나, 사회복지사만의 판단에 따라 결정한 행동방법을 따르도록 교묘하게 클라이언트를 직간접적으로 조종하는 것은 피해야 한다.

클라이언트의 자기결정은 중요한 원칙이지만 자기결정에는 한계가 있다. 신체적 · 정신적 장애 때문에 스스로 건설적인 계획과 결정을 할 수 있는 능력이 부족한 클라이언트일 경우 이를 요구하거나 기대할 수 없다. 그러나 처음부터 클라이언트의 무능력을 단정하지 않아야 하며 객관적으로 능력을 평가해야 한다. 자기결정은 법률로 정해진 규정에 의해 제한될 수 있는데, 이런 경우 사회복지사는 클라이언트의 자기결정을 최소한으로 제한하면서 클라이언트 자신이나 타인을 위험에 처하지 않도록 도와주어야 한다. 자기결정은 사회복지사의 온정주의와 상충하면서 윤리적인 딜레마가 발생할 수 있다.

7) 비밀보장

비밀보장은 자기에 관한 사적인 정보나 비밀이 지켜지기를 바라는 클라이언트의 욕구에 기초한 것으로, 사회복지사는 사회복지실천과정에서 알게 된 클라이언트에 관한 정보를 전문적인 치료나 서비스 제공 목적 외에 타인에게 알리지 않아야 하는 것을 말한다. 사회복지실천과정에서 클라이언트는 도움을 얻기 위해 사회복지사에게 자신의 생활이나 환경에 대해 여러 가지를 말하게 된다. 그런데 만일 자신에 관한 정보가 타인에게 알려질 수 있다고 생각한다면 자신의 비밀이나 부정적인 생각 및 감정 등에 대해서는 말하고 싶지 않을 것이다. 이는 사회복지사와 클라이언트의 관계형성에도 방해가 되며 문제해결을 어렵게 만든다. 클라이언트는 자신에 관한 정보가 소중히 다루어지고 있다고 느낄 때 사회복지사를 신뢰할 수 있으며 사회복지실천의 전 과정에 적극적으로 참여하게 된다. 따라서 비밀보장은 사회복지실천에서 매우 중요한 원칙이다.

그러나 항상 비밀이 보장될 수 있는 것은 아니다. 클라이언트의 비밀은 더 적절한 서비스를 제공하기 위해 사례회의나 슈퍼비전의 목적을 위해 기관 내외의 다른 전문가와 공유될 수 있다. 이런 경우에 다른 전문가들도 물론 비밀을 지켜야 할 의무가 있다. 클라이언트와 관련된 정보를 타인에게 공개하기 위해서는 클라이언트로부터 반드시 고지된 동의(informed consent)를 얻어야 한다. 고지된 동의에 대해서는 우리나라 사회복지사의 윤리강령에도 명시되어 있다.

비밀보장의 원리는 제3자를 보호하기 위해 제한될 수 있다. 예를 들어, 클라이언트가 제3자에게 심각한 위해를 가하겠다고 말하거나 위해를 가할지도 모른다고 의심될 경우, 사회복지사는 제3자의 생명을 보호하기 위해 비밀을 보장하기보다는 이를 알려야 한다. 비밀보장의 원리는 클라이언트를 보호하거나 클라이언트의 이익을 위해 비밀정보를 공개할지, 미성년자의 부모나 후견인에게 비밀정보를 공개할지 등과 관련하여 윤리적인 딜레마가 발생할 수 있다.

4. 원조관계에 영향을 미치는 요인

클라이언트의 욕구를 충족하고 성장과 변화를 촉진하기 위하여 좋은 관계를 발전시키는 것은 매우 중요하지만 원조관계를 긍정적으로 발전시켜 나가는 데는 여러 가지 장애요인이 존재한다. 사회복지사가 수용, 공감, 진실성 등을 통하여 긍정적 관계를 형성하기 위하여 노력하더라도 어떤 클라이언트는 여러 이유로 긍정적인 반응을 하지 않을 수 있다. 또한 사회복지사의 성격적인 특성으로 클라이언트에게 지배적으로 행동하거나 실수를 반복하여 클라이언트가 사회복지사와의 만남을 지속하길 원치 않을 수도 있다. 긍정적인 관계를 형성한 후에도 바쁜 업무 처리 과정 때문에 관계의 지속적인 발전이 저해되기도 한다. 사회복지사는 원조관계형성에 장애가 될 수 있는 요인들을 인식하고 이를 잘 다루어 나가도록 해야 한다. 다음은 사회복지사와 클라이언트의 관계에 위협이 되는 요인과 이를 적절하게 다루는 방안이다(Hepworth et al., 2010; Johnson & Yanca, 2010; Sheafor & Horejsi, 2014).

1) 클라이언트와의 상호작용에서 사회복지사의 부정적인 반응과 행동

클라이언트는 사회복지사와의 관계에서 일시적인 불화를 만드는 정서적인 반응들을 경험할 수 있는데, 사회복지사가 이를 잘 인지하고 기술적으로 다루지 못할 경우 원조과정에서 장애로 발전될 수 있다. 다음은 클라이언트에게 상처, 실망, 분노, 거부감 같은 부정적 감정을 야기할 수 있는 사회복지사의 전형적인 행동이다.

- 클라이언트가 경험하는 중요한 감정을 인식하지 못하는 것
- 클라이언트를 비난하거나 바보 취급한다고 해석할 수 있는 메시지를 보내는 것
- 클라이언트에게 무관심하거나 무시하는 것
- 클라이언트가 성취한 점진적인 성장을 인정하지 못하는 것
- 내용적으로나 시기적으로 부적절하게 직면기술을 사용하는 것
- 클라이언트가 이전에 밝힌 중요한 정보를 기억하지 못함을 드러내는 것
- 약속시간에 늦거나 약속을 취소하는 것
- 졸려 보이거나 조바심을 보이는 것

- 논쟁하거나 과도하게 충고하는 것
- 클라이언트가 계획한 행동과정을 용인하지 않는 것
- 클라이언트와 대립되는 쪽을 편드는 것처럼 보이거나 실제로 그렇게 하는 것
- 논의를 지배하거나 클라이언트의 말을 자주 중단시키는 것
- 비자발적인 클라이언트에게 법적인 명령을 넘어서는 생활 영역에 힘을 이용하는 것

이와 같은 경우는 사회복지사의 실수로 인한 것일 수도 있으며 클라이언트의 오해로 인한 것일 수도 있다. 원인이 무엇이든지 간에 클라이언트의 감정이나 생각을 잘 인식하고 이에 대해 논의함으로써 부정적 반응들이 확대되지 않도록 해야 한다. 대개 클라이언트는 자신의 부정적인 감정에 대해서 이야기를 먼저 꺼내지 않으므로 사회복지사는 클라이언트의 비언어적 단서들에 민감해야 한다. 비언어적 단서로는 얼굴을 찌푸리는 것, 안절부절 못하면서 조바심을 내는 것, 한숨을 쉬는 것, 놀라는 것, 주제를 바꾸는 것, 침묵하는 것, 기침하는 것, 얼굴을 붉히는 것, 근육을 긴장시키는 것 등이 있다. 설사 클라이언트의 부정적인 감정이나 인식이 비현실적이라 하더라도 사회복지사는 이에 관심을 기울여 클라이언트의 생각과 감정을 이끌어 내고 생산적으로 논의해야 한다. 그래야만 클라이언트에게 사회복지사의 의도를 명확히 하고 오해를 풀 수 있으며, 또한 역기능적인 사고유형을 밝힐 수 있는 기회가 된다. 사회복지사가 자신의 실수를 인정하는 것은 클라이언트가 자신이 존중받고 있음을 느끼게 하며 긍정적인 감정을 되찾고 다시 자신의 문제를 해결하기 위해 노력하도록 한다.

2) 사회복지사와 클라이언트의 인구사회학적 측면에서의 차이

사회복지사와 클라이언트가 서로 인종, 민족적 배경, 성별, 연령 등의 차이 때문에 거리감을 느끼거나 갈등을 빚을 수도 있다. 사회복지사와 클라이언트 모두 타인의 문화나 상대방의 다양성에 대한 지식의 결여로 고정관념이 있을 수 있으며, 이

로 인해 원조과정에서 상호 신뢰가 잘 이루어지지 않을 수 있다. 다양한 문화적 환경에서 효과적으로 활동하기 위해서 사회복지사는 자신이 가진 편견과 선입견에 대해 인지하고 있어야 하고, 서로 다르다는 사실을 정확히 이해하고 이를 포용할 수 있어야 한다. 사회복지사는 인종적으로 문화적으로 다른 집단이 가질 수 있는 다른 세계관, 남성과 여성의 행동에 대한 기대, 생각과 감정을 표현하는 방법 등에 대해 이해해야 한다. 문화적으로 다른 클라이언트를 대상으로 일하기 위해서 사회복지사는 높은 수준의 공감, 존중 그리고 진실성이 필요하며, 특정한 집단이 갖고 있는 강점과 자원을 발굴해 내는 데 부지런하고 유연하며 창의적이어야 한다.

사회복지사와 클라이언트의 성별이나 연령 등과 같은 인구학적인 특성이 사회복지사와 클라이언트의 관계에 영향을 미치기도 한다. 성별이 영향을 미치는 것은 성역할의 사회화에 의해 서로 지각하거나 기대하는 바가 전문적 관계에서도 영향을 미칠 수 있기 때문이다. 또한 사회복지사와 클라이언트 간의 연령이나 삶의 경험에서의 차이, 예를 들어 노인 클라이언트-젊은 사회복지사, 노련한 부모-미혼의 사회복지사와 같은 경우도 원조관계에 영향을 미칠 수 있다.

3) 사회복지사의 복장과 습관

사람들은 신체적인 외모에 근거하여 타인에 대한 인상을 형성하는 경우가 많은데, 사회복지사의 복장과 차림새는 클라이언트의 사회복지사에 대한 반응과 서비스의 이용에 영향을 미친다. 예를 들어, 노인들을 대상으로 서비스를 제공하는 기관에서 근무하는 사회복지사의 경우에 파격적인 옷차림이나 머리 모양, 장신구 등은 노인 클라이언트에게 거부감을 불러일으킬 수 있다. 따라서 클라이언트를 불쾌하게 할 수 있는 차림새는 되도록 피해야 한다.

대부분의 사람은 가족이나 친구는 용인하지만 바람직하지는 않은 태도와 습관을 가지고 있을 수 있다(예: 연필 돌리기, 손가락 관절 소리 내기, 머리를 긁고 머리카락 잡아당기기, 눈살 찌푸리기, 자주 목청을 가다듬기 등). 그런데 이러한 습관은 클라이언트의 주의를 다른 쪽으로 돌리게 하거나 불쾌하게 만들 수 있다. 따라서 사회복지사는 이러한 습관을 고치도록 해야 한다.

4) 클라이언트의 불신과 전이반응

사람을 신뢰하는 능력은 클라이언트마다 다르다. 어떤 클라이언트는 사회복지사가 관심과 온정을 기울임에도 불구하고 한동안 사회복지사를 신뢰하지 못하고 사회복지사를 시험하거나 방어적인 태도를 보인다. 이는 살아온 과정에서 인정받은 경험이 부족하여 사회복지사와의 관계에서도 미리 거부를 예상하여 원조관계에 참여하는 것이 주저되기 때문이다. 사회복지사를 선뜻 신뢰하지 않는 클라이언트는 초기 면담과정에서 자신들의 문제를 피상적으로만 표출한다. 그러므로 이들에게 성급하게 자신을 드러내도록 재촉하는 것은 관계를 더 소원하게 하거나 관계를 중단시킬 수 있으므로 초기과정의 시간을 제한하는 것은 좋지 않다. 사회복지사는 클라이언트가 원조과정에 지속적으로 관여할 수 있도록 전화를 걸거나 가정방문을 하는 등 인내심을 갖고 지속적으로 노력해야 한다.

전이는 클라이언트가 다른 사람(대개 부모, 부모를 대신하는 사람, 형제 자매)과 과거에 경험하면서 느꼈던 소망, 두려움 그리고 다른 감정들을 사회복지사에게 보이는 것이다. 전이반응은 과잉 일반화되고 왜곡된 인지와 관계가 깊은 것으로 클라이언트는 사회복지사에 대해 비현실적인 인식과 반응을 한다. 예를 들어, 어떤 클라이언트는 사회복지사의 외모가 자신의 오빠와 닮았기 때문에 자기의 문제를 밝히는 데 어려움을 겪으며, 아버지가 잔인하고 압제적이었던 클라이언트는 남성 사회복지사를 신뢰하는 데 어려움을 겪을 수 있다. 전이반응은 시간 제한적이고 과업중심적인 개입에서는 일어날 가능성이 적으며, 장기적인 개입, 과거에 초점을 맞춘 개입 그리고 정신내적인 과정을 심도 있게 분석하는 개입에서 일어날 가능성이 높다.

다음은 전이반응의 징후들이다.

- 사회복지사에게 개인적인 질문을 많이 하거나 흥미를 묻는 것

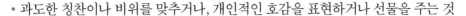

- 과도한 칭찬이나 비위를 맞추거나, 개인적인 호감을 표현하거나 선물을 주는 것
- 식사나 파티에 초대하여 사교상 관계를 맺으려는 것
- 사회복지사에 대해 꿈이나 환상을 갖는 것
- 사소한 이유로 약속을 자주 변경하는 등 특별한 관심을 끌려는 것
- 사회복지사와 논쟁하거나 괴롭히면서 도발적으로 행동하는 것
- 사회복지사가 약속을 취소하거나 연기하는 경우 퇴행하거나 파괴적인 방법으로 행동하는 것
- 방어적으로 반응하거나 거부당한다고 느끼거나 현실적인 이유 없이 비난이나 벌을 예상하는 것

전이반응은 클라이언트가 생산적으로 문제를 해결하는 데 방해가 되기도 하지만 성장을 위한 기회가 되기도 한다. 치료관계에서 클라이언트는 평상시의 대인관계 행동 및 인지유형과 감정을 드러내므로 사회복지사는 그러한 클라이언트가 자신의 왜곡된 인지를 깨닫고 사회복지사를 비롯한 타인들을 고유한 개인으로 인식할 수 있도록 도와야 한다. 사회복지사는 클라이언트가 그러한 감정이 언제 그리고 어떤 방식으로 나타나는지 탐색하여 왜곡된 인지의 원천을 확인할 수 있도록 도우며, 클라이언트가 자기감정의 비현실성과 그러한 감정을 유발한 왜곡을 인식하고 난 후에는 사회복지사와 실질적인 감정을 공유할 수 있도록 해야 한다.

5) 사회복지사의 역전이반응

역전이란 사회복지사가 과거에 경험했던 관계에서 파생한 감정, 소망, 무의식적인 방어유형과 관련된 것으로 사회복지사의 객관적인 인식을 방해하고 클라이언트와의 긍정적인 상호작용을 막는다. 예를 들어, 권위주의적인 부모에 대한 분노의 감정을 해결하지 못한 사회복지사는 반항적인 청소년과 지나치게 동일시하여 클라이언트의 부모를 비난하는 감정을 경험하며, 분노를 자기인격에 통합하지 못한 사회복지사는 클라이언트가 분노를 표현할 때 과도하게 불편해하고 그러한 감정을 표현할 수 없도록 주의를 딴 곳으로 돌리기도 한다.

　다음은 역전이반응의 징후이다.

- 클라이언트에게 지나치게 관심을 갖는 것
- 클라이언트에 대해서 끊임없이 성적인 환상이나 꿈을 꾸는 것
- 클라이언트와의 면담을 두려워하거나 또는 즐거워하면서 기대하는 것
- 특정 클라이언트와의 약속에 계속 늦거나 잊어버리는 것
- 클라이언트와 특정 문제에 대해 이야기하는 것을 불편해하거나 방어적으로 느끼는 것
- 클라이언트에 대해서 적대감을 느끼거나 공감할 수 없는 것
- 클라이언트의 어려움에 대해서 다른 사람을 배타적으로 비난하는 것
- 계속 면담을 일찍 마치거나 정해진 시간을 넘기는 것을 허용하는 것
- 클라이언트를 감동시키거나 클라이언트에게 감동을 받으려고 과도하게 노력하는 것
- 클라이언트와 논쟁하거나 클라이언트의 비난에 대해서 방어적이거나 상처를 받는 것

　이와 같은 감정과 행동을 인식하게 되면 사회복지사는 즉시 역전이를 교정할 방법을 강구해야 한다. 그렇지 않으면 사회복지사와 클라이언트의 관계에도 부정적 영향을 미치고 클라이언트에게 도움이 되기는커녕 오히려 역기능을 심화시킬 수 있기 때문이다. 역전이를 해결하는 첫 단계는 자기성찰이다. 자기성찰은 감정, 반응, 인식 그리고 행동의 근원에 대해 자기 자신과 분석적으로 대화하는 것이다. 동료나 슈퍼바이저와의 논의도 사회복지사 자신의 감정을 탐색하고 새로운 생각을 하도록 도와준다.

6) 이중관계

사회복지사와 클라이언트의 관계는 특정한 목적을 가지고 이루어지는 전문적인 원조관계이다. 그런데 사회복지사는 전문가의 역할 외에 사회적·사업적·경제적·종교적·기타 역할을 수행할 수 있으며, 클라이언트와의 관계에서도 의도적이든 상황적으로 우연한 것이든 전문적 관계 차원 외에 다른 관계를 형성할 수 있다. 이중관계란 사회복지사와 클라이언트가 원조기간 동안 또는 종결 이후에 클라이언트와 제2의 관계, 즉 사회복지사와 친구, 고객, 이성관계 등의 관계로 연결되는 것을 말한다. 예를 들어, 지역사회복지관에서 근무하는 사회복지사가 담당한 사례가 친구의 부모님일 수도 있으며, 차가 고장 나서 수리를 맡겨야 하는데 맡길 사람이 현재 서비스를 제공하는 있는 아동의 아버지인 경우가 있을 수 있다.

이중 혹은 다중의 역할 상황에서 사회복지사는 객관성과 전문성이 떨어질 수 있으며, 클라이언트에게 해를 끼치거나 착취할 가능성이 있어서 이중관계를 갖는 것에 주의해야 한다. 이중관계 중 클라이언트와의 성적인 관계는 명백히 비윤리적인 관계로 강력하게 금지되고 있다. 성적인 관계가 아니더라도 이중관계는 전문역할을 수행하는 데 경계를 흐리게 하고, 클라이언트의 욕구보다는 사회복지사의 욕구를 충족시킬 수 있으며, 사회복지사의 판단력을 손상시킨다는 주장도 있다(Kagle & Giebelhausen, 1994). 그러나 인간관계가 서로 얽혀 있는 좁은 지역에서 사는 경우 현실적으로 모든 이중관계를 완전히 피할 수는 없으며, 이중관계가 치료 효과를 높이는 경우가 있다는 견해도 있다(강선경, 2010). 예를 들어, 학교생활에 어려움을 가졌던 클라이언트의 졸업식에 사회복지사가 참석하는 것은 클라이언트의 개인적인 성장과 성취에 확신을 주는 것으로 오히려 효과적이라는 것이다.

우리나라에서 사회복지사와 클라이언트의 관계에서 이중관계는 어떻게 인식되고 있는가에 대한 연구는 많지 않은 편이나, 사회복지사의 이중관계에 대한 신념이 과거에 비해 대체로 더 엄격해지고 있는 것으로 조사되었다(장영진, 김진숙, 구혜영, 2012). 사회복지사들은 클라이언트와의 성적 관계에 대해서는 비윤리적인 것으로 여기고 있으나 개인적 관계(개인적 행사에 초대, 사적인 만남, 클라이언트의 상점 이용 등)에 대해서는 윤리적인지 아닌지에 대한 판단이 모호하다는 응답이 많은 것으로 조사되었다. 이는 개인적 관계에 대해 사회복지사들이 윤리적인 딜레마를 많이 경험할 수 있음을 나타내고 있는데, 우리 문화는 인연과 정을 중시하며 인간관계의 경계를 구분 짓는 것이 서구사회와는 다른 면이 있으므로 이중관계에 대해서 더 신중한 접근과 연구가 필요함을 시사한다.

이중관계에 대한 기준이 정해진 것이 아니므로 사회복지사는 자기인식과 점검이 필요하다. 콩그레스(Congress)는 이중관계로 고민하는 사회복지사를 위해 다음과 같은 지침을 제시하였다(Congress, 2004, pp. 183-184).

- 이중관계의 본질을 명백하게 규정한다.
- 가장 상처받기 쉬운 사람들에 대한 착취나 해의 위험을 주의 깊게 조사한다.
- 이중관계로 나아갈 때 긍정적이든 부정적이든 수반될 수 있는 결과를 예상한다.
- 이중관계로의 발전의 위험을 동료 및 슈퍼바이저와 의논한다.
- 이중관계와 관련된 부분과 더불어 윤리강령의 어떤 부분이 이중관계가 부적절한가를 결정하는 데 도움을 줄 수 있는지 확인한다.
- 클라이언트든, 슈퍼비전을 받는 사회복지사 또는 학생이든 가장 상처받기 쉬운 사람들에 대한 착취 가능성이 있다면 이를 피하기 위하여 전문사회복지사의 책임을 강화한다.

1. 만일 여러분이 클라이언트로서 사회복지사를 만난다면 어떤 자질과 특성을 가진 사회복지 사를 만나고 싶은지 생각해 보시오.

2. 여러분이 관심을 갖고 있는 실천현장의 사회복지사를 만나 클라이언트와의 관계형성에서 어려운 점이 무엇인지 조사하여 보시오.

3. 예비 사회복지사로서 클라이언트와의 전문적 관계형성을 위한 자질을 함양하기 위해 앞으로 더욱 노력해 보고 싶은 부분은 무엇인지 생각해 보시오.

4. 다음에서 제시하는 사람들에 대해 여러분이 편견적 태도를 가지고 있거나 차별적 행동에 관여한 적이 있는지 생각해 보고, 사회복지실천에 어떤 영향을 미칠지도 생각해 보시오.
   - 경제적으로 어려운 사람
   - 다른 민족, 인종 집단에 속한 사람
   - 교육을 적게 받은 사람
   - 신체적 · 정신적 장애가 있는 사람

5. 다음에 제시하는 이중관계 관련 사항에 대해 여러분의 생각을 정리하고, 다양한 의견을 가진 급우들과도 토론해 보시오.
   - 종결된 과거 클라이언트와 사적인 만남(식사, 영화관람)을 할 수 있다.
   - 클라이언트가 운영하는 상점을 단골로 이용할 수 있다.
   - 도와준 대가로 클라이언트의 직업상 서비스(세차, 미용 등)를 받을 수 있다.

제**8**장

의사소통과 면담

　사회복지실천은 사회복지사와 클라이언트의 의사소통(communication)으로 이루어지며 대부분 대면(face-to-face) 면담으로 진행된다. 따라서 사회복지사는 의사소통과 면담의 전문성을 갖춘 전문 면담자(professional interviewer)가 되어야 한다. 사회복지사가 전문 면담자가 되기 위해서는 무엇보다 의사소통과 면담에 대한 지식(knowledge)을 갖추고 이를 실제에 적용하고 응용하는 연습과 경험을 꾸준히 쌓아야 한다. 또한 지식과 경험만으로는 부족하며 자신의 실천을 의식적으로 연구하고 이를 향상시키기 위한 부단한 노력을 기울여야 한다.

　제8장에서는 먼저 의사소통의 기본 개념과 원칙을 고찰해 보고 이어 사회복지실천을 위한 면담의 목적과 방법을 자세히 살펴본다.

1. 의사소통에 대한 이해

1) 의사소통의 개념과 원칙

사람들은 자신의 생각과 감정을 다른 사람들과 끊임없이 공유하며 소통한다. 간혹 의사소통하지 않는 경우 이것도 하나의 의사소통으로 이해할 수 있다. 예를 들어, 친하게 지내던 친구와 일부러 연락하지 않는다면 이는 분명한 메시지를 전달하는 소통의 한 방법이다.

사람들이 의사소통하는 방법은 매우 다양하다. 사람들은 직접 만나서 얼굴을 마주 보며 소통할 뿐 아니라 여러 매체를 통해 시공간을 초월하여 의사소통하기도 한다. 정보기술이 빠르게 발전함에 따라 비대면 의사소통 방법을 포함한 다양한 소통 방법들이 발전하고 있으며, 앞으로 더욱 활발히 활용될 것이다. 하지만 사회복지실천에서 대면 의사소통은 여전히 가장 중요한 소통 방법이므로 이 장에서는 주로 대면 의사소통에 초점을 둔다.

다음에서는 의사소통의 기본적 이해를 위해 먼저 의사소통의 유형과 차원에 대해 알아보고 이어 의사소통의 원칙들을 살펴본다.

(1) 언어적/비언어적 유형

의사소통은 언어적 유형과 비언어적 유형으로 구분된다. 언어적(verbal) 의사소통은 음성, 즉 말로 이루어지는 의사소통을 의미한다. '말 한 마디에 천량 빚을 갚는다.'라는 우리 속담에서 보듯이, 어떤 내용으로 어떻게 언어적 의사소통을 하는지는 매우 중요하다. 즉, 생각이나 감정을 말로 적절히 표현하는지, 공감적인 말로 대화하는지, 대화를 통해 소통이 증진되는지 오히려 갈등이 증폭되는지 등과 같이 언어적 의사소통의 과정과 결과는 매우 중요하다.

언어적 의사소통에서는 내용도 중요하지만, 말투, 어조 혹은 억양 등도 중요하다. 같은 내용이라도 어떤 말투 혹은 어조를 사용하는지에 따라 의사소통이 크게 달라지기 때문이다. 예를 들어, 사회복지사가 가출 청소년에게 '집을 언제 어떻게 나오게 됐어요?'라고 물을 때 어떤 말투인지에 따라 청소년은 사회복지사가 자신을 돕기 위해 상황을 파악하려는 것인지, 자신의 충동적 행동을 비난하는 것인지 등을 파악하게 된다.

한편, 비언어적(nonverbal) 의사소통은 표정, 눈빛, 몸짓, 자세 등으로 이루어지는 의사소통을 의미한다. 흔히 사람들 사이에서 가장 중요한 것이 대화의 내용이라고 생각하기 쉽지만, 학자들은 비언어적 의사소통이 매우 중요하다는 점을 강조한다. 외국의 한 연구(Mehrabian, 1980)에 의하면, 사람들이 상대로부터 받는 이미지는 시각이 55%, 청각이 38%에 이르며 언어는 7%에 불과하다. 즉, 표정과 태도와 같은 비언어적 의사소통이 차지하는 비중(55%)이 언어적 의사소통보다 크며, 언어적 의사소통 가운데 목소리, 어조, 말투 등이 차지하는 비중(38%)이 말의 내용(7%)보다 크다는 것을 알 수 있다.

이런 맥락에서 보면, 사회복지사가 유창하게 말을 하는 것보다는 온화한 표정과 말투, 배려하는 태도, 도움을 주고자 하는 자세 등이 클라이언트에게 더욱 큰 영향을 미치며 긍정의 메시지를 전달할 수 있다. 면담 중에 울먹이는 클라이언트의 등을 가만히 다독여 주거나 클라이언트의 말에 공감하는 표정으로 고개를 끄덕이는 사회복지사의 행동은 어떤 유창한 말보다 위안이 될 수 있다.

언어적 의사소통과 비언어적 의사소통은 일치할 수도 있지만, 일치하지 않을 수도 있다. 언어적 의사소통과 비언어적 의사소통이 서로 다른 메시지를 전달하는 경우 메시지의 모순이 발생한다. 예를 들어, 약속 시간을 여러 번 어긴 친구에게 화가 난 얼굴을 감추지 못한 채 말로는 괜찮다고 한다면, 모순된 메시지를 전달받은 상대는 혼란스러워하며 친구의 눈치를 계속 살피게 된다.

(2) 내용/관계 차원

모든 의사소통은 내용 차원과 관계 차원을 동시에 포함한다. 내용(content) 차원은 메시지의 내용 그대로를 의미하며, 관계(relationship) 차원은 메시지 내용의 이면에 포함하는 관계에 대한 메시지를 의미한다. 내용 차원의 의사소통을 외연적

(denotative) 의사소통이라 하고 관계 차원의 의사소통을 내포적(connotative) 의사소통 혹은 메타 의사소통(metacommunicaiton)이라고도 한다.

예를 들어, 아침에 집을 나서는 대학생 자녀에게 어머니가 '오늘 몇 시에 들어오니?'라고 묻는다면, 말 그대로 어머니가 자녀의 귀가 시간을 알고자 하는 내용 차원의 의사소통을 하는 동시에 부모로서 자녀의 귀가 시간을 통제하려는 관계 차원의 의사소통도 하는 것이다. 만일 자녀가 '이제 대학생인데 집에 오는 시간을 매일 엄마한테 말하고 다녀야 해요?'라고 답한다면, 자녀는 메시지 내용 이면에 포함하는 관계 차원에 반응하는 것이다.

또 다른 예로서, 룸메이트에게 '나 오늘 소개팅하는데 이렇게 입으면 어때?'라고 묻는 경우 룸메이트의 의견을 구하는 내용 차원의 메시지뿐 아니라 '우리는 사적 대화를 나눌 정도로 친한 사이다.'라는 관계 차원의 메시지도 포함한다. 이때 룸메이트가 '내 생각이 뭐가 중요해. 너가 입고 싶은 대로 입으면 되지.'라고 대답한다면, 룸메이트는 관계 차원의 메시지에 반응한 것으로 '서로의 사생활에 관심을 가지는 친한 사이로 지내길 원하지 않는다.'라는 메시지를 표현한 것으로 이해할 수 있다.

내용 차원과 관계 차원이 서로 일치하지 않는 경우 의사소통은 모호하고 명확하지 않다. 예를 들어, 무책임한 행동을 반복하는 청소년 자녀와 갈등하는 부모가 자녀에게 "너의 행동에 너무 지쳤고 더 이상의 무책임한 행동을 용납하기 힘들다."라는 메시지를 명확하게 전달하는 대신 "이제는 너도 컸으니 네 일은 네가 알아서 해. 무슨 말인지 알았지?"라고 말하는 경우다. 부모가 자녀의 자율을 허용하는 듯한 말을 하지만, 실제 관계에서는 그 반대의 상황이다. 이처럼 내용과 관계 차원의 메시지가 일치하지 않을 때 오해와 혼란이 일어난다. 청소년 자녀가 메시지의 내용 그대로 자신이 원하는 대로 무책임한 행동을 지속한다면, 부모와의 관계가 악화되는 상황을 맞을 수 있다.

(3) 의사소통의 원칙들

① 언어적/비언어적 유형 혹은 내용/관계 차원이 일치하는 의사소통이 바람직하다

앞의 예에서, 약속 시간에 계속 늦는 친구에게 쌓인 불만을 적절한 말과 이에 일치하는 표정과 태도로 명확하게 소통하는 것이 바람직하다. 이와 같은 자기주장 (assertiveness)은 궁극적으로 친구와의 관계에 긍정적인 영향을 미친다. 앞에 제시한 또 다른 예에서, 부모와 자녀가 상황과 관계를 정확하게 반영하는 내용으로 소통하는 것이 바람직하다. 더욱이 통제, 의존, 갈등의 관계라면 이를 반영하는 내용의 메시지를 명확하게 주고받음으로써 상황을 개선할 수 있다.

② 단순하고 명확하며 직접적인 의사소통이 바람직하다. 반면, 복잡하고 모호하며 회피적인 의사소통은 바람직하지 않다

전달하려는 메시지의 내용이 단순하고 명확해야 오해의 소지가 없으며, 당사자들 사이에서 의사소통이 직접적으로 이루어질 때 명확한 소통이 가능하다. 반면, 전달하려는 메시지의 내용이 복잡하고 모호하면 상대가 메시지의 내용을 정확히 파악하기 어려워진다. 길고 장황한 표현, 어려운 혹은 현학적인 표현도 원활한 의사소통을 방해한다. 특히 의사소통이 당사자들 사이에서 이루어지지 않고 다른 사람을 통해 우회적으로 이루어지는 경우 바람직하지 않다.

예를 들어, 시어머니와 며느리가 서로에게 원하는 것을 직접 표현하지 못하고 항상 아들 혹은 남편을 통해 우회적으로 메시지를 전달한다면, 전달자 역할을 하는 아들 혹은 남편도 곤혹스러울 뿐 아니라 시어머니와 며느리의 의사소통은 더욱 어려워질 수 있다.

③ '나 전달법'이 '너 전달법'보다 목적 달성에 효과적이다

나 전달법(I-message)이란 상대의 행동에 초점을 두기보다는 이에 대한 자신의 느낌이나 경험을 표현하는 방법이다. 나 전달법은 상대의 이해와 공감의 반응을 이끌어 낼 수 있으므로 상대가 변화하기를 원한다면 나 전달법이 효과적이다. 반면,

너 전달법(You-message)은 자신의 감정보다는 상대의 행동을 직접적으로 언급하는 방법이다. 너 전달법은 자칫 비난으로 받아들여지기 쉽고, 따라서 상대가 방어, 변명 혹은 반항하는 반응을 흔히 보인다.

예를 들어, 함께 자취하는 동생이 집을 정리하지 않는 경우 너 전달법은 '너 혼자 쓰는 집도 아닌데 이렇게 어지르고 다니면 어떻게 해?'라고 동생의 행동을 언급하는 방법이다. 나 전달법의 의사소통은 '나는 집이 어질러져 있으면 편히 쉴 수가 없어……. 어제 저녁에 들어왔더니 집은 엉망이고 치우자니 너무 피곤하고……. 누나도 지치고 힘들다…….'라고 자신의 감정을 말하는 방법이다.

또 다른 예로서, 사춘기 자녀가 부모에게 반항하는 경우 "엄마에게 말대답하고 불평만 하고…… 너 정말 변했구나."라고 너 전달법으로 말하는 것보다 "너 말을 듣고 있으면…… 정말 속상하고 마음이 너무 아파."라고 나 전달법으로 말하는 것이 자녀의 반항 행동을 보다 효과적으로 변화시킬 수 있다.

④ 의사소통을 방해하는 다양한 요인을 이해하고 소통을 촉진하기 위한 방법을 모색한다

사람들이 명확하게 의사소통하지 못하는 이유는 다양하다. 사람들은 심리적인 이유, 예를 들어 불안이나 두려움으로 인해 모호하게 의사소통하기도 한다. 프로이트(Freud)에 의하면, 사람들은 불안 수준을 낮추고 자신을 보호하기 위해 무의식적으로 방어기제(defense mechanism)[1]를 사용한다.

예를 들어, 자신의 생각과 감정을 명확하게 표현하는 대신 이를 상대에게 투사(projection)하거나 자신의 생각과 감정의 대상을 다른 사람에게 전치(displacement)하는 등의 방어기제를 사용할 수 있다. 투사의 예로서, 직장 상사의 무능함으로 화가 나 있는 직원이 오히려 상사가 자신에게 화가 나 있다고 생각하며 상사의 의견에 동조하는 경우다. 전치의 예로서, 아버지와 갈등하는 10대 아들이 아버지에 대한 부정적 감정을 담임교사에게 전치하며 공격적인 언행을 보이는 경우다. 이 같은

---

1) 프로이트의 방어기제와 관련하여 『인간행동과 사회환경』(강상경, 유창민, 전해숙, 2021) 참고.

방어기제로 인해 정확하지 않거나 모호한 의사소통이 일어날 수 있다.

한편, 인지(cognitive) 학자들은 인지 오류 혹은 왜곡[2]으로 인해 의사소통의 문제가 일어난다는 점을 지적하였다. 벡(Beck)은 자동사고(automatic thoughts)에 포함된 다양한 인지 오류로서 임의 추론(arbitrary inference), 과잉일반화(overgeneralization), 확대와 축소(magnification & minimization) 등을 제시하였다(Beck, Rush, Shaw, & Emery, 1987). 이 가운데 확대와 축소 오류의 예시는 자신이나 상대의 많은 장점을 무시한 채 한 가지 단점의 의미를 확대 해석하는 경우다.

이 밖에도 단순히 정보의 부족으로, 즉 잘 알지 못해서 의사소통이 모호하게 이루어지거나, 문화나 계층의 차이로 인해 언어적 혹은 비언어적 상징에 대한 이해가 부족함으로써 의사소통이 명확하지 않을 수도 있다. 예를 들어, 아이의 머리를 쓰다듬는 행동이 일부 문화권에서 금기시되는 것을 모른다면 이로 인한 오해가 발생할 수 있다.

이처럼 의사소통을 방해하는 심리적·사회적·문화적 요인은 매우 다양하므로 명확한 의사소통을 위해 다양한 요인을 이해하고 극복하기 위한 적극적인 노력을 기울일 필요가 있다.

2) 가족 내 의사소통

가족 구성원들은 오랜 기간 의사소통하면서 나름의 의사소통 유형을 발전시킨다. 가족 구성원들을 이해하고 변화를 모색하기 위해 가족의 구조와 기능뿐 아니라 의사소통 방식을 이해할 필요가 있다.

(1) 가족의 의사소통 유형

가족의 의사소통을 연구한 사티어(Satir, 1988)는 가족 구성원들의 의사소통 유형을 다음과 같이 다섯 가지로 구분하였다.

---

2) 인지 학자들이 제시한 인지 오류 혹은 왜곡과 관련하여 『사회복지실천기술론』(김혜란 외, 2022) 참고.

① 회유형(placating)

회유형은 자신의 욕구를 숨기고 무조건 상대의 의견이나 요구에 동조하며 화가 나도 참는 유형의 의사소통이다. 회유형 의사소통을 주로 하는 사람은 자신의 감정이나 의견을 거의 표현하지 않으며 심지어 의견이 무엇인지 물어도 없다거나 모르겠다고 대답하는 경우가 많다.

② 비난형(blaming)

비난형은 갈등을 상대의 탓으로 돌리고 상대를 통제하고 지배하려는 유형의 의사소통이다. 예를 들어, 가부장적인 아버지가 배우자나 자녀들을 늘 비난하며 가족 문제의 책임을 자신을 제외한 가족들에게 돌리는 방식으로 의사소통하는 경우다.

③ 초이성형(super-reasonable)

초이성형은 상대를 중요하게 여기는 회유형과 다르게 혹은 자신을 중요하게 여기는 비난형과도 다르게 무엇보다 상황을 중요하게 여긴다. 초이성형 의사소통을 주로 하는 사람은 자신의 생각과 감정을 솔직하게 표현하기보다는 늘 이성적이고 완벽하게 말하려 하며 논리적이고 합리적인 대응을 지나칠 정도로 강조한다. 상황에 초점을 두기 때문에 상대에 대한 공감이나 융통성이 부족하다.

④ 산만형(irrelevant)

산만형은 상황에 맞지 않는 부적절한 반응을 나타내며 요점이나 목적이 없는 의사소통이다. 산만형 의사소통을 주로 하는 사람은 대화에서 하나의 주제에 집중하지 못하고 생각이나 주제를 자주 바꾸며, 상대의 이야기를 무시하거나 농담으로 상황을 모면하려 하거나 엉뚱한 대답을 하기도 한다.

⑤ 일치형(congruent)

일치형은 생각과 감정, 행동이 일치하는 유형의 의사소통으로서 솔직하고 공감적이며 융통성이 있다. 일치형 의사소통을 하는 사람은 높은 자존감을 가진 사람으로서 자기 자신과 상대를 수용한다. 즉, 자신의 모습을 있는 그대로 드러낼 뿐 아니라 상대의 모습을 있는 그대로 인정하고 공감한다. 또한 상황에 유연하게 대처한다.

사티어에 따르면, 앞에 제시한 다섯 가지 유형 가운데 일치형 의사소통 유형이 바람직하다. 하지만 자아존중감이 부족한 사람들은 다른 사람들로부터 거부당하는 것이 두려워 일치형처럼 솔직하고 단순한 의사소통을 하지 못하고, 무조건 긍정하거나(회유형) 비난하거나(비난형) 지나치게 이성적이거나(초이성형) 산만한(산만형) 대화를 한다는 것이다. 가족 구성원들이 진솔하고 정직하게 자신의 느낌과 생각을 서로에게 말하고, 성원들 간 차이를 인정하며 서로의 의견을 협의하는 의사소통을 사티어는 바람직한 의사소통으로 강조하였다(Nichols & Davis, 2017).

(2) 이중 구속

가족의 의사소통을 연구한 학자들(Bateson, Jackson, Haley, & Weakland, 1956)은 일부 가족들에게서 '이중 구속'을 발견하였다. 이중 구속(double bind)은 메시지의 모순과는 다른 개념으로 다음의 세 가지 조건을 만족시키는 경우를 말한다. ① 지속적인 관계에 있는 둘 이상의 사람들 사이에서 첫 번째 부정의 명령이 주어지고, ② 첫 번째 명령과는 상반된 명령이 대개 추상적인 수준에서 주어지며, ③ 세 번째로 주어지는 부정의 명령은 이 상황에서 벗어나지 못하도록 구속이 일어나는 상황이다. 이중 구속이 조건화되면, 어느 한 명령이 주어져도 공포와 분노의 반응을 보일 수 있다.

이 학자들은 정신병원에 입원해 있는 아들을 면회하는 어머니의 의사소통을 예시로 제시하였다. 어머니를 만나는 순간 아들이 반가워 포옹하자 어머니는 냉담한 반응(첫 번째 부정의 명령)을 보였다. 이런 반응에 대해 아들이 자신의 감정을 철회하며 주춤해 하자 어머니는 '너는 나를 더 이상 사랑하지 않니?'(첫 번째 부정의 명령과 상반된 추상적 수준의 두 번째 명령)라고 물었다. 아들이 이러지도 저러지도 못하며 혼란스러워하는 상황에서 어머니는 '얘야, 네 감정을 두려워해서는 안 된다.'(세 번째 부정의 명령)라고 말하였다. 이 사례에서 아들은 자신의 생각과 감정을 솔직히 표현할 수도, 표현하지 않을 수도 없을 뿐 아니라 자신의 이러지도 저러지도 못하는 행동에 대해서도 어머니의 부정적인 말을 듣는다. 면회를 마친 아들은 병동으로 돌아와 행동 발작을 보인 것으로 보고되었다.

이중 구속의 또 다른 예(Woods & Hollis, 2000)로서, ① 20대 초반의 아들에게 아버지는 일자리를 구해 '어른'이 되길 원하였다. ② 어머니는 아버지에게 동의하지만, 아들이 일을 구할 때마다 위험하거나 적합하지 않다고 반대하였다. ③ 아들이 어머니에게 자신을 '아이' 취급한다고 불평하자 부모 모두 아들을 어리석다고 비난하였다. 아들은 계속 무직자로 있으면 아버지에게 핀잔을 들을 것이고, 일을 구하면 어머니가 반대할 것이며, 이런 상황에 대해 불평하면 부모 모두에게 어리석다고 비난받게 되는 것이다.

이 예시들에서 살펴보았듯이, 이중 구속이 이루어지면 상대에게 메시지의 비일관성이나 부당함을 언급할 수도 없고, 관계를 떠날 수도 없으며, 어떻게 행동하더라도 구속에서 벗어날 수 없는 상황에 처하게 된다. 이중 구속의 개념을 통해 오랜 기간 관계를 이어 가는 가족 구성원들 사이에서 단순하고 명확한 의사소통이 더욱 중요하다는 것을 알 수 있다.

2. 사회복지실천에서 면담의 목적과 원칙

사회복지사는 의사소통과 면담에 대한 기본 이해를 바탕으로 사회복지실천 과정에서 전문 면담(professional interview)을 진행한다. 다음에서는 전문 면담의 목적과 원칙을 고찰해 보고, 이어 구체적인 면담 방법과 면담에서 주의를 기울여야 하는 부분을 살펴본다.

1) 면담의 목적

사회복지사는 뚜렷한 목적을 가지고 클라이언트와 면담한다. 즉, 사람들이 일상적으로 나누는 대화와는 다르게 사회복지사는 전문 원조를 제공하기 위해 클라이언트와 면담한다. 사회복지사는 면담을 통해 클라이언트와 공감하며, 클라이언트가 처한 상황을 이해하고, 클라이언트의 욕구를 파악하여 클라이언트가 자신의 문제를 해결하거나 어려움을 최소화하도록 돕고자 한다.

헵워스와 동료들(Hepworth et al., 2016)은 면담의 목적으로 클라이언트의 삶의 질 향상과 성장을 언급하였다. 또한 면담의 중요한 부분은 문제해결에 필요한 전략이나 행동을 모색하기 위해 사회복지사와 클라이언트가 정보를 주고받는 것이라는 점을 강조하였다. 로저스(Rogers, 1951)는 클라이언트의 문제해결뿐 아니라 잠재능력의 계발과 성장을 제시하였다. 이를 이루기 위해 면담에서 '촉진적(facilitative) 의사소통'의 중요성을 강조하였는데, 촉진적 의사소통은 전문 원조자가 클라이언트에 대해 공감적 이해와 무조건적 존중, 진솔함의 태도를 표현하고 클라이언트가 이를 왜곡 없이 지각할 때 이루어진다고 설명하였다.

사회복지사는 전문 면담을 통해 주로 정보를 파악하거나 사정하고 개입하고자 한다. 사정(assessment)과 개입(intervention)을 위한 면담의 주요 내용과 방법은 제9장부터 제13장에서 다루는 개입과정에서 자세히 살펴본다. 따라서 여기서는 면담의 구체적인 목적을 정보 수집, 사정, 개입으로 구분하고 각각의 내용을 간략하게 살펴본다.

(1) 정보 수집

클라이언트와 사회복지사의 첫 만남은 대개 클라이언트와 클라이언트의 상황을 이해하기 위한 주요 정보를 수집하는 면담으로 이루어진다. 주요 정보로는, ① 클라이언트의 교육, 직업, 소득, 가족관계 등과 같은 기본 인적 사항, ② 클라이언트가 제시하는 문제 혹은 욕구, ③ 현재의 개인적 · 대인적 · 사회적 기능 상태, ④ 사회지지체계(social support systems), ⑤ 사회서비스 경험 등을 포함한다.

이 같은 정보를 수집하기 위해 사회복지사는 클라이언트와 대화를 나누는 언어적 의사소통뿐 아니라 비언어적 의사소통, 즉 클라이언트의 외모나 행동, 태도를 관찰하는 방법을 활용한다. 예를 들어, 클라이언트가 가정폭력에 대해 언급하지 않는 상황에서도 사회복지사는 클라이언트의 외모를 관찰함으로써 최근 일어난 가정폭력을 알아챌 수 있다.

간혹 정보를 수집하는 과정에서 클라이언트의 욕구가 기관의 기능에 부합하지 않는 경우를 발견하기도 한다. 예를 들어, 지역 주민이 정부의 경제적 지원을 요청하며 사회복지관으로 찾아왔다면 사회복지사는 이 주민을 지역사회 내 적절한 공공기관의 담당자에게 의뢰해야 한다.

사회복지사는 정보 수집에 초점을 두고 클라이언트의 사회력(social history)을 작성하기 위해 면담하기도 한다. 사회력은 클라이언트의 문제나 욕구를 생태학적이며 역사적인 맥락에서 이해하기 위해 클라이언트와 상황에 관한 현재와 과거에 대한 정보를 정리한 기록이다(Kagel & Kopels, 2008). 예를 들어, 가출 청소년의 문제나 욕구를 생태학적이며 역사적인 맥락을 파악하기 위해 청소년의 현재 정서, 행동, 사회 기능, 가족관계, 대인관계, 경제적 상황, 학교 상황, 지역사회, 이웃들뿐 아니라 청소년의 성장 과정, 과거 개인, 대인, 사회 기능과 사회환경적 정보 등을 살펴본다. 주로 여러 분야의 사람들과 함께 일하는 경우 사회복지사는 클라이언트의 문제나 욕구를 생태학적·역사적 맥락에서 파악하는 전문성을 가지고 있는 전문인으로 인정 받는다. 사회복지사가 작성한 사회력은 주요 의사결정, 사정과 개입 방향을 설정하기 위한 자료로 사용된다.

(2) 사정

개입의 초기 단계에서 사회복지사는 클라이언트의 문제와 상황에 대해 탐색하고 사정하기 위한 면담을 진행한다. 구체적으로, 사회복지사는 클라이언트의 욕구 혹은 문제가 무엇인지, 문제의 원인은 무엇인지, 문제를 해결하기 위해 혹은 최소화하기 위해 무엇이 어떻게 변화되어야 하는지 등에 대해 평가하기 위해 면담한다. 이를 위해 사회복지사는, ① 클라이언트의 행동과 감정, 변화를 위한 동기, 강점 등을 탐색하고, ② 클라이언트의 욕구 혹은 문제의 성격, 심각한 정도, 변화 가능성 등을 파악하며, ③ 가족, 친구, 이웃, 직장이나 학교, 아동보육체계, 사회복지체계, 의료체계 등을 포함한 사회환경의 적절성 등을 살펴본다.

사정 단계에서 사회복지사는 특히 클라이언트의 강점과 변화 동기를 의도적으로 강조할 필요가 있는데, 결국 문제해결 혹은 변화 과정에서 강점과 동기화가 큰 영향을 미치기 때문이다. 또한 클라이언트의 환경체계와의 관계를 파악함으로써 사회지지체계를 강화하거나 활성화하거나 개발하기 위한 개입을 계획할 수 있다.

(3) 개입

사회복지사는 클라이언트에게 개입할 뿐 아니라 클라이언트의 환경체계에 직접 혹은 간접으로 개입한다. 즉, 클라이언트와 면담하는 동시에 필요한 경우 클라이언트의 사회환경체계 내 다양한 사람과 면담하며 개입한다. 예를 들어, 청소년 클라이언트에게 상담과 교육을 제공하는 한편으로 부모, 학교 교사, 지역사회시설 담당자 등과 면담을 진행한다.

개입은 주로 실행과정을 모니터하고 목표 달성을 방해하는 장애요인을 극복하기 위한 활동으로 이루어진다. 구체적으로, 면담을 통해 클라이언트가 개입 목표를 달성해 가도록 지원하며 클라이언트의 정보나 기술 부족, 지지체계의 협조 부족, 자원 부족이나 사회적 차별 등의 장애요인을 해결하거나 최소화하도록 클라이언트 혹은 환경체계 사람들과 면담한다.

2) 면담의 일반적 원칙

전문 원조의 목적을 달성하기 위한 면담의 일반적 원칙은 다음과 같다. 이어지는 제3절에서는 면담 방법에 따른 원칙에 대해 자세히 살펴본다.

(1) 클라이언트에게 초점

사회복지실천과정에서 면담의 초점은 사회복지사가 아니라 클라이언트다. 즉, 사회복지사는 언제 어떤 말을 해야 할지, 어떤 태도와 반응을 보여야 할지, 어떤 방식으로 소통해야 할지 등을 클라이언트의 욕구에 맞추어 결정하고 행동해야 한다. 이는 사회복지사의 교육과 훈련, 인격적 성숙, 전문 원조에 대한 헌신뿐 아니라 기관과 동료의 지지가 뒷받침될 때 가능하다.

예를 들어, 사회복지사의 적절한 자기 노출(self-disclosure)은 클라이언트가 자신의 상황을 이해하고 문제의 해결방안을 모색하는 데 도움을 줄 수 있다. 하지만 클라이언트보다는 사회복지사 자신의 해결되지 않은 욕구를 충족시키기 위한 자기 노출은 면담에서 주객이 전도되는 상황을 가져온다.

(2) 융통성 발휘

사회복지실천은 지식과 근거(evidence)에 기반한 과학성(science)과 이를 실제에 적용하는 과정에서 창의성과 융통성을 발휘하는 예술성(art)의 조합으로 이루어진다. 따라서 사회복지사는 클라이언트의 개별화된 특성과 상황을 이해하고 이에 적합한 맞춤형 면담을 진행하기 위해 유연하게 변화할 수 있어야 한다.

예를 들어, 뇌병변 장애를 가진 클라이언트와 면담하는 경우 면담 시간을 여유있게 계획함으로써 클라이언트가 시간 압박을 받지 않고 자신의 의사를 표현할 수 있도록 배려하는 융통성을 발휘할 수 있다. 또 다른 예로서, 아동 클라이언트는 성인보다 집중 시간이 짧은 점을 감안하여 면담 시간을 짧게 여러 번으로 나누어 진행하는 방법 혹은 아동 집단모임을 대화로만 진행하기보다 아동의 흥미를 유발하는 재미있는 활동(activities)을 병행하는 방법을 활용할 수 있다.

(3) 명확한 의사소통을 확인

사회복지사는 메시지를 충분히 전달했다고 생각하지만, 클라이언트는 들은 적이 없거나 중요하지 않은 줄 알았다고 말하는 경우가 흔히 발생한다. 따라서 사회복지사는 클라이언트와 명확하게 소통하고 있는지 수시로 확인해야 한다. 특히 중요한 정보 혹은 메시지를 반복하고 강조하는 것이 중요하며, 메시지의 중간 부분은 왜곡될 가능성이 있으므로 중요한 정보 혹은 메시지는 앞이나 끝부분에 제시하는 것이 바람직하다.

(4) 다양한 소통 방법의 활용

면담의 접근성과 효과성을 증대시키기 위해 다양한 방법으로 클라이언트와 적극 소통할 필요가 있다. 클라이언트의 연령, 상황, 선호 등을 반영하여 SNS, 모바일 앱, 실시간 화상 만남, 전화, 이메일 등과 같은 다양한 매체와 방법을 활용하는 것이 바람직하다. 또한 대면 만남의 경우 가정방문, 지역사회 현장개입(outreach) 등을 적극 활용함으로써 클라이언트의 접근성과 효과성을 증대시킬 수 있다.

(5) 의사소통의 모델

사회복지사는 클라이언트와 소통하는 동시에 클라이언트에게 효과적으로 의사소통하는 방법을 보여 주는 모델이 된다. 따라서 사회복지사는 자신이 클라이언트의 모델이라는 생각을 가지고 클라이언트와 효과적으로 소통하기 위해 노력해야 한다.

예를 들어, 사회복지사가 온화하지만 진솔한 태도로 자신의 감정과 생각을 적절하게 표현하는 방법을 보여 준다면, 클라이언트는 자연스럽게 주장적인 소통 방법을 학습할 수 있다. 또한 사회복지사와 의견이 다르거나 갈등 관계에 있는 클라이언트를 존중하며 협의해 가는 과정을 보여 준다면, 클라이언트는 면담을 통해 바람직한 의사소통 방법을 경험할 수 있다.

3. 사회복지실천의 면담 방법

사회복지실천을 위한 면담 방법으로는 관찰, 경청, 질문하기, 말하기 등이 있다. 다음에서는 각 방법을 자세히 살펴본다.

1) 관찰

(1) 관찰의 중요성과 상호성

관찰(observation)은 클라이언트의 행동과 외모, 표정, 몸짓, 태도 등을 신중하게 살핌으로써 비언어적 의사소통에 주의를 기울이는 것이다. 앞에서 살펴본 대로 의사소통에서 비언어적 유형은 매우 큰 비중을 차지한다. 사회복지사는 클라이언트가 계절 혹은 날씨에 적합한 의복을 입었는지, 의복은 청결한지, 표정이 편안한지 혹은 어두운지, 면담 중에 어느 부분에서 눈물을 흘리는지, 찡그리는지, 웃는지 혹은 시선을 피하는지 등을 주의깊게 살펴야 한다. 특히 클라이언트가 갑자기 살이 찌거나 혹은 빠졌거나, 얼굴에 상처가 생겼거나, 몸에 멍이 들었다면 이는 사회복지사에게 중요한 메시지를 전달한다.

한편, 관찰은 상호적(reciprocal)으로 이루어진다. 즉, 사회복지사가 클라이언트를 관찰하는 동시에 클라이언트도 사회복지사를 관찰한다는 것이다. 클라이언트는 사회복지사의 부드러운 목소리, 미소, 시선 접촉, 관심을 보이는 태도 등을 통해 따뜻함을 느낄 수 있으며, 사회복지사의 무심한 표정과 태도를 통해 절망감을 느낄 수도 있다. 사회복지사가 먼저 긴장을 풀고 따뜻함을 전달할 때 클라이언트는 편안함을 느끼며 자신의 욕구와 상황을 있는 그대로 드러낼 수 있다.

또한 클라이언트는 사회복지사가 얼마나 열의를 가지고 있는지, 진실하게 반응하는지, 자신의 얘기를 얼마나 진지하게 듣는지 등을 관찰한다. 만일 사회복지사가 클라이언트에 대해 왜곡된 관찰을 하는 경우 클라이언트는 사회복지사의 편견에 부합하는 방식으로 행동할 수 있다. 특히 아동과 청소년은 사회복지사가 자신에 대해 가지는 편견에 따라 행동할 가능성이 크다. 사회복지사가 아동의 바람직한 행동을 무시한 채 바람직하지 않은 행동을 자주 지적한다면, 이 아동은 사회복지사의 부정적 편견 혹은 낙인의 영향으로 더욱 부정적으로 행동할 수 있다.

예를 들어, 사회복지사가 청소년의 머리 모양과 옷차림만으로 문제 학생이라는 편견을 드러내는 경우, 이 청소년은 사회복지사의 부정적인 편견에 부합하는 일탈 행동을 더욱 쉽게 할 수 있다. 반대로 인사성이 밝은 아동을 착한 모범생이라는 생각으로 대하는 경우 이 아동은 더욱 바른 행동을 하기 위해 노력할 수 있다. 따라서 사회복지사는 자신의 관찰 결과가 사회복지실천에 미치는 영향에 대해 통찰할 필요가 있다.

(2) 관찰 연습과 훈련

사람들이 같은 상황에 대해 서로 다르게 보고 느끼는 경우는 흔하다. 이는 우리가 보고 싶은 것만 보거나 선입견에 따라 왜곡된 관찰을 하기 때문이다. 즉, 관찰은 자동으로 이루어지는 것이 아니다. 따라서 사회복지사는 클라이언트의 상황과 욕구를 민감하게 파악하기 위해 꾸준한 연습과 훈련을 받아야 한다.

예를 들어, 아동학대 증후군에 대한 교육과 훈련을 받은 사회복지사가 그렇지 않은 사회복지사보다 학대의 신호를 민감하게 알아챔으로써 학대아동을 찾아낼 가능성이 크다. 특히 사회복지사는 자살 신호, 우울, 불안, 분노, 소진(burnout) 등 클라이언트의 어려움을 반영하는 행동이나 태도, 외모를 민감하게 관찰하도록 훈련을 받을 필요가 있다.

2) 경청

(1) 경청의 중요성

사회복지사는 '클라이언트가 있는 곳에서 시작(begin where the client is)'하기 위해 클라이언트의 시각에서 클라이언트의 상황과 욕구를 이해해야 한다. 즉, 면담에서 클라이언트는 자신의 언어로 상황과 욕구를 자유롭게 말할 수 있어야 하고 사회복지사는 클라이언트의 말을 경청(listening)해야 한다. 면담에 대한 오해 가운데 하나는 클라이언트가 욕구나 문제를 제시하면 사회복지사가 이에 대한 해답을 제시하는 방식으로 면담을 진행해야 한다고 생각하는 것이다. 오히려 면담은 주로 클라이언트가 말하고 사회복지사가 듣는, 즉 경청하는 방식으로 이루어지는 것이 바람직하다. 결국 변화의 주체는 클라이언트이며 사회복지사는 클라이언트가 자신의 욕구를 충족해 나가도록 원조하는 조력자(enabler)이기 때문이다.

사회복지사의 경청은 클라이언트에게 다른 어떤 개입보다 도움이 될 수 있다. 특히 클라이언트가 혼란스러운 감정을 느끼거나 외롭고 감정적인 상태에 있는 경우 클라이언트는 자신의 감정을 말로 표현함으로써 카타르시스를 경험할 수 있으며 자신의 생각을 스스로 정리하며 새롭게 깨달을 수 있다(Garrett, Sessions, &

Donner, 1995). 예를 들어, 학과 선배들과의 갈등으로 한동안 힘들어하다 친한 친구에게 속마음을 털어놓은 이후 후련함을 느낄 뿐 아니라 좀 더 이성적으로 생각하게 되고 자존감이 회복되는 경험을 할 수 있다.

(2) 경청 연습과 훈련

관찰과 마찬가지로 경청은 선택적일 수 있다. 즉, 사회복지사가 클라이언트의 말을 듣고 있다고 경청이 자동으로 이루어지는 것은 아니다. 우리는 듣고 싶은 것, 듣기를 예상하는 것, 듣는 순간에 관심을 가지는 것을 듣는 경향이 있기 때문이다. 따라서 사회복지사는 클라이언트가 전달하고자 하는 말을 잘 듣는 연습과 훈련을 받아야 한다. 더욱이 사회복지사는 클라이언트의 말을 들으며 답할 내용을 생각하느라, 개입 계획을 세우느라, 필요한 조치들을 생각하느라 등 여러 이유로 집중하지 못하기도 한다(Garrett, Sessions, & Donner, 1995). 사회복지사는 경청을 위한 연습과 훈련, 자신의 면담에 대한 분석을 통해 경청하는 능력을 기르기 위한 부단한 노력을 기울여야 한다.

한편, 사회복지사는 경청 과정에서 클라이언트의 말에 일관성이 결여되거나 간극(gap)이 있는지 살펴볼 필요가 있다. 간극의 예로서, 어머니에 대해 얘기하지만 아버지에 대해 얘기하지 않거나, 성장 과정을 얘기하면서 어느 기간을 건너뛰는 경우 사회복지사는 클라이언트가 얘기하지 않는 부분이 바로 주의가 필요한 부분이라고 이해할 수 있다. 즉, 사회복지사는 클라이언트가 말하고 있는 것뿐 아니라 말하지 않는 것에도 주의를 기울일 필요가 있으며, 이를 위해 지식과 경험뿐 아니라 민감성, 집중력, 관심과 헌신 등이 필요하다.

(3) 적극적 경청

경청은 클라이언트가 일방적으로 말하는 것을 아무 말없이 듣고만 있는 것이 아니다. 사회복지사는 적절한 코멘트나 질문을 통해 경청하지 않은 사람은 이해하지 못하거나 간과한 부분을 이해하고 있음을 보여 줄 필요가 있다. 이를 적극적 경청(active listening)이라 한다. 적극적으로 경청하고 있음을 드러내기 위한 반응은 다음의 네 가지, 명확화, 바꾸어 말하기, 감정의 반영, 요약을 포함한다(Cormier, Nurius, & Osborn, 2016).

① 명확화

명확화(clarification)는 클라이언트의 모호한 메시지를 분명하게 이해하기 위해 질문하는 것이다. 즉, 모호한 채로 계속 듣기보다는 질문을 통해 클라이언트가 전달하려는 메시지를 명확하게 이해하고자 하는 것이다. 다음은 명확화의 예시다.

> 클라이언트: 도대체 이렇게 아픈 몸으로 어떻게 그 일을 하라는 거야? 내가 기가
> 막혀 말이 안 나와.
> 사회복지사: 그러시군요……. 어르신, 그런데 누가 그 일을 하시라고 하는 거예요?

② 바꾸어 말하기

바꾸어 말하기(paraphrase)는 클라이언트 메시지의 내용 부분을 다시 언급하는 것이다. 즉, 사회복지사는 클라이언트가 한 말을 자신의 말로 바꾸어 말함으로써 경청하고 있음을 보여 준다. 다음은 바꾸어 말하기의 예시다.

> 클라이언트: 제가 매일 저녁 술을 마시는 건 아닙니다. 하루 일과가 힘들고 지칠
> 때 술을 마시면 좀 지내기가 괜찮습니다.
> 사회복지사: 술이 ○○ 씨를 편안하게 하는 효과가 있다고 생각하시는군요.

③ 감정의 반영

감정의 반영(reflection of feelings)은 클라이언트 메시지의 감정 부분을 다시 언급하는 것이다. 이를 통해 사회복지사가 클라이언트에게 공감하고 있음을 보여 준다. 다음은 감정 반영의 예시다.

> 클라이언트: 저는 사람들 앞에서 얘기하는 게 너무 떨려요.
> 사회복지사: 사람들 앞에서 말할 때 많이 긴장하시고 힘드시군요.

④ 요약

요약(summarization)은 클라이언트의 메시지를 정리하여 말하는 것으로 사회복지사가 클라이언트를 정확하게 이해하고 공감하고 있음을 나타내 준다. 다음은 요약의 예시다.

> **클라이언트:** 사느라고 살았는데 이제는 지칩니다. 일도 너무 힘들고 몸도 아프고 경제적으로도 너무 어렵고 아이들도 엉망이에요. 어떻게 살아야 할지 모르겠습니다.
>
> **사회복지사:** 그동안 열심히 살기 위해 노력해 오셨는데 노력하신 만큼 상황이 나아지고 있다는 생각이 안 드시는군요. 몸도 마음도 지치시고 앞으로 어떤 노력을 더 해야 상황이 나아질지에 대해 절망적인 생각이 드시니 더욱 힘드시겠습니다.

다음에서는 적극적 경청의 예시를 좀 더 살펴본다.

예시 8-1

> **클라이언트:** 3년 전 아내가 죽은 뒤, 나는 어떤 것에도 흥미가 없습니다. 잘 먹지도 못하고 잘 자지도 못합니다. 때때로 죽는 게 더 낫겠다고 혼자 말합니다.
>
> **사회복지사:**
>   (명확화) 그러시군요. 요즘 식사는 어느 정도로 하세요? (혹은) 잠은 하루에 몇 시간이나 주무세요? (혹은) 죽는 게 더 낫겠다는 생각은 얼마나 자주 하시나요?
>   (바꾸어 말하기) 부인께서 돌아가신 후 식사하고 주무시는 것 같은 일상생활조차 어려우신 상황이네요.
>   (감정의 반영) 부인께서 돌아가신 후 일상생활도 힘드시고, 죽고 싶으실 정도로 지치고 외로우시군요…….
>   (요약) 부인께서 돌아가신 후 식사와 수면과 같은 기본적인 일상생활조차 잘 안 되시고, 죽고 싶으실 정도로 외롭고 힘드시군요…….

예시 8-2 ·····

> 클라이언트: 엄마하고 지내기 정말 힘들어요. 엄마는 저를 괴롭혀요. 항상 저한테 이것
> 을 해라, 저것을 해라, 지시하세요. 어떨 때는 정말 엄마에게 똑같이 해 주고 싶은
> 데 그냥 참아요.
>
> 사회복지사:
>
> (명확화) 엄마가 ○○을 어떻게 괴롭히셔? (혹은) 엄마는 주로 무엇을 하라고 하셔?
> (혹은) 엄마에게 똑같이 해 주고 싶다는 건 어떻게 한다는 거야?
>
> (바꾸어 말하기) 엄마가 항상 간섭하고 지시하시는 데 참고 있구나.
>
> (감정의 반영) 엄마가 끊임없이 간섭하고 지시하셔서 괴롭겠네……. 참고 지내려니
> 많이 힘들겠네.
>
> (요약) 엄마가 끊임없이 간섭하고 지시하셔서 정말 괴로운데 참고 있구나. 참고 지내
> 려니 더욱 힘들게 느껴지겠네.

3) 질문하기

사회복지사는 질문을 통해 클라이언트를 이해하고 상황에 대한 정보를 얻으며 면담에서 통솔력과 지도력을 발휘할 수 있다. 사회복지사가 언제 어떤 내용의 질문을 어떻게 해야 하는지에 따라 면담의 질이 달라지므로 사회복지사는 적절한 질문 방법을 이해하고 활용해야 한다. 더욱이 사회복지사마다 질문하는 방식에 차이가 있을 수 있으므로 사회복지사는 자신의 질문 방식에 대해 분석해 볼 필요가 있다.

다음에서는 먼저 면담에서 바람직한 혹은 바람직하지 않은 질문 방법에 대해 알아본다. 이어 사회복지실천과정에서 자칫 간과하기 쉬운 클라이언트의 강점을 찾기 위한 강점 질문들을 제시해 본다.

(1) 바람직한/바람직하지 않은 질문

① 너무 많은 혹은 너무 적은 질문

너무 많은 질문과 너무 적은 질문은 모두 문제가 될 수 있다. 사회복지사가 너무 많은 질문을 하면 클라이언트는 자신이 하고 싶은 얘기를 자유롭게 할 수 없게 된다. 반대로 사회복지사가 질문을 너무 적게 하는 경우 면담이 클라이언트에게 지나친 부담이 될 수 있다. 즉, 클라이언트가 자신의 욕구를 어느 정도까지 어떤 방식으로 제시해야 하는지 모르는 경우 면담을 부담스럽게 느끼고 어색해하거나 당황할수 있다.

② 유도 질문

특정한 방향의 응답으로 이끄는 질문을 유도 질문(leading questions)이라 한다. 이는 클라이언트의 정확한 상황을 이해하는 데 방해가 되므로 면담에서 유도 질문은 바람직하지 않다. 예를 들어, '○○에게 어떤 마음이셨어요?'라고 묻는 대신 '솔직히 ○○를 비난하고 싶으셨던 거지요?' 혹은 '○○가 잘못했다고 생각하시지요?'와 같은 유도 질문은 클라이언트의 진술을 듣기보다는 사회복지사의 의견을 확인하기 위한 질문으로 볼 수 있다.

③ 개방형/폐쇄형 질문

'예' 혹은 '아니오'로 대답할 수 있는 질문을 폐쇄형(closed) 질문이라 하는데 폐쇄형 질문은 개방형(open) 질문으로 바꾸어 묻는 것이 바람직하다. 예를 들어, '그 이야기를 들었을 때 기분이 나쁘셨나요?'라는 질문보다는 '그 이야기를 들었을 때 기분이 어떠셨나요?'라고 질문한다면 클라이언트의 시각에서 클라이언트의 상황을 탐색해볼 수 있다.

④ '왜'/'어떻게' 질문

'왜(why)' 질문은 바람직하지 않은 경우가 많으므로 '왜' 질문은 '어떻게(how)' 질문으로 바꾸어 물을 필요가 있다. '왜' 질문에 대해 클라이언트는 정확한 이유를 모르거나, 사실과는 달리 사회적으로 허용된 답을 하거나, 자신을 방어하기 위한 답을 하는 경향이 있다(Garrett, Sessions, & Donner, 1995).

예를 들어, 도벽이 있는 아이에게 '남의 물건을 왜 가져갔니?'라고 묻는다면 아이는 자신을 변명하는 답을 할 가능성이 크다. 대신 '남의 물건을 가져가다니……. 어떤 상황이었는지 좀 설명해 줄래?'라고 묻는다면 사회복지사는 대답을 들으며 아이의 행동 변화를 가져오기 위해 필요한 정보를 파악할 수 있다.

때로 '어떻게'라고 묻지만 실은 '왜'라는 질문을 할 수 있는데, 예를 들어 '다시는 폭력을 쓰지 않겠다고 약속했잖아……. 그런데 어떻게 또 폭력을 쓸 수 있어?'라고 묻는 경우다. '어떻게' 질문은 클라이언트가 자기 방어에서 벗어나 자신이 처한 상황을 있는 그대로 기술할 수 있도록 돕기 위한 질문이다.

(2) 강점을 찾기 위한 질문

제4장에서 사회복지실천을 위한 주요 관점 가운데 하나로 강점 관점을 제시하였다. 사회복지실천은 변화를 가져오기 위한 과정이며, 변화를 효과적으로 모색하기 위해 문제나 약점, 결핍을 강조하기보다는 강점과 자원을 강조하는 것이 바람직하다. 하지만 클라이언트가 해결하지 못한 문제나 충족되지 못한 욕구를 제시하는 상황에서 사회복지사는 자칫 클라이언트의 강점과 자원을 충분히 파악하지 못하거나 개입 과정에서 이를 간과하기도 한다. 사회복지사는 면담 과정에서 강점 질문을 적극 활용하여 클라이언트의 강점과 자원, 가능성 등을 찾기 위한 의도적인 노력을 기울일 필요가 있다.

다음에서는 사회복지사가 면담에서 활용할 수 있는 강점 질문(Saleebey, 2013)을 살펴본다.

① 생존 질문

사회복지사는 클라이언트를 피해자(victim)가 아닌 생존자(survivor) 시각에서 이해할 필요가 있다. 즉, 클라이언트를 무기력하게 피해를 당하는 존재가 아닌 도전과 역경을 이겨 나가는 역량 있는 존재로 이해하고 이를 클라이언트에게 강조할 필요가 있다. 생존(survival) 질문은 클라이언트가 '그간의 도전들에 어떻게 생존해 왔는지? 즉, 역경을 어떻게 버텨 왔는지?', '역경을 헤쳐 나가기 위해 도움이 되었던 자신의 자질이나 강점, 기술은 무엇인지?', '생존 노력을 통해 자신과 세상에 대해 무엇을 배웠는지?' 등의 질문을 포함한다.

예를 들어, 가정폭력을 경험한 여성을 무기력한 피해자로 이해하기보다는 가정폭력에 대응하기 위해 애써 온 생존자로 이해할 필요가 있다(Worell & Remer, 2003). 가정폭력으로 인한 폐해에만 머물 것이 아니라 '가정폭력에서 벗어나기 위해 어떤 시도를 해 보았는지?', '자녀들을 지키기 위해 어떤 노력을 했는지?', '자신의 어떤 부분이 역경을 이겨 내는 데 도움이 되었는지?' 등을 탐색할 필요가 있다.

② 지지 질문

클라이언트가 가지고 있는 사회 자원(social resources)을 이해하고 활용하기 위한 질문이다. 지지 질문은 '어떤 사람들이 도움을 주었는지?', '이들이 어떻게 도움을 주게 되었는지?', '어떤 단체나 조직, 집단이 특히 도움이 되었는지?' 등을 포함한다. 사회복지사는 지지 질문을 통해 클라이언트가 사회 자원을 인지하고 있는지, 연결되어 있는지, 어떻게 활성화할 수 있는지 등을 모색할 수 있다.

가정폭력의 예에서 '어떻게 외부의 도움을 구하게 되었는지?', '사회복지사를 포함해 어떤 사람들이나 단체, 조직과 연결되어 있는지?', '이들에게 어떤 부분의 도움을 받고 있는지?' 등을 탐색할 수 있다.

③ 예외 질문

예외(exception) 질문은 문제, 결핍, 결함 등에 사로잡혀 있는 상황에서 벗어나 예외를 탐색함으로써 해결 지향으로 접근하기에 매우 유용하다. 예외 질문으로서 '삶이 지금보다 좋았을 때는 무엇이 달랐는지?', '세상과 자신의 어떤 부분을 다시 붙잡고 싶은지?', '인생에서 어떤 순간이나 사건이 특별히 자신을 이끌고 있는지?' 등을 질문한다.

예를 들어, 홀로 사는 어르신이 건강 악화, 경제적 어려움, 사회적 고립과 외로움 등 현재 겪고 있는 다중 문제로 압도되어 절망감을 느끼며 비관적일 때, 이와 같은 예외 질문은 어르신에게 문제중심 시각에서 벗어나 자신의 강점과 희망, 자기 존중 등에 대해 생각하도록 도울 수 있다.

④ 가능성 질문

가능성 질문은 부정적 · 병리적 시각에서 탈피하여 가능성, 희망, 비전, 열망에 대해 생각해 보도록 돕는다. 가능성 질문으로서 '어떤 희망과 비전, 열망을 가지고 있는지?', '이것들을 어느 정도 성취하였는지?', '이 방향으로 나아가는 데 도움이 되는 사람들과 자신의 자질은 무엇인지?', '이런 목적을 달성하는 데 사회복지사가 어떻게 도울 수 있는지?' 등의 질문을 활용할 수 있다.

특히 클라이언트가 학습된 무기력감(learned helplessness), 반복된 좌절과 실패 경험, 부정적 시각에 익숙해져 있다면, 사회복지사는 가능성 질문을 적절하게 활용할 필요가 있다. 예를 들어, 직장 내 성차별로 고통을 겪고 있는 클라이언트에게 성평등한 직장 환경과 문화에 대해 생각해 보았는지, 이를 이루기 위해 클라이언트를 포함하여 주변 사람들은 어떤 강점과 자원을 가지고 있는지, 사회복지사는 어떻게 도울 수 있는지 등에 대해 생각해 보고 함께 변화 가능성을 모색해 볼 수 있다.

⑤ 존중 질문

클라이언트의 자부심, 자신에 대한 존중은 매우 주요한 강점이다. 존중(esteem) 질문은 클라이언트의 자기 존중을 확인하고 이를 증진시키기 위한 질문이다. '사람들이 클라이언트에 대해 좋게 말할 때 무엇을 말하는지?', '삶과 클라이언트 자신, 클라이언트가 성취한 것들 가운데 자부심을 느끼는 것은 무엇인지?', '클라이언트의 인생이 잘 되고 있다는 것을 어떻게 아는지?' 등을 묻는다.

예를 들어, 노숙인 자활시설에 거주하는 클라이언트에게 인생에서 보람을 느꼈던 순간, 어려운 상황에서도 자부심을 느끼는 점 등에 대해 함께 이야기를 나눔으로써 자기 존중을 회복하고 상황을 개선하기 위한 역량을 강화할 수 있다.

⑥ 관점과 의미 질문

클라이언트의 관점도 주요한 강점이 될 수 있다. '현재 상황에 대해 어떻게 생각하는지?', '최근의 경험과 생존 노력을 어떻게 이해하고 있는지?' 등을 질문함으로써 클라이언트의 관점을 이해할 수 있다. 만일 클라이언트가 현재 경험하는 역경을 성장과 발전의 과정으로 이해한다면, 이는 클라이언트의 매우 큰 강점이 될 수 있다.

클라이언트의 의미 역시 주요한 강점이 될 수 있다. 클라이언트의 의미체계를 이해하기 위해 '클라이언트의 주된 가치는 무엇인지?', '클라이언트에게 목적의식을 주는 초월적 신념이 있는지?', '이런 신념은 경험, 문화, 혹은 다른 어디에서 오는지?' 등을 탐색해 볼 수 있다. 특히 영성(spirituality)은 클라이언트에게 긍정적 영향을 미치는 주요한 강점으로 언급된다(Canda, Furman, & Canda, 2019).

⑦ 변화 질문

클라이언트의 변화에 대한 생각도 주요한 강점이다. 변화 질문은 '클라이언트 자신의 생각, 감정, 행동, 관계 등이 어떻게 변화하리라 생각하는지?', '현재 상황을 개선하기 위해 무엇을 해야 한다고 생각하는지?', '사회복지사가 어떻게 도울 수 있는지?' 등을 탐색한다. 클라이언트가 자신과 상황이 긍정적으로 변화하리라 기대하고 이를 위해 노력하려 한다면, 이는 클라이언트의 매우 큰 강점이 될 수 있다.

4) 말하기

사회복지사는 클라이언트에게 의견을 제시하고 조언하거나 질문에 답하기 위해 말한다. 사회복지사는 말할 때 다음과 같은 점을 고려할 필요가 있다.

(1) 의견 제시

① 효과적 방법의 고려

사회복지사는 클라이언트의 보조(pace)와 수준에 맞추어 전문 견해를 제시해야 한다. 즉, 클라이언트의 연령, 경험, 변화 동기 등을 고려하여 클라이언트에게 가장 효과적인 방법으로 의견을 제시해야 한다. 또한 사회복지사는 클라이언트의 언어로 클라이언트가 의사소통하는 방식에 따라 의견을 전달하는 것이 바람직하다. 예를 들어, 한국어와 한국문화에 익숙하지 않은 결혼이민자의 말을 사회복지사가 정확한 표현으로 계속 수정하기보다는 클라이언트의 말을 오히려 그대로 사용함으로써 대화를 촉진할 수 있다.

만일 사회복지사가 클라이언트에게 전문 용어(jargon)를 사용한다면, 이는 의사소통을 방해하는 요인이 된다. 더욱이 사회복지사에게 이미 익숙한 용어도 클라이언트에게는 낯선 전문 용어가 될 수 있으므로 각별한 주의가 필요하다. 예를 들어, 개입, 옹호, 사례관리, 사회기술, 사회서비스 등과 같은 실천용어뿐 아니라 분노, 방어기제, 애도 반응 등과 같은 용어도 일상생활에서는 흔히 쓰지 않는 표현이므로 클라이언트의 언어로 바꾸어 말하는 것이 바람직하다.

② 클라이언트의 침묵

면담에서 클라이언트가 침묵하는 경우 사회복지사는 침묵하는 클라이언트의 보조에 맞추어 면담을 진행하는 것이 바람직하다. 사회복지사가 클라이언트의 침묵에 부담을 느끼고 침묵을 깨뜨리기 위해 이런저런 말이나 질문을 하거나 화제를 변경한다면, 클라이언트가 원하는 방향으로 면담을 진행할 수 없다. 침묵하는 클라이언트에게 "침묵하는 것은 괜찮다.", "말하고 싶을 때 천천히 말해도 된다."라고 말하는 것이 적절하다.

③ 회기를 시작하는 말과 끝맺는 말

회기(session)를 시작하는 말은 클라이언트를 이해하는 단서가 될 수 있다. 사회복지사가 회기의 방향을 정하는 말이나 질문을 하지 않음으로써 클라이언트가 원하는 내용과 방향으로 자유롭게 회기를 시작하는 것이 바람직하다. 예를 들어, 회기를 시작할 때 사회복지사가 "지난 한 주는 어떻게 지내셨어요?"라고 묻는다면, 클라이언트가 사회복지사와 나누고 싶은 주제보다는 질문에 답하는 내용으로 화제가 정해질 수 있다. 따라서 "오늘 저와 나누고 싶은 얘기로 시작하시면 됩니다."라고 말하는 것이 바람직하다.

회기를 끝맺는 말 역시 클라이언트를 이해하기 위해 매우 중요하다. 간혹 클라이언트가 정작 하고 싶었던 말을 끝맺는 말에서 하기도 하는데, 이런 경우 사회복지사는 클라이언트의 끝맺는 말을 기억해 두었다 다음 면담에서 다루어 볼 필요가 있다. 예를 들어, 클라이언트가 면담을 마치고 일어나면서 "오늘 도움이 많이 됐어요. 그런데 우리 반 몇몇 아이들에게는 꼭 복수할 거예요."라고 말한다면, 사회복지사는 "지금 ○○가 중요한 말을 했어요. 오늘은 시간이 다 되어 어쩔 수 없지만, 우리 다음에 만나서 이 얘기를 가장 먼저 하면 좋겠어요."라고 언급하는 것이 바람직하다.

④ 클라이언트의 반복되는 언급

클라이언트가 특정 사건이나 사람을 반복 언급(recurrent references)하면서 면담 진행에 장애가 되는 경우가 있다(Garrett, Sessions, & Donner, 1995). 예를 들어, "제가 그렇게 행동하는 건 어렸을 적 부모님에게 학대받았기 때문이에요."라고 말하며 현재의 모든 문제와 상황에 대해 과거 학대를 언급하거나, "남편이 시도 때도 없이 화를 내니까 나는 어떤 것도 할 수 없어요."라는 말을 반복하면서 변화를 시도하지 않는 경우다. 이와 같은 반복된 언급에 대해 사회복지사는 해결 지향적 질문을 활용할 수 있다. "상황이 어떻게 달라지길 원하는지 말씀해 주세요.", "남편이 어떻게 행동하기를 바라는지 얘기해 주세요." 등과 같이 말함으로써 클라이언트가 제자리에서 맴돌지 않고 해결의 실마리를 찾아 변화를 시도하도록 도울 수 있다.

⑤ 클라이언트의 화제 변경

클라이언트는 매우 고통스럽거나 괴로운 기억과 경험에서 회피하기 위해 화제를 변경할 수 있는데, 이는 의식적일 수도 무의식적일 수도 있다. 사회복지사가 클라이언트와 치료적 관계(therapeutic relationship)를 형성하고 있다면 이에 대해 곧바로 직면(confrontation)할 수 있다. 하지만 관계를 형성하기 이전이라면 이 부분을 기억해 두고 이후 탐색해 볼 수 있다.

(2) 조언

조언은 의견 제시보다 좀 더 강한 강도의 개입이다. 사회복지사는 과연 조언이 클라이언트에게 적절한지, 수용될 수 있는지, 시기가 적절한지 등을 확인한 후에 조언하는 것이 바람직하다. 클라이언트가 조언을 원하지 않는 상황에서 사회복지사 자신의 욕구에 의해 조언할 수도 있는데, 이런 경우 조언의 효과가 나타나지 않거나 오히려 관계에 부정적인 영향을 미칠 수 있다. 예를 들어, 사회복지사의 섣부른 조언에 대해 클라이언트가 이미 다 해 보았다고 말하는 경우 사회복지사는 난처한 상황에 처하게 된다. 또는 클라이언트의 생각에 도움이 되지 않는 조언이지만 사회복지사와의 관계를 고려해 거절하지 못하고 결국 조언을 따르지 않는 경우도 발생한다.

클라이언트가 사회복지사에게 조언을 직접적으로 요청하기도 하는데, 이 경우에도 클라이언트가 조언 자체보다는 자신의 상황을 좀 더 잘 이해하고 자신이 결정을 내릴 수 있도록 도와주는 것을 바랄 수 있다. 따라서 사회복지사는 클라이언트에게 즉각 조언을 주어야 한다는 부담을 가질 필요가 없으며, 클라이언트가 자신의 모습을 비추어 볼 수 있는 '거울'의 역할이 되어 주는 것이 중요하다(Woods & Hollis, 2000). 일반적으로 사회복지사보다 클라이언트가 자신의 문제, 상황을 더 잘 이해할 수 있기 때문에 섣부른 조언보다는 클라이언트에게 '지금까지 어떤 시도를 해 보았는지?', '어떻게 했으면 좋겠는지?' 등의 질문을 통해 클라이언트가 스스로 자신의 결정을 내릴 수 있도록 돕는 것이 바람직하다.

(3) 개인적 질문에 답하기

간혹 클라이언트가 사회복지사에게 개인적인 질문을 할 수 있다. 클라이언트가 사회복지사에게 개인적인 질문을 하는 경우 예의로 묻거나(예: "주말 잘 보내셨어요?") 사회복지사에 대한 단순 호기심으로 묻거나(예: "애인 있으세요?") 사회복지사의 대답보다는 자신의 이야기를 하고 싶어서 묻는 것(예: "이런 경험을 해 보신 적 있으세요?")일 수 있다(Garrett, Sessions, & Donner, 1995). 개인적인 질문에는 짧고 솔직하게 답변한 후 바로 초점을 클라이언트에게로 돌리는 것이 바람직하다. 앞에서 면담의 일반적 원칙으로 언급한 대로, 면담의 초점은 사회복지사가 아니라 클라이언트에 있기 때문이다.

하지만 때로 사회복지사는 의도적으로 자기 노출(self-disclosure)을 하는 경우가 있다. 예를 들어, 클라이언트가 자신의 이혼 경험을 이야기하고 싶어서 사회복지사에게 결혼 경험이 있는지 물었고 사회복지사도 이혼 경험이 있다면, 사회복지사는 자신의 경험을 의도적으로 노출할 수 있다. 이 같은 상황에서도 면담의 초점은 역시 클라이언트이므로 사회복지사는 어느 정도의 자기 노출이 클라이언트에게 도움이 되는지 생각해야 한다. 일반적으로 사회복지사가 자기 노출을 하는 경우 최소한의 자기 노출이 바람직한 것으로 알려져 있다(Woods & Hollis, 2000).

5) 면담에서 주의를 기울여야 하는 부분

다음과 같은 요인은 사회복지실천을 위한 면담에서 소통의 장애를 가져올 수 있으므로 사회복지사는 주의를 기울일 필요가 있다(Garrett, Sessions, & Donner, 1995).

(1) 성급한 예측

사회복지사가 클라이언트에 대해 성급하게 예측함으로써 면담에서 소통의 장애가 발생할 수 있다. 예를 들어, 클라이언트가 수급 자격을 얻기 위해 자산을 거짓으로 말한 것이 밝혀졌을 때 만일 사회복지사가 이 클라이언트는 모든 면에서 거짓말하는 믿을 수 없는 사람이라고 단정 짓는다면, 이는 성급한 일반화(generalization)

에 해당한다. 또한 사회복지사는 인간 행동과 사회 현상을 문제 분석적으로 설명하는 이론의 영향으로 성급한 예측을 하기도 한다. 예를 들어, 손가락을 빠는 유아는 정서불안 문제를 가지고 있다고 단정 짓거나 학대받은 아동들은 공격적이고 분노조절이 어렵다고 단정 짓는다면 이는 성급한 예측일 수 있고, 이로 인해 의사소통의 장애가 발생할 수 있다. 때로 사회복지사는 자신에게 익숙하지 않은 행동이나 상황을 문제 혹은 일탈로 성급하게 결론 짓는 오류를 범하기도 한다. 사회복지사는 클라이언트가 자신과 다름을 인정하고 다차원적으로 생각할 필요가 있다.

(2) 의미 가정

클라이언트의 메시지 자체가 모호하거나 전달이 명확하지 않거나 행동과 말이 일치하지 않는 경우 사회복지사는 의미를 가정할 수 있다. 하지만 점검하지 않고 의미를 가정한다면 클라이언트는 오히려 이해받지 못하는 느낌을 받을 수 있으므로 사회복지사는 클라이언트와 함께 의미를 점검할 필요가 있다.

예를 들어, 클라이언트가 "그런 기분 아시잖아요."라고 말하였으나 잘 모르겠으면, "정확히 모르겠어요. 어떤 기분인지 설명해 주세요."라고 말하는 것이 바람직하다. 사회복지사는 필요한 경우, "제가 잘 이해하지 못한 것 같습니다."라고 말할 수 있어야 한다.

(3) 고정관념

고정관념(stereotype)으로 인해 의사소통의 장애가 발생할 수 있다. 사회복지사는 사회 약자들 편에서 사회적 편견에 맞선다. 하지만 사회복지사 역시 살아오면서 해결되지 않은 문제, 부정적 경험, 상처를 가질 수 있으므로 고정관념에서 완전히 자유로울 수는 없다. 즉, 사회복지사 자신이 인식하거나 혹은 인식하지 못하는 가운데 사회 약자들에 대한 부정적 고정관념을 가질 수 있다.

부정적 고정관념은 낙인 효과(labeling effect)를 가져온다. 낙인 효과는 다른 사람들로부터 부정적 낙인이 찍힌 사람이 실제로 부정적으로 변해 가는 현상을 의미한다. 예를 들어, 학업 성적이 낮고 지각, 결석이 잦은 학생이 자신을 놀리는 학생과 몸싸움을 한 후 학교에서 '문제아'로 찍히는 상황이 발생할 수 있다. '문제아'라는 낙인이 찍히고 이 학생에 대한 교사들의 기대 수준이 낮아지면 학생 자신도 낮은 기대에 따라 행동하게 된다. 역시 다른 학생들도 이 학생을 부정적으로 대하게 되면서 결국 학생 자신도 '나는 문제아인데.'라고 생각하고 점점 더 이에 부합하는 행동을 할 수 있다.

사회복지사의 부정적 고정관념은 클라이언트의 욕구를 명확히 파악하고 목표를 달성해 나가는 과정에서 장애가 된다. 사회복지사는 부정적 감정 자체를 가지지 말아야 한다기보다 자신의 부정적 감정을 인식하고 이를 통제할 수 있어야 한다. 제7장에서 살펴본 바이스텍(Biestek)의 '통제된 정서적 관여'가 이에 해당하며, 바이스텍은 사회복지사의 '감정 부재(absence)'가 아닌 '감정 통제(control)'를 강조하였다.

때로는 용어 자체에 낙인이 내포되어 있는 경우도 있다. 예를 들어, '결손가정'은 가족 구조상 이미 결함이 있음을 전제로 하는 용어이므로 '한부모 가정' 혹은 '조손 가정'으로 바꾸어 사용하는 것이 바람직하다.

(4) 의사소통 목적에 대한 이해 부족

클라이언트와 사회복지사가 의사소통에 대해 서로 다른 목적을 가지고 있거나 클라이언트가 목적을 혼동 혹은 왜곡하는 경우 의사소통의 장애가 발생한다. 예를 들어, 사회복지사는 저소득 영유아 가정을 주기적으로 방문하며 사례관리를 한다고 생각하지만, 이 가정은 사회서비스를 받아본 적이 없고 사례관리에 대한 정확한 설명도 없었기 때문에 '복지관에서 나와 이것저것 묻고 갔으나 저러다 말겠지.'라고 생각하는 경우 원활한 의사소통이 이루어지기 어렵다. 따라서 사회복지사가 초기 단계에서 개입의 구조화(structuring)를 통해 의사소통의 목적을 명확히 설정하고 이를 클라이언트가 이해하도록 도와야 한다.

(5) 지나치게 성급한 개입

사회복지사가 초기 단계에서 클라이언트에게 섣부르게 지시적인 접근을 하거나 성급하게 확신을 주는 경우 오히려 클라이언트의 문제와 상황을 이해하는 데 방해가 될 수 있다. 예로서 집단 따돌림으로 괴로워하는 중학생에게 또래나 교사, 학교에 대한 구체적인 개입 계획도 없이 모두 잘 해결될 것이라는 확신을 주려 한다면, 이 학생의 신뢰를 얻기 어려울 뿐 아니라 상황을 이해하는 데 오히려 걸림돌이 될 수 있다.

(6) 방심

사회복지사가 방심함으로써 의사소통의 장애가 발생할 수 있다. 앞에서 언급했듯이, 사회복지사는 개입 계획을 세우느라, 다른 업무를 생각하거나 염려하느라, 혹은 개인적인 문제를 생각하느라 의사소통에 완전히 집중하지 못할 수 있다. 사회복지사는 전문인으로서 공과 사를 명확히 구분할 수 있어야 하며 면담 중에는 클라이언트에게 온전히 집중할 수 있어야 한다.

(7) 클라이언트의 저항

체계론적 관점에서 항상성을 유지하려는 클라이언트의 저항(resistance)은 자연스러운 반응으로 이해할 수 있다. 하지만 클라이언트의 저항으로 인해 의사소통의 어려움이 발생하는 경우 이에 대한 적절한 대응이 필요하다.

클라이언트는 낯선 기관에 처음으로 찾아와 낯선 사회복지사에게 자신의 욕구를 설명해야 하는 두려움이나 이로 인한 저항을 보일 수 있다. 특히 면담 초기에 사회복지사는 클라이언트가 편안함과 안전감을 느끼며 자신의 욕구를 표현할 수 있도록 도와야 한다. 클라이언트는 문화 차이에서 오는 저항을 나타내기도 하는데, 기관의 절차나 방식에서 문화 차이를 느끼거나 사회복지사와 문화 차이를 느낄 수 있다. 예를 들어, 중산층 사회복지사와 계층 차이를 느끼거나 대도시 출신의 사회복지사에게 문화적 이질감을 느낄 수 있다. 앞에서 언급했듯이, 전문 원조의 초점은 클라이언트에게 맞추어져야 한다. 따라서 사회복지사는 클라이언트의 문화를 수용하려는 적극적인 태도를 보여야 한다.

또한 클라이언트는 양가감정(ambivalence)으로 인한 저항을 보일 수 있다. 양가감정은 사회복지사에게 도움을 요청하지만 막상 제공된 도움을 사용하지 않거나,

사회복지사에게 조언을 구하지만 조언에 따르지 않거나, 사회복지사와 함께 계획을 세우지만 이를 실행하지 않거나, 말과 행동이 일치하지 않는 등의 행동으로 나타난다. 사회복지사는 클라이언트가 양가감정을 가질 수 있음을 이해하고 수용함으로써 면담을 건설적인 방향으로 진행하기 위해 노력할 필요가 있다.

드물게는 문제로부터 만족을 구하려 하는 클라이언트의 병리적 특성이 작용할수도 있다. 예를 들어, 우울한 클라이언트가 우울로 인한 주위의 관심과 배려에 만족하기 때문에 우울에서 벗어날 의지가 없거나, 알코올중독 성원이 있는 가족이 공동의존(co-dependence)으로 인해 변화 의지를 보이지 않는 경우가 이에 해당한다. 이 같은 저항을 극복하기 위해 사회복지사는 클라이언트와 라포(rapport)를 형성하는 것이 무엇보다 중요하며 클라이언트가 자신을 통찰하고 변화를 시도하도록 적극 지원하며 소통하는 노력을 기울일 필요가 있다.

연습문제

1. 의사소통의 방법 가운데 '나 전달법'과 '너 전달법'을 구체적 상황을 들어 연습해 보시오.

2. 면담에서 학대 증후군, 자살 신호, 우울 증상 등을 보이는 클라이언트들에게 민감하게 반응하기 위해 사회복지사는 어떤 점들을 주의 깊게 관찰해야 하는지 생각해 보시오.

3. 적극적 경청의 반응으로서 명확화, 바꾸어 말하기, 감정의 반영, 요약에 대해 구체적 상황을 들어 연습해 보시오.

4. '왜' 질문을 '어떻게' 질문으로 바꾸는 연습을 해 보시오.

5. 사회복지실천을 위한 면담에서 의사소통의 장애가 발생하는 상황에 대해 생각해 보고 이를 극복하기 위한 방법을 연습해 보시오.

제**9**장

사회복지실천과정: 접수 및 자료수집

　도움을 필요로 하는 사람이 사회복지사를 만나는 것으로 시작되는 사회복지실천 과정의 초기단계는 이후의 전 과정에 영향을 미치는 단계다. 접수단계는 잠재적 클라이언트와의 접촉을 통해 그의 문제와 욕구를 확인하여, 기관이 그에게 서비스를 제공할 수 있는지의 여부를 판단하는 과정을 말한다. 클라이언트가 사회복지사에 대해 처음 관계를 형성하기 시작하는 이 단계는 이후 사회복지사와 클라이언트와의 원조관계에 영향을 미치므로 초기의 만남이 긍정적인 경험이 되도록 해야 한다. 클라이언트의 문제에 대해 기관에서 서비스를 줄 수 있을 것으로 판단되면, 그 다음에는 클라이언트 개인, 그가 처한 문제 및 상황을 보다 잘 이해하고 또 그의 문제를 해결하는 데 적합한 방법을 모색해 나가기 위해 필요한 자료를 수집해야 한다. 이 장에서는 접수단계의 특성과 그에 따른 사회복지사의 주요한 과업이 무엇인지를 살펴보며, 또한 자료수집단계의 특성과 자료수집의 출처와 주요 영역에 대해서 알아본다.

1. 접수

1) 접수의 특성

사회복지실천은 잠재적 클라이언트와 사회복지사의 첫 접촉으로 시작되는 것으로, 첫 접촉의 형태는 다양하다. 도움이 필요한 사람이 직접 서비스를 신청하는 것뿐만 아니라 도움이 필요한 사람을 잘 아는 가족, 친구, 이웃 등이 도움을 신청하는 경우도 많이 있다. 또한 타 사회복지 관련 기관, 공공기관, 학교 등에서 의뢰하는 경우도 있으며, 때로는 사회복지사들이 아웃리치(outreach)를 통해서 서비스를 필요로 하는 사람을 찾아내는 경우도 있다.

접수단계는 사회복지사와 첫 접촉을 하는 잠재적인 클라이언트의 욕구와 문제를 확인하고, 그가 원조과정에서 기대하는 바가 무엇인지를 명확히 해서 그의 욕구와 문제가 기관의 정책과 서비스에 부합되는 것인지를 판단하는 과정이다. 서비스를 제공하는 것이 적합한 것으로 판단되면 클라이언트로 받아들여 다음 단계의 원조과정을 진행하지만, 그렇지 않을 경우에는 다른 기관에 의뢰를 해야 한다.

접수단계는 클라이언트가 사회복지기관과 사회복지사에 대해 첫인상을 가지는 시기로, 이 기간 동안의 경험은 이후의 사회복지사와 클라이언트 사이의 원조관계의 양상과 클라이언트의 원조과정 참여 정도에 대해 상당한 영향을 미친다. 원조과정에 참여를 시작하는 클라이언트는 긴장감을 가지고 있고, 자신의 요청이 거부당할지도 모른다는 불안감 그리고 변화에 대한 동기가 낮거나 양가감정이 있을 수 있으며, 특히 비자발적 클라이언트인 경우 상당한 저항감을 가질 수 있다. 클라이언트는 심한 경우 초기의 부정적 경험으로 더 이상 사회복지사를 찾아오지 않을 수도 있으므로, 접수단계부터 사회복지사는 라포(rapport)가 잘 성립될 수 있도록 노력해야 한다.

접수단계는 해당 기관이 서비스를 제공하기에 적합한지의 여부를 결정하는 과정이고 클라이언트에게 첫인상을 주는 시기이므로 사회복지실천에 대한 지식과 경험이 풍부한 사회복지사가 담당하는 것이 바람직하다. 사회복지사가 판단을 잘못하여 기관 차원에서 적절한 서비스가 제공될 수 없는 사람을 클라이언트로 받아들인다면, 그 클라이언트의 욕구충족과 문제해결은 더 어려워질 것이며, 서비스를 제공하는 사회복지사에게도 혼란과 어려움이 발생할 수 있을 것이다. 그러나 현재 우리나라 사회복지기관의 여건상 접수담당 사회복지사(intake social worker)를 따로 두고 있는 곳은 매우 적은 실정이다.

2) 접수 시의 주요 과업

접수단계에서의 주요 과업에 대해서 여러 학자가 제시하고 있는 바를 살펴보면, 클라이언트의 문제 · 관심사 · 요구 파악하기, 원조관계형성, 클라이언트의 동기화, 관계형성을 통한 클라이언트의 참여 유도, 클라이언트의 저항감과 양가감정 해소, 개입활동 계약 성립, 서비스 동의, 의뢰하기 등으로 나타나고 있다(김융일 외, 1995; 양옥경 외, 2018; 엄명용 외, 2020; 최해경, 2017; Sheafor & Horejsi, 2014). 주요 업무를 세분화한 정도에는 차이가 있지만 주된 과업에 대한 내용은 거의 비슷한 것으로 보인다. 여기서는 접수 시의 주요 과업을 문제확인, 관계형성, 동기 향상, 의뢰하기로 구분하여 살펴보기로 한다. 각 과업이 분리되어 제시되고 있지만 서로 독립적인 활동이라기보다는 상호 관련된 활동이라고 보아야 한다.

(1) 문제확인

문제확인은 잠재적인 클라이언트가 기관을 찾아와 주로 호소하는 문제나 욕구 및 관심사가 무엇인지를 확인하는 것을 말한다. 접수단계에서의 문제확인은 클라이언트의 문제를 심도 있게 분석하는 것은 아니며, 클라이언트가 사회복지기관을 찾아오게 된 이유로서 언급하는 내용들을 통해 현재 드러난 문제나 욕구를 파악하는 것이다. 호소하는 문제를 이해하기 위해 사회복지사는 클라이언트에게 문제의 내력, 배경, 의미, 결과를 포함하여 도움을 필요로 하는 문제에 대한 설명과 그동안 문제해결을 위해 시도했던 노력을 이야기하도록 해야 하며, 또한 도움을 필요로 하는 이유와 도움을 구하는 것에 대한 소감 등도 함께 이야기를 나누는 것이 좋다 (Goldstein & Noonan, 2010).

사람들이 자발적으로나 비자발적으로 도움을 받고자 하는 문제는 다양할 수 있으나 다음과 같은 유형으로 나눌 수 있다(Goldstein & Noonan, 2010, pp. 51-53; Kirst-Ashman & Hull, 2013, pp. 186-189). 클라이언트는 하나의 문제만을 가지는 것이 아니라 여러 문제를 동시에 가지고 있을 수 있으며, 이 문제들은 서로 연관되어 있기도 한다. 클라이언트는 자신들이 경험하는 문제를 직접 표현하기도 하지만 때로는 본인들이 잘 인식하지 못하여 접수단계에서 다 드러내지 못할 수도 있다.

① 사회환경상의 결함으로 인한 문제

고용, 재정보장, 주거, 교육, 신체적 안전, 여가 등과 관련하여 불충분하거나 부적절한 자원은 학습문제, 학교에서 중도탈락, 허약한 신체적 · 정신적 건강, 폭력과 반사회적 행동 등을 초래할 수 있다. 또한 특정 집단(노인, 아동, 이민자 등)의 욕구에 민감하지 못한 법이나 사회정책, 특정 집단이나 지역에 필요한 자원이 부족한 경우와 같이 사회가 개인의 문제를 초래하는 원인이 되기도 한다.

② 생애사건과 상황

현재 겪고 있는 스트레스적인 생애사건과 상황이 개인이 겪는 문제의 주요 원인이 된다. 생애주기에 걸친 발달과 역할의 변화(청소년기, 중년기, 노화, 결혼, 이혼, 실업, 이민, 이사 등), 외상적 스트레스를 주는 사건(죽음, 질병, 학대, 기타 유형의 폭력), 재난(홍수, 화재, 비행기 사고, 테러 등) 등은 사람의 대처능력을 약화시키고 평형을 깨트리며 심각한 기능의 와해를 초래할 수 있다.

③ 대인관계에서의 갈등과 어려움

부모와 자녀관계, 부부와 가족갈등, 또래 · 직장동료의 괴롭힘 등은 도움을 요청하는 문제 중에서 흔한 것이다. 대인관계 문제는 심각한 갈등 형태일 수도 있고, 명백한 갈등이 존재하지는 않지만 가족이나 친구와의 관계에서 본인이 원하는 만큼

가깝게 지내지 못하거나 원하는 방식으로 관계가 이루어지지 못하여 문제로 호소하는 경우도 있다. 대인관계에서의 갈등이나 불만족 그 자체가 호소하는 문제이긴 하지만 때로는 자원 부족이나 스트레스적인 사건과 같은 외적인 요인에 의한 것일 수도 있다. 또한 대인관계 문제는 잘못된 의사소통이나 한층 더 어려워진 부적응적 관계 패턴을 초래할 수도 있다.

④ 역할 수행에서의 문제

사회적 지위나 위치에 따라 기대되는 특정 역할을 수행하는 데 있어서 어려움이 있는 경우를 말한다. 가족관계에서 배우자나 부모로서의 역할 수행, 직장에서 근로자로서의 역할 수행, 학교에서 학생으로서의 역할 수행에 문제가 있을 수 있다. 예를 들어, 자녀를 양육하는 부모가 아이를 학대하거나 방임하는 경우, 부모로서의 역할 수행에 문제가 있어서 사회복지기관이 관여하게 된다.

⑤ 심리정서 및 행동상의 문제

어떤 클라이언트는 정신건강상의 문제를 가지고 있어서 심한 불안과 우울을 경험하거나, 통제할 수 없거나 자기파괴적인 행동을 하기도 하며, 타인과의 교류나 일상생활에서의 활동이 상당히 제한되기도 한다.

⑥ 장애 및 건강상의 문제

개인은 유전, 체질적인 요인, 질병, 사고 등으로 기인한 문제를 경험할 수 있다. 신체적 및 정신적 장애, 희귀난치성 질환, 신경손상, 인지적 결함 등은 개인의 대처능력을 취약하게 만들며 사회복지서비스를 필요로 하는 특별한 욕구를 갖도록 한다.

⑦ 의사결정의 어려움

어떤 클라이언트는 중요한 의사결정을 하는 데 있어서 어려움이나 정서적인 딜레마를 겪을 수 있다. 인생의 위기 상황에서 사람들은 정서적 혼란을 겪으면서 객관성을 잃기 쉽고 합리적인 선택을 하기 어려워진다. 예를 들어, 원치 않는 임신을 한 경우 어떻게 할지, 배우자의 불륜을 알고 이혼을 해야 할지, 사고로 전신마비가 된 가족을 어디서 보호할지 등에 관한 결정을 할 때, 사회복지사는 클라이언트로 하여금 다양한 대안과 장단점을 검토해 보도록 도울 수 있다.

⑧ 문화 계층 간 갈등

클라이언트가 인종, 민족, 문화, 종교 등에서 소수자 집단에 속하는 경우, 사회 전체, 다수자 집단, 이웃 등에게서 차별받고 억압받는 문제가 있을 수 있다.

⑨ 공식적 조직과의 문제

클라이언트가 상호작용하는 공식적인 조직으로부터 적절한 자원을 제때에 지원 받지 못하고 너무 오랫동안 기다리게 하며 자신이 무례하게 취급받는다는 느낌을 호소하는 경우도 있다.

문제확인 과정에서 클라이언트가 자신의 문제나 욕구를 제시하고 기술하는 방식은 자발성의 여부에 따라 다른 편이다. 비자발적인 클라이언트는 문제나 욕구에 대해 최소한으로 이야기하거나 중요한 정보를 알리지 않으며, 자발적인 클라이언트의 경우 간혹 자기 문제의 긴급성이나 심각성에 대해 과장하여 말하기도 한다 (Sheafor & Horejsi, 2014). 클라이언트로부터 정확하고 유용한 정보를 끌어내기 위해서는 사회복지사와 클라이언트 사이의 좋은 관계형성이 중요하다. 클라이언트가 호소하는 문제에 사회복지사가 진심으로 관심을 보이고 그의 상황을 이해하려는 태도는 클라이언트가 자신의 문제나 욕구를 자연스럽게 드러내게 한다.

클라이언트의 문제나 욕구가 기관에서 다룰 수 있는지를 확인하는 과정에는 사회복지사나 기관에 대해 클라이언트가 어떤 기대를 가지고 있는지도 반드시 논의할 필요가 있다. 간혹 클라이언트는 사회복지기관에 대해 비현실적인 기대를 가지고 있기도 하여 서비스를 신청한 기관이 제공할 수 없는 것을 기대할 수도 있다. 클라이언트가 서비스를 받을 수 있을 것으로 기대하였다가 이를 받지 못할 경우 불만족한 상태로 중도에 종결될 가능성이 높아진다. 따라서 사회복지사는 무슨 서비스가 어떤 절차에 따라 주어질 수 있는지에 대해 충분히 설명하여 클라이언트가 그 기관의 서비스 이용 여부를 선택할 수 있도록 해야 한다(이영분 외, 2001, pp. 177-178).

(2) 관계형성

관계형성은 사회복지사와 접촉하는 클라이언트가 초기에 경험할 수 있는 두려움, 불안, 양가감정 등을 해소하기 위해 사회복지사와 클라이언트의 친화적 관계를 형성하는 것을 말한다. 도움을 요청하는 클라이언트는 사회복지사에게 자신이 무능한 사람으로 보일 수 있다거나 요청이 거절당할지도 모른다고 생각할 수 있으며, 성공적인 변화에 대한 희망과 실패에 대한 두려움의 감정을 함께 가지기도 한다. 그러므로 사회복지사는 이런 클라이언트의 감정을 이해하면서, 클라이언트에게 진정한 관심을 가지고 그를 있는 그대로 받아들이며 또 돕기 위해 최선을 다해야 한다. 긍정적인 좋은 관계는 클라이언트가 사회복지사가 자신을 진심으로 이해하고 기꺼이 도와주려고 한다고 느낄 때 형성될 수 있기 때문이다. 사회복지사에 대해 따뜻함, 진실함, 신뢰감을 느끼는 클라이언트는 방어적이지 않아 자신의 문제를 잘 드러내며 또 문제해결을 위해 적극적으로 노력하려는 태도를 가지게 된다.

사회복지사와 비자발적인 클라이언트와의 관계형성은 자발적 클라이언트와의 관계형성보다 어려울 수 있다. 비자발적인 클라이언트(involuntary client)란 사회복지 관련기관의 전문적인 서비스를 받도록 강요받은 사람을 말한다. 비자발적인 클라이언트의 예로서는 가정폭력으로 교육 및 상담 프로그램을 수강하도록 사법적인 명령을 받은 사람, 사회복지기관의 징계학생위탁교육 프로그램에 참여하도록 조치를 받은 중고등학교의 징계대상학생, 본인은 원치 않지만 가족 구성원의 강력한 요청에 따라 비자발적인 클라이언트가 되는 경우 등이 있다. 대체로 비자발적인 클라이언트는 다른 사람들이 자신을 문제가 있는 사람으로 평가하여 서비스를 받도록 만들었다고 생각한다. 그렇기 때문에 사회복지기관의 관여에 저항이 강하며 사회복지사와 긍정적인 원조관계를 형성하는 것이 훨씬 더 어렵다(Ivanoff, Blythe, & Tripodi, 1994).

사회복지사는 비자발적인 클라이언트가 사회복지기관과의 강제적인 접촉에 대해 가질 수 있는 적대감, 수치심, 당혹감 등의 부정적 감정을 회피하거나 무시하지 말고 표현하도록 하며, 사회복지사가 이를 공감하고 수용한다는 것을 클라이언트 가 알도록 해야 한다. 또한 사회복지기관에 참여해야 하는 이유에 대해 사실적 정 보를 밝히고, 클라이언트가 자기 입장에서 이야기하도록 하며, 오해가 있는 부분은 바로잡도록 한다. 아무리 작은 부분이라도 개입과정에서 얻을 수 있는 긍정적인 가 치를 클라이언트가 인식하도록 돕고, 도움을 주고 싶은 사회복지사의 마음과 능력 을 구체적으로 밝힐 필요가 있다. 클라이언트에게 부여된 법적 제약과 한계 내에서 사소한 것에라도 가능한 한 많은 선택권을 주는 것이 비자발적 클라이언트의 저항 을 줄이는 데 도움이 된다(Goldstein & Noonan, 2010; Ivanoff, Blythe, & Tripodi, 1994; Perlman, 1979; Sheafor & Horejsi, 2014).

(3) 동기 향상

클라이언트가 앞으로 원조관계를 이어 나가면서 변화를 위한 노력을 얼마나 잘 해 나갈 것인가는 그가 자신의 문제를 해결하거나 욕구를 충족하고자 하는 동기에 상당히 달려 있다. 동기는 특정 행동을 취하려는 열망이나 준비상태를 말하는 것으 로, 현재 상태를 불만스러워하면서 변화가 진정으로 가능하다고 믿을 때 동기가 높 아진다(Sheafor & Horejsi, 2014). 그런데 오랜 기간 동안 어려움을 겪어 온 클라이언 트는 그동안의 노력들이 실패하면서 좌절하여 변화에 대한 희망이 남아 있지 않을 수도 있다. 또한 문제를 걱정하며 변화하고 싶기도 하지만 다른 한편으로는 변화하 고 싶지 않은 양가감정을 가지고 있을 수 있다. 이러한 낮은 동기나 양가감정은 클 라이언트가 원조과정에 적극적으로 참여하는 것을 방해하여 원조에 저항하는 듯 한 모습으로 나타나기도 한다. 따라서 사회복지사는 사회복지실천의 초기과정에 서부터 클라이언트의 동기와 양가감점을 이해하고 다루어 줌으로써 클라이언트의 참여를 북돋울 수 있어야 한다(김융일, 조흥식, 김연옥, 1995).

접수단계에서 사회복지사는 클라이언트의 동기가 어느 정도이고, 어떤 점들이 클라이언트의 동기에 영향을 미치는지를 검토해야 한다. 클라이언트가 변화를 희 망하면서 원조과정에 참여하고자 하는 동기에 영향을 미칠 수 있는 요인으로는 클라이언트가 느끼는 불편함과 희망의 정도, 자발적 및 강제적 참여 여부, 과거의 원조 요청에서의 경험, 원조과정에 대한 기대, 원조과정에 몰두할 수 있는 능력이나 원조과정에 투여할 수 있는 현실적인 여건 등이 있다(Goldstein & Noonan, 2010). 숙명론적인 관점을 가지고 자신의 상황을 바꾸는 데 무력감을 느끼거나, 비자발적 클라이언트이거나, 과거 원조경험이 만족스럽지 못하거나, 현재의 원조과정에 대해서도 어떤 기대를 하고 있는지가 분명하지 않다면 참여 동기가 낮을 수 있다. 원조과정에 참여하는 데는 시간과 에너지가 소요되는데, 서비스를 활용할 시간을 내기가 어렵거나 기관의 위치가 지리적으로 멀리 떨어져 있다면 이 또한 참여 동기에 부정적으로 영향을 미칠 수 있다.

접수단계에서 클라이언트의 동기를 조성하기 위해, 사회복지사는 클라이언트에게 진정한 관심을 갖고 작은 부분이라도 도움이 되고 싶다는 마음을 전해야 한다. 그동안 해 온 사소한 노력이나 변화라도 강하게 지지해 주고, 사회복지사의 개입을 통해 클라이언트가 얻을 수 있는 긍정적인 결과를 제시하는 것도 필요하다. 또한 클라이언트의 현재 상태와 원하는 상태 간의 불일치, 그가 중요하게 여기는 가치와 현재 행동 간의 불일치를 인식하도록 도와줌으로써 변화 동기를 증진시킬 수 있다. 양가감정에 대해서도 클라이언트의 감정을 이해하고 지지해 주는 것이 클라이언트가 변화를 시도해 보려는 결심을 하고 새로운 행동으로 나아가게 하는 데 도움이 된다.

(4) 의뢰하기

의뢰는 잠재적 클라이언트인 신청자가 필요로 하고 원하는 서비스를 기관에서 제공할 수 없을 때 그를 다른 적합한 기관으로 보내는 것을 말한다. 의뢰를 하게 되는 경우는 다양할 수 있는데, 특정 클라이언트의 욕구와 문제가 해당 기관의 기능 및 사업내용과 맞지 않거나 타 기관이 클라이언트의 문제를 더 잘 다룰 수 있다고 판단될 때, 사회복지사가 특정 클라이언트를 다루는 데 필요한 지식과 기술이 부족하거나 사회복지사의 가치나 언어 등이 효과적인 원조관계형성에 장애가 된다고 생각될 때 등의 경우에 의뢰가 필요하다(Sheafor & Horejsi, 2014). 의뢰는 클라이언트를 타 기관으로 보내기만 하는 단순한 일이 아니므로 사전에 면밀하게 의뢰를 준비해야 한다. 적절한 의뢰를 위해 사회복지사는 지역 사회 내의 여러 다른 기관의 정책과 서비스에 대해 잘 알고 있어야 하며, 클라이언트가 과거에 이용했거나 거절당했던 기관들에 대해서도 확인해야 한다. 사회복지사는 클라이언트가 의뢰과정에서 두려움이나 양가감정을 가지는 것을 비롯해 많은 스트레스와 좌절을 경험할 수도 있다는 점을 알고 정서적으로 지지해 주어야 한다. 의뢰과정에 클라이언트의 동의와 참여가 중요하므로, 사회복지사는 클라이언트 자신이 이용할 전문가나 기관을 선택할 수 있도록 몇 가지 선택권을 주어야 하며, 클라이언트의 의견과 선호를 존중해 주어야 한다.

의뢰과정에서 초기 연결이 잘 되기 위해서는 의뢰하는 기관의 이름, 주소, 전화번호, 담당자 이름 등을 적어 주며, 클라이언트가 있는 자리에서 사회복지사가 직접 담당자에게 전화를 거는 것이 좋다. 또한 초기 연결 이후에도 의뢰된 기관에서 클라이언트가 부딪치는 문제가 없는지, 원하던 서비스를 받는지 등을 확인하여 새로운 기관에서 필요한 서비스를 계속해서 이용할 수 있는 가능성을 높이도록 노력해야 한다(Sheafor & Horejsi, 2014).

2. 자료수집

1) 자료수집의 특성

자료수집은 클라이언트의 문제와 욕구를 파악하고 앞으로의 개입방향을 정하는 데 필요한 정보를 클라이언트와 주변 사람들로부터 모으는 것을 말한다. 원조과정 전반에 걸쳐 새로운 정보가 계속 나타날 수 있으므로 자료수집의 완결기한은 없으나 사정을 위한 집중적인 자료수집 활동은 원조과정의 초반에 이루어진다. 접수 단계에서의 자료수집은 클라이언트의 문제가 기관의 서비스에 부합하는지를 판단하기 위해 필요한 정도면 충분하다. 하지만 사정을 염두에 둔 자료수집이라면 클라이언트의 문제를 파악하고 변화를 만들 수 있는 능력이나 기회를 사정하기 위해 개인, 문제, 환경에 관해 충분히 정보를 수집하는 것이 중요하다. 이때 너무 많은 자료를 모으느라 필요한 변화 과정이 지체되지 않도록 주의해야 한다(Sheafor & Horejsi, 2014).

자료수집단계에서 사회복지사의 중요한 과업은 클라이언트의 문제와 문제의 원인, 클라이언트의 능력과 동기 그리고 필요로 하는 자원을 파악하기 위해 필요한 정보를 구하는 것이다. 사회복지사는 관련정보를 적합한 출처로부터 모으는 방법을 알아야 하며 또 수집한 정보의 관련성과 정확성을 평가할 수 있어야 한다. 필요한 정보는 클라이언트의 관심사와 문제의 특성에 따라 달라질 수 있는데, 실천현장에 따라 서비스를 주로 이용하는 클라이언트 및 문제의 유형에 맞추어 수집해야 할 정보의 종류에 대해 어느 정도 미리 정해져 있기도 하므로 이를 참고할 필요가 있다. 자료수집은 여러 출처에서 정보를 모으는 것이지만, 가장 일차적인 자료출처는 클라이언트다. 그러므로 사회복지사는 클라이언트가 자신을 자연스럽게 잘 드러낼 수 있도록 원조과정 초기부터 긍정적인 관계를 형성하도록 해야 한다. 또한 사회복지사는 가족 구성원, 교사, 의뢰기관 등의 다양한 곳에서 정보를 구할 경우 사례의 맥락에 맞는 정보를 얻을 수 있도록 해야 하며, 수집한 정보에 대해서는 그것이 사실에 기반한 것인지 아니면 정보제공자의 주관적인 생각인지를 구분할 수 있어야 한다.

2) 자료수집의 주요 출처

정보를 얻기 위한 자료수집의 출처는 다음과 같다(Gambrill, 2013; Hepworth et al., 2010; Zastrow, 2013).

(1) 클라이언트의 자기보고

클라이언트의 자기보고는 가장 주요한 정보출처다. 클라이언트는 자신의 문제와 상황에 대해 가장 잘 아는 사람으로 객관적인 사실에 대한 정보와 그의 신념이나 생각을 나타내는 정보를 제공해 준다. 자기보고는 면접과정에서 클라이언트가 말하는 언어적 보고, 구조화된 양식에 기입하는 정보, 클라이언트의 자기행동에 대한 관찰보고 등 다양한 형태가 있다. 면접과정에서 클라이언트로부터 자신이 처한 문제, 문제의 지속기간, 문제를 해결하기 위해 했던 노력, 문제에 대한 자신의 감정, 문제의 원인에 대한 관점 및 문제를 해결하기 위해 노력하려는 동기 등의 다양한 정보를 얻을 수 있다. 대부분의 기관에서는 첫 면접을 전후로 초기면접지 양식에 클라이언트에 관한 기본정보(이름, 주소, 전화번호, 학력, 결혼상태, 가족 구성원, 직업 등)와 주요 문제, 기관에 오게 된 동기, 이전의 사회복지 서비스 이용 경험 등에 관한 정보를 작성하도록 하고 있어서 필요한 정보를 얻을 수 있다. 또한 어떤 경우에는 클라이언트가 자신의 증상이나 감정, 행동 등에 대해 정기적으로 기록한 자기관찰 자료도 자료수집을 위해 활용할 수 있다.

클라이언트가 자신의 어려움과 자원에 대해 보고하는 내용은 대개 정확하지만 때로는 당황스러움, 편견, 잘못된 기억, 강한 감정 등으로 왜곡될 수도 있다. 특히 법적으로 문제가 될 수 있는 행동(가정폭력, 비행 등)에 대해서는 처벌의 두려움으로 자신의 문제행동을 고의적으로 부인할 수 있다. 그러므로 사회복지사는 클라이언트가 보고하는 내용의 진위와 객관성을 판단하기 위해 다른 출처를 통해 정보를 얻는 것도 고려해야 한다.

(2) 클라이언트의 비언어적 행동에 대한 관찰

클라이언트의 행동에 대한 관찰은 실제로 클라이언트가 무엇을 느끼고 생각하고 있는지에 대한 추가적인 정보를 제공해 준다. 비언어적 신호인 말투나 목소리의 떨림, 눈물, 얼굴표정의 변화, 꼭 다문 입, 불끈 진 주먹, 눈의 움직임, 옷차림이나 신체적 외모 등은 분노, 상처, 당혹감, 두려움 같은 감정 상태나 스트레스 수준 등에 대한 정보를 제공한다. 사회복지사는 클라이언트의 몸짓이나 외관으로 나타나는 비언어적 신호를 민감하게 인식할 수 있도록 주의를 기울여야 한다.

(3) 사람들과의 상호작용에 대한 관찰 및 가정방문

클라이언트가 실생활에서 타인들(예: 가족 구성원, 친척, 친구, 집단성원 등)과 어떻게 상호작용하는가를 관찰하는 것은 사회복지기관의 사무실 안에서 클라이언트로부터 얻는 설명보다 더 많은 정보를 얻을 수 있다. 특히 가정방문은 클라이언트가 가족 구성원과 어떻게 상호작용하는지를 자연스러운 상태에서 관찰할 수 있으며, 전반적인 가정환경을 관찰할 수 있는 좋은 기회가 된다. 예를 들어, 아동을 방임하는 것으로 의심되는 미혼모에 대해 자료를 수집하는 경우라면 가정방문을 통해 어머니와 자녀의 상호작용을 관찰할 뿐만 아니라 집안의 청결 여부나 냉·난방 상태

표 9-1 가정방문에서 관찰해야 할 내용

• 물리적 환경
  - 거주하는 데 필요한 기본적 설비인 상하수도, 냉난방, 전기, 출입문 잠금장치 등을 제대로 갖추고 있는가?
  - 천장의 누수, 갈라진 방바닥, 부서진 창문 등과 같은 구조적인 손상은 없는가?
  - 장애가 있는 가족원이나 아동에게 해를 끼칠 수 있는 장애물이나 안전상 위험물은 없는가?
  - 집에 구조적인 손상이 있거나 안전의 위험이 있는 경우에 가족들은 어떻게 대처하고 있는가? 그 문제를 해결하기 위해 노력하는가? 아니면 무시하고 방치하는가?
  - 청결 및 정리정돈의 정도는 어떠한가?
  - 애완동물이 있는가? 있다면 애완동물을 키우기에 적합한 환경이며 잘 키우고 있는가?
  - 외관상 가족들이 집을 편안하고 멋진 곳으로 만들기 위해 노력해 왔는가? (집이 꾸며지고 가구들이 배치되는 방식은 거주자들의 생활방식, 경제적 위치, 심리정서 및 정신건강 상태 등을 나타내기도 한다)

• 사회적 환경
  - 누가 살고 있는가?
  - 거주자들 간의 상호작용은 어떠한가? (상호작용 빈도, 말투 등)
  - 가족 구성원을 위한 개인 공간은 어떻게 되어 있으며, 개인과 전체를 위한 공간의 균형은 어떠한가?
  - 가정 내 권력관계의 지표로서 공간이 연령, 성별, 장애, 상태별로 가족의 다양한 구성원을 위한 거처임을 나타내는가?

출처: Andrew (2007). pp. 83-84에서 재구성

등을 직접 확인할 수 있다. 일반적으로 가정방문을 통해 관찰해야 할 내용은 다음 〈표 9-1〉과 같다. 그런데 직접 관찰을 할 경우, 관찰하는 사람이 잘못된 인식을 할 수 있으며, 관찰할 당시의 상호작용이나 상황이 전형적인 것이 아닐 수도 있어서, 다른 출처로부터 얻은 정보와 같이 비교해 보아야 한다.

(4) 이차적인 출처로부터의 정보

사회복지사는 클라이언트와 관련된 정보를 제공해 줄 수 있는 클라이언트의 친척, 친구, 이웃, 의사, 교사, 다른 사회복지기관의 전문가 등으로부터도 부수적인 정보를 얻을 수 있다. 이러한 이차적인 정보의 출처로부터 정보를 얻고자 하는 경우에는 긴급한 경우가 아니라면 클라이언트의 동의 아래 이루어져야 한다. 부수적인 출처로부터 정보를 얻은 경우, 사회복지사는 이 정보가 정보제공자와 클라이언트 사이의 감정적 유대 정도나 관계의 특성에 의해 영향을 받았을 수도 있음을 고려하여야 한다.

(5) 심리검사 및 사정도구를 이용한 평가

지능검사, 성격검사, 적성검사 등과 같은 심리검사 결과를 이용할 수 있다. 요즘 우리나라 사회복지기관에서 몇몇 심리검사가 비교적 많이 활용되는데, 사회복지사는 이 분야에 제한된 지식과 경험만 있으므로 직접 검사를 실시하기보다는 자격 있는 전문가에 의해 실시된 검사 결과를 활용하는 것이 더 바람직하다. 또한 사회복지사들이 편리하게 사용할 수 있도록 개인의 심리사회적 기능에 관한 척도 들을 모아 놓은 도서들(서초구립반포종합사회복지관, 서울대학교 실천사회복지연구회, 2007; 이봉주, 김선숙, 조상은, 2014; 정태신, 2010)이 있어서 클라이언트의 심리사회적 기능에 관한 검사에 활용해 볼 수 있다. 그런데 이러한 검사 도구를 사용하기 위해서는 해당 척도의 타당도와 신뢰도에 대한 검토가 있어야 한다.

(6) 직접적인 상호작용을 통한 사회복지사의 경험

정보의 마지막 출처는 사회복지사가 클라이언트와 직접 상호작용하면서 느끼는 감정이다. 클라이언트는 타인과의 관계에서와 마찬가지로 사회복지사와도 상호작용할 것이므로, 사회복지사는 그와의 직접적인 경험으로 그가 타인과 어떻게 상호작용하는가에 대한 단서를 얻을 수 있다. 예를 들어, 사회복지사가 클라이언트를 수동적이고 위축되었으며 의존적인 사람으로 느꼈다면, 다른 사람들도 그렇게 느낄 가능성이 크므로 이는 클라이언트의 문제행동에 대한 중요한 정보를 얻는 것이 될 것이다. 그런데 사회복지사의 클라이언트에 대한 느낌을 정보로 활용하는 데는 주의가 필요하다. 왜냐하면 클라이언트는 타인과의 상호작용 형태와는 완전히 다르게 사회복지사와 상호작용할 수도 있으며, 사회복지사 자신의 대인관계 유형이나 삶의 경험이 클라이언트와의 상호작용에 영향을 줄 수도 있기 때문이다.

앞에서 제시한 것과 같이 각 출처는 자료수집의 용이성이나 정보의 관련성 및 정확성 측면에서 장단점이 모두 있다. 갬브릴(Gambrill, 2013, pp. 387-389)은 자료를 수집하는 데 사회복지사가 흔히 범할 수 있는 여러 오류를 지적하면서 자료수집을 위해 다음과 같은 몇 가지 지침을 제시하고 있다.

- 잘못된 정보를 줄 수 있는 자료에 주의한다.
- 선입견을 지지하는 자료만을 수집하지 않도록 한다.
- 타당도가 높은 측정도구를 사용한다.
- 여러 출처에서 자료를 수집한다.
- 클라이언트의 행동에 중요한 영향을 미치는 사람을 제외하지 않으며, 필요하다면 실제생활에서 일어나는 것을 관찰한다.
- 수집된 자료의 정확성을 비판적으로 평가한다.
- 자료출처의 정당성과 수용성에 영향을 미치는 문화적 차이를 고려한다.
- 관심의 대상인 행동을 선행사건과 결과를 포함한 맥락에서 기술한다.

3. 자료수집의 주요 영역

자료수집의 주요한 목표는 다음 단계인 사정을 위해 도움이 되는 충분한 자료를 수집하는 것으로, 사회복지사는 문제, 사람 그리고 환경이라는 범주에 따라 구체적인 정보를 수집해야 한다(최해경, 2017; Bogo, 2018; Timberlake, Farber, & Sabatino, 2007).

1) 문제와 관련된 자료수집

문제는 사회복지사와 클라이언트가 다루어야 할 관심사나 어려움을 의미한다. 문제의 범위, 지속기간 그리고 심각성 등에 대해 분명히 이해를 해야만 어떤 문제를 우선적으로 어떻게 다룰지를 결정할 수 있다. 또한 문제 그 자체뿐만 아니라 클라이언트가 문제를 어떻게 보고 있으며 문제해결을 위해 무엇을 원하는지를 파악해야만 변화를 위한 계획을 세울 수 있다.

다음은 문제를 이해하고 사정하기 위해 필요한 정보를 수집하는 데 도움이 되는 질문 목록이다(Zastrow, 2013, pp. 103-109).

(1) 문제는 구체적으로 무엇인가

문제의 여러 차원과 하위문제를 가능한 한 구체적이면서 정확하게 파악하는 것이 중요하다. 예를 들어, 도움을 요청하는 사람이 두 아이를 둔 30세의 여성으로 남편이 음주운전자에 의해 교통사고로 사망한 경우라면, 그는 여러 가지의 정서적 및 생활상의 어려움이 있을 수 있다(운전자에 대한 분노감, 남편과의 해결되지 않았던 갈등에 대한 죄책감, 수입 감소로 인한 경제적 어려움, 자녀양육의 부담, 스트레스로 인한 질병 등). 이런 경우 하위문제들을 구체적으로 파악하지 않으면 각각의 문제에 대한 해결책을 마련하거나 문제해결의 우선순위를 정하기 어렵게 된다.

(2) 클라이언트는 문제를 어떻게 보고 있는가

부정적인 사건에 대해 사람들이 부여하는 의미는 사건 그 자체보다 더 중요할 수 있다. 예를 들어, 몇 년간을 사귀어 오던 남녀가 헤어지게 되는 경우, 슬프지만 그래도 지금 헤어지는 것이 어떤 면에서는 더 낫다고 생각하는 사람이 있는가 하면 헤어지는 것 때문에 매우 우울해하거나 심지어 자살까지 생각하는 사람이 있을 수 있다.

(3) 누가 문제체계에 관여되어 있는가

문제체계는 문제상황과 관련되는 모든 사람을 포함한다. 앞에서 예를 든 교통사고로 남편을 잃은 여성이 도움을 요청하는 사례의 경우, 관련된 사람은 명백히 그 여성과 두 자녀이지만 친척, 이웃, 친구 또한 문제체계에 포함될 수도 있다. 여성의 시어머니는 아들을 잃은 애통함 때문에 도움을 필요로 할 수도 있으며, 친구들은 그 가족을 돕기 위한 개입과정에서 심리적 지지체계가 될 수도 있다.

(4) 참여자들은 어떻게 관여하고 있는가

문제체계에 관련된 사람이 어떤 역할을 하고 있는지를 확인해야 한다. 예를 들어, 복합적인 문제를 가진 가족의 경우에는 각 문제에 대해 가족 구성원들이 어떤 역할을 하며, 또 어떻게 서로 영향을 주고받는지를 확인해야 한다.

(5) 문제의 원인은 무엇인가

문제의 원인을 확인하면 무슨 개입방법을 사용해야 할지도 알 수 있다. 예를 들어, 아내를 구타하는 남편의 경우 화가 날 때마다 구타를 한다면 분노를 보다 건설적인 방식으로 다루는 방법을 배울 수 있도록 해야 하며, 스트레스로 인해 구타를 한다면 스트레스 관리방법을 배우는 것이 개입방법에 포함되어야 할 것이다.

(6) 어디서 문제행동이 일어나는가

문제행동이 특정 장소에서만 일어나는 경향이 있을 수 있다. 예를 들어, 결혼한 부부가 아내의 부모님 댁에 방문하면 늘 언쟁을 벌이지만 남편의 부모님 댁에 방문하면 그렇지 않을 수 있다. 이런 경우 아내의 부모님을 방문할 때마다 두 사람 간에 긴장과 갈등을 유발시키는 요인이 있을 수 있으므로 그 요인을 찾아보아야 한다.

(7) 언제 문제행동이 일어나는가

어디서 문제행동이 일어나는가와 언제 문제행동이 일어나는가 하는 질문은 밀접히 관련이 있다. 언제 문제행동이 자주 일어나는가를 확인하는 과정은 그 행동을 촉발시키는 요인을 찾는 데 도움이 된다. 예를 들어, 어떤 아동은 하고 싶지 않을 것을 해야 할 때마다(받아쓰기, 달리기 시합 등) 짜증을 부리거나 배가 아파 학교를 갈 수 없다고 할 수 있다.

(8) 문제행동의 빈도, 강도, 기간은 어떠한가

문제행동의 빈도, 강도, 기간은 문제의 심각성을 규명하고 그 문제가 클라이언트와 가족에게 얼마나 영향을 미치는지를 알 수 있게 해 준다. 예를 들어, 한 달에 한 번 정도 술에 취하는 사람보다는 일주일에 두세 번 정도 일상생활에 지장을 받을 정도로 술에 취해 있는 사람이 문제의 심각성이 더 높다.

(9) 문제행동의 역사는 어떠한가

문제행동이 언제부터 시작되었는지 알아본다. 예를 들어, 학교에 대한 공포증이 있는 아동이라면 언제부터 학교가기를 싫어했는지 그리고 그 시기에 아동의 삶에 무슨 일이 있었는지를 알아본다(친구들로부터의 따돌림, 부모님의 불화 등). 문제행동의 역사가 오래되었음에도 불구하고 이제야 도움을 요청한다면 왜 지금 도움을 요청하는지도 알아본다.

(10) 클라이언트는 무엇을 원하는가

사회복지의 중요한 가치는 클라이언트가 있는 곳에서 출발하는 것으로, 클라이언트가 원하는 것을 무시하면 개입에 성공하기 어렵다. 그러므로 클라이언트가 바라는 것을 문제해결에 가능한 한 반영하도록 한다. 예를 들어, 건강이 매우 나쁜 노인이, 돌보는 사람도 없이 다 쓰러질 것 같은 집에 살고 있는 경우, 사회복지사는 그 노인이 요양원에서 적절한 보호를 받는 것이 바람직하다고 생각할 수 있으나 노인은 자기가 태어나고 자란 집에서 절대로 한 발자국도 옮겨 갈 수 없다고 할 수 있다. 이럴 경우 다른 대안을 찾아보거나 원하는 것이 비현실적이고 달성될 수 없는 것이라면 그 이유를 잘 설명해야 한다.

(11) 문제를 해결하기 위해 어떤 시도를 했는가

문제를 해결하기 위해 클라이언트가 어떤 전략들을 사용했는가를 파악하는 것은 클라이언트의 대처 능력 및 문제해결기술에 관한 중요한 정보를 제공한다. 또한 클라이언트가 사용했던 방법이 성공적이지 못했다면 문제해결 단계에서 그 방법의 사용은 미리 배제할 수 있다.

(12) 문제를 해결하기 위해 클라이언트는 어떤 기술이 필요한가

클라이언트가 경험하고 있는 어려움을 해결하기 위해 필요로 하는 기술이 무엇인가를 확인해야 한다. 예를 들어, 부부간에 불화가 심하다면 문제해결기술, 의사소통기술, 경청기술, 갈등관리기술 등이 필요할 수 있다.

(13) 문제를 해결하기 위해 필요로 하는 외부자원은 무엇인가

클라이언트는 문제에 대처하기 위해 외부의 자원을 필요로 한다. 예를 들어, 저소득 모자가정이라면 보육서비스와 직업훈련 등이 필요할 수 있다. 필요로 하는 외부자원을 사회복지사가 일하는 그 기관에서 다 제공할 수 있는 것은 아니기 때문에 사회복지사는 중개자의 역할이나 사례관리자로서의 역할을 수행해야 한다.

2) 사람과 관련된 자료수집

사람과 관련된 자료수집은 클라이언트의 기능 수행에 영향을 미치는 모든 관련

요소에 주의를 기울여야 한다. 사회복지사가 정보를 얻어야 할 클라이언트의 기능수행 측면은 의지, 지성, 영성과 종교성, 도덕과 윤리, 정서, 신체, 성(sexuality), 가족, 사회적 관계, 직업, 경제, 법률 등의 영역이 될 수 있다(Sheafor & Horejsi, 2014). 그러나 이런 광범위한 영역에 관한 모든 세세한 정보를 모으는 데는 상당한 시간이 걸릴 수 있다. 따라서 실천현장에서는 기관에 따라 주로 접하는 클라이언트 및 문제 유형에 맞추어 개인에 관한 정보수집의 주요 범위와 초점을 조금씩 달리하여 어느 정도 한정하고 있다.

　또한 클라이언트에 관한 자료수집에서 클라이언트의 대처능력, 문제해결을 향한 동기화의 수준, 그리고 강점을 파악할 수 있는 자료를 모으는 것이 중요하다(최해경, 2017; Goldstein & Noonan, 2010; Timberlake et al., 2007). 클라이언트의 대처능력을 파악하기 위하여 스트레스 상황에서 그가 어떻게 반응하고 또 적응해 나가는지를 알아야 한다. 어떤 사람은 상황 자체를 회피해 버리기도 하고 또 어떤 사람은 문제를 해결하기 위해 다각도로 노력하기도 한다. 사회복지사는 클라이언트가 현재의 문제 또는 이와 유사한 과거의 문제에 대해 현재 어떻게 대처하며 또 어떻게 대처할 수 있었는지에 관한 정보를 수집해야 한다.

　문제의 해결점을 찾고자 하는 동기에 영향을 미치는 요인으로는 클라이언트가 느끼는 불편함과 희망의 정도, 자발적 또는 강제적 참여 여부, 과거 원조요청의 경험, 원조과정에 대한 기대, 원조과정에 에너지와 자원을 투여할 수 있는 능력 등이 포함된다(Goldstein & Noonan, 2010). 클라이언트의 동기화 정도를 알기 위해서 사회복지사는 클라이언트가 문제극복이나 상황변화를 얼마나 원하는지, 클라이언트가 변화의 추동력이 될 수 있는 긴장, 열망, 공포, 억압 등의 감정을 얼마나 느끼고 있는지, 여건이 변화될 수 있다는 희망을 가지고 있는지, 희망을 갖고 있지 않다면 왜 그런지, 클라이언트가 가치를 두고 있고 또 원하는 것은 무엇인지 등을 질문해 볼 수 있다.

　최근 사회복지실천에서 클라이언트가 이미 갖고 있는 강점이나 능력을 개입과정에 적극적으로 활용하는 것이 강조되고 있어서 클라이언트의 강점이나 능력에 대한 정보도 수집해야 한다. 예를 들어, 스트레스만 받으면 술을 마시고 폭언을 일삼는 클라이언트라도 사회복지사가 이 클라이언트를 지적 수준이 높으며 유머감각이 있고 화목한 가정을 이루기 위해 노력하려는 마음가짐이 있다고 평가한다면, 이런 점들은 스트레스를 조절하고 음주습관을 바꾸는 방법을 찾도록 돕는 과정에서 활용이 될 것이다.

다음은 클라이언트와 관련된 자료수집을 위해 도움이 되는 질문들이다(Bogo, 2018, p. 221).

- 클라이언트의 주요 역할(발달단계와 직장 또는 학교와 관련하여 문화적 기대의 맥락 속에서)에서 과거와 현재의 클라이언트의 기능의 특성은 무엇인가?
- 클라이언트는 적정한 주택, 소득, 직업, 교통, 영양, 의복, 여가 생활을 갖추고 있는가?
- 클라이언트의 건강상태는 어떠한가? 심각한 건강문제가 있으며 규칙적으로 복용하는 약이 있는가?
- 클라이언트의 정신건강 상태는 어떠한가? 정신과 진단이 있는가?
- 클라이언트의 음주 또는 약물사용의 특성은 무엇인가?
- 인지기능, 판단, 지적 능력과 문제해결능력은 어떠한가? 문화적 경험 그리고 생활경험의 맥락 속에서 클라이언트의 현실에 대한 견해, 자신과 타인에 대한 태도, 가정, 핵심신념은 무엇인가?
- 자신의 문제, 중요한 관계 그리고 사회복지사에 대한 정서적 표현의 특성은 어떠한가?
- 가족 구성원, 친밀한 관계를 맺고 있는 사람들 그리고 친구들과의 대인관계는 어떠한가? 클라이언트는 타인들의 욕구를 이해하려 하고, 주고받을 줄 알며, 대인관계에 자신감이 있는가?
- 스트레스에 어떻게 대처하고 갈등을 어떻게 다루는가?
- 클라이언트는 일상생활, 가족, 동료, 이웃주민과의 관계에서 폭력 또는 폭력의 위협을 경험하고 있는가?
- 현재 클라이언트에게 영향을 미치는 학대, 정신적 충격, 강제적인 이주, 수감

과 같은 중대한 생활 경험이 있는가?

3) 환경에 관한 자료수집

자료수집의 세 번째 영역은 사람 및 문제를 둘러싸고 있는 환경이다. 사회복지사는 개인과 환경이 어떤 영향을 주고받는지, 환경 내 어떤 체계가 개인과 문제에 관련되었는지를 파악할 수 있어야 한다. 클라이언트의 문제는 개인과 환경 간의 상호작용이 적절하지 못하여 생긴 경우가 많으므로, 문제의 발생과 심화에 영향을 미치는 환경적 요인에 관한 자료를 수집해야 한다. 또한 환경은 문제를 해결하는 데 도움이 되기도 하므로, 클라이언트의 신체적 · 심리적 · 사회적 기능을 향상하기 위해 어떤 환경적 요인들이 얼마만큼 변화되어야 하는지에 대해서도 자료를 수집할 필요가 있다.

사회복지사는 미시적 · 중시적 · 거시적 수준의 환경에 대해 자료를 수집해야 한다(Bogo, 2018). 미시적 수준의 환경은 클라이언트의 가족, 친구 및 사회활동에서의 관계, 직장에서의 관계와 같은 중요한 관계를 말한다. 중시적 수준의 환경은 이웃과 지역사회의 성격, 직장에서의 기대와 분위기, 사회 및 보건서비스 전달체계를 통해 이용할 수 있는 프로그램과 서비스를 말한다. 거시적 수준의 환경은 교육, 보건, 사회정책, 클라이언트의 개인적 특성으로 인해 접하게 되는 태도, 장벽, 기회와 같이 클라이언트에게 영향을 주는 사회구조적 힘을 말한다. 이러한 여러 수준의 환경에 대해 자료수집을 하더라도 개인마다 다른 생활상황 및 두드러진 문제상황과 밀접히 관련이 있는 측면에 초점을 두어야 할 것이다.

개인과 관련된 환경을 파악하는 데는 특히 사회적 지지에 대한 자료수집이 중요하다(Hepworth et al., 2010). 사회적 지지는 개인의 건강 및 심리사회적 기능에 상당한 영향을 미치는 것으로 알려져 있다. 개인의 관계망 속에 있는 사람들(예: 배우자, 가족 구성원, 가까운 친척, 친구, 직장 동료 등)은 안전감과 소속감을 주고, 질병이나 장애가 발생했을 때 직접 보살펴 주기도 하며, 위기와 어려움에 대처해야 할 경우 재정적인 원조나 정보를 주기도 한다. 사회복지기관에 원조를 요청하는 일부 사람들

(예: 독거노인, 가출한 청소년, 결혼이주여성 등)은 사회적으로 고립되거나 적절한 사회적 지지체계가 없기 때문에 사회복지서비스를 필요로 한다. 클라이언트의 사회적 지지에 대한 파악은 활성화되어야 할 사회지지체계를 확인하고 또 새로운 원조기관을 동원하는 개입에 활용될 수 있다.

다음은 환경에 관한 자료수집을 위해 도움이 되는 질문이다(Bogo, 2018, p. 222).

- 클라이언트의 환경은 어떠한가?
- 주요 대인관계 참가자(핵가족 및 확대가족, 친밀한 관계, 친구, 직장동료, 이웃)는 누구이며 주요 체계(지역사회, 종교 조직, 기타 사회적 관계망, 건강, 교육, 사법체계 및 사회적 서비스 체계)는 무엇인가?
- 중요한 심리적 역동, 유형, 동맹, 갈등 및 갈등해결 양식, 의사결정 유형, 지지와 같은 차원에서 중요한 대인관계의 성격은 어떠한가?
- 문제와 클라이언트의 경험에 영향을 미치는 문화적 · 사회적 요소들은 무엇인가?
- 주요 사회제도 및 서비스 프로그램에 대한 클라이언트의 경험은 어떠한가? 필요한 자원은 이용 가능한가? 만일 그렇지 않다면 어떤 옹호가 필요한가?
- 기관이나 정책이 필요한 프로그램에 대한 접근을 촉진하거나 방해하는가?

연습문제

1. 여러분이 관심을 가지는 실천현장에서 주로 어떤 경로를 통해 클라이언트들과 초기 접촉이 이루어지는 알아보시오.

2. 여러분이 관심을 가지는 특정 유형의 클라이언트와 문제에 대해서 실천현장에서 구체적으로 어떤 정보들이 수집·분석되는지 확인해 보시오.

3. 여러분이 면담할 수 있는 사람을 정하여 본문에서 제시된 자료수집의 질문들을 활용하여 그 사람 및 환경에 대해 자료를 수집하는 면담을 해 보시오.

4. 가정방문을 통해 자료를 수집하는 경우에 지켜야 할 예절과 주의해야 할 점은 무엇인지 알아보시오.

5. 다양한 사회복지기관에서 사용되는 심리검사 및 사정도구에는 어떤 것들이 있는지 알아보시오.

제**10**장

사회복지실천과정: 사정

사정은 수집된 자료를 분석하고 종합하여, 문제 및 그 원인이 무엇이며, 문제해결을 위해 무엇이 변화되어야 하는지를 규명하는 과정이다. 사정은 개입의 방법과 내용에 결정적인 영향을 미치는 문제해결 과정의 핵심적인 과정이라고 볼 수 있다. 사회복지사는 사정의 일반적인 특성과 사정의 범주들을 잘 이해하고 있어야 하며, 적절한 사정도구를 상황에 맞게 사용하고 사정보고서를 조직적으로 잘 작성할 수 있어야 한다. 이 장에서는 사정의 주요 과업과 특성, 사정의 주요 내용, 사정의 도구, 사정보고서의 작성 등에 대해 살펴보기로 한다.

1. 사정의 특성과 주요 과업

사정은 수집된 정보를 바탕으로 클라이언트의 문제 및 욕구의 성격과 원인을 규명하고 개입을 위한 함의를 도출해 내는 실천활동이다. 앞 장에서 다룬 자료수집단계가 자료를 모으는 과정이라면 사정단계는 모은 자료를 종합하여 무엇이 문제이고, 문제의 원인은 무엇이며, 또 문제해결을 위해 무엇이 변화되어야 할지에 대해 판단하는 과정이다. 순서적으로 사정이 자료수집 후에 이루어지는 것으로 제시되었으나 사회복지실천과정에서 자료의 수집 및 해석은 밀접하게 관련되어 거의 동시에 이루어진다고 볼 수 있다. 사정은 사회복지실천에서 가장 핵심적인 과정으로 사정의 정확성은 매우 중요하다. 사정에 의해 개입목표와 개입방법의 선택이 결정되며, 사정은 클라이언트의 변화를 모니터링하거나 개입의 효과성을 평가하는 데도 기초를 제공한다. 따라서 사회복지사는 다양한 출처에서 각기 분리된 것처럼 보이는 많은 자료를 연결된 전체로서 종합적으로 평가하고 의미를 부여할 수 있는 능력이 있어야 한다.

사정은 변화 과정의 핵심이 되는 복잡한 과정으로 창조적인 과정이면서 동시에 문제해결과정을 포함하고 있어서 과학적이라고 할 수 있다. 다음은 사정의 중요한 특성이다(Johnson & Yanca, 2010, pp. 179-183).

- 사정은 과정이며 또한 결과물이다. 사정단계는 사회복지사가 사정을 수행하면서 거쳐야 하는 과정으로 구성된다. 또한 사회력은 사정의 결과로 완성되는 산출물이기도 하다.
- 사정은 지속적으로 이루어지는 것이다. 사정은 원조과정 내내 계속된다. 사정은 초기단계에서 주로 이루어지지만 원조과정의 후반기에도 새로운 정보를 얻을 수 있고 또 새로운 이해가 생길 수 있으므로 사정은 지속적으로 이루어지는 일이다.
- 사정은 환경 속의 클라이언트를 이해하는 것과 계획과 행동을 위한 기초를 제

공하는 것에 초점을 두는 두 가지 측면이 있다. 사정과정에서는 클라이언트, 그와 관련된 체계들과의 관계, 환경, 욕구, 욕구 충족의 방해물에 대한 정보도 수집해야 한다. 변화를 위한 강점과 한계 그리고 변화에 대한 동기와 저항 등을 살펴보는 것도 중요하다.

- 사정은 클라이언트와 사회복지사가 참여하는 상호 간의 과정이다. 사정의 주요 내용은 면담, 집단토의, 관찰 등에서 클라이언트와 사회복지사의 상호작용을 통해 이루어진다. 클라이언트는 자신의 능력을 최대한 발휘하여 사정의 모든 측면에 참여한다. 사회복지사는 사실의 의미를 파악하고 환경 속의 인간을 이해하기 위하여 수집한 자료에 대해 클라이언트와 논의하고, 클라이언트가 생각하고 믿는 것이 중요하다는 것을 나타내고, 자존감을 인정해 주는 것은 클라이언트의 역량을 강화시키는 한 방법이 된다. 이러한 과정은 클라이언트가 소극적인 수혜자가 아니라 중요한 파트너라는 것을 알게 한다.

- 사정과정에는 움직임이 있다. 사정에는 상황에 대해 관찰하고, 이해를 위해 정보를 확인·수집하며, 정보들의 의미를 설명하는 순서로 그 과정이 이어진다. 또 여러 부분에 관한 사실들과 그 의미들은 전체 상황을 이해하기 위해 종합된다.

- 수평적이고 수직적인 탐색이 모두 중요하다. 사정의 초기단계에서는 상황을 수평적으로 보는 것이 도움이 된다. 모든 가능한 부분, 상호작용, 관계를 확인하기 위해 상황을 넓게 검토하도록 한다. 수평적인 탐색의 목적은 문제해결의 장애물을 파악하며 욕구충족을 위해 활용될 수 있는 생태체계 내의 강점과 자원을 파악하기 위한 것이다. 그 후에 상황이나 욕구충족에 중요한 것으로 확인되는 부분을 수직적으로 심도 있게 검토한다. 정보수집과정은 사회복지사와 클라이언트가 욕구와 상황을 탐색하면서 수평적인 것에서 수직적인 것으로 또 다시 수평적인 것으로 언제든지 몇 번씩 그 방향을 이동할 수 있는데, 언제 수평적인 접근이 가장 적합하며 언제 수직적인 접근이 가장 필요한지를 판단할 수 있는 기술을 가져야 한다.

- 지식기반이 이해를 증진시키는 데 사용된다. 사회복지사는 자신의 지식기반

을 환경 속의 클라이언트에 대한 이해를 발전시키기 위한 수단으로 이용한다. 개인에 대한 이해는 인간발달과 다양성을 고려하며, 가족에 대한 이해는 가족구조와 가족과정에 대한 지식을 필요로 한다. 기관에 대한 이해는 관료적 구조에 대한 지식을 참조하고, 지역사회에 대한 이해는 경제학 및 정치학적 지식을 필요로 한다.

- 사정은 생활 상황 속의 욕구를 확인하고 그 욕구의 의미와 유형을 설명하는 것이다. 사정은 욕구를 구체화하고 욕구충족의 장애물을 파악하는 데 생활주기 전반에 걸친 성장과 변화 과정을 활용한다.

- 사정은 클라이언트와 생태체계의 강점을 확인해서 개입과정에서 강점이 강화될 수 있도록 한다. 개인은 자신들의 한계가 아니라 강점을 통해서 성장한다. 성공 가능성이 높은 목적, 목표, 업무를 클라이언트와 함께 설정하기 위해서는 신체적 · 정신적 · 정서적 · 행동적 강점에 대한 사정이 있어야 한다. 클라이언트의 강점에 대한 확인은 클라이언트의 욕구를 충족시킬 수 있는 클라이언트 체계, 환경 또는 상황 속의 자원에 대한 확인을 통해서 이루어진다.

- 사정은 개별화된 것이다. 인간의 상황은 복잡하며 똑같은 상황은 없다. 클라이언트의 독특성과 상황이 다르기 때문에 모든 사정은 다 다르다. 사회복지사는 자신과 다른 인종이나 사회문화적 배경을 가진 다른 클라이언트를 사정할 때 사회복지사의 관점이 아니라 클라이언트의 관점에서 상황의 의미를 살펴보는 것이 중요하다.

- 판단이 중요하다. 각 사정과 관련하여 많은 결정이 이루어진다. 고려해야 할 부분이 무엇이며, 어떤 지식기반을 적용해야 하고, 클라이언트를 어떻게 관여시켜야 하며, 관심사나 욕구를 어떻게 정의할지 등을 결정해야 한다. 결정의 종류는 사정의 내용과 해석에 상당한 영향을 미친다. 사건의 중요성에 대해 클라이언트의 관점에서 주의 깊게 평가해야 한다. 사회복지사가 중요하지 않게 여기는 것이 클라이언트에게는 매우 중요할 수 있거나 그 반대일 수도 있다.

- 이해를 하는 데는 한계가 있다. 어떤 사정도 완벽할 수 없다. 어떤 상황에 대해서 완전한 이해를 하는 것은 불가능하며 또한 바람직하지도 않다. 이해에는

시간이 걸리는데, 곤경에 처한 클라이언트는 신속하게 원조를 받아야 하는 경우가 많다. 사회복지사는 원조를 제공하기 위해 어떤 이해가 필요한지를 결정해야 하고, 원조를 주는 과정에서 생기는 새로운 이해에 주의를 기울여야 한다. 사회복지사는 제한된 이해의 불확실성을 편안하게 받아들이고 사정의 지속적인 과정을 신뢰해야 한다.

사정단계에서 사회복지사의 주요 과업은 클라이언트의 문제를 규정하는 것이다(김융일 외, 1995; Johnson & Yanca, 2010; Kirst-Ashman & Hull, 2013). 클라이언트의 문제를 규정하는 것은 원조과정 초기에 문제를 확인하는 것보다 더 심층적인 것으로 사회복지사의 이론적 지식 및 실무경험 등에 기반하여 문제에 대해 보다 전문적인 평가를 하는 것이다. 이 과정에서 사회복지사가 전문적으로 판단한 문제는 클라이언트가 초기에 자신의 문제로 말한 것과 다를 수 있다.

문제를 규정하는 과정에는 클라이언트의 욕구가 무엇이며, 욕구의 충족을 방해하는 장애물이 무엇인지, 그리고 욕구충족에 필요한 변화를 가져올 수 있는 클라이언트 및 외부체계의 잠재적인 능력이나 장점은 무엇인지를 규명해야 한다(Johnson & Yanca, 2010). 욕구는 기본적이며 사회적으로 합당하게 기대되는 의식주와 관련된 구체적인 자원의 부족일 수도 있으며 자존감 및 자기실현과 같은 심리정서적 측면에서의 욕구일 수도 있다. 욕구의 충족을 방해하는 장애물은 태도와 가치, 지식과 이해의 부족, 대처기술의 문제, 과도하게 부과된 역할, 이용 가능한 자원에 대한 정보부족이나 활용자원의 부족 등이 있을 수 있다. 변화를 위한 자원과 강점은 개인의 성격과 자질, 문제해결 능력, 태도와 동기 등과 같은 개인적 차원뿐만 아니라 개인이나 가족의 사회적 지지망에 대한 평가도 포함되어야 한다.

2. 사정의 주요 범위와 내용

사정은 자료수집과 밀접히 관련을 맺고 있으므로 사정의 주요 범위 역시 문제,

사람, 환경의 범주로 구분할 수 있다. 그러나 실천현장에서 구체적인 사정의 내용은 사회복지사가 일하는 기관이나 접하는 사례에 따라 매우 다양하여 일률적으로 사정의 범주와 내용을 정할 수 있는 것은 아니다. 예를 들어, 아동학대 사례의 경우 사회복지사는 아동이 심각한 해를 입을 위험이 있는지 그리고 즉각적인 보호가 필요한지를 사정해야 하는데, 이 위험성을 판단하는 사정에는 아동학대의 발생빈도, 학대로 인한 아동의 피해 정도, 보호자의 아동 양육 능력 및 가족의 스트레스에 관한 항목들이 주요하게 고려될 것이다. 노인복지관에서 노인맞춤돌봄서비스를 맡고 있는 사회복지사라면 생활지원사의 파견 여부를 결정하기 위해 노인이 기본적인 일상생활을 할 수 있는 신체적 및 정신적 능력이 어느 정도이며 노인의 일상생활에 도움을 줄 수 있는 동거가족은 있는지 등을 주요하게 고려할 것이다.

또한 사정의 주요 범위는 사정에 관한 사회복지사의 역할에 따라 달라질 수 있다. 사회복지사가 중심이 되어 활동하는 사회복지 1차 현장에서는 사회복지사가 독립적으로 사정을 하지만, 사회복지전문기관이 아닌 2차 현장에서는 타 전문직과 함께 팀의 일원으로서 사정을 하게 된다. 팀을 이루어 사정을 하게 되는 경우 전문가별로 전문성에 따라 사정의 영역이 달라진다. 예를 들어, 임상심리사는 주로 개인의 심리사회적 기능에 대해 사정을 하며, 사회복지사는 주로 가족배경, 교육 및 직업, 환경체계 등에 대해 사정하는 것으로 그 역할이 나뉠 수 있다.

과거의 사회복지실천에서는 '진단'이라는 용어가 사용되었으며 클라이언트의 결함이나 문제와 같은 부정적이고 역기능적인 면에 초점을 두는 경향이 강하였으나, 오늘날의 사정과정에서 강조되는 것은 클라이언트의 자원, 강점, 능력 등 긍정적이고 기능적인 면에도 초점을 두고 있다. 이것은 실제적인 문제를 무시하거나 무조건적으로 낙관적 접근을 해야 한다는 것이 아니라 가장 역기능적이고 어려운 상황에서라도 강점을 찾는 노력을 해야 한다는 것을 말한다. 클라이언트의 자원이나 장점으로 사정에 포함되어야 할 영역은 다음과 같다(Kirst-Ashman & Hull, 2013, pp. 189-191).

• 가족 및 친구: 필요한 경우 심리적 지지와 자원을 제공해 줄 수 있는 가족 구성

원이나 친구가 있는지, 그들이 클라이언트의 현 문제상황을 다루는 데 상당히 도움이 되는지를 파악한다.

- 교육정도 및 취업경험: 클라이언트의 문제가 실업 또는 재정적 결핍인 경우, 취업에 필요한 교육배경, 기술 또는 취업경력에 대한 사정이 중요하다. 취업에 유용한 기술이나 능력을 잘 파악하여 취업 분야를 결정하는 데 활용할 수 있다.

- 문제해결능력 및 의사결정능력: 클라이언트가 현재의 문제 또는 이와 유사한 과거의 문제에 대해 어떻게 해결하려고 했는지에 대한 사정은 현재의 문제해결을 위해 어떤 노력을 기울이는지에 대한 단서를 제공한다.

- 개인적인 자질 및 성격: 클라이언트의 자원 중 자질과 성격이 많은 비중을 차지한다. 문제해결에 도움이 되는 긍정적인 자질과 성격을 사정한다. 예를 들어, 대인관계에서 원만하고, 약속시간을 잘 지키고, 인내심을 가지고 꾸준히 노력하는 점 등을 발견하는 것은 개입 방법을 선택하는 데 유용한 정보를 제공해 준다.

- 물리적 및 재정적 자원: 문제해결에 주요한 재정적 자원이 될 수 있는 주택, 저축 및 기타 자산 등에 대해 파악한다.

- 태도 및 관점: 문제해결을 위해 노력하려는 클라이언트의 동기 및 사회복지기관과 협력하려는 의지가 중요하다. 현재의 상태에 체념하기보다는 자신의 문제나 상황을 적극적으로 변화시키려는 열망을 가지고 있으며 또 변화시킬 수 있다는 신념을 가진 사람이 개입에 더 성공적일 수 있다.

- 종교 및 영성: 종교활동을 열심히 하거나 영성이 강한 사람들이 부정적인 생활사건이나 질병 등을 잘 극복하는 것으로 알려져 있으므로 클라이언트의 종교활동 정도나 영성에 대해 사정한다.

- 기타 강점: 모든 개인은 다 독특하므로 강점 또한 셀 수 없을 정도로 많다. 운동을 잘하거나 음악적 소질이 뛰어나거나 건전한 취미생활을 지속하는 것 등이 클라이언트의 자존감을 향상시키고 동기를 높이는 잠재적 자원이 될 수 있다.

전반적으로 사회적 기능이 많이 저하된 클라이언트에게서 문제해결이 도움이 되는 자원이나 강점을 찾는 것이 쉽지는 않을 수 있다. 클라이언트의 강점을 확인하기 위해서 사회복지사는 문제와 제한점에 초점을 두는 사고방식을 바꾸어 개인이나 환경이 나타내는 조그마한 강점의 지표에도 관심을 가져야 한다. 예를 들어, 치매로 인해 주간보호센터를 이용하는 노인이라도 다른 신체적 질병은 없으며 센터 내 다른 치매노인과 사회복지사를 도와주려 하고 또 동거하는 자녀 및 손자녀와의 관계가 원만하다면 이런 점들이 강점으로 인식될 수 있다.

3. 사정의 도구

상황에 맞는 적절한 사정도구를 활용하는 것은 사정과정에 도움이 되므로 어떤 사정도구가 있으며 또 이를 어떻게 활용하는가를 알아두어야 한다. 사회복지 분야의 대표적인 사정도구로는 PIE(Person-In-Environment) 분류체계가 있으며, 정신보건사회복지 분야에서는 『정신질환의 진단 및 통계 편람(DSM)』도 많이 활용된다. 최근 우리나라 사회복지실천현장에서 가계도 및 생태도와 같이 그림을 활용한 사정도구도 많이 활용되고 있다. 그림을 활용하면 클라이언트는 보다 자연스럽게 자신의 이야기를 끄집어내는 경향이 있으며, 사회복지사와 클라이언트 모두 복잡한 문제상황이나 환경체계를 보다 더 쉽고 분명하게 이해하는 데 도움이 되고, 몇 장으로 제시할 내용도 한 장의 그림으로 간단히 보고할 수 있는 장점이 있다(Mattaini, 1993).

1) PIE 분류체계

PIE 분류체계는 사회복지전문직 자체의 보편적인 사정체계를 개발하려는 미국 사회복지사협의회의 주도로 개발된 것으로, 18세 이상 성인의 포괄적인 생심리사회적(biopsychosocial) 사정을 촉진하기 위해 만들어졌다(Karls & O'Keefe, 2008; Karls & Wandrei, 1994). PIE 분류체계는 사회복지실천이 개인의 사회적 기능수행과 사회적 기능수행에 영향을 미치는 환경에 대해 초점을 둔다는 점을 명확히 하는 기초를 제공하며, 클라이언트의 문제 및 문제의 개선에 영향을 미치는 사회적 현상을 간결하고 공통적으로 묘사할 수 있는 부호를 제공하고, 공통된 부호를 통해 사회복지실천가들 간에 명확한 의사소통의 기제가 될 수 있도록 하는 것을 목적으로 개발되었다. 이 분류체계는 사회적 역할과 환경의 문제를 서술하고 숫자로 부호화할 뿐만 아니라 문제의 심각성 및 지속기간을 표시하는 지표를 사용하며 또한 클라이언트가 문제를 처리할 수 있는 능력을 나타내는 대처지표도 함께 사용하여 클라이언트의 강점에 초점을 두도록 하였다(Karls & Wandrei, 1994). PIE의 사용을 촉진하기 위하여 현재는 컴퓨터 소프트웨어 CompuPIE가 개발되어 이용되고 있다(www.compupie.com). PIE 체계의 기본 구조는 다음과 같다.

요인 1: 사회적 역할 및 관계 문제
요인 2: 환경적 및 사회체계 문제
요인 3: 정신건강 문제
요인 4: 신체건강 문제

요인 1에는 클라이언트가 어려움을 겪고 있는 모든 사회적 역할 및 관계에 관해 기록하며, 요인 2에는 클라이언트의 사회적 역할문제에 영향을 미치는 사회체계와 특정한 환경문제를 기록한다. 요인 3에는 클라이언트에 대한 정신상태검사(mental status examination)의 내용을 기록한다. 요인 4에는 클라이언트의 신체적 장애나 상태를 기록하는 것으로 의사에 의해 진단되거나 클라이언트 혹은 다른 사람에 의해 보고되는 질병이나 건강문제를 기록한다. 특히 요인 1과 요인 2에서 사용되는 개념들은 사회복지실천의 주요 초점이며 사회복지실천의 독특함을 나타내는 내용이다. 여기서는 요인 1과 요인 2에 대해서 간단히 살펴보기로 한다.

요인 1인 사회적 역할 및 관계와 관련된 클라이언트의 문제는 다음의 6요소가 확인되고 사정되어야 한다.

- 문제가 발생되는 곳에서의 사회적 역할
  - 가족의 역할(부모, 배우자, 아동, 형제자매, 다른 가족, 의미 있는 타자)
  - 다른 대인관계 역할(연인, 친구, 이웃, 구성원, 기타)
  - 직업적 역할(유급 근로자, 가사노동자, 자원봉사자, 학생, 기타)
  - 특별한 상황에서의 역할(소비자, 입원환자/클라이언트, 외래환자/클라이언트, 보호관찰대상자/가석방자, 죄수, 합법적 이민자, 불법적 이민자, 난민, 기타)
- 사회적 역할에서의 문제의 유형: 힘의 남용, 양가감정, 책임, 의존, 상실, 고립, 희생, 혼합형, 기타
- 문제의 심각성: 낮음(1), 보통(2), 높음(3)
- 문제의 지속기간: 5년 이상(1), 1~5년(2), 6개월~1년(3), 1~6개월(4), 1달 이하(5)
- 문제에 대처하는 클라이언트의 능력: 뛰어남(1), 우수함(2), 평균(3), 평균보다 낮음(4), 빈약함(5), 현시점에서 판단할 수 없음(6)
- 문제/욕구의 우선순위: 낮음(1), 보통(2), 높음(3)

이러한 요소들이 사정된 이후, 사회복지사는 개입 목표, 추천하는 개입 방법, 기대되는 효과에 대해서 제시하도록 하고 있다. 만일 클라이언트가 사회적 관계에서 여러 문제가 있다면 각각에 대해서 그 내용을 입력해야 한다. 〈표 10-1〉은 제시된 사례에 대해 PIE를 이용하여 요인 1에 대해 사정한 예다.

 표 10-1 PIE 사정의 예

사례

- **의뢰 사유:** 세 자녀를 둔 이혼한 어머니인 스테이시(Stacy)는 스트레스와 관련이 있을 가능성이 높은 두통으로 인해 그녀의 주치의에 의해 의뢰되었다. 클라이언트는 집에서 점점 더 짜증을 내고 더 우울해지며 자녀들에 대해 더 좌절감을 느낀다고 말하였다. 아들 지미(Jimmy, 10세)가 자주 화를 내고, 어린 아이들을 괴롭히기도 하며 학교에서 싸움을 이전보다 더 자주하고 있으며, 최근 정학을 당했다고 하였다. 2년 전 이혼한 후 아들을 다루기가 힘들다고 말하였다. 또한 12살의 딸에 대해서도 우려하고 있는데, 딸이 수줍음이 많고 학교

에서 공부를 잘못한다고 하였다. 그녀는 6~7시간의 수면에도 불구하고 아침에 잘 일어나지 못하고 늘 피곤하다고 하며 삶에 압도당해 있다고 하였다. 스테이시는 지난 3개월 동안 아이들에게 친절하고 잘해 주는 남자와 사귀고 있다고 하였다. 그런데 그녀의 아들이 그를 좋아하지 않으며 이것이 그녀와 아들 사이의 문제로 지속되고 있어서, 그 남자와의 사귐을 계속하기를 자신이 원하고 있는지 잘 모르겠다고 하였다. 클라이언트의 전 남편은 결혼생활에서 그녀를 감정적으로 육체적으로 학대했다고 한다. 이혼 이후 전 남편은 아이들을 잘 만나지 않았으며 최근에는 다른 주로 이사를 갔다고 한다.

• **현재 상황**: 클라이언트의 상황은 재정적인 문제로 더 악화되었다. 그녀는 최근 덜 안전한 지역의 작은 아파트로 이사를 해야만 했다. 그녀의 전남편은 양육비로 월 300달러만 주었으며 그마저도 가끔 주었다. 그녀가 다니는 직장에서 일이 줄어 이제 일주일에 25시간만 일하고 있다. 추가적인 일을 찾을 수 없고 그래서 재정적인 걱정을 많이 하고 있다. 클라이언트는 면담 중에 "인생은 내게 너무 벅차다"며 울먹였다. 자살에 대한 생각을 부인하며 아이들에게 절대 그러지 않을 것이라고 말했다. 그녀는 매우 동기부여가 된 것으로 보이며, 아이들에게 더 나은 삶을 주고 싶다고 한다. 그녀의 아이들이 학교에서 상담을 받고 있지만 그녀는 그녀 자신을 위한 도움을 원한다고 하였다.

PIE 사정

요소 1: 사회적 역할 및 관계

문제: 부모역할, 혼합형, 심각성 보통, 1~5년간 지속, 평균 이하의 대처기술

우선순위: 높음

목표: 1. 클라이언트와 아들 간의 갈등을 줄인다.

　　　2. 이혼, 과거 가정폭력, 아버지와의 관계를 중심으로 클라이언트와 두 자녀 사이의 의사소통을 늘린다.

추천: 1. 가정폭력과 약물사용이 자녀에게 미치는 영향에 대한 교육

　　　2. 부모교육, 특히 분명한 경계, 긍정적인 강화 사용 및 비행에 대한 일관된 반응

　　　3. 가정폭력과 아버지와의 관계에 대해 의사소통을 하기 위해 가족치료

기대효과: 1. 향상된 양육기술

　　　　　2. 가족 구성원 간의 향상된 의사소통

문제: 연인 역할, 양가감정, 심각성 보통, 1~6개월 지속, 평균의 대처기술

우선순위: 보통

목표: 1. 건강한 관계를 구성하는 것이 무엇인지에 대한 교육

2. 남자 친구와의 관계에 대한 향상된 의사결정

추천: 1. 건강한 관계에 대한 교육

2. 현재 관계의 장단점 검토

기대효과: 클라이언트는 건강한 관계에 대한 지식을 증진하고 남자 친구와의 관계에서 자기
효능감을 경험할 것이다.

출처: www.compupie.com 홈페이지의 사례에서 일부 발췌

요인 2인 환경적 및 사회체계 문제에 대해서는 다음의 6요소가 확인되어 기록되
어야 한다.

- 문제가 확인되는 사회체계
  - 기본적 욕구체계의 문제(음식/영양, 주거, 고용, 경제적 자원, 교통수단, 차별)
  - 교육 및 훈련체계의 문제(교육/훈련체계 접근가능성 문제, 교육기회의 차별)
  - 사법 및 법적 체계의 문제(경찰과 법원 관련 서비스의 부족, 법적 차별)
  - 건강, 안전, 사회적 서비스의 문제(병원, 외래진료, 공공안전서비스, 사회적 서
    비스 관련 문제)
  - 자발적 모임체계의 문제(종교 집단, 지역사회 지지 집단에서의 문제)
  - 정서적 지지체계의 문제(개인의 사회적 지지체계와 관련된 여러 문제)
- 각 사회체계에서의 특정한 문제의 유형: 각 사회체계에 따라 문제의 하위 유형이
  있다. 예를 들어, 기본적 욕구체계의 음식·영양과 관련된 하위 유형으로는
  정기적으로 음식이 공급되지 않음, 건강에 해가 될 정도의 부적절한 음식의 공
  급, 건강에 해가 되는 부적합한 물의 공급 등
- 문제의 심각성: 낮음(1), 보통(2), 높음(3)
- 문제의 지속기간: 5년 이상(1), 1~5년(2), 6개월~1년(3), 1~6개월(4), 1달 이하(5)
- 문제에 대처하는 클라이언트의 능력: 뛰어남(1), 우수함(2), 평균(3), 평균보다 낮

음(4), 빈약함(5), 현시점에서 판단할 수 없음(6)
- 문제/욕구의 우선순위: 낮음(1), 보통(2), 높음(3)

요인 2에 대한 요소들이 확인되고 난 이후에, 사회복지사는 개입 목표, 추천하는 개입 방법, 기대되는 효과에 대해서 제시해야 하며, 만일 클라이언트가 요인 2와 관련하여 여러 문제가 있다면 역시 각각에 대해서 그 내용들을 입력해야 한다.

2) 정신질환의 진단 및 통계 편람

미국정신의학협회가 출판한『정신질환의 진단 및 통계 편람(Diagnostic and Statistical Manual of Mental Disorder: DSM)』은 전 세계적으로 통용되는 정신장애 진단에 대한 지침서다. DSM은 정신과 의사뿐만 아니라 여러 분야의 정신건강 전문가에게 가장 권위 있는 지침서로 활용되고 있는데, 클라이언트의 정신장애에 대해 관련 전문직(정신과 의사, 심리학자, 간호사 등)과 의사소통하며 정신장애인의 치료와 평가에 활용하기 위해 사회복지사도 DSM에 대한 이해가 필요하다. 1952년 DSM-I이 처음 발간된 후, 인간의 정신장애에 대한 시대적 상황을 반영하고 보다 나은 분류체계를 만들기 위해 여러 차례 개정되었으며, 2013년에 발간된 DSM-5가 현재 사용되고 있다. DSM-5에서 정신질환은 20개의 범주로 구성되어 있으며, 정신질환은 아니지만 약물치료로 유발된 운동장애와 기타 부작용, 임상적 주의의 초점이 될 수 있는 기타의 상태도 진단기준과 부호에 포함하고 있다(〈표 10-2〉 참조).

표 10-2 DSM-5의 분류

- 신경발달장애(Neurodevelopmental Disorders)
- 조현병 스펙트럼 및 기타 정신병적 장애(Schizophrenia Spectrum and Other Psychotic Disorders)
- 양극성 및 관련 장애(Bipolar and Related Disorders)
- 우울장애(Depressive Disorders)

- 불안장애(Anxiety Disorder)
- 강박 및 관련 장애(Obsessive-Compulsive and Related Disorders)
- 외상 및 스트레스 관련 장애(Trauma-and Stressor-Related Disorders)
- 해리장애(Dissociative Disorders)
- 신체증상 및 관련 장애(Somatic Symptom and Related Disorders)
- 급식 및 섭식장애(Feeding and Eating Disorders)
- 배설장애(Elimination Disorders)
- 수면-각성 장애(Sleep-Wake Disorders)
- 성기능부전(Sexual Dysfunctions)
- 성별 불쾌감(Gender Dysphoria)
- 파괴적, 충동조절 및 품행 장애(Disruptive, Impulse-Control, and Conduct Disorders)
- 물질관련 및 중독 장애(Substance-Related and Addictive Disorders)
- 신경인지장애(Neurocognitive Disorders)
- 성격장애(Personality Disorders)
- 변태성욕장애(Paraphilic Disorders)
- 기타 정신질환(Other Mental Disorders)
- 약물치료로 유발된 운동장애 및 약물치료의 기타 부작용(Medication-induced movement disorders and other adverse effects of medication)
- 임상적 주의의 초점이 될 수 있는 기타의 상태(other condition that may be a focus of clinical attention)

출처: American Psychiatric Association (2013).

'임상적 주의의 초점이 될 수 있는 기타의 상태'는 정신질환의 진단, 경과, 예후 치료 등에 영향을 줄 수 있는 상태와 문제를 다루는 부분으로, 사회복지사들이 주로 관여할 수 있어서 이를 좀 더 구체적으로 살펴보면 〈표 10-3〉과 같이 분류된다.

표 10-3 임상적 주의의 초점이 될 수 있는 기타의 상태

관계문제

- 가족양육과 관련된 문제: 부모-아동 관계문제, 형제-자매 관계문제, 부모와 떨어진 양육, 부모의 관계 고충에 의해 영향 받는 아동
- 1차 지지 집단과 관련된 기타 문제: 배우자나 친밀 동반자와의 관계 고충, 별거나 이혼에 의한 가족 붕괴, 가족 내 고도의 표출 정서, 단순 사별

학대와 방임

- 아동학대와 방임 문제: 아동 신체 학대, 아동 성적 학대, 아동 방임, 아동 심리적 학대
- 성인학대와 방임 문제: 배우자나 동반자 신체적 폭력, 배우자나 동반자 성적 폭력, 배우자나 동반자 방임, 배우자나 동반자 심리적 학대, 배우자나 동반자가 아닌 사람에 의한 성인 학대

교육과 직업 문제

- 교육문제: 학업이나 교육문제
- 직업문제: 현재의 군대 배치 상태와 관련된 문제, 고용과 관련된 기타의 문제

주거와 경제 문제

- 주거문제: 노숙, 부적절한 주거, 이웃, 세입자, 임대주 등과의 불화, 기숙시설에서의 생활과 관련된 문제
- 경제문제: 적절한 음식이나 안전한 식수 부족, 극도의 가난, 적은 수입, 불충분한 사회보험이나 복지 자원, 명시되지 않은 주거 혹은 경제문제

사회환경과 관련된 기타 문제

생애 단계 문제, 혼자살기와 관련된 문제, 문화적응의 어려움, 사회적 배척이나 거부, 부정적 차별이나 박해의 표적, 사회환경과 관련된 명시되지 않은 문제

범죄 혹은 법체계와의 상호작용과 관련된 문제

범죄의 피해자, 불구속 상태의 민사 또는 형사소송에서의 유죄판결, 구속 또는 기타의 구금, 출감과 관련된 문제, 기타 법적 상황과 관련된 문제

상담과 의학적 조언을 위한 기타의 건강 서비스 대면

성상담, 기타 상담 또는 자문

기타 정신사회적 · 개인적 · 환경적 상황과 관련된 문제

종교적 또는 영적 문제, 원하지 않는 임신과 관련된 문제, 임신 반복과 관련된 문제, 보호관찰
관 · 사례관리자 · 사회복지사 등과 같은 사회복지 제공자와의 불화, 테러나 고문의 피해자,
재앙 · 전쟁 · 기타 적대행위에 노출, 정신사회적 상황과 관련된 기타 문제, 명시되지 않은 정
신사회직 상황과 관련된 문제

개인력의 기타 상황

심리적 외상의 기타 개인력, 자해의 개인력, 군대배치의 개인력, 기타 개인적 위험 요인, 생활
방식과 관련된 문제, 성인 반사회적 행동, 아동 또는 청소년 반사회적 행동

의학적 치료 및 기타 건강관리에 대한 접근과 관련된 문제

건강관리기관이 없음, 기타 도움을 주는 기관이 없거나 가기 어려움, 의학적 치료를 멀리함,
과체중 또는 비만, 꾀병, 정신질환과 연관된 배회, 경계선 지적 기능

출처: American Psychiatric Association (2013).

DSM이 보다 과학적이고 정교한 진단체계가 될 수 있도록 여러 차례 개정되어 왔
지만 현재 사용되고 있는 DSM-5에 대해서도 여전히 여러 비판이 있다. DSM-5가
정신장애의 원인보다는 질환의 증상과 증후들에 초점을 둠으로써 피상적인 증상
에 매달려 있으며, 분류체계가 정신건강에서 정상과 비정상의 기준점이 임의적이
고 장애들 간의 범주 구분이 불공정하며, 정신장애의 진단범위가 넓어져 많은 사람
이 정신질환자로 분류되어 불필요한 치료를 받게 될 수 있다는 점 등이 문제점으로
지적되고 있다(김청송, 2016).

사회복지실천에서 DSM의 사용이 사회복지의 가치나 실천원칙에 비추어 적절하
지 않다는 의견도 제기되어 왔다(Corcoran & Walsh, 2016; Kirst-Ashman & Hull, 2013;
Sheafor & Horejsi, 2014). DSM은 사회복지사로 하여금 클라이언트의 행위를 DSM의
분류 속에서만 바라보게 하고, 사람에게 영향을 미치는 여러 요인의 복합적인 상호
작용이나 환경 및 문화적 요소들을 고려하기보다는 생물학적인 접근을 더 강조하
도록 한다고 비판되었다. 또한 병리적인 면에만 초점을 두어 클라이언트에게 낙인
을 부여하며, 클라이언트의 자원을 확인하거나 강점을 활성화하는 접근에는 한계

가 있는 것으로 평가되었다.

3) 가계도

가계도는 2~3세대에 걸친 가족관계를 여러 상징부호를 사용하여 도식화한 것으로 가족을 사정하는 데 널리 사용되는 방법이다. 가계도에는 여러 세대에 걸쳐 가족 구성원의 성별, 연령, 출생과 사망, 결혼과 이혼, 직업 등의 인구학적인 정보와 주요 생활사건, 가족 구성원의 기능, 가족관계와 역할 등의 정보를 묘사할 수 있다(Galindo, Boomer, & Reagan, 2006; McGoldrick, Gerson, & Petry, 2008). 가계도는 가족원들의 문제와 가족원 간의 관계 등을 가족 전체의 맥락에서 볼 수 있도록 하며, 여러 세대에 걸쳐 가계도를 완성하는 경우 가족의 과거와 현재가 어떻게 연결되어 있는지를 알 수 있게 한다.

가계도는 가족에 대해 단순한 정보만을 수집한 후 사회복지사가 작성하는 것이 아니라 사회복지사와 가족 구성원들이 서로 협력해 가족원들의 관계 및 가족에게 특별한 관심이 되는 가족의 경험들을 탐색하고 논의해 가는 공동작업을 통해 점차적으로 완성해 가는 것이어야 한다. 가계도는 사회복지사와 가족이 함께 가족의 경험을 체계화하고, 가족의 양상을 명료화하며, 가족의 여러 문제를 추적하고 재구성하는 데 도움이 되는 도구로 활용해야 한다. 가계도를 그려 가는 과정은 현재의 문제, 동거가족, 가족의 현재 상황 등과 같은 비교적 쉽고 무난한 질문으로부터 시작해 점차 확대가족, 가족사건의 역사, 가족 구성원의 역할, 기능, 관계 등의 어렵고 불안을 야기할 수 있는 질문으로 넓혀 가는 것이 좋다(McGoldrick, Gerson, & Petry, 2008).

작성된 가계도에 대해서는 다음의 세 차원에 초점을 두고 분석해야 한다. 첫째, 가족구조와 구성을 분석한다. 이혼이나 재혼과 같은 결혼 상태, 형제자매의 출생순위와 자녀에 대한 부모의 기대 등을 분석한다. 둘째, 생활주기상의 가족의 위치를 분석한다. 가족이 생애주기의 일련의 단계나 전환기(결혼, 출산, 자녀양육, 퇴직 등)에 잘 적응하였는지를 살펴보아야 한다. 셋째, 세대에 걸쳐 반복되는 유형을 분석

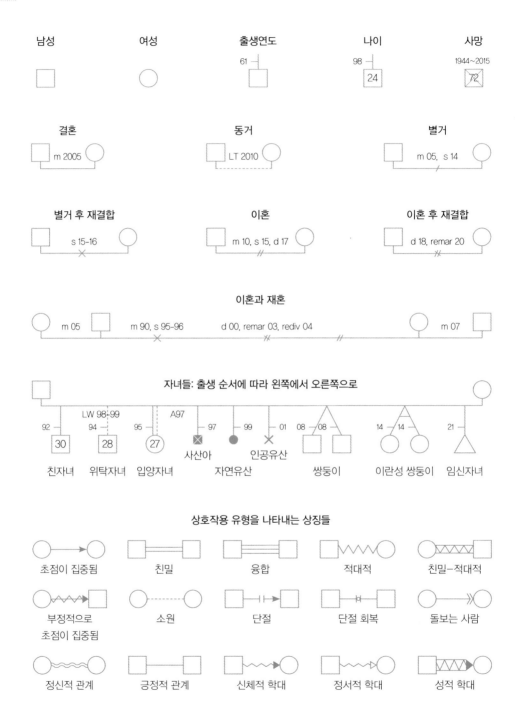

남성	여성	출생연도	나이	사망
		61	98 / 24	1944~2015 / 72

결혼	동거	별거
m 2005	LT 2010	m 05, s 14

별거 후 재결합	이혼	이혼 후 재결합
s 15-16	m 10, s 15, d 17	d 18, remar 20

이혼과 재혼

m 05   m 90, s 95-96   d 00, remar 03, rediv 04   m 07

자녀들: 출생 순서에 따라 왼쪽에서 오른쪽으로

92 / 30	LW 98-99 / 94 / 28	95 / 27	A97 / 97	99	01	08 - 08	14 - 14	21
친자녀	위탁자녀	입양자녀	사산아	자연유산	인공유산	쌍둥이	이란성 쌍둥이	임신자녀

상호작용 유형을 나타내는 상징들

초점이 집중됨	친밀	융합	적대적	친밀-적대적

부정적으로 초점이 집중됨	소원	단절	단절 회복	돌보는 사람

정신적 관계	긍정적 관계	신체적 학대	정서적 학대	성적 학대

동거가족 및 클라이언트 표시

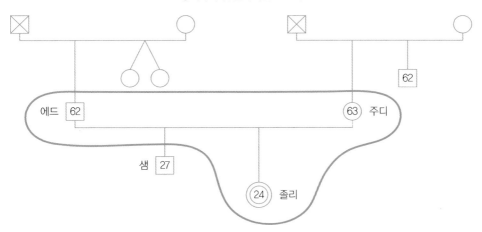

* 클라이언트는 이중선으로 표시하며 형제자매보다 더 아래에 위치
* 동거하고 있는 가족은 선으로 둘러 줌

그림 10-1 가계도의 상징들

출처: McGoldrick, Gerson, & Petry (2008). 겉표지 안쪽에서 일부 게재(나이 및 연도 수정)

한다. 가족의 유형은 한 세대에서 다음 세대로 전수될 수 있는데, 가족기능, 가족관계, 가족 구성원의 역할과 기능의 균형 등이 세대 간에 어떤 양상으로 나타나는지를 주목해야 한다. 세대에 걸쳐 가족이 기능하는 방식이 얼마나 유사하게 적응적(창의성, 탄력성, 강점)인지 부적응적(가정폭력, 알코올중독, 자살 등)인지를 살펴보며, 가족관계에서 친밀함, 소원함, 정서적 단절, 갈등 등이 세대 간에 반복되는지를 살펴본다(McGoldrick, Gerson, & Petry, 2008).

4) 생태도

생태도(ecomap)는 개인이나 가족의 삶에 영향을 미치는 모든 외부환경을 체계적으로 확인하고 조직화해 그림으로 나타낸 것이다. 생태도는 개인 및 가족과 외부환경 간의 자원의 교환과 에너지의 흐름, 환경으로부터의 지지나 스트레스, 갈등 등을 선과 화살표 등을 활용해 나타낸다. 생태도 활용의 장점은 클라이언트와 가족이

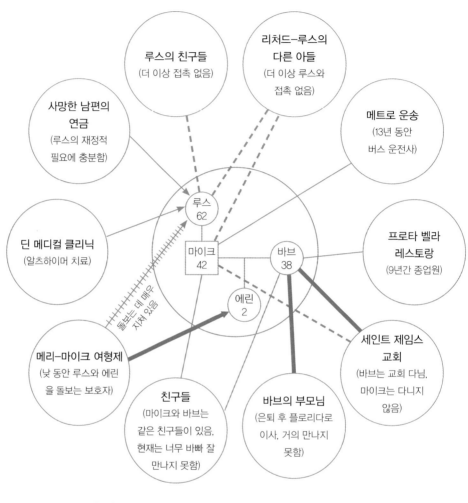

루스의 친구들
(더 이상 접촉 없음)

리처드-루스의
다른 아들
(더 이상 루스와
접촉 없음)

사망한 남편의
연금
(루스의 재정적
필요에 충분함)

메트로 운송
(13년 동안
버스 운전사)

딘 메디컬 클리닉
(알츠하이머 치료)

루스
62

마이크
42

바브
38

프로타 벨라
레스토랑
(9년간 종업원)

에린
2

돌보는 데 매우 지쳐 있음

메리-마이크 여형제
(낮 동안 루스와 에린
을 돌보는 보호자)

친구들
(마이크와 바브는
같은 친구들이 있음,
현재는 너무 바빠 잘
만나지 못함)

바브의 부모님
(은퇴 후 플로리다로
이사, 거의 만나지
못함)

세인트 제임스
교회
(바브는 교회 다님,
마이크는 다니지
않음)

├┼┼┼┼┼┼┼┼┼┤ 스트레스가 되거나 갈등적인 관계

– – – – – – 약하거나 불확실한 관계

━━━━━ 긍정적 관계나 자원(선이 굵을 수록 더 강하거나 긍정적인 관계, 지원)

━━━▶ 관계나 자원에서 교환의 방향

그림 10–2 생태도의 예

출처: Zastrow & Kirst-Ashman (2010). p. 462에서 수정

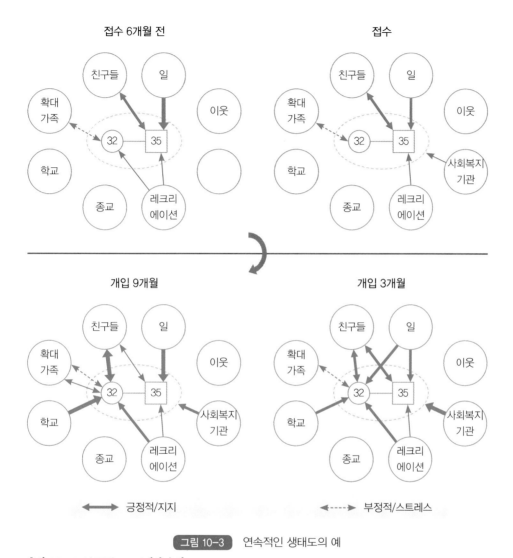

그림 10-3 연속적인 생태도의 예

출처: Mattaini (1993). p. 75에서 수정

외부환경과 어떻게 상호작용하는지를 전체적이며 생태학적인 관점에서 볼 수 있게 한다(Hartman, 1995). 생태도의 활용은 사회복지사에게 가족원들이 중요한 타인, 서비스 기관 및 조직으로부터 받는 사회적 지지는 어떠한지, 혹시 사회적으로 고립된 성원은 없는지, 가족에게 부족한 자원이나 스트레스로 작용하는 것은 무엇인지 등을 확인하게 하고, 부족하거나 갈등이 있는 상황을 변화시키기 위해

필요한 자원과 개입은 무엇인지를 결정하는 데 도움이 된다.

생태도 역시 가계도와 마찬가지로 가능한 한 사회복지사와 클라이언트 체계가 공동으로 작성하는 것이 좋다. 생태도의 가운데에는 가족에 관한 정보를 나타내고, 그 주위에는 가족의 외부환경체계를(예: 일터, 학교, 아동양육기관, 의료 및 사회적 서비스 기관, 문화, 여가 활동, 종교 기관, 확대가족, 친구 등) 원으로 표시하며, 클라이언트 체계와 외부환경 간의 관계의 내용과 방향은 여러 종류의 선과 화살표를 통해 나타낸다. 생태도를 작성해 나갈 때 사회복지사는 가족이 의식주와 같은 기본적인 욕구를 충족할 만큼의 적절한 소득이 있는지? 가족원들은 직업을 갖고 있으며 그 직업에 만족하고 있는지? 가족은 친척, 친구, 이웃과 상호작용하고 있으며, 이들과의 갈등은 없는지? 아동들은 필요한 교육자원을 이용하고 있으며 학교생활은 즐거워하는지? 가족들은 사회적·문화적·종교적 지역사회 활동에 참여하고 있는지? 등의 질문들을 고려해야 한다(Sheafor & Horejsi, 2014).

생태도는 원조과정 초기에 한 번만 그리는 것은 아니라 원조과정 중에 여러 번 그려 보는 것이 좋다. 개입을 통해 원조과정 초기와는 달리 외부환경과의 관계가 변할 수 있으므로 여러 차례 생태도를 작성하여 환경과의 상호작용 형태나 과정이 어떻게 발전되고 있는지를 클라이언트 체계가 이해할 수 있도록 해야 한다(Mattaini, 1993; Thomlison, 2010).

4. 사정보고서

사정의 결과는 사정보고서를 통해 체계적으로 그 내용이 조직화되어 보고되어야 한다. 사정보고서는 클라이언트의 기능수행과 그를 둘러싼 상황의 사회적 측면에 대한 정보를 정리한 것으로, 사실과 관찰 등으로 구성된 사회적 자료와 클라이언트의 문제나 상황에 대한 사회복지사의 해석에 관한 정보를 제공한다. 보고서의 형식이나 내용은 기관마다 다르지만 공통적으로 보고서에 포함되는 내용은 다음과 같다(Sheafor & Horejsi, 2014).

- 확인정보(이름, 생년월일, 주소 등)
- 보고의 이유
- 사회복지나 기관의 참여 이유
- 클라이언트의 문제나 관심사에 대한 진술
- 클라이언트의 가족배경(가족력)
- 현재 가족의 구성과 가구를 구성하는 동거인
- 중요한 타인과의 관계
- 인종, 종교, 영성
- 신체적 기능, 건강상태, 영양, 가정의 안정성, 질병, 장애, 의료상태
- 교육적 배경, 최종 학력, 지적 기능
- 강점, 대처방식, 문제해결능력
- 고용, 소득, 일 경험, 기술
- 주택, 근린 이웃, 교통수단
- 현재와 최근의 지역사회 및 전문적 서비스의 이용
- 사회복지사의 소견과 사정
- 개입과 서비스의 계획

사정보고서를 작성할 때 팀버레이크와 동료들(Timberlake, Farber, & Sabatino, 2007)은 특히 다음과 같은 내용을 분명히 제시할 것을 강조하고 있다. 첫째, 누가 문제를 가지고 있고, 문제가 무엇이며, 문제의 이유가 무엇인가를 분명히 제시해야 한다.

_____는 _____ 때문에 _____ 문제를 가지고 있다.
  (누가)   (이유)   (무슨 문제)

문제의 원인은 여러 가지일 수 있으며, 요인들이 서로 연쇄적으로 연결되어 있을 수도 있다. 예를 들어, 클라이언트가 실직한 경우 그가 고용될 만한 기술을 보유하지

못했기 때문일 수도 있지만 정부의 재정긴축으로 일자리가 줄어들어 해고된 것으로도 볼 수 있다. 문제의 원인은 개인적인 것에서부터 사회구조적인 것까지 그 범위가 넓을 수 있으나 문제와 가장 직접적으로 관련이 있는 원인을 제시해야 한다. 그리고 그 원인이 어떻게 문제와 관련되는지를 분명하게 사정보고서에 설명해야 한다.

둘째, 사정보고서에는 문제의 변화 가능성에 대한 평가가 반드시 포함되어야 한다. 문제의 변화 가능성은 문제, 개인 그리고 환경에 의해 영향을 받는다. 사회복지사는 우선 문제의 심각성과 변화 가능성을 검토해야 한다. 문제가 얼마나 심각한지, 얼마나 오래 지속되었는지, 얼마나 많은 사람이 관여되었는지, 문제는 자살이나 난치병과 같이 변화가 어려운 것인지, 비교적 쉽게 해결될 수 있는 것인지 등의 질문을 통해 문제의 특성을 평가해야 한다. 또한 변화 가능성은 개인의 강점과 약점에 대한 사정을 근거로 판단될 수 있다. 변화에 대한 동기와 능력이 있는지, 혼자서 문제를 감당할 수 있는지, 대인 간 상호작용 수준은 어떠한지, 알코올 사용이나 정신건강의 상태는 어떠한지 등에 대한 사정을 토대로 개인의 변화 가능성을 사정한다. 문제의 변화 가능성을 평가하기 위해 마지막으로 고려되어야 할 요소는 환경이다. 필요한 변화를 야기할 수 있는 환경 내 공식적 · 비공식적 자원은 어떤 것이 있는지, 환경적 요소들은 지지가 되기보다는 오히려 더 방해가 되는 것은 아닌지, 문제해결을 위해 환경이 변화될 가능성은 있는지 등을 검토해야 한다.

문제, 개인, 환경에 대해 평가가 된 이후에는 종합해서 다음과 같은 틀을 이용하여 변화 가능성에 대해 제시해야 한다.

_____가 갖고 있는 _____의 변화 가능성은
　　(누가)　　　　　　　　　　　　(무슨 문제)

_____ 때문에 _____인 것으로 사정된다.
(이유: 문제의 성격,　　　　　　(높음, 약간 높음,
　개인의 동기 또는 능력,　　　　　보통, 약간 낮음, 낮음)
　환경 내 자원 및 제약)

사정보고서에는 문제에 대한 원인 및 변화 가능성 외에도 문제의 심각성과 긴급성에 대한 판단을 포함해야 한다. 문제의 변화 가능성이 낮더라도 생명이 위태롭게 될 정도인 상황에 대해서는 즉각적으로 취할 수 있는 모든 적극적인 조치가 있어야 하기 때문이다.

연습문제

1. 3세대를 포함하는 여러분 가족의 가계도를 작성해 보시오. 그동안 잘 인식하지 못했던 여러분 가족의 새로운 면을 파악한 것은 무엇인가요?

2. 여러분이 관심을 가지고 있는 실천현장의 사정과정에서 중요하게 고려되는 구체적인 항목들이 무엇인지 조사해 보시오.

3. 정신건강사회복지 분야에서 사회복지사와 타 전문직이 관여하는 사정의 영역들이 어떻게 차별화되는지 알아보시오.

4. 여러분의 지인 중에 현재 경험하는 어려운 일(가정, 대학생활, 아르바이트, 교우관계 등)이 있다면 이를 해결해 나가는 과정에서 활용될 수 있는 강점이나 자원이 무엇인지 사정해 보시오.

5. 가족 사례를 구하여 가계도 및 생태도를 작성하고 특성을 분석해 보시오.

제**11**장

사회복지실천과정: 계획과 계약

수집된 자료를 분석하고, 종합하여 전문적인 소견이 구체화되면, 사회복시자는 클라이언트와 전반적인 개입 방향과 구체적인 실행 방안을 협의하는 계획과 계약단계로 진입한다. 이와 같이 계획과 계약은 문제해결과정으로의 실질적인 진입 단계라고 할 수 있다. 계획단계에서는 클라이언트가 직면한 다양한 문제 중에서 가장 초점을 두어 개입할 문제를 우선 순위대로 선정하여 해결 가능한 욕구로 전환한다. 또한 문제가 해결된 바람직한 상태, 즉 목적으로 발전시키고, 이를 다시 구체적인 목표와 과업으로 세분화함으로써 향후 개입의 평가 기준을 마련한다. 계약은 계획 과정에서의 사회복지사와 클라이언트와의 공동의 노력을 명시화하는 것이라고 할 수 있다. 이 장에서는 이러한 계획과 계약과정에서의 사회복지사의 주요 과업과 실천지침을 중심으로 학습한다.

1. 계획

계획단계의 사회복지사 과업은 목적과 목표 설정, 이를 위한 구체적인 실행 방안을 수립하는 것이다. 클라이언트가 해결하거나 달성하고자 원하는 목표가 무엇인지 구체화하고, 목표 달성에 필요한 변화의 내용을 명확하게 규정하며, 클라이언트와 사회복지사가 할 구체적인 행동전략과 시간 계획을 세우는 것으로 이루어진다 (Sheafor & Horejsi, 2014).

1) 표적문제 설정

사회복지실천과정에서 개입 목표를 설정하려면 무엇이 문제인가가 결정되어야 한다. 이전 단계, 즉 접수, 조사, 사정단계에서 확인된 문제는 한 가지만 있는 것이 아니다. 시급하게 해결해야 하는 문제가 다양하게 존재한다는 것이다. 따라서 계획수립과정에서는 클라이언트가 가장 해결하기 원하고, 클라이언트의 능력과 동원 가능한 자원으로 해결할 수 있으면서도 보다 파급효과가 큰 문제를 찾아내는 것이 중요하다.

이와 같이 클라이언트의 다양한 문제 중에서 가장 중요하고, 시급히 해결해야 할 문제를 표적 문제(target problem)라고 한다. 사회복지사와 클라이언트 양자가 모두 문제라고 규정하며 해결하고자 하는 합의된 문제를 표적문제로 선정해야 한다. 표적문제가 너무 많으면 주어진 시간 안에 모든 문제를 동시에 다루기가 어려우므로 두세 가지 정도를 우선순위에 따라 선정하는 것이 좋다. 클라이언트가 이해할 수 있는 용어로 표적 문제를 분명하게 규정하는 것이 좋다. 사회복지사와 클라이언트는 문제해결의 긴급성이나 현실적인 해결 가능성 등을 고려해서 문제의 우선순위를 정함으로써 실제적으로 집중할 표적 문제를 선정한다(Kirst-Ashman & Hull, 2013).

2) 문제의 욕구 전환

클라이언트가 호소하는 문제를 해결 가능한 욕구로 전환해야 한다. 다음 사례 예시에 나오는 클라이언트의 말에는 그동안 자녀와의 갈등을 어떻게 해결하고자 하는지와 같은 행동의 의도, 즉 당면한 표적문제에 대해 무엇인가 하기를 원하는 클라이언트의 마음이 명확히 나타나 있다. 자신의 대화방법, 즉 자녀에게 말하는 방법을 바꾸고 싶다는 욕구가 드러나 있다.

> "아이와 만나면 그냥 싸우기만 했어요. 학교를 무조건 그만두겠다는 아이 말에 속상하고, 안타까운 마음에 그냥 화만 냈지, 내가 아이에게 진짜 원하는 게 무엇인지, 아니 우리 아이가 무엇 때문에 힘들고 괴로운지에 대해서 한 번도 제대로 이야기해 본 적이 없어요. 우리 딸은 제가 일류대학에 가길 원하는 줄 알 거예요. 그건 어차피 가능하지도 않지만요. 그렇지만 제가 진짜 원하는 건 좋은 대학에 가는 것이 아니에요. 내 기대에 맞는 아이를 만들고 싶었던 것도 아니고요. 공부도 그저 아이의 미래를 위해 권했던 것인데……. 내가 정말 원하는 것은 아이가 고등학교만 제대로 졸업하고, 그저 나쁜 친구들과 어울리지 않고, 평범한 다른 애들처럼 일상으로 돌아오는 거예요. 화내느라 아무 말도 못했어요. 그게 우리 문제를 더 힘들게 만든 것 같아요. 선생님, 제가 아이와 말하는 방법을 바꿔야 할까요?"

이 사례에서 '학업중단과 관련된 자녀와의 갈등문제'가 표적문제라면 이러한 문제를 '자녀와의 대화 욕구'로 전환한 것이다. 욕구는 생존에 필요한 일상적 욕구뿐 아니라 건강과 안녕감을 유지하는 데 필요한 욕구, 자신의 가치를 인정받고자 하는 자아실현의 욕구 등으로 구분된다. 즉, 음식, 물, 주거, 경제적 지원, 치료적 지원, 훈련이나 기술 지원, 법률 지원, 직업을 통한 자아실현, 사랑하는 사람과의 관계 욕구 등 욕구의 범위와 내용이 매우 다양하다. 따라서 목적과 목표를 설정하기 위해서는 클라이언트가 가장 해결하고자 하는 문제를 '클라이언트에게 무엇이 필요한

가'의 욕구의 개념으로 전환시키면 문제해결을 위해 무엇을 해야 하는지 구체화시킬 수 있다.

3) 목적과 목표의 설정

(1) 목적

일단 클라이언트가 문제를 정의하고 명료화하는 데 초점을 맞추다가 해결해야할 우선 과제, 즉 표적 문제가 명료화되었다고 확신이 들면 목적설정단계에 이르렀음을 알 수 있다.

목적(goal)이란 개입의 노력을 통해 얻고자 하는 장기적이고, 궁극적인 결과이며, 해결책을 제시하는 방향이고, 목표보다 광범위하고 추상적인 개념이다(Miley et al., 2016). 목적의 형태는 다음과 같이 다양하며, 왜 개입하는지를 명료화시켜 준다. 명확하게 설정된 목적은 개입의 평가기준을 제공한다(Sheafor & Horejsi, 2014). 다음은 대표적인 목적의 예다.

- 시간관리기술, 의사결정기술, 갈등해결기술 등 문제해결이나 사회적응에 필요한 기술이나 지식을 배우기
- 이혼의 결정, 진로 결정, 아동분리보호의 결정 등 생활사건이나 위기상황에서 중요한 의사결정을 하기
- 부부관계나 부모자녀관계, 또래관계 등에서 손상된 대인관계를 회복하거나 또는 재건하기
- 공격적·일탈적 행동, 강박적 행동, 회피적 행동 등과 같은 문제 행동을 대체하거나 감소시킬 수 있는 바람직한 행동을 학습하기
- 특정 생활 상황이나 사건의 의미에 대해 다른 각도에서 생각해 보기와 같이 인지나 해석 방식을 변화시키기
- 만성질환, 영구적인 장애, 사랑하는 사람의 죽음 등과 같이 변화 불가능한 조건이나 상황에 대한 보다 나은 적응방식을 습득하기

(2) 목표

목표(Objective)란 사회복지사와 클라이언트의 노력이 향하고 있는 바람직한 결과로서 문제가 해결된 상태, 개입을 통해 일어나기를 바라는 보다 구체적인 변화를 의미한다. 목표는 개입이 종결된 후 그 효과를 평가할 수 있는 기준이 되며, 개입의 방향을 명확히 하는 데 기여할 수 있다. 따라서 목표는 반드시 클라이언트가 원하는 결과와 관련이 있어야 하며, 사회복지사의 지식과 기술에 상응하고, 기관의 기능과 일치해야 한다(Miley et al., 2016).

목적을 성취하려면 이를 세분화하여 측정 가능한 복수의 목표를 설정하여야 한다. 이는 각각 다시 구체적인 수행과업으로 세분화될 수 있다. 구체화된 목표에는 누가, 무엇을 언제까지 수행할 것인지 그리고 이는 어떻게 측정할 것인지가 포함되어야 한다. 즉, 단일의 목적을 성취하기 위하여 다양한 수준에서의 목표와 과업이 구체적으로 설정된다.

그림 11-1 목적, 목표, 과업의 관계

출처: Sheafor & Horejsi (2014).

보다 구체적이고 바람직한 목표 설정을 위한 고려 사항은 다음과 같다(Cournoyer, 2008; Hepworth et al., 2010; Johnson & Yanca, 2010; Kirst-Ashman & Hull, 2013; Sheafor & Horejsi, 2014).

① 바람직한 성과에 대한 진술

목표는 자발적인 클라이언트가 찾아낸 바람직한 결과를 포함해야 한다. 목표는 문제상황을 변화시킬 수 있는 행동양식이어야 한다. 자녀를 학대 또는 방임하는 행

표 11-1 부정적 진술 목표와 긍정적 진술 목표 비교

부정적 진술 목표	긍정적 진술 목표
1. 공격적인 행동을 감소시킨다.	1. 갈등 상황에서 공격 행동을 대체하는 사회적 기술을 향상시킨다.
2. 부부간 다툼을 줄인다	2. 부부간 긍정적인 의사소통 횟수를 향상시킨다.
3. 음주 후 폭력행동을 줄인다.	3. 단주 후 직업적 재활을 위한 취업 역량을 강화한다.
4. 체벌이나 언어적 폭력을 감소시킨다.	4. 긍정적 훈육기술을 습득한다.

동을 하는 아버지의 목표는 공격성 다루기 프로그램 집단에 자주 참여하는 것이 아니라 자녀에게 학대나 방임을 하지 않는 것이다. 사회기술이 부족하고, 자기주장을 못하는 사람이 사회기술훈련에 참여하는 것은 사회기술을 향상시키고자 하는 것이지 프로그램 참여 자체가 궁극적인 목표가 될 수는 없다. 목표는 공격성 다루기 기술이나 사회기술을 학습하여 실제로 폭력 행동이 없어지거나 원만한 대인관계를 갖게 하는 등 성과와 관련되어야 한다.

물론 다양한 현장에서 모든 목표를 긍정적 진술만으로 만들기는 어렵지만 긍정적으로 목표를 진술하는 방식은 목표를 달성함으로써 클라이언트의 삶에 가시화될 긍정적 변화에 주목하게 하는 효과가 있다. 반면에 부정적으로 목표를 진술하게 되면 클라이언트가 포기해야 하는 것에 주의를 환기시키는 효과가 있다. 즉, 역기능적인 문제행동이라고 할지라도 감소시켜야 한다는 것을 강조하면 클라이언트는 무의식중에 자신이 길들여져 있던 무엇인가를 포기하고, 줄여야 한다는 생각을 하게 된다. 따라서 상실이나 감소보다는 획득이나 학습과 같이 긍정적 진술로 목표를 규정하는 것이 변화에 대한 저항을 감소시킬 수 있다(Hepworth et al., 2010).

② 측정 가능성

목표는 측정 가능하도록 명백하고 구체적일수록 좋다. "맞벌이하는 아내와 가사분담으로 인한 말다툼을 줄여야겠어요."라고 말하는 것은 "일주일에 최소한 3일은 제가 일찍 퇴근해서 아내 대신 아이를 어린이집에서 데려오고, 돌보기로 했습니

다.”라고 말하는 것보다 불분명하다. 처음 진술이 일반적인 행동변화의 방향만을 언급하는 것이라면 두 번째 진술은 수량화 가능한 해결방안을 포함하고 있어서 보다 구체적인 목표라고 할 수 있다.

이러한 목표는 클라이언트로 하여금 자신의 행동을 통제하고, 모니터링할 수 있는 지침을 제공한다. 목표를 측정할 수 있도록 설정하려면 개입 전의 문제 상태에 대한 정보가 필요하다. 예를 들면 일주일에 자녀를 어린이집에 데려다주고 데려오는 횟수, 세탁이나 돌봄 등 가사일에 참여하는 횟수, 일주일 동안 아내가 남편에게 잔소리를 하는 횟수가 어느 정도인지, 개입 전에 일반적인 상황에서 해당 문제가 얼마나 자주 심각하게 일어나는지에 대한 정보가 있으면 현실적이면서도 측정 가능한 목표를 설정할 수 있다.

③ 실질적 문제해결에 기여

목표는 실질적 문제해결에 기여할 수 있도록 타당하게 설정해야 한다. 예를 들면, 부부관계가 좋지 않은 남자가 그저 일주일에 5일을 집에 일찍 귀가하겠다는 목표나 주말에 집에 있겠다는 목표는 타당한 목표라고 할수 없다. 아내와 집에서 어떻게 시간을 보낼 것인지, 아내와의 관계를 돈독히 하기 위한 구체적인 대안이 반영되지 않으면 목표 달성이 실질적인 문제해결에 기여할 수 없기 때문이다. 또는 실질적 문제해결과 관련하여 무엇을 우선적으로 고려할 것인가의 결정을 포함한다. 예를 들어, 결식이나 방임 등 일상생활결핍에 노출되어 있는 취약한 조손가정아동을 위해 일상적 · 발달적 결핍을 채워 주는 지원 없이 조부모에게 긍정적인 양육기술을 제공하거나 양육 스트레스를 줄여 주는 프로그램만을 기획하여 제공하는 것 또한 타당하지 않은 목표 설정이다. 따라서 실질적인 문제해결에 도움이 될 수 있는 타당한 목표를 설정하기 위해서는 사정과 조사의 단계에서 문제의 양상과 대처방식, 문제를 보는 관련 당사자들의 관점 등 구체적인 정보가 필요하다.

④ 목표의 현실성

현실적인 목표란 목표 달성에 필요한 자원을 동원할 수 있어야 하며, 합리적인 시간 내에 성취될 수 있는 수준의 목표를 의미한다. 예를 들면, 경제적인 문제 때문에 도저히 분가하기 어려운 상태의 부부가 부부관계 개선을 위해 당장 분가하는 것을 목표로 세운다면 이는 현실적인 목표가 될 수 없다. 또한 목표를 달성하기 위해 너무 과한 대가, 즉 과도한 대출을 받아 이사를 계획하는 것과 같이 충동적인 목표는 현실적이지 않다고 하겠다.

현실적인 목표란 무한정 노력하는 것이 아니라 합리적인 시간 내에 목표를 성취할 수 있어야 하고, 필요하면 목표 달성을 위한 행동에 바로 착수할 수 있어야 한다. '언젠가는 그것을 하겠다'는 식의 목표는 결코 성취될 수 없다. 예를 들면, '지금보다 여유가 생기면 주말에 가족과 지내는 시간을 늘리겠다'와 같은 식의 목표는 성취되기 어렵다. 만약 자신이 하고 있는 사업이 지금보다 더 바빠진다면 그의 목표는 영원히 착수될 수 없는 비현실적인 목표가 되기 때문이다.

⑤ 목표와 클라이언트 가치관의 일관성

목표를 설정할 때 클라이언트의 가치관을 존중해야 한다. 사회복지사는 클라이언트가 스스로 자신의 가치관을 검토해 보도록 도전할 수는 있다. 그러나 클라이언트에게 자신의 가치관과 일치하지 않는 행동을 해 보도록 격려할 수는 없다. 예를 들어, 성폭력으로 임신을 하게 된 딸에게 인공유산을 하도록 해야 하는지의 문제로 어려움을 겪는 클라이언트가 있다고 하자. 비록 딸이 폭력에 의해 원하지 않는 임신을 했다는 것을 안다고 해도 그는 평소 자신이 가지고 있는 생명에 대한 가치관 때문에 고통받을 수 있다. 따라서 사회복지사는 일단 목표 설정이나 문제해결에 앞서 클라이언트의 가치관을 탐색하고 명료화해야 한다. 그리고 논의한 대안이 클라이언트의 가치관과 일치하면서도 클라이언트 문제해결에도 도움을 줄 수 있는 대안인지를 확인해 볼 필요가 있다. 사회복지사 또한 전문가로서 가치나 윤리강령에 맞지 않는 목표에는 동의하지 않도록 주의해야 한다.

⑥ 사회복지사의 지식, 기술, 기관의 기능과 부합하는 목표 설정

사회복지사가 클라이언트와 함께 노력할 목표를 협의할 때, 사회복지사는 목표 달성에 필요한 전문적 지식과 기술이 있어야 한다. 당장 사회복지사가 그러한 전문 역량을 갖추지 못한 경우라고 할지라도 전문가로부터 지속적인 슈퍼비전을 받을 수 있다면 그러한 목표 설정이 가능하다. 그러한 예외적 경우를 제외하고 사회복지사의 전문적 역량 밖의 목표를 설정하는 것은 윤리적이지 못하다. 또한 문제 또는 클라이언트의 욕구가 기관의 기능에 포함되어 있지 않거나 기관의 기능에 부합되지 않는 경우가 있다. 예를 들어, 가족상담을 주로 하는 가족서비스기관에서 아동의 학업지원이나 경제적 지원의 욕구를 표현하는 클라이언트의 경우 다른 기관으로 의뢰하거나 지원을 연계하는 것이 바람직하다. 물론 이때 사회복지사가 클라이언트에게 기관의 기능과 또는 사회복지사로서 자신의 한계를 잘 설명하고, 그럼에도 불구하고 가족상담을 지속할 것인지를 클라이언트 스스로 결정하도록 도와야한다(Hepworth et al., 2010).

⑦ 동기를 부여할 수 있도록 목표 설정

비자발적인 클라이언트를 위한 목표는 가능한 한 클라이언트에게 동기를 부여할 수 있는 내용을 포함하도록 목표를 설정한다. 음주운전으로 단주치료 수강명령을 받은 클라이언트에게 법원의 명령이 클라이언트의 개인적인 동기와 관련되어 있다면 훨씬 효과적일 수 있다. 예를 들면, 단주를 통해 이혼한 배우자가 돌보고 있는 자녀에 대한 면접교섭의 가능성을 높일 수 있다면 더욱 동기화가 될 수 있다. 물론 비자발적인 클라이언트들을 동기화할 수 있는 내용을 법원의 명령과 더불어 목표로 구체화하기는 어려운 것도 사실이다. 일반적으로 사회복지사들은 법원에서 수강명령을 받은 클라이언트의 개입 목표를 법원의 관점에 따라서만 설정한다. 만약 문제에 대한 정의를 클라이언트의 관점과 법정의 관점을 적절히 반영하는 방향으로 재구성할 수만 있다면 비자발적인 클라이언트의 저항을 줄이고, 동기화하는 목표 설정이 가능해질 것이다.

4) 행동계획의 개발

목적과 목표가 설정되면 이를 달성하기 위한 행동계획을 개발해야 한다. 행동계획에는 변화의 대상, 접촉할 사람들의 범위가 구체적으로 반영되어야 하며 여기에는 사회복지사가 활용할 실천 모델의 전략이나 기법이 포함되어야 한다. 이와 같이 구체적이고 정교한 행동계획은 이후의 계약과정을 위한 사전작업으로 매우 중요하다.

구체적인 행동계획을 수립하는 과정에서 가장 중요한 것은 표적 문제 및 욕구를 명확히 하는 데 신중하게 해야 한다는 사실이다. 이를 위해서는 클라이언트 외에도 다양한 정보원을 통해 자료를 수집하고, 사실과 객관적 증거에 기초하여 결정하는 게 좋다. 충분하고 객관적인 자료에 근거하여 최대한 다양한 대안과 개입 방안을 검토하고, 특정 대안을 선택 시 예기되는 긍정적·부정적 결과를 검토해야 한다.

행동계획을 수립하는 과정에서 클라이언트는 목적과 목표를 달성하기 위한 개입방법에 대해 구체적으로 알 권리가 있다. 사회복지사는 클라이언트에게 개입방법뿐 아니라, 개입의 성공 가능성, 예기치 않은 결과의 가능성이나 위험에 대해서도 알려야 한다. 합의한 목표에 도달하는 데 소요되는 시간과 비용, 비밀보장의 원칙의 적용과 제한, 개입의 효과나 평가 방식, 사회복지사나 기관에 이의를 제기하는 절차에 대해서도 정보를 제공한다.

2. 계약

계약이란 목표 설정이 끝나면 문제의 정의, 목표, 클라이언트와 사회복지사의 역할, 시간, 장소, 비용, 개입기법, 평가방법 등에 대해 사회복지사와 클라이언트가 공식적으로 동의하는 것을 말한다. 계약은 사회복지사의 실천활동이 공식적으로 개시되었음을 클라이언트에게 알리는 활동이다. 계약과정을 통해 사회복지사는 클라이언트와 달성해야 할 목표와 수단을 명확히 하며, 개입과정에서의 사회복지사 및 클라이언트의 역할(상호의무)을 설명하고, 구체적인 개입과 지원이 이루어지는 환경, 조건, 시간 등을 명료화한다. 동의의 과정이기 때문에 자발적인 클라이언트와의 계약만을 기대하기 쉬우나 비자발적인 클라이언트와도 반(半)자발적인 계약을 수행할 수 있다(Hepworth et al., 2010).

계약을 하는 과정은 주로 개입활동을 클라이언트에게 설명하는 형태로 진행된다. 계약유형에 따라 차이는 있지만 일반적으로 계약에 포함되는 내용들은 개입목표와 방법, 시작 날짜, 변경이나 취소, 비용에 대한 규정 등이 있을 수 있다. 계약을 통해서 클라이언트의 자기결정 및 참여의 권리를 보장해 줄 수 있다. 또한 계획을 수립하고 수행하는 데 클라이언트의 의견을 반영하며, 개입의 구조와 내용을 구체적으로 전달하고, 클라이언트가 참여하고 있다는 느낌을 갖게 하기 때문에 클라이언트의 변화 동기를 촉진시킨다. 클라이언트는 자신의 참여를 통해서 합의된 목적과 목표에 도달하는 것을 계약과정에서 알게 되고, 개입 상황에 스스로 영향을 줄 수 있음을 인식하면서 문제해결에 대한 자신감을 갖게 된다(Cournoyer, 2008).

1) 계약의 형식

계약을 하는 형식은 크게 공식성의 정도에 따라 서면계약, 구두계약, 암묵적 계약으로 구분된다(Hepworth et al., 2010; Sheafor & Horejsi, 2014; Kirst-Ashman & Hull, 2009). 서면계약이나 구두계약이 보다 공식적이지만 우리나라 실천현장에서는 암묵적 계약의 형태도 많이 이루어지고 있다.

(1) 서면계약

서면계약(written contract)은 가장 공식적인 형태의 계약으로 사회복지사와 클라이언트 체계 및 관련 체계가 개입목표 및 과정, 기간 등에 대해 합의하고, 동의한 사실을 서면으로 작성하고 각자 서명하는 방법이다. 누가 무엇을 언제 할 것인가와 같은 내용이 포함되어 있기 때문에 클라이언트는 서면계약을 통해 참여가 보장된다. 일반적으로 학자들은 다음의 요소들을 포함해서 계약이 이루어져 한다는 데 동의한다(Hepworth et al., 2010).

계약서

클라이언트	성명	서비스 시작일	서비스 종료일
	주소		
사회복지사	성명	서비스 시작일	서비스 종료일
	기관주소		

1. (클라이언트이름)와 (사회복지사이름)는 다음의 목적 및 목표에 대해 동의한다.

   목적:

   목표1:

   목표2:

   목표3:

2. 제공받을 사회서비스에 대해 다음과 같이 동의한다.

   이상의 목적과 목표 달성을 위해(개입전략 예시: 주1회 부모교육 최소 8회기 참여와 월 1회의 정기적인 가정방문 모니터링)에 동의한다.

3. 사회복지사로부터 서비스 내용과 방법(부모교육, 모니터링, 개별상담), 기관의 비밀보장 의무와 제한조건, 서비스 비용과 횟수, 환불규정, 예기치 못한 종결로 인한 불이익, 평가방법과 평가협조 의무에 대한 설명을 들었으며, 이러한 기관의 방침에 동의한다

4. 상기 목적과 목표 달성을 위해 클라이언트로서 사회복지사와 상호 책임이 있음을 이해했으며, 이를 충실히 이행할 것을 동의한다.

년   월   일

클라이언트 성명   (서명)

사회복지사 성명   (서명)

그림 11-2 계약서 예시

- 수행해야 할 성과 목표들(우선순위 부여)
- 참가자들의 역할과 책임(클라이언트, '가족' 등 문제해결에 중요한 사람들의 역할)
- 사회복지사가 사용할 개입방법 또는 기술
- 면접주기와 빈도, 시간
- 변화 정도의 점검 수단
- 세부규정, 시작 실시, 예약 일시 및 취소 변경에 대한 조항
- 비용 및 환불에 대한 규정

또한 목적을 분명히 함으로써 클라이언트와 사회복지사의 갈등을 줄일 수 있다. 개입의 우선순위, 평가 기준 등이 문서 형태로 기록되고, 공식화되기 때문에 사후에라도 필요한 경우 계약 내용을 확인할 수 있으며, 가장 정확하게 의사소통할 수 있다는 장점이 있다. 한편, 작성하는 데 시간이 많이 소요되고, 지나치게 공식적이어서 거부감을 일으킬 수도 있으며, 비자발적인 클라이언트에게는 활용하기 힘들다는 단점이 있다(Sheafor & Horejsi, 2014).

일반적으로 서면계약은 아동, 청소년을 대상으로 하는 집단 프로그램 등에서 프로그램 워크북 앞쪽에 프로그램 참여의 목적과 목표, 집단 규칙, 계약일자와 내용 등을 명시한 계약서에 서명하도록 하는 식의 방법을 활용하거나 변화에 대한 동기화가 되어 있는 부부상담 등에서 활용된다.

(2) 구두계약

구두계약(verbal contract)은 실질적인 내용은 서면계약과 같지만 그 형식을 구두로만 한다는 차이가 있다. 계약이 클라이언트와 구두로 이루어지지만 계약 내용에 대한 공식적인 기록을 하지 않아도 된다는 의미는 아니다. 사회복지사는 계약일자와 내용, 목표의 우선순위 등은 소속기관 내 기록으로 남겨야 한다. 구두계약의 가장 큰 장점은 서면계약에 비해 클라이언트의 거부감 없이 쉽게 이루어질 수 있다는 점이다. 또한 신속하게 할 수 있으며, 클라이언트가 서면서류에 서명하는 것을 저항하거나 이에 대해 불신감을 가진 경우에 특히 유용하다. 그러나 서면계약처럼 합

의한 내용의 자세한 부분을 클라이언트에게 제공하지 않기 때문에 종종 구체적인 내용을 잊거나 공식성을 갖지 못한다(Kirst-Ashman & Hull, 2013).

(3) 암묵적 계약

암묵적 계약(implicit contract)이란 가장 비공식적인 계약 형태다. 실제로 계약의 내용을 서면이나 구두로 합의하지 않았지만 암묵적으로 개입의 목표에 대한 합의가 이루어진 것을 의미한다. 실제 많은 사회복지현장에서 암묵적으로 계약이 이루어진다. 그러나 이와 같이 암묵적으로만 계약할 경우 내용이 명확하게 구체화되지 않기 때문에 의사소통의 문제가 생길 수 있다. 또한 암묵적 계약의 가장 큰 단점은 클라이언트가 실제로 동의하지 않았는데 사회복지사는 클라이언트가 동의했다고 잘못 생각할 수 있으며, 사회복지사는 클라이언트가 암묵적 계약의 모든 조건과 책임을 이해한다고 가정하지만 실제는 그렇지 않을 수 있다는 점 등을 들 수 있다. 이와 같이 암묵적 계약에는 이러한 위험이 수반되므로 가능하면 서면계약이나 구두계약을 활용하는 것이 바람직하다(Kirst-Ashman & Hull, 2013).

2) 계약과정에서 사회복지사와 클라이언트의 역할

계약과정에서 사회복지사는 클라이언트에게 자신의 문제와 욕구에 대한 이해를 돕고, 전문가의 관점에서 보는 규범적 욕구나 문제에 대한 이해를 제공해야 한다. 계약과정에서 클라이언트와 함께 모색한 다양한 해결책을 정리해 주되, 계약에 관련된 최종 의사결정권자는 클라이언트임을 알려 주어야 한다. 또한 합의한 목표 달성을 방해할 수 있는 요인들을 예측해 보고, 이에 대한 대처방식을 미리 함께 생각해 보는 것도 도움이 된다. 만약 서비스 비용이 발생하는 경우라면 기관의 방침에 따른 서비스 비용을 알리고 환불 규정 등을 명확하게 설명해 줄 필요가 있다(김기태 외, 2009; Cournoyer, 2008).

한편, 클라이언트는 계약단계에 적극적으로 참여하여 자신의 욕구를 분명하게 표현하고, 계약에 반영되도록 한다. 문제를 해결하는 주체는 사회복지사가 아니라

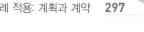

클라이언트 자신임을 인식해야 한다. 또한 계약의 내용에서 불분명하거나 이해하지 못한 부분이 있으면 사회복지사에게 충분히 설명해 줄 것을 요청해야 한다(김기태 외, 2009; Cournoyer, 2008).

3. 사례 적용: 계획과 계약

계획 및 계약기술을 실제 사례를 통해 적용해 보도록 하자. 클라이언트는 가출을 일삼는 17세 자녀 문제로 남편과 갈등을 겪고 있는 40대 주부다.

사례 11-1

아이에게 문제가 생기기 시작한 건 고등학교 1학년부터예요. 고등학교 올라가서 친구들을 잘못 사귀었는지 가출하고, 담배피고, 남자애들과 돌아다니기 시작했어요. 남편은 제가 직장을 다니기 때문에 아이에게 문제가 생겼다고 제 탓만 하는 거예요. 저도 그런 죄책감 때문에 하는 수 없이 다니던 직장도 그만두고 아이를 위해 집에 있기로 했지만 그 뒤로 문제는 더욱 심각해졌어요. 아이는 학교를 그만두겠다고 하고, 그동안 결석일수가 너무 많아서 무단결석을 더 하게 되면 학교에서도 자퇴를 하라고 합니다. 아이가 고등학교 졸업장이라도 받는 것이 제 바람이에요. 그렇지 않으면 남편은 모두 제 탓이라고 할 거예요. 제가 아이를 제대로 키우지 못 했으니까요. 대졸 부모 아래서 고등학교 중퇴 딸이라니 남편 사고방식으로는 생각도 못 할 일이지요.

남편이 지방으로 발령이 나서 집을 비우는 시간이 늘어나고, 주말부부로 살게 되니까 아이를 전적으로 제가 맡아서 키워야 하는데 그게 쉽지 않았어요. 말이 주말부부이지 새로운 발령지로 간 남편은 바빠서인지 통 전화도 없고, 한 달에 한 번 집에 올까 말까였으니까요. 전화를 걸어도 바쁘다며 제대로 받지도 않았어요. 남편이 집에 오지도 않고, 대화를 거부하는 것 자체가 스트레스고……, 혹시 바람이라도 난 건 아닐까 걱정이 되기 시작했습니다.

그래도 다행히 자식 일이라면 먼 길도 마다하지 않고 달려오곤 했기 때문에 저는 전화할 때마다 아이 때문에 힘든 일을 남편에게 말했지요. 얼마나 늦게 들어왔는지, 학교를 빠지고 다른 곳에 갔다든지, 친구 집에서 자고 있는 애를 데려왔다든지……, 그런 이야기를 하면 남편은 주중이건 주말이건 집으로 왔습니다. 집에 오면 미친 듯이 아이를 야단치고, 그런 나날이 계속되었지요.

저는 괴로웠어요. 남편이 집에 와서 아이 문제를 함께 의논하는 것을 원했지만 그런 날이 계속될수록 아이는 더욱 나빠지는 것 같았거든요. 그래도 남편이 오는 건 좋아요. 아이는 힘들어했지만 그렇게라도 남편을 보고 있어야 '내 남편이구나, 아이 아빠구나!' 하는 생각이 들었어요. 아이는 내가 자기 문제를 아빠한테 일러서 자기는 더욱 집이 싫어진다고 해요. 그렇다고 그냥 아이를 두고 볼 수만은 없지 않은가요? 선생님 제가 어떻게 해야 할까요?

1) 표적문제 구체화하기

개입을 위한 표적문제를 구체화한다는 것은 사회복지사와 클라이언트가 특정 문제를 해결하고자 함께 일하기로 동의했다는 것을 최초로 표시하는 것으로서 계획 및 계약의 기본 구성요소다. 일반적으로 클라이언트 스스로 표출한 문제나 사회복지사가 개입이 필요하다고 판단한 문제들 중에서 클라이언트와 사회복지사가 합의 과정을 통해 개입 문제를 구체화시키게 된다. 그 출처가 무엇이었든지 구체화된 문제는 이후의 전문적 활동을 위한 실마리를 제공한다. 최대한 개입을 위한 문제를 명확하고 구체적으로 기술해야 하며, 이를 기록으로 남기는 것도 잊지 말아야 한다(Cournoyer, 2008). 앞의 사례를 담당하는 사회복지사는 표적 문제를 구체화하고, 구체화된 내용을 기록하고, 기록한 내용에 대해서 다음과 같이 클라이언트에게 알려야 한다.

우리가 앞으로 다룰 문제들을 다시 한번 정리합시다. 우리가 함께 상담해 가면서 참고할 수 있는 문제를 기록하겠습니다. 지금까지 저와 이야기를 나누면서 세 가지의 주요한 문제 영역을 말씀하신 것 같습니다. 첫째는 자녀의 무단결석 문제이지요. 자녀가 지금부터라도 학교를 잘 나가서 졸업할 수 있기를 바라시는 것 같습니다. 둘째는 부부간 의사소통 문제입니다. 아이 문제 아니고는 대화조차 하지 않는 남편분에게 서운하지만 한 번도 이 문제를 두 분께서 진지하게 다루어 본 적은 없으신 것 같네요. 셋째는 남편의 지나친 훈육방식에 따른 부작용 문제입니다. 남편은 아이를 훈육시키기 위해 야단을 치지만 아이는 그 이유로 계속 가출을 하게 되고, 부인께서는 그 둘 사이에서 어쩔 줄 모르고 계십니다. 제가 상담을 통해 다루고자 하는 문제들을 정확하게 기록했다고 생각하십니까? 제가 기록한 내용을 확인하시고 천천히 답변하셔도 좋습니다.

2) 목적 및 목표 설정하기

문제가 해결된 바람직한 상태를 목적이라고 한다면 목표는 보다 구체적으로 설정해야 한다. 문제를 구체적으로 기술한 다음 클라이언트를 목표 설정 과정에 참여시킨다. 목표는 인지적 · 정서적 · 행동적 · 상황적 행동 등을 변화시키는 실천의 방향에 영향을 미친다. 대부분의 클라이언트는 목적과 목표를 설정하는 일에 적극적으로 참여할 능력이 있다(Cournoyer, 2008).

'이 문제를 해결하기 위한 당신의 목표는 무엇입니까?'와 같은 질문에 모호하고, 일반적인 방식으로 대답하는 클라이언트들도 있다. 이런 경우 클라이언트 자신이 문제가 개선되거나 해결되었다는 것을 어떻게 알 수 있는지를 구체적으로 설명하도록 요청함으로써 클라이언트가 목표를 더욱 명확하게 기술하도록 도와야 한다. 문제가 해결될 미래를 구체적으로 상상하게 함으로써 안정을 찾고 열의를 갖게 할 수 있으며 목표 달성에 적극적 자세로 임하게 한다. 목표 설정을 격려하기 위한 반응 형식은 다음과 같다(Cournoyer, 2008).

〈반응 형식〉

구체적으로 당신은 [   ] 문제가 정말 해결되었다는 것을 어떻게 알 수 있겠습니까?

이러한 반응 형식을 실제 사례에 적용시켜서 문제를 반영하고, 목표를 설정하는 과정을 살펴보자.

사회복지사: 자신의 문제들을 명확하게 알고 계시기 때문에 이제 각각의 문제에 대해서 구체적인 목표를 설정하는 것이 좋겠습니다. 첫째, 따님이 매주 세 번 이상씩 학교를 무단결석하는 문제에 대해 생각해 보지요. 자녀에게 어떤 변화가 있으면 자녀의 무단결석 문제가 해결되었다는 것을 알 수 있을까요?

클라이언트: 글쎄요. 아이가 매일 아침에 지각하지 않고 학교에 가고 방과 후에도 친구들을 만나러 다른 곳으로 가지 않고, 늦어도 저녁 먹기 전에 집으로 오기만 하면 거의 다 해결된 거지요.

사회복지사: 자녀가 매일 아침에 제 시간에 학교에 가고 방과 후에 집으로 귀가하는 것을 보고 문제가 해결되었다고 생각할 것입니까?

클라이언트: 예.

사회복지사: 알겠습니다. 이제 좀더 구체적으로 이야기해 보지요. 너무 한꺼번에 많은 변화를 목표로 하기보다 따님이 매일 학교에 8시에 가고, 방과 후에는 7시 전에 집으로 돌아오도록 하는 것을 목표로 우선 노력해 보는 것은 어떨런지요?

클라이언트: 그럴 수만 있다면 좋겠지만……. 우리 애는 그렇게 할 것 같지가 않아요.

사회복지사: 이제 학교가 시작한 지 한 달이 지났습니다. 제가 따님으로부터 들은 내용도 작년 말부터 무단결석했고, 방과 후에 친구 집에 가거나 친구들과 놀면서 집에 들어 오지 않는 일수도 더 많아지고 있습니다. 따라서 이 목표를 달성하기 위해서는 적어도 이번 학기가 끝나기 전까지 4개월 정도에 걸쳐서 이러한 약속을 지킬 수 있도록 우리가 함께 계획을 세우는 것이 어떨까요?

클라이언트: 아이도 그러겠다고 했다니 저도 믿고 해 봐야지요.

3) 행동계획 개발하기

목표를 설정한 후에는 목표를 달성하기 위한 행동계획을 개발해야 한다. 행동계획을 개발하면서 사회복지사와 클라이언트는 접촉해야 할 사람과 변화대상을 분명히 하게 된다. 변화를 위한 노력에 누구를 참여시킬 것인지, 이러한 노력이 다른 사람에게 미치는 영향은 무엇인지에 대해서도 고려해야 한다(Cournoyer, 2008).

또한 사회복지사는 자신이 수행해야 할 역할과 이론적 접근방법 또는 전략을 결정해야 한다. 예를 들어, 상담가의 역할을 수행하려고 한다면 전문가의 이론적 관점이 가족체계론적이어야 하는지 행동수정이어야 하는지 또는 여러 관점을 절충적으로 결합한 형태여야 하는지 결정해야 한다. 전문가가 얼마나 적극적이고, 얼마나 지시적일지 등도 결정해야 할 것이다. 또한 얼마나 빈번하게 어디에서 몇 시간 동안 만나게 될지, 개입 전체 기간은 어떻게 정할지 등을 함께 결정한다. 이 외에도 계획의 결과에 영향을 미칠 수 있는 잠재적인 자원뿐만 아니라 나타날 수 있는 장애물도 확인해야 한다. 이 사례 예시에서 생각해 볼 수 있는 행동계획은 다음과 같다.

> 사회복지사와 클라이언트 가족은 4개월(12주)에 걸쳐 일주일에 한 번 1시간씩 만나기로 하였다. 만남의 목적은 앞에서 밝혀진 목표를 달성하는 것이다. 자녀가 학교에 빠지지 않고, 7시 전까지는 집에 들어오는 것을 목표로 한다. 문제해결에 대해 적극적인 자세를 가지고, 자녀, 부모님과 함께 단계별로 상담을 진행할 계획이다. 이를 위해 사회복지사는 자녀에게는 과제중심적인 접근을 사용할 것이며, 클라이언트 부부에게는 부부상담을 제공할 것이다. 8주차 이후에는 가족 전체가 만나는 가족회기를 종결 전에 2회 정도 갖기로 하였다. 만남은 기관의 상담실에서 이루어질 계획이며 12주 내내 목표 달성 정도를 점검할 것이다. 개입이 종결되기 1주 전 가족회기에서 개입의 연장, 종결, 의뢰 여부를 결정할 것이다.

4) 계약서 작성하기

사례의 내용에 기반하여 계획된 내용을 다음의 계약서 양식으로 만들어 보자. 계약서는 기관의 기능과 목적, 클라이언트 욕구나 계약의 목적에 따라 다양할 수 있지만 적어도 클라이언트 신상 관련 정보, 구체적 목표와 사회복지사와 클라이언트의 서명이 포함되어야 한다(Hepworth et al., 2010).

(1) 신상정보와 서명

클라이언트의 이름 등 신상정보가 들어가고, 사례번호를 부여하기도 한다. 문제에 대한 간략한 기술이 들어갈 수도 있다. 이 사례의 경우 문제를 의뢰한 아내가 클라이언트가 된다. 아내 외에도 참여할 가족 구성원들이 있다면 그러한 성원들에 대한 정보도 포함해야 한다. 클라이언트는 계약을 통해 다양한 참여자의 상호책임을 이해할 수 있다.

서명은 참여자들이 계약의 내용에 대해 숙지하였으며, 계획을 성실히 이행할 것이라는 진지한 참여를 의미한다. 따라서 이 사례에서는 가족회기와 부부회기, 자녀상담을 병행할 것이기 때문에 세 사람의 이름을 기록해 두고, 서명도 가능하다면 세 사람 모두에게 받는 것이 좋다.

(2) 구체적 목표와 행동 단계

목표는 분명하게 기술되어야 하며, 누가, 언제, 무엇을 할 것인지와 같은 행동단계를 제시하며, 측정 가능하도록 설정되어야 한다. 사회복지사는 클라이언트체계와 협력하여 부부관계 개선과 자녀의 무단결석 행동을 줄이기 위해 상담과 각 접근의 구체적인 목표를 측정 가능하도록 설정해서 기록한다. 예를 들면, 자녀 상담에서는 주 1회 1시간씩 과업 중심 접근을 통해 적어도 주 5회 이상 학교에 늦지 않고 8시까지 등교하고, 방과 후에는 7시까지는 집으로 귀가하는 것을 목표로 하고, 이를 스스로 기록한 과업 일지를 적어 보도록 한다. 부부상담을 통해서는 효과적인 의사소통 기술을 연습하고 부부관계 개선을 위해 주 1회 이상은 부부만의 여가시간을 갖도록 하며, 적어도 주 5회 이상은 화내지 않고 대화할 수 있도록 하는 것을 최종목표로 할 수 있다. 향후 평가를 위해서는 이러한 대상체계별 개별적인 목표들과 개입방향을 꼼꼼하게 기록해 두어야 할 필요가 있다.

(3) 시간적 요소

시간적 요소는 계약의 필수요소다. 모든 계약에는 개입에 소요될 기간, 개입종결 일정 및 개입 계획에 대한 합의된 날짜가 기록되어야 한다. 시간제한적인 서비스의 경우 면접이나 서비스 기간의 최대 한계를 명시하는 것이 좋다. 시간제한의 길이는 사회복지실천, 개인상담, 집단상담, 사례관리 등 다양한 이론이나 모델에 따라 달라질 수 있다. 대부분의 단기계약은 2개월에서 4개월 동안 6회에서 12회의 상담횟수를 정한다(Reid, 1987). 집중적인 원조와 감독이 필요한 경우를 제외하고는 면접은 주1회 상담이 표준이다. 회기당 소요시간은 클라이언트의 발달단계 및 질병 등 신체적 여건 등을 고려한 집중시간에 근거하여 설정해야 한다. 일반적으로 1회기당 50분 내외의 시간을 할애하지만 노약자, 아동 등 발달단계나 집중력의 개인차를 고려하여 필요한 경우 20분 내외로 짧게 설정할 수도 있다(Hepworth et al., 2010).

연습문제

1. 실제 사례를 구해서 문제와 목표를 구체화하고, 행동계획을 개발해 보시오.

2. 다양한 현장에서 사용하고 있는 계약서와 클라이언트 동의서나 서약서 양식을 구해서 비교해 보고, 한국 사회복지실천현장에서 유용한 계약서 양식을 만들어 보시오.

3. 사회복지사와 클라이언트의 역할을 나누어 본문에서 제시된 사례의 계약과정을 연습해 보시오.

4. 연습문제 3번의 계약과정 연습 시, 사회복지사 역할을 수행할 때 느낀 점과 클라이언트의 역할을 수행할 때 느낀 점을 비교해 보시오.

5. 본문의 사례에 기반하여 계약서를 만들어 보시오.

제12장

사회복지실천과정: 개입

사회복지실천과정에서 개입이란 사회복지사와 클라이언트가 상호 합의하여 수립한 계획을 구체적인 행동으로 이행하는 것을 일컫는다. 조사와 사정단계에서 수집된 정보, 사회복지사의 훈련 배경, 기관의 기능, 클라이언트의 자발적인 동기화 정도 등에 따라 개입의 구체적인 내용과 양상이 달라진다. 사회복지실천에서 클라이언트란 개인, 집단, 가족, 조직, 지역사회를 모두 포함하며, 개인과 집단, 집단과 개인, 가족 또는 지역사회에 대한 개입과 기술이 서로 배타적이지 않다. 오히려 상호 보완적이며 필요하다면 개인과 집단 실천 또는 개인과 지역사회복지실천 등이 서로 결합되어 활용되거나 순차적인 방법으로 활용될 수 있다.

이 장에서는 개입의 유형을 크게 클라이언트와 직접적인 대면을 통해 이루어지는 직접 개입과 간접적인 수준에서 이루어지는 간접 개입으로 대별하고, 각각의 개입에서 활용될 수 있는 대표적인 실천활동을 소개하고자 한다.

1. 직접 개입

접수, 조사, 사정과 같은 초기 실천과정의 과업들이 개입 활동을 통해 구현되는 것이기 때문에 개입의 범위는 매우 광범위하며, 개입 내용을 서술하는 방식 또한 다양하다. 미시적 차원에서 이루어지는 직접 개입이란 사회적 기능이나 대처 능력의 향상을 위해 개인, 가족, 소집단 체계에 사회복지사가 직접적으로 개입하는 것을 의미한다. 사회적 기능이나 대처 능력의 향상이란 개인의 사고, 정서, 행동을 환경에 적응할 수 있도록 기능적으로 또는 친사회적으로 변화시키는 것을 말한다. 문제 상황에 직면했을 때 사람들의 반응과 대처방식은 다르다. 대처 방식의 결과가 긍정적일 수 있도록 부정적인 태도나 행동, 왜곡된 인지나 관계를 새롭게 수정하려는 것이다.

1) 개인에 대한 개입

사회복지실천에서 개입의 표적이 되는 개인의 문제들은 주로, ① 우울, 불안 등 개인의 심리 내적인 원인에서 적응 문제가 비롯된 경우, ② 부부관계, 또래관계, 직장생활에서의 인간관계 등 사회적 관계의 문제로 부적응 문제가 생긴 경우, ③ 문제 자체에 대한 인식이 부족해서 스스로 동기화되지 못하거나 문제해결에 어려움이 있는 경우, ④ 자연재해나 폭력피해, 화상 등으로 인한 심리적 외상으로 일상적인 생활에 어려움이 있는 경우, ⑤ 마약이나 알코올 등의 일탈적인 방식으로 스트레스에 대처하는 경우, ⑥ 경제적인 자원을 동원하거나 이용할 수 있는 클라이언트의 능력이 손상된 경우 등이다.

이러한 표적 문제에 직접적으로 개입하는 과정에서 필요로 하는 대표적인 기술은 자존감과 문제해결에 대한 자신감을 향상시키고, 문제에 대한 이해를 촉진하며, 해결방안 및 행동 변화를 강구할 수 있도록 하는 기술, 위기에 개입하는 기술 등을 들 수 있다.

(1) 자존감 및 문제해결에 대한 자신감 향상

자존감은 자신의 존재에 대한 가치감과 더불어 자신의 능력에 대한 자신감, 즉 효능감을 포함하는 개념이다. 개인 대상의 실천에서 가장 핵심은 자존감을 회복시켜서 문제해결에 대한 자신감으로 이어지도록 하는 데에 있다. 클라이언트에게 안전하고, 신뢰할 수 있는 관계를 경험할 수 있게 하는 것은 앞으로의 실천과정을 성공적으로 이끌기 위한 수단적 의미뿐 아니라 그 자체가 자존감을 높이는 개입적인 효과도 있다. 개입의 전 과정에서 사회복지사는 클라이언트가 한 인간으로서 존중받고 있다고 느끼게 하고, 편안하며 안전한 느낌을 제공하여 클라이언트가 자신의 문제를 말하는 데 주저함이나 거부감이 없도록 하는 것이 중요하다. 어조와 표정이나 몸짓과 같은 비언어적 표현 방식을 총동원해 사회복지사가 클라이언트의 말과 감정에 주의를 기울이고, 공감하고 있음을 전달할 수 있어야 한다.

수용, 지지, 관심의 구체적 표현, 격려 등이 자존감을 높이는 기술에 해당된다. 사회복지사가 클라이언트의 장점과 단점, 긍정적 감정과 부정적 감정, 건설적 태도와 파괴적 행동과 같은 클라이언트의 있는 그대로의 모습을 인정하며 긍정적으로 고려하되, 클라이언트가 자신의 능력을 보다 잘 발휘할 수 있도록 칭찬하며 긍정적 의미를 부여해 주어야 한다. 다음의 예시와 같이 사회복지사의 지지(support)와 재보증(reassurance)은 망설이는 클라이언트에게 효능감을 높여 줄 수 있다. 재보증은 합리적인 생각과 결정임에도 불구하고 클라이언트가 자신의 결정에 대해서도 의구심을 가지고 있거나 자신 없어 할 때 클라이언트의 의사결정이나 생각에 대한 신뢰를 표현해 줌으로써 자신감을 향상시켜 주는 기법이다(Sheafor & Horejsi, 2014).

> 클라이언트: 좋은 직장에 취직하고 싶어서 막상 지원을 했지만 너무 어려운 곳이라서 떨어질까 봐 무서워요. 면접을 보러 가는 게 맞을까요?
>
> 사회복지사: 지원을 했지만 막상 면접을 앞두니 실패할까 봐 불안하시군요(**불안에 대한 공감**). 지금까지 ○○ 씨는 사시면서 크고 작은 위기가 있었지만 포기하지 않고 적극적으로 노력하시면서 사셨습니다(**도전에 대한 지지**). 지난 회기에서도 힘들 때마다 포기했다면 지금의 이 자리에 없을 것이라고

말씀하셨지요?(**지난 회기에 보여 준 클라이언트의 판단 상기**) ○○ 씨가 용기를 내서 지원까지 했으니 면접도 자신만의 스타일대로 임하시는 게 아예 포기하시는 것보다 좋은 선택이라고 생각합니다(**클라이언트의 결정에 대한 신뢰 표현**).

(2) 정서적인 환기와 문제에 대한 새로운 이해 촉진

감정이 지나치게 억압되어 있을 때 그러한 감정을 표출할 수 있도록 돕는 것만으로도 개입적 효과가 있다. 특히 클라이언트의 내부에 억압된 분노, 슬픔, 죄의식, 불안 같은 부정적 감정이 문제가 되거나 이러한 감정 때문에 문제해결에 방해를 받는 경우 이를 적극적으로 표현하도록 격려함으로써 부정적 감정의 강도를 약화시키거나 해소시킨다. 다음의 사례는 돌아가신 아버지에 대한 분노감을 죄의식 때문에 억압하고 표현하지 못하는 성인 자녀에게 정서적인 표출을 돕는 것을 보여 준다.

클라이언트: 아버지는 훌륭하신 분이예요. 냉철하고 합리적인 성격인데다가 자식 농사도 잘 지으셨다고 돌아가시기 전까지 친척분들도 조언을 구하고 그러셨어요. 공부 잘하는 자식들은 공부를 시키셨지만 저같이 애매하게 공부한 자식은 대학보다 평생 먹고 살 직장을 구하라고 조언하셨죠. 형과 동생은 모두 대학원까지 공부시키셨지만 저는 고등학교 졸업해서 일찍 공무원을 하라고 하셨어요. 하나라도 돈을 벌어야 남은 형제가 공부를 할 수 있잖아요.

사회복지사: 그러면 혼자만 대학을 포기한 후 취업해서 형제들 뒷바라지를 하셨나요?

클라이언트: 아버지는 자식에게도 냉철하셨어요. 형님은 장남이니까 가르쳐야 했겠지요. 동생은 똑똑했어요. 아버지 말씀이 동생은 하나를 가르쳐도 열을 알지만 저는 하나를 가르치면 하나를 안다고 하셨어요.

사회복지사: 형제간에 비교를 당하는 경험은 참기 힘드셨겠어요(**공감하기**).

클라이언트: 저는 그래도 아버지를 존경합니다.

사회복지사: 형제와 비교하는 말을 계속 듣고 자랐고, 형제 중 혼자만 희생을 강요 당했다면 아무리 아버지라도 미운 마음이 드셨을 것 같은데 그런 아버지에 대해서도 존경한다고 하시는군요(**감정과 행동의 모순 직면시키기**).

클라이언트: (오랜 침묵) 아버지니까요. 그래야 하나보다 했어요.

사회복지사: 누구나 어린 시절에 아버지가 절대적인 존재일 수 있지요(**일반화**).

클라이언트: (눈물을 흘린다.) 솔직이 원망하지 않았다고 하면 거짓말이겠지요. 형제들도 다 크고 나니 지들 잘나서 공부하고, 지들 잘나서 출세한 줄 알더라구요. 억울해요. 정말 억울해요. 내가 바보예요. 혼자 참고, 양보한다고 아무도 안 알아줘요. 후회가 됩니다. ……(중략)…… 그래서 마냥 친구들에게 휘둘리는 제 아들을 보면 화가 나나 봐요(**과거의 자신 문제와 현재의 아들과의 관계 문제의 연결**). 양보나 희생만 하면 실패자가 되니까요.

사회복지사: 일반적으로 양보나 희생은 도덕적인 사람이 하는 거라고 생각하지요(**일반화**). 도덕성은 학업성취만큼이나 아이들에게 중요한 발달산물이에요. 그런데도 아버님은 아드님의 도덕성이 높은 것을 오히려 걱정하시는군요(**문제에 대한 새로운 관점 제공**).

억압된 아버지에 대한 분노감이 사회복지사의 공감과 직면을 통해 표출됨으로써 과거 아버지와 클라이언트의 관계에서 해결되지 않은 감정 문제를 다룰 수 있게 되었음을 보여 준다. 또한 클라이언트는 착하고 양보를 잘하는 성격의 아들에 대한 과도한 걱정과 우려가 과거의 해결되지 않은 문제에서 비롯된 것임을 알게 되었다. 억눌린 정서를 표현함으로써 과거 자신과 아버지와 관계에서 비롯된 문제가 현재 자신과 자녀와의 관계에 어떻게 영향을 미치고 있는지를 클라이언트 스스로가 인식하게 된 것이다.

이와 같이 사회복지사는 억압된 분노를 안전하게 표출하도록 도움으로써 부정적인 감정의 강도를 약화시켰고, 현재 감정의 출처를 인식하게 했다. 또한 클라이언트에게 내적인 감정, 사고, 행동들을 직면하게 해 주고, 클라이언트의 부정적인 사고·정서·행동상의 불일치나 모순을 지적해 줌으로써 클라이언트 스스로 기존의 사고나 행동의 문제점을 발견하고 전환시킬 수 있도록 돕고 있다. 클라이언트뿐만 아니라 많은 사람이 공통적으로 경험하는 것임을 언급해 주거나 문제에 대한 관점을 긍정적으로 변화시켰다.

(3) 해결 중심으로 질문하기

해결중심적인 접근에서는 과거에 문제가 어떻게 발생했는지에 관해서는 질문하지 않으며, 문제가 해결될 수 있는 현재와 미래에 초점을 둔다. 클라이언트의 성공 경험, 잠재적인 자원과 강점에 관한 정보를 더욱 중요시한다. 문제의 원인과 양상보다는 과정과 피드백, 시도되었던 문제해결방법에 초점을 둔다. 해결지향적 접근에서 활용하는 대표적인 질문 유형은 예외 질문, 기적 질문, 척도 질문, 대처 질문 등이다(Berg & Miller, 1992).

- 어떤 상황에서 화내지 않고 대화를 할 수 있었나요? 한번이라도 그랬던 적이 있다면 언제였는지요?" **(예외 질문)**
- 기적이 일어나서 문제가 완전히 해결되었다면 무엇을 보고 문제가 해결되었다는 것을 알 수 있을까요? **(기적 질문)**
- 10점을 가장 심각한 상태라고 할 때 현재는 몇 점 정도 될까요? **(척도 질문)**
- 그렇게 힘든 상황에서도 어떻게 포기하지 않고 참고 견디셨는지요? **(대처 질문)**

(4) 지시적으로 개입하기

클라이언트가 심각한 위기 상황에서 극심한 불안이나 혼란을 느끼면서 긍정적인 대처기제를 사용하지 못할 때 사회복지사는 주도적으로 적절한 방향을 제시하는 지시적 개입을 통해 해결방안과 행동변화를 촉진시킬 수 있다. 정보제공과 조언이 대표적인 지시적 기법이다. 정보제공이 클라이언트의 문제해결능력을 향상시키기 위해 필요한 정보와 지침을 제공하는 것이라면 조언이란 사회복지사가 클라이언트에게 이렇게 하는 것이 어떻겠냐고 행동을 제안하는 것이다.

그러나 사회복지사가 충분한 정보 없이 섣부른 판단이나 훈계를 해서는 안 된다. 또한 가치관이나 의견이 상이할 수 있는 문제를 다루는 과정에서 사회복지사가 자신이 선호하는 가치관이나 문제해결 방식을 클라이언트에게 강요하거나 조언해서는 안 된다. 조언을 할 때는 사회복지사가 조언하고 싶어서가 아니라 클라이언트가 그러한 조언을 필요로 하고 있다는 점을 충분히 확신할 수 있을 때에 한해서 사용해야 한다. 클라이언트에게 정보를 제공할 때 다음의 지침들을 명심한다.

- 조언이나 정보제공은 정확한 사실에 근거해야 한다.
- 정보를 제공할 때 클라이언트의 현재의 심리 상태를 주의 깊게 고려한다. 위축되어 있는 클라이언트는 질문하길 꺼린다.
- 정보는 체계적 · 단계적으로 제공한다. 과도한 정보가 한번에 주어지면 해롭다.
- 복잡한 지시사항(예를 들어, 다른 기관을 이용하는 법)은 말보다는 서면으로 할 필요가 있다.
- 그것과 같은 대명사를 조심해서 사용한다. 정확하게 무엇을 의미하는가를 모르는 사람에게 혼란을 가져올 수 있다.

(5) 행동의 수정과 과업의 개발

클라이언트의 행동을 변화시키는 것이 목적일 때 사용하는 기법들은 주로 행동수정이론에 기초한다. 강화(reinforcement)는 특정한 보상을 제공함으로써 긍정적인 행동이 반복적으로 일어나도록 하는 것이다. 처벌(punishment)은 불유쾌한 결과를 제공함으로써 원인이 되는 행동을 없애고자 할 때 사용하는 기법이며, 소거(extinction)는 특정행동에 대한 강화를 없애 자연히 그 행동이 소멸되도록 하는 것이다. 모델링(modeling)은 타인의 바람직한 행동을 모방하게 함으로써 행동을 변화시키려는 기법이다. 현장에서는 역할극이나 시청각 자료를 이용하여 모델링을 하기도 한다. 특히 강화와 모델링기법이 행동변화를 촉진하기 위해 자주 활용된다. 행동시연은 본질적으로 모델링과 지도(coaching)를 사용하는 역할연습의 한 형태로 행동주의 치료로부터 도출된 기법이다. 모의상황에서 반복적으로 훈련함으로써 불안을 감소시키고 상황 처리에 대한 자기확신을 갖도록 돕는다.

더욱이 새로운 기술과 행동은 사회복지사와 함께하는 회기 동안만이 아니라, 클라이언트의 자연스러운 환경에서 연습할 필요가 있기 때문에 회기와 회기 사이에 과업을 주고, 해 오도록 할 수 있다. 과업을 부여할 때 사회복지사는 클라이언트에게 정확한 지시사항을 제공해야 한다. 사회복지사는 회기 전에 지시사항을 준비할 수 있다. 가능하면 과업과 지시사항들을 복사하여 클라이언트와 사회복지사가 한 부씩 갖도록 한다.

과업이 모든 클라이언트에게 적절한 것은 아니다. 과업 주기가 효과적이기 위해서는 클라이언트가 변화의지가 있고, 사회복지사의 지시를 수용하며, 회기가 끝나고도 새로운 행동을 연습하려는 의지가 있어야 한다. 클라이언트의 표적 문제해결을 위해 일반적 과업을 구체적 과업으로 발전시키는 것이 중요하다. 진로탐색이라는 일반적 과제를 성격검사하기, 적성검사하기, 흥미로운 직업에 대한 정보 수집하기, 직업인 인터뷰하기, 1일 직업체험 하기, 미래의 이력서 써 보기와 같은 구체적인 과업으로 발전시킬 수 있다. 구체적 과업은 클라이언트가 수행해야 하는 행동적 · 인지적 활동을 의미한다. 예를 들면, 행동적 과업은 인터넷을 통해 직업정보 알아보기, 1일 직업 체험하기 등이 해당되며, 분노 인식하기, 스트레스 반응 인식하기 등은 인지적 과업에 해당된다(김혜란 외, 2022; 이원숙, 임수정, 2020).

누구보다도 클라이언트가 자신의 상황에 대해 잘 알고 있으므로 스스로 과업을 제안하도록 기회를 주는 것이 좋다. 클라이언트가 제안한 과업이 문제를 해결하는 데 도움이 되는 적절한 과업이며, 현실적으로 실행 가능한 과업이라는 판단이 들면 사회복지사는 이를 지지해 주면 된다. 반대의 경우에는 성취 가능한 현실적 과업을 설정하도록 클라이언트를 격려하고 지원해 줄 필요가 있다. 일반적으로 클라이언트들은 스스로 설정한 과업에 더욱 적극적으로 참여한다. 그러나 클라이언트가 스스로 과업을 제안하기 힘들어하면 사회복지사는 클라이언트와 함께 브레인스토밍 등을 통해 과업설정을 도와준다. 과업이 설정되면 과업을 수행하기 위한 세부사항을 계획하고, 과업수행과정에 따른 어려움이나 문제가 없는지 분석하고, 이를 해결하기 위한 방법을 찾아볼 수 있게 지원한다. 과업을 수행한 이후에는 과업의 진전

과정을 점검하고 격려한다(김혜란 외, 2022; 이원숙, 임수정, 2020).

(6) 비합리적 신념에 대한 인지적 재구조화

클라이언트는 잘못된 신념에 기반하여 상황을 잘못 인식하기도 한다. 잘못된 신념은 타인을 원망하게 하고, 불만이나 오해의 씨앗이 된다. 잘못된 신념의 예시는 다음과 같이 부정적 정서나 감정을 유발하는 '반드시', '절대로', '모든', '항상', '해야 한다' 등의 단언적 표현이 포함되어 있다(김혜란 외, 2022).

- 다른 사람들과 반드시 좋은 관계를 유지해야 한다.
- 친밀한 관계에서는 절대 실망을 시켜서는 안 된다.
- 모든 사람이 나를 좋아해야 한다.
- 나의 선택은 항상 옳다.
- 나를 좋아한다면 내가 말을 하지 않아도 나의 마음을 다 알아야 한다.
- 인생은 반드시 성공해야 한다.
- 노력하면 안 되는 것은 이 세상에 없다.

사회복지사는 클라이언트가 가지고 있는 타인에 대한 비현실적인 기대가 클라이언트의 사회적 상호작용에 영향을 미치지 않는지를 주의 깊게 살펴본다. 다음의 사례에서 클라이언트의 부모님은 누구나 노력하면 원하는 바를 얻을 수 있다는 신화를 믿으며, 이러한 신화가 과도한 기대와 압력으로 자녀에게 작용함에 따라 시험불안을 야기하고 있음을 보여 준다. 진하게 표시한 부분이 비합리적이고 잘못된 신념을 암시하는 언급이다.

클라이언트: 부모님은 두 분 다 의사세요. 적성도 필요 없고, **무조건 암기만 잘하면 된대요**. 그리고 **누구나 노력하면 원하는 바를 모두 얻을 수 있다**고 생각하세요. 문제는 노력이지요. 아무래도 제 노력이 부족한 거 같아요. 시험만 보면 불안해지고, 실력발휘를 못하는 제 자신이 한심해요. 지금이라도 의대를

포기하고 음악을 공부하고 싶지만 만약 제가 의대를 포기하면 **부모님은 반드시 실망하실 거예요**. 저는 부모님을 실망시키기는 죽기보다도 싫어요.

이러한 인지적 왜곡과 사고의 비약, 비현실적인 신념은 클라이언트가 갈등 상황이나 불쾌한 현실을 회피하는 데 사용되기 때문에 쉽게 변화하지 않는 경우도 있다. 이 사례에서도 비현실적인 신념으로 초래된 불안이 우울을 야기하고, 이는 자살사고와 같은 극단적인 사고 비약으로 이어지고 있다. 시험불안은 이러한 불안한 현실과 비합리적인 신념을 회피할 수 있게 해 준다. 사회복지사는 클라이언트가 합리적인 신념과 비합리적인 신념을 구분하도록 교육하고, 비합리적인 신념을 합리적 신념으로 변화하도록 돕는다. 일방적 설명보다 클라이언트가 스스로 자신의 비합리적 신념의 모순을 발견하도록 질문하고 직면시킨다.

(7) 즉각적인 위기개입

사회복지현장에서 만나는 개인들은 다양한 위기로 사회 기능적 불균형상태를 경험한다. 위기란 개인에게 단기간에 급격한 정서적 동요를 야기하는 사건을 의미한다. 위기는 일반적으로 신체적·인지적·정서적인 고통과 증상을 동반하기 때문에 위기 상황에서는 평소의 합리적인 대처방식이나 사회적 기능이 더 이상 발휘되지 않는다.

위기의 유형은 결혼, 출산, 은퇴와 같이 발달과정에서 누구나 경험할 수 있는 발달적 위기와 경제적 부양자의 사망이나 질병, 구금, 실직, 파산 등으로 인한 경제적 위기, 폭력, 자연재해, 화재, 교통사고 등 심각한 심리적 외상을 야기하는 상황적 위기 등을 들 수 있다.

남편의 사망 이후에 관리비를 못 낼 정도로 심각한 경제적 어려움을 겪던 모녀가 숨진 뒤 발견된 사건을 계기로 우리 사회는 긴급복지지원체계를 강화하고, 다양한 생활상의 위기에 대한 적극적 개입을 강조하고 있다. 아동보호전문기관, 가정폭력상담기관, 성폭력상담소, 자살예방센터 등은 위기를 직접적으로 다루는 대표적인 사회복지실천현장이다.

따라서 사회복지사는 위기를 초래한 사건에 대한 실질적 지원과 더불어 위기의 원인이 무엇이고, 위기 이후의 상황이 어떻게 전개되고 있는지, 위기의 영향으로 클라이언트에게 어떠한 변화가 있는지, 위기로 인한 변화와 고통이 납득할 만한 수준인지 등에 대해 이해할 수 있도록 원조한다. 특히 상황적 사건과 클라이언트가 경험하는 극도의 주관적 고통 사이에 합리적인 관계가 없는 경우에는 부적절하고 과도한 고통을 스스로 인식하고, 그 원인을 이해할 수 있도록 원조한다. 상황과 관련된 느낌을 안전한 환경에서 충분히 표현하도록 원조하면 클라이언트는 점차 자신의 감정과 생활사건 간의 관련성을 이해할 수 있으며, 부적절한 긴장도 완화된다. 또한 위기에 대한 역기능적인 대처방식을 깨닫도록 해 주고, 긍정적이고 바람직한 대안적 대처방식을 검토하고, 탐색할 수 있도록 원조한다. 이러한 위기개입은 위기발생 직후에 신속하게 이루어지는 것이 바람직하다.

(8) 자발적인 변화 동기 유발

변화에 대한 동기가 있어야 문제해결을 시도할 수 있다. 클라이언트를 변화 행동으로 나아가도록 하기 위해서 변화하라고 지시하거나 설득해서는 안 된다. 클라이언트는 변화를 하고 싶기도 하고, 현재를 유지하고 싶기도 한 양가감정을 경험한다. 양가감정으로 변화를 망설이고 있는 클라이언트에게 변화를 종용하거나 설득한다면 오히려 변화에 저항하는 반응을 하기 쉽다. 따라서 클라이언트가 미처 인식하지 못한 자신의 내적 망설임, 즉 변화에 대한 양가감정을 반영하고 인정해 주어야 한다. 클라이언트가 변화에 대한 내적 준비도나 동기화가 될수록 변화 의지나 행동에 대해서 더 많이 이야기하게 된다. 예를 들면, 자신의 문제를 염려하고 변화에 대한 필요성을 말로 표현하거나 자신의 변화 의도, 변화에 대해 낙관적 태도를 보이는 등 변화 신호를 보일 때 사회복지사는 그 부분에 주목하면서 변화에 대한 동기를 유발하고 강화해 나간다. 클라이언트의 변화 동기가 유발되고 행동실천을 결심하는 단계에 이르면, 클라이언트는 스스로 변화 행동을 실천할 가능성이 매우 높아진다.

2) 가족 대상 개입

사회복지실천에서 그 대상이 가족인 경우가 있다. 이혼가정 문제, 부부갈등 문제, 조손가정 문제, 한부모가정 문제, 다문화가정 문제, 입양 관련 문제 등은 실천현장에서 만나는 대표적인 가족 문제다. 그러나 이러한 문제 외에 가족 구성원 중에 한 명이 클라이언트로 내원하거나 의뢰되었을 때도 필요한 경우 가족 전체를 대상으로 사회복지실천이 이루어지는 경우가 종종 있다. 개인에게 가족이란 가장 일차적인 상황요소이기 때문이다.

또한 가족은 상호의존적인 체계이기 때문에 개인이 직면하는 다양한 문제는 가족 내 역동으로부터 영향을 받기도 하고, 영향을 주기도 한다. 비행청소년 문제나 부부관계 문제를 상담하다 보면 다른 가족원의 문제와 얽혀 있는 경우를 흔히 볼 수 있다. 형과 지나치게 비교당하는 동생이 가출이나 비행으로 부모의 관심을 받으려 하거나, 고부 갈등으로 부부관계가 악화된 경우가 그 예다. 이러한 경우에는 드러난 가족원의 문제뿐 아니라 드러나지 않은 다른 가족원과의 관계가 동시에 다루어질 필요가 있는 것이다.

사회복지실천에서 가족을 대상으로 하는 개입의 이론적 근거는 주로 가족치료에서 유래한다. 가족치료에 대해서는 많은 이론적 준거틀이 개발되었으나, 최근에는 이러한 치료 모델들이 절충적이고, 통합적으로 사용되고 있다. 가장 전형적이고 대표적인 가족 개입 방안은 가족의 역기능적인 의사소통에 개입하거나 가족의 체계 간 경계에 개입하기가 있다.

⑴ 가족의 역기능적인 의사소통에 개입하기

가족의 의사소통은 가족원들 간의 관계를 반영하고, 현재뿐 아니라 과거의 가족사를 반영하며, 의사소통을 통해 친밀감을 나누고, 위로와 지지, 갈등해결을 수행한다. 가족의 역기능적인 의사소통은 관계의 문제, 과거로부터 해결되지 않은 문제, 현재의 가족 갈등을 반영한다. 따라서 가족 문제를 원조하는 대표적인 개입방법 중에 하나는 역기능적인 의사소통을 사정하고 수정하는 방식으로 개입하는 것이다. 여기에서는 관계를 훼손하는 이중적이고 모호한 의사소통을 중심으로 살펴 본다.

① 부부 관계를 훼손하는 의사소통

갈등상황에서 부부관계를 훼손하는 대표적인 의사소통으로 비난, 경멸, 방어, 냉 담이 있다. 누구나 배우자에 대해서 불만을 가질 수는 있지만 불만을 표현하는 방 식이 중요하다는 것이다. 불평이 비난이 되면 문제가 된다. 비난이란 배우자의 인 격, 성격, 능력을 전면적으로 공격하는 것이다. 여러 가지 불만거리를 한꺼번에 길 게 늘어놓고, 손가락질을 하면서 판결을 내리듯이 하는 말, 배우자를 믿지 못하겠 다고 책망하는 말 등이 있다. 비난이 지속되다 보면 경멸이 등장한다. 경멸은 모욕 하거나 정서적으로 학대하고자 하는 의도로 소통하는 것이다. 모욕하기, 적대적인 유머나 조롱하기, 코웃음 치기와 같은 비언어적인 방법으로도 전달된다. 배우자를 경멸로 대하게 되면 상대배우자는 방어하게 된다. 즉, 자신을 보호하기 위해 책임 을 부인하고 변명하기, 배우자 말을 무시하고 맞받아치기, 자기 입장만 되풀이하거 나 푸념하기가 대표적인 방어적 의사소통방식이다. 냉담은 아예 대화를 하지 않고, 무반응하거나 침묵함으로 일관하는 소통방식이다. 냉담의 의도가 긴장과 갈등을 해소하고자 하는 의도였다고 하더라도 상대방에게 거리감, 무시 등을 전달하는 강 력한 메시지이므로 피해야 한다. 비난이 경멸을, 경멸이 방어를, 그리고 방어가 냉 담을 유발한다. 이러한 과정을 거쳐서 비난, 경멸, 방어 및 냉담 모두를 습관적으로 사용하게 될 때 서로 상처받고 방어적인 태도로 배우자의 부정적인 말에만 주목하 는 악순환이 반복된다(권윤아, 김득성, 2008; Gottman, 1994, 1999). 사회복지사는 부 정적인 의사소통의 예시를 알려 주고, 긍정적이고 지지적인 의사소통으로 변화할 수 있도록 돕는다.

표 12-1 부부간 역기능적 의사소통 행동

비난	• "당신은 한번도 ~한 것이 없다"는 식으로 말한다. • "당신은 항상, 또 문제"라는 식으로 말한다. • 배우자의 성격이나 인간성을 비판한다. • 배우자가 잘못한 것을 알아야 한다는 말투로 말한다. • 길게 잔소리한다.
경멸	• 배우자의 약점을 일부러 공격한다. • 이혼, 별거를 하자고 위협한다. • 배우자의 기를 꺾거나 자존심 상하게 하는 말을 한다. • 가시돋친 욕설과 모욕을 주는 말을 한다(예: "정말 정떨어진다", "멍청하다"). • 경멸(멸시)하는 표정을 짓는다(예: 코웃음치기)
방어	• 내 입장만 반복해서 설명한다. • 배우자가 하는 말에 놀라서 펄쩍 뛰면서 전부 부인한다. • 배우자의 말에 "그럴 수도 있지, 그게 무슨 문제야"라고 하면서 따지고 든다 • 배우자의 말에 "모두 다 당신 때문"이라고 하며 나무란다. • 변명하거나 거짓말을 한다.
냉담	• "됐으니까 그만 말해"라고 한 후 더 이상 말을 듣지 않는다. • 대화하지 않겠다는 신호를 보낸다(예: TV 음량 높이기, 휙 돌아눕기). • 굳은 표정으로 침묵한다. • 갑자기 자리를 박차고 나가 버린다.

출처: 권윤아, 김득성(2008).

② 이중적이고 모호한 의사소통

이와 같이 가족 내 갈등이 본격화되지는 않았지만 문제를 경험하고 있는 가족들의 의사소통 유형은 모호하고 간접적인 경향을 보인다. 자신의 욕구나 생각을 직접적으로 말하는 것을 피하며, 언어적 의사소통과 비언어적 의사소통이 서로 일치하지 않는 이중적인 메시지를 보내는 경우가 많다. 예를 들면, 화가 난 표정으로 "그래, 잘했다."라고 하면 듣는 자녀나 배우자 입장에서는 정말 잘해서 잘했다고 표현한 것인지, 조롱의 의미로 그렇게 말한 것인지 이해하기 어려울 때가 있다.

또는 모순되고 양립하기 어려운 상반된 메시지, 이른바 '이중 구속' 메시지를 전달받은 사람은 혼란을 경험하고 이러지도 저러지도 못하는 상황에 놓인다. 예를 들어, 학과 선택을 고민하는 자녀에게 부모가 "이제 대학생이 되었으면 진로는 스스로 선택해야지. 부모에게 꼬치꼬치 결정해 달라고 하는 거니?" 하고는 막상 자녀가 가고 싶은 학과를 말하면 "그 학과가 네 실력과 적성에 정말 잘 맞는다고 생각하니? 너한테 부모가 거는 기대는 전혀 고려하지 않는 거니?"라고 한다고 하자. 이러한 상황에서 자녀는 스스로 원하는 진로를 선택하면 부모 기대에 반하는 상황이 되고, 반대로 부모 기대에 따라 자신이 원하지 않는 진로를 선택하면 스스로 하고 싶은 것도 선택 못하는 사람이 되고 마는 모순에 빠지게 되어 이러지도 저러지도 못하게 된다. 부모자녀 관계에서 이러한 역기능적인 의사소통이 지속되면 자녀는 상호관계에 대한 불신과 좌절을 지속적으로 느끼게 되고, 이는 갈등이나 문제행동, 낮은 자존감으로 이어지기 쉽다. 주로 상대방에게 양가감정을 가진 경우에 표면적 메시지와 잠재적 메시지 간에 불일치가 생기기 쉽다. 반면에 가족 간 의사소통이 개방형 의사소통으로 일치되면 가족원 간의 수용도가 높아지고, 갈등은 감소되며, 구성원 각자의 심리적 안정감을 높인다(Goldenberg & Goldenberg, 2012).

사회복지사는 가족간 의사소통과정에서 가족의 반응과 상호작용에 주의를 기울이며, 역기능적인 가족규칙이나 대처반응에 숨겨진 기대와 감정이 무엇인지 인식할 수 있도록 원조한다. 가족 구성원이 자신들의 의사소통 문제를 인식할 수 있어야 하며 효과적인 의사소통을 위해서는 '솔직하지만 공격적이지 않은 방법'으로 자기의 의사를 표현할 수 있어야 한다. 과거의 의사소통 경험을 다루기보다 지금-여기(here-and-now) 상호작용에서 드러나는 의사소통의 문제점을 발견하고, 의사소통의 변화를 경험하는 다양한 기법을 활용한다.

(2) 가족체계 간 경계 만들기

가족체계를 중점적으로 다루는 접근에서는 가족의 구조나 하위체계, 경계 등에 관심을 갖는다. 가족구조는 가족 구성원이 다른 가족 구성원과 관계를 맺는 방식을 조직화하는 방법으로 눈으로는 볼 수 없는 기능적 요소다. 가족 내 하위체계는 가족구조의 구성요소이며 가족과업을 수행하기 위하여 존재한다. 예를 들면, 부부체계, 부모자녀체계, 형제체계, 고부체계 등이 하위체계가 될 수 있다. 각 성원은 동시에 몇 개의 하위체계에 함께 속할 수 있다. 성별, 세대, 공통의 관심사나 역할에 의해서 하위체계가 만들어지기도 한다. 이러한 하위체계 간 경계는 가족기능에 다양한 영향을 미치게 된다(송성자, 2002).

하위체계를 둘러싸고 있는 경계의 명확성은 누가 어떤 체계를 구성하느냐보다도 더 중요하다. 가족 구성원 간 독립성과 자율성이 결여된 혼돈된 경계를 가지고 있어서 서로에 대한 간섭이 지나치게 심하다면 문제가 될 수 있다. 반대로 가족원 간 경계가 너무 경직되어 서로에 대해 무관심하고 냉담한 경우에도 가족 문제가 발생한다. 또는 외부환경과 가족 간의 관계에 있어서 상호작용이 전혀 없는 폐쇄적인 가족이나 경계가 지나치게 무너진 가족 또한 문제가 될 수 있다. 체계 사이에 적절한 경계를 마련해 줌으로써 가족의 구조가 변화하면 성원의 위치와 역할이 변화되고 이로 인해 가족 구성원 각자가 기능적인 변화를 경험하게 된다. 지나치게 견고한 경계는 좀더 융통성 있게 변화시켜서 가족 구성원들의 상호작용을 증가시켜야 한다. 반대로 무너진 경계 때문에 서로 독립성이 보장되지 않는다면 경계 분리를 통해 하위체계 사이에 적절한 거리를 유지하도록 원조해야 한다(Goldenberg & Goldenberg, 2012). 예를 들면, 자녀의 행동과 시간에 지나치게 집착하고 간섭하는 부모에게 아무리 어린 자녀라도 독립된 공간과 자율적인 시간 활용의 권리가 있음을 옹호하고, 그동안 자녀 문제와 관련된 대화 외에는 서로 냉담하게 지냈던 부부체계를 강화하기 위하여 부부만의 여가 시간을 어떻게 보내면 좋을지를 계획하게 할 수 있다.

3) 집단 대상 개입

사람들은 타인과 관계를 맺고 상호작용을 하면서 발달하고 변화한다. 역동적인 상호원조과정은 성공적인 변화와 치유의 요소로 작용한다. 이러한 상호원조의 역동적인 힘을 실천에 적용하기 위해 집단을 활용하는 것이다. 집단 성원들이 서로 간에 비슷한 공통의 감정과 어려움이 있다는 것을 인식하는 것 자체가 치료적이다.

즉, 성원들은 나만 외롭고 힘들다라고 느꼈던 감정이 감소하면서 그동안 다루기 힘든 감정과 경험을 훨씬 잘 다룰 수 있게 된다. 또한 기능적인 성원들이 자신과 같은 상황이나 문제들을 어떻게 잘 다루고 대처했는지를 학습하게 된다. 집단 내 동료로부터 받는 피드백은 사회복지사가 제공하는 피드백보다 더 진정성 있고 직접적이다. 자신과 유사한 문제를 가진 성원들이 모인 집단은 그 문제로 인한 어려움을 토로하고, 필요한 지식을 얻으며, 새로운 생각과 행동을 실험해 보고, 대처기술을 습득할 수 있는 안전한 장이라는 점에서 의미가 있다. 또한 집단성원들은 집단의 기대에 일치하도록 행동함으로써 부적절한 행동을 억누르며, 사회에서 요구하는 규칙들을 수용하려고 한다(Northen & Kurland, 2001).

클라이언트와 사회복지사가 일대일로 상호작용하는 실천과는 달리 사회복지사는 집단의 목적과 개인의 목적을 동시에 고려하며, 집단 내 다양한 관계 및 상호작용을 이해하고 활용해야 한다. 또한 사회복지사는 집단을 적절하게 활용하기 위해서 집단과정에 관한 지식을 필요로 한다(Northen & Kurland, 2001).

여기에서는 사회복지실천현장에서 활용할 수 있는 다양한 집단의 유형을 살펴보고, 사회복지사로서 집단과정 수행 시 필수적으로 알아야 할 일반적인 실천 지침을 중심으로 살펴보고자 한다.

(1) 집단 유형에 따른 개입의 특성

집단의 목적과 구성, 그에 따른 성원들의 대인관계 욕구와 환경자원에 따라 집단의 유형과 사회복지사의 역할이 달라진다. 다음은 집단상담이나 집단사회사업을 연구한 학자들의 집단 유형에 대한 견해를 정리한 것이다(강진령, 2010; Corey & Corey, 2016; Northen & Kurland, 2001). 여기에서는 사회복지실천현장에서 치료적·개입적 목적으로 활용되고 있는 지지 집단, 교육 집단, 성장 집단, 치료 집단, 사회화 집단, 자조 집단을 구체적인 예시를 중심으로 살펴본다.

표 12-2 집단 유형의 범주

Trotzer (1999)	• 생활지도 및 생활기술 집단(guidance & life skill groups) • 상담 집단(counseling groups) • 심리치료 집단(psychotherapy groups) • 지지 및 자조 집단(support & self-help groups) • 자문 집단(consultation groups) • 성장 집단(growth groups)
Gladding (1999)	• 집단 지도(group guidance) • 집단 상담(group counseling) • 집단 심리치료(group psychotherapy)
Toseland & Rivas (2001)	• 과업 집단(task groups) • 처치 집단(treatment groups) 　－지지 집단(support groups) 　－교육 집단(education groups) 　－성장 집단(growth groups) 　－치료 집단(therapy groups) 　－사회화 집단(socialization groups)
Northen & Kurland (2001)	• 사회화 집단(socialization groups) • 치료 및 상담 집단(therapy & counseling groups) • 지지 집단(support groups) • 과업 집단(task groups)
Corey & Corey (2016)	• 과제/작업 집단 (task/work groups) • 생활지도/심리교육 집단 (guidance/psychoeducational groups) • 상담/대인문제해결 집단(counseling/interpersonal problem-solving groups) • 심리치료/성격재구성 집단(psychotherapy/personality reconstruction groups)

① 지지 집단(support groups)

지지 집단은 의료 및 가족서비스 분야에서 많이 활용되었다. 지지 집단은 유사한 문제를 경험하는 개인들을 대상으로 상호 지지와 원조를 제공하는 것을 목적으로 한다. 예를 들면, 약물남용과 같은 역기능적인 행동에 대한 자제력을 높이고, 생활상의 스트레스를 긍정적으로 대처하고, 편견이나 차별로 인한 어려움에 대항하여 자존감을 향상시키기 위해 정서적 · 사회적 지지와 실질적 정보 등을 공유하는 것이다. 자녀 양육의 어려움을 나누는 한부모 집단, 소아당뇨환아 부모의 지지 집단, 화상환자 가족 지지 집단과 같이 동일한 문제를 경험하는 성원들이 만나서 어려움을 나누고, 대처능력과 사회적 기능수준을 향상시킬 수 있도록 지지한다. 지지 집단의 성원들은 유사한 문제나 경험을 가지고 있어서 빠르게 결속되며, 자기 표출의 정도도 높은 편이다. 이러한 지지 집단에서 사회복지사는 공통적인 문제를 경험하는 성원들로 집단을 구성하고, 구성원들 간에 상호 공감적 이해와 원조, 지지가 이루어질 수 있도록 집단과정을 촉진하는 역할을 한다. 자조 집단에 비해서 사회복지자가 수행하는 지지적인 역할이 크다.

② 교육 집단(education groups)

교육 집단은 성원들에게 필요한 지식, 기술, 정보를 교육하고 제공하는 데 목적이 있다. 전문가 중심의 강의, 토론, 시청각 자료 등을 활용한 교육이 이루어진다. 대표적인 교육 집단은 성교육 집단, 부모교육 집단, 입양 및 위탁가정의 예비양육자를 위한 교육 집단, 환자나 보호자를 대상으로 하는 질병관리 및 건강증진교육 집단 등이다. 교육 집단에서는 정확한 정보 제공이 가장 중요하다. 따라서 교육 집단은 전문가 중심으로 이루어지는 경우가 많으며, 성원들의 자기 표출이나 상호작용의 기회도 낮은 편이다.

③ 성장 집단(growth groups)

성장 집단은 모든 개인은 성장하고 학습하며 적응해 나가는 능력을 가지고 있다는 믿음에 기초한다. 집단의 목적은 생각과 감정, 행동을 표현하고, 나누는 과정을 통해 성원들의 심리사회적 건강과 성장의 잠재력을 향상시킬 수 있도록 돕는데 있다. 청소년을 대상으로 하는 가치관 명료화 집단, 진로 개발 집단, 성격이해에 기반한 자아성장 집단, 은퇴생활 준비를 위한 직장인 집단 등이 발달과업과 관련된 대표적인 성장 집단의 예다.

성장 집단은 성원들은 동질적인 특성과 이질적인 특성이 균형 있게 포함되도록 구성하는 것이 좋다. 동질적인 요소를 통해 상호 공감과 지지를 제공하고, 이질적인 요소를 통해 문제에 대한 새로운 관점이나 정보 제공이 가능할 수 있기 때문에 성장을 위한 상호작용이 더욱 활발해질 수 있다. 내적 성장이 이루어지기 위해서는 자기표출의 정도가 높아야 한다.

④ 치료 집단(therapy group)

치료 집단의 목적은 집단과정을 통해 성원들의 개인적인 문제를 해결하고, 변화가 필요한 행동을 수정하고, 상실된 기능을 회복할 수 있도록 돕는 것이다. 뚜렷한 고통과 사회적 기능 저하의 문제, 급성 혹은 만성의 정서문제, 대인기피증이나 성격장애 등의 문제로 적응에 심각한 어려움을 겪는 개인이 주된 대상이다.

치료 집단의 성원들은 공통의 문제를 경험하지만 개인적인 문제의 정도나 양상이 상이하므로 개인의 개별화된 목적과 집단의 목적을 잘 연결하도록 도와야 더욱 치료적이다.

중독, 우울, 성격장애, 불안장애, 섭식장애, 심리적 외상 등으로 인한 적응과 재활 문제들을 다루는 치료 집단들이 대표적인 예다. 이러한 집단에서는 치료적·재활적 작업이 주를 이루며, 다른 집단에 비해 기간이 길고, 치료자의 전문성이나 훈련배경에 의존하는 비구조화된 집단과정을 보인다. 치료 집단을 운영하는 전문가는 정신장애 및 성격이론에 대한 이해, 진단 및 증상 평가, 전이와 역전이, 방어기제 등 정신역동적 치료에 대한 이해 등 임상적 훈련과 경험을 필요로 한다. 의료사회사업, 정신보건, 상담복지 영역의 사회복지사들은 다학제팀으로 다양한 치료 집단에 참여한다.

⑤ 사회화 집단(socialization group)

집단성원의 공통된 욕구 중 능력을 개발하기 위해 많은 집단이 만들어진다. 사회화 집단은 공식적인 교육 집단이나 학습의 인지부분을 강조하는 집단과는 구별된다. 주로 사회 적응을 위해 필요로 하는 의사소통이나 대인관계 기술, 생활기술을 학습하거나 친사회적인 행동 방식을 학습하는 데 목적을 두고 있다. 집단성원에게 구체적인 정보나 기술을 가르치는 것을 넘어서 정보에 대한 정서적 반응을 보다 잘 이해하고, 대처할 수 있도록 원조하며, 집단과정에서 학습한 내용을 생활환경에 적용할 수 있도록 돕는다. 대표적인 사회화 집단은 만성정신장애인이나 발달장애인을 위한 사회기술훈련이나 병동 내 치료공동체 프로그램을 들 수 있다. 집단 내에서 역할극이나 모델링기법을 활용하여 모의 문제 상황에 대한 리허설을 수행한다. 집단 내에서 연습한 내용을 실제 일상생활 또는 치료적 공동체에서 적용해 볼 수 있도록 환경을 조성하고 개입한다. 이 외에도 자기주장훈련이나 도움요청기술훈련, 또래 따돌림이나 학교폭력 예방을 위한 친구관계 캠프 프로그램, 대학생 대상의 이성관계나 대인관계 프로그램 등이 전형적인 사회화 집단의 예다.

⑥ 자조 집단(self-help groups)

비슷한 문제와 어려움을 가지고 있는 사람들로 구성되어 자신들의 문제를 스스로 해결하기 위해 상호원조하는 집단이다. 같은 처지와 문제를 겪는 사람들 간에 실질적인 도움과 지지를 지속적으로 제공함으로써 문제를 보다 잘 극복할 수 있다는 믿는다.

사회복지사는 집단의 초기에 자조 집단을 형성하고 운영할 수 있도록 자문을 제공하지만 집단과정 자체에서 하는 역할은 매우 제한적이다. 중독자 및 그들의 가족, 암환자나 희귀질환 환자 및 가족, 자살유가족, 이주배경 가족들로 구성된 자조 집단이 대표적인 자조 집단이다. 경험자체가 희소하고, 당사자들 중심으로 경험을 공유하는 것 자체가 효과적이다.

자조 집단은 개인의 변화를 지향하기도 하고 사회변화 및 옹호를 지향하기도 한다. HIV/AIDS 환자 자조 집단이 대중의 잘못된 정보나 인식을 바로잡고 편견이나 차별에 대한 옹호와 캠페인을 하는 것도 이러한 예다.

(2) 집단 대상 실천 지침

① 집단회기의 시작과 마무리하기

집단을 대상으로 개입할 때 가장 기본적인 기술은 집단회기의 시작과 마무리이다. 가장 간단한 시작은 그날의 기분을 물어보면서 시작하는 것이다. 보다 일반적으로는 집단성원들이 돌아가면서 이번 회기에서 무엇을 하길 원하는지 간단하게 말하게 하거나 지난 회기 이후에 집단 외부에서 어떤 활동을 했는지 이야기 하는 기회를 주는 것으로 회합을 시작할 수 있다. 또는 사회복지사가 지난 회기에서 다룬 내용을 요약해 주고, 지난회기와 연결하여 이번회기에는 어떤 내용을 다룰 것인지 설명해 주면서 시작할 수 있다. 매 회기 새로운 성원이 들어 올 수 있는 개방집단의 경우 새로 온 집단성원을 소개하고, 회기의 진행 방법을 설명하면서 집단회합을 시작할 수 있다. 집단 회기는 다양하게 시작할 수 있지만 다음과 같은 표현들이 집단을 시작하는데 유용하게 활용된다.

- 오늘 기분은 어떠신지요?
- 오늘 회기를 시작하기 전에 지난주 각자의 생활을 돌아보고, 다른 성원들에게 말하고 싶은 내용이 있으면 생각해 보고 시작하겠습니다.
- 오늘 시작하면서 이번 회기의 목적을 무엇으로 하고 싶은지 돌아가면서 각자 짧게 이야기해 볼까요?

회기를 시작하는 것만큼 마무리 하는 것도 중요하다. 보통 사회복지사들은 집단회기를 요약하고 통합하거나 시간이 다 되었음을 알리고, 마무리하기도 한다. 가능하면 집단성원들에게 이번 시간에 좋았던 점과 그렇지 못했던 점들에 대해서 숙고하고 다음시간에 오기 전까지 각자의 계획 등을 편하게 이야기할 수 있는 기회를 주는 것이 좋다. 마무리를 위한 일반적인 언급은 다음과 같다.

- 오늘 회기가 어땠는지 느낌을 이야기해 볼까요?

- 새롭게 배우거나 깨달은 점을 이야기해 볼까요?
- 각자 다음 시간에 다시 만나기 전까지 집이나 학교, 직장 등에서 어떤 것을 시도해보고 싶은지 이야기하고 마무리하겠습니다.
- 오늘 마무리를 하기 전에 오늘 우리가 무엇을 했는지, 그리고 제가 관찰한 것을 간단하게 공유하겠습니다.
- 혹시 해결되지 않은 문제가 있거나 꼭 하고 싶은 이야기가 있으면 오늘 회기를 마치기 전에 말씀하셔도 좋습니다.

회기의 시작과 마무리를 적절하게 수행하는 것은 집단 활동의 연속성에 도움이 된다. 또한 집단에서의 긍정적 경험이나 학습을 일상 생활에서 적용하고, 시도하게 하며, 성원의 참여를 독려하는 효과가 있다.

② 집단을 안전하게 만들고, 규범을 형성하기

초기단계에서 사회복지사는 성원의 관심 사안을 확인하고, 성원들이 집단에서 얻고 싶은 바를 확인해야 하지만 그러한 작업을 하기 위해서는 먼저 집단 분위기나 환경이 성원들에게 안전하게 느껴지도록 하는 것이 중요하다. 자발적으로 참여한 성원들조차도 초기에는 집단에 대한 기대뿐 아니라 두려움과 주저함을 표현한다. 초기 단계의 성원들의 불안과 두려움은 다음과 같다.

- 내가 여기서 거절당할까 봐 불안하다.
- 내가 느끼는 것을 진짜로 말할 수 있을 것 같지 않아서 불안하다.
- 나의 이야기가 다른 사람들의 기분을 나쁘게 할까 봐 두렵다.
- 이 집단 속에서 다른 사람과의 의사소통이 실제 나의 모습과 다를까 봐 불안하다.
- 다른 사람들이 나를 섣불리 판단하거나 평가할까 봐 불안하다.
- 바보처럼 보일까 봐 두렵다.
- 상처를 입을까 봐 두렵다.

• 내가 원하지 않는 일을 하도록 강요받을까 두렵다.

사회복지사는 이러한 초기 불안의 존재를 충분히 인정해 주고, 집단성원들이 이를 나누고 탐색할 수 있도록 지지해 준다. 집단 경험이 낯설고 자기 표출이 불편한 성원들을 위해서 하위집단을 이용한다. 두 명씩 짝을 지어서 서로를 소개하고 알 수 있는 기회를 주고, 다시 합쳐서 네 명으로 소집단을 만들고, 또 다시 두 개 집단을 묶어서 서로를 알 수 있는 기회를 주는 식으로 직접적 상호작용의 범위를 점진적으로 넓히는 방식이다. 성원들이 전체 집단에서 안전감을 느낄 수 있도록 적절한 심리적 거리와 충분한 시간을 주는 것이 바람직하다.

집단과정이나 자기 노출을 위한 규칙과 규범들은 초기 단계에서 형성한다. 집단성원들의 행동을 규정하는 기준들이 모호하면 시간이 낭비되고, 긴장감을 유발한다. 집단의 규범 형성 과정에서 성원들이 오해하기 쉬운 것은 집단에 와서 모든 것을 솔직하게 다 개방해야 하는 것으로 받아들이거나 가정하는 것이다. 자기 노출은 집단과정에서 중요하지만 어떤 면을 개방할 것인지는 개개인이 조절해야 한다. 모든 것을 말해야 한다는 생각은 집단에 참여하는 데 저항을 유발할 수 있다. 다음은 공통적으로 적용 가능한 일반적인 집단 규범들이다.

• 집단에 정기적으로 참여하고, 시간을 지켜야 한다.
• 적극적인 참여를 해야 한다.
• 서로 피드백을 주고 받고 직접적으로 소통한다.
• 집단의 지금−여기 상호작용에 초점을 맞춘다
• 개인적인 문제나 어려움을 공유하되, 자신에게 안전하게 느끼는 정도에서 공유한다
• 상호 지지와 격려, 도움이 되고 의미있는 정보를 나눈다.
• 지나치게 방어적이거나 공격적, 비판적으로 다른 성원을 대하지 않는다.
• 집단과정에서 알게 된 사실에 대해서는 성원의 동의없이 누설하지 않는다.

③ 침묵하는 성원을 참여시키기

침묵으로 일관하는 소극적인 참여자는 집단의 과정을 드러나게 방해하지는 않기 때문에 방치되기 쉽다. 그러나 회기가 거듭되어도 집단 내 다른 성원들에게 존재감이 없는 성원은 집단을 통한 이득을 경험하기 어렵다. 계속 다른 사람의 이야기만 듣고 자신의 생각을 전혀 말하지 않는다면 소외되거나 전체 집단 분위기에도 부정적인 영향을 미칠 수 있다. 침묵이나 참여하지 않는 행동도 개인마다 이유가 모두 다를 수 있다. 이유를 아는 것은 해당 성원의 참여를 독려하기 위한 실마리를 제공한다.

- 성격이 소심해서 사회복지사가 자신에게 말할 기회를 주기를 기다림
- 아무 말도 할 가치가 없다고 생각함
- 말보다 행동으로 평가되고 이해되어야 한다고 생각함
- 적절한 행동과 말을 못해서 다른 사람들에게 바보처럼 비칠 것 같은 두려움
- 집단 내 특정 성원에 대한 두려움
- 사회복지사의 전문적 권위에 대한 두려움
- 집단과정이나 집단을 끌고 가는 사회복지사의 전문성에 대한 신뢰 부족
- 비밀보장에 대한 우려

중요한 것은 참여하지 않는 행동 자체를 공격하지 않으면서 참여를 할 수 있도록 해 주는 것이다. 사회복지사는 침묵하는 집단원을 반복적으로 지목하지 않도록 조심해야 한다. 집단 밖에서도 소심하고 조용한 성원의 경우에는 침묵 이면에 숨겨진 의미가 무엇인지를 집단 밖에서 다루는 것이 더 효과적일 수 있다. 단순히 낯선 환경에 대한 어려움을 경험하는 것이라면 모든 회기에 돌아가면서 한 번씩은 이야기하자는 규칙을 제안할 수도 있다. 일정 기간 동안 침묵을 묵인하되, 개인 회기를 병행하여 사회복지사와의 관계에서 안전감을 먼저 경험할 수 있도록 하고, 점진적으로 집단 참여를 독려할 수도 있다.

소심하고 두려워서 참여를 못하는 성원에게는 보다 쉽고 편하게 할 수 있는 참여

방식으로 권유할 수 있다. 예를 들면, 오늘 한 이야기 중에 가장 마음에 드는 이야기가 무엇이었는지 묻는다거나 자신과 생각이 같은 이야기를 한 사람이 누구인지 지목하게 하는 등과 같이 쉬운 과업을 통해 참여의 횟수를 높일 수 있다. 또는 말로 하기 어려운 경우 글이나 그림으로 표현하게 하여 공유하는 방법도 쓸 수 있다. 기회를 기다리고 다른 사람의 말을 끊는 것 같아서 조심하는 성원에게는 제일 먼저 이야기할 수 있도록 기회를 제공한다. 비밀보장에 대한 두려움을 가지고 있는 성원에게는 원하는 정도만 자기 노출을 해도 좋다고 하고, 자기 노출 없이 참여하는 방법을 제안할 수 있다.

④ 집단과정을 독점하는 성원에게 개입하기

집단의 초기에 서로 어려워할 때는 말을 많이 하고, 독점하는 성원을 다른 성원들이 비교적 수용하고 환영한다. 그러나 회기가 진행될수록 집단과정을 과도하게 독점하거나 불필요한 말을 장황하고 길게 하는 성원에 대해 다른 성원들은 참기 어려워진다. 이러한 성원을 그대로 방치하면 다른 성원들은 사회복지사의 리더십을 의심하거나 집단에 대한 기대가 낮아질 수 있다. 그러므로 사회복지사는 초기 단계라고 하더라고 특정 성원이 불필요한 개인사를 장황하게 이야기해서 집단 목표를 흐리거나 다른 사람의 말을 자르는 등의 역기능적 행동이 발견되면 적극적으로 다룰 필요가 있다. 독점하는 성원의 행동을 부드럽게 직면시키거나 나머지 성원들에게 보다 적극적으로 참여 기회를 제공함으로써 집단의 시간이 공평하게 사용되도록 개입한다.

- 지금 하는 이야기는 오늘의 주제와 좀 벗어나는 이야기 같습니다.
- 우리가 오늘 퇴원 후 계획에 대한 이야기를 하고 있으니 관련된 내용이 아니면 다른 기회에 하시면 어떨까요?
- 오늘 우리에게 주어진 시간을 공평하게 사용하기 위하여 골고루 참여하실 수 있는 방안을 제안하려고 합니다.
- 우리는 지금 여기에서 집단 성원이 모두 적극적으로 참여함으로써 얻을 수 있

는 이득을 경험하고자 합니다.

- 다른 사람의 이야기를 경청하고 반응해 주는 것도 매우 중요한 참여일 수 있습니다.

⑤ 적대적인 행동을 다루기

집단성원의 적대감은 냉소적이거나 비판적인 언급, 농담이나 빈정대는 말투, 하품을 하거나 기지개를 피는 등 지루함을 표출하는 행동 등으로 나타난다. 적대감이 지나치게 높은 성원은 매우 방어적이고 자신의 취약함이나 두려움을 인정하지 않기 때문에 집단의 분위기를 훼손하기 쉽다. 따라서 강한 적대감을 보이는 성원은 집단보다는 개인 중심의 개입을 추천하는 것이 바람직하다. 다행히 적대감을 표현하는 시기가 초기단계라면 규범을 형성해서 적대적인 행동이 집단 내에서 불허됨을 성원 전체에게 인식시키는 방법을 통해 다룰 수 있다.

그러나 집단 중간 단계에서 적대적 행동이 현저해지고 다른 성원들이 그러한 행동에 대해 불쾌감을 느끼고 있다면, 사회복지사는 보다 적극적으로 그 행동을 다룰 필요가 있다. 적대적 행동을 빈번하게 표현한 성원에게 다른 사람들의 관점에서 적대적 행동을 들어볼 수 있는 기회를 제공한다. 즉, 집단에서 다른 성원들이 그 사람의 말이나 행동에 대해 어떻게 느끼고 그 사람이 어떤 방식으로 달리 행동하기를 바라는지 말할 기회를 제공한다. 이 과정에서 사회복지사가 자연스럽게 적대감 밑에 숨겨져 있는 다른 감정, 예를 들면 두려움이나 관심받고 싶음 등의 감정을 표면화시켜서 당사자나 집단 성원의 이해를 높일 수 있다면 적대감은 감소될 수 있다. 물론 이 과정에서 다른 성원들이 억눌렀던 부정적인 감정을 쏟아내듯이 표출하지 않도록 주의해야 한다.

⑥ 성장에 필요한 지지와 직면을 균형 있게 활용하기

효율적인 집단을 형성해 나가는 데는 지지와 직면 사이에 균형을 유지하는 것이 중요하다. 공감과 지지가 중요하기는 하지만 변화를 위한 '직면'이 부재하다면 그 집단은 정체 상태에 빠지고, 성원들은 집단 참여에 대한 매력을 상실한다. 반면에 직면을 통해 집단 성원들은 통찰(insight)을 향상시킬 수 있으나 과도하면 적대적이 거나 방어적인 상호작용이 나타난다. 집단 내에서 자신의 욕구를 한 번도 표출하지 않다가 갑자기 집단에 나오고 싶지 않다고 하는 클라이언트 사례에서 사회복지사 는 공감을 기반으로 한 안전한 직면을 시도함으로써 클라이언트를 참여시키고, 그 가 겪는 문제와 욕구를 함께 알아낼 수 있었다.

> 클라이언트: 내일부터 여기 못 나올 것 같아요. 오늘은 인사하려고 나왔어요.
>
> 사회복지사: 갑자기 그럴만한 계기가 있었는지요?
>
> 클라이언트: 계기는 없어요. 힘든 이야기만 듣다 보니 마음이 지쳐서요.
>
> 사회복지사: 어떻게 했다면 지금의 상황이 달라졌을까요?
>
> 클라이언트: 저는 주로 듣기만 했던 거 같아요(**문제인식**). 제 속내는 들끓어도……
>
> 사회복지사: 가만히 듣기만 하신 건 아닌데요. 다른 분에게 조언도 하고 활발하게 참여하셔서 지금 말씀하신 내용을 전혀 알지 못했습니다(**직면**).
>
> 클라이언트: (망설이다가) 처음에는 그랬죠. 다른 사람이 일일이 말을 다 안 해도 같은 처지라 느껴지는 것도 있으니까요. 그래서 조언도 하고, 제가 아는 정 보도 주고, 그런데 저는 여기에서 얻은 게 별로 없어요. 다른 사람들도 제 게 그래 주어야 하는 게 아닌지요(**욕구표현**). 저는 달라진 게 없어요.
>
> 사회복지사: 본인만큼 다른 사람들은 나를 이해하기 위해 노력하지 않는 것처럼 느껴지신다는 거네요. 답답하고 힘드셨을 것 같습니다. 말씀해 주셔서 감 사합니다(**공감과 지지**). (나머지 성원들에게) 다른 분들은 어떻게 생각하 시는지요?

2. 간접 개입

클라이언트를 둘러싼 환경체계, 예를 들면 가족이나 집단, 직장, 학교 등에 문제 의 원인이 있거나 이러한 체계들과의 상호작용에 문제가 있을 수 있다. 이러한 경우에는 클라이언트 개인의 기능 향상이나 대처 양식의 변화만으로는 문제가 해결되지 않는다. 예를 들면, 아동학대사례에서 피해아동을 가해자로부터 즉각 분리를 하거나 가해자 폭력 행동을 상담하지 않고, 피해아동만을 대상으로 하는 놀이치료만 제공한다면 학대 문제의 근본적 해결이 어렵다는 것이다. 이러한 경우 환경체계의 변화를 우선적으로 실시할 필요가 있다는 것이다.

이와 같이 간접 개입은 클라이언트의 행동이나 인지, 정서에 직접적으로 개입하는 것은 아니지만 환경체계에 개입함으로써 클라이언트 체계에게 간접적으로 긍정적인 도움을 제공하는 개입이라고 할 수 있다. 일반적으로 이러한 간접적 개입활동은 클라이언트 개인에 대한 직접적인 개입과 함께 병행하여 수행된다.

1) 자원의 개발과 중개

빈곤가정의 자녀를 결식아동으로 책정해 무료급식을 제공한다거나 의료서비스나 가사지원서비스를 제공하는 등 관련 자원을 연결해 활용할 수 있도록 하는 것이 중요한 간접 개입의 예다. 욕구를 사정해서 필요한 자원과 중개(brokerage)해 주는 것도 중요하지만 필요한 자원이 지역사회 내 부재한 경우에는 보다 적극적으로 부족한 자원이나 지지체계를 개발하는 활동도 필요하다.

2) 서비스 조정

서비스 조정(coordination)이란 두 가지 이상의 서비스 제공자들과 함께 일할 때 이루어진다. 병원에서 일하는 사회복지사가 퇴원 계획 시 치료와 더불어 돌봄과 관련된 사회서비스를 동시 제공해야 한다면 병원 내 인력뿐 아니라 돌봄 제공을 도와줄 수 있는 지역사회 실무자와도 의사소통해야 한다. 퇴원 후 주 2회의 투석 일정과 돌봄서비스 일정, 차량운행 일정 등을 조정하고 계획해야 한다. 또는 드림스타트 사례관리자가 빈곤 아동에게 학습지원과 같은 교육서비스, 영양서비스, 건강서비스 등을 제공하고자 할 때 간호사, 영양사, 어린이집 교사와 함께 논의하여 서비스의 중복을 피하고, 클라이언트에게 최선의 이익을 보장하는 일정과 계획이 필요하다. 이와 같이 다양한 욕구를 가진 클라이언트에게 복수의 서비스가 제공될 때 서비스 조정이 이루어진다. 서비스 조정은 효율적 서비스 제공을 위해 필수적이다. 클라이언트에게 초점이 맞추어질 수도 있고, 서비스 제공자들 간의 협력에 초점이 맞추어 질 수도 있다. 서비스 조정이 효과적이려면 바람직한 목표를 향해 공동의 팀워크가 필요하다는 것이다. 이러한 팀워크는 팀 내 효과적인 의사소통에 기반하여 제고될 수 있다.

3) 환경수정

환경수정(enviormental modification)은 환경의 변화를 통해 간접적으로 클라이언트에게 이득을 제공하는 방법이다. 예를 들면, 따돌림을 받은 피해학생을 보호하기 위해 환경적 요인, 즉 가해자와 방관자를 대상으로 한 상담과 교육을 병행하고, 담임교사와의 긴밀한 의사소통과 협조를 통해 피해학생이 안전하게 학교를 다닐 수 있는 환경을 조성하는 것이 환경수정에 해당한다. 또한 심각한 폭력을 가한 가해 부모로부터 아동을 안전하게 쉼터로 격리 보호시키거나 가해부모의 폭력행동을 근절시키는 치료적 개입을 하는 것도 환경수정이라고 할 수 있다. 모든 폭력 문제가 그러하듯이 피해학생만을 상담하거나 치료하는 것으로 폭력의 근원적인 문제해결이 되지 않기 때문에 환경에 개입하여 긍정적인 변화를 초래하도록 하는 것이 중요하다.

4) 옹호

옹호(advocacy)는 의사결정자에 비해 힘이 약한 클라이언트를 위해 설득이나 강제력을 동원하여 개인이나 집단의 영향력을 행사하는 것이다. 예를 들어, 학교 폭력사례에서 안전한 학교를 위한 학교정책이나 제도 마련을 위해 학교사회복지사가 공청회를 기획하고 서명 운동을 벌이거나 국회의원을 방문하는 일도 옹호활동일 수 있다. 클라이언트가 아동이거나 정신장애인과 같이 자신의 권리를 주장하기에 어려움이 있는 경우 사회복지사가 클라이언트의 최선의 이익을 위한 대안을 대외적으로 홍보하고 지지하는 것도 옹호활동이라고 할 수 있다.

특히 법적 옹호는 법률제정을 제안하고 지지함으로써 공공정책을 형성하는 데 기여한다. 사회복지사들은 대부분 사회정책 제안에 대해 반응하고 정책 결정자들의 활동에 영향력을 끼치고자 한다. 법률안에 포함되어야 하는 요인들을 분명히 하고 법률 초안의 문서화 작업을 하고, 후원회를 찾으며, 적합한 입법부서가 관심을 갖도록 하는 다른 활동들을 수행하기도 한다. 대부분 사회복지사는 특정 법률을 시도하고 통과시키고자 적극적인 노력을 하게 된다.

연습문제

1. 직접 개입과 간접 개입에서 사회복지사의 역할이 어떻게 다른지 설명해 보시오.

2. 지역사회복지관, 노인복지관, 아동 NGO, 정신보건현장, 돌봄현장, 가족상담소 등 다양한 사회복지현장에서 활용하는 직접 개입의 유형을 조사해 보시오.

3. 개인이나 가족과 구별되는 집단 대상 개입의 장점을 설명해 보시오.

4. 가족이 등장하는 드라마나 영화, 사례 등을 선택해서 역기능적인 의사소통을 찾아보시오.

제**13**장

사회복지실천과정: 평가와 종결

　사회복지실천과정은 최종단계는 개입 노력에 대한 평가와 전문적 관계에 대한 종결이다. 평가는 타당한 실천 모델이나 접근을 선택하는 근거를 마련하기 위해서나 재정적 지원이나 지역사회의 승인을 받기 위해서 또는 지원 기관이나 후원자에게 프로그램이나 개입이 효과적이고 효율적으로 실행되었는지를 입증하기 위해서 실시하기도 한다. 원칙적으로 서비스의 종결은 애초에 계획된 대로 서비스 제공이 완료되어 개입의 목표가 달성되었을 때 이루어지기 때문에 종결과 평가 과업은 서로 밀접한 관계가 있다. 이 장에서는 사회복지실천과정의 평가와 종결단계에서 사회복지사의 실천과업과 역할에 대해 논의한다.

1. 사회복지실천의 평가

평가는 사회복지사가 개입의 성공 여부를 판단하는 과정이다. 사회복지실천 활동이 효과적이었는지 효율적이었는지를 판단해서 기관의 차후 서비스 계획이나 정책 등에 적절하게 반영하기 위해 이루어지는 것이라고 할 수 있다. 평가는 개입과정이나 종결 시점에서 모두 이루어질 수 있다. 개입을 통해 클라이언트의 목적이 성취되었는가를 확인하고, 효과적이었던 반응과 전략을 밝혀냄으로써 책임성(accountability)은 물론, 평가결과에 기반한 차후 서비스의 질 관리에 대한 의사결정에 기여한다(Gabor & Grinnell, 1994; Poulin & Matis, 2018).

일반적으로 평가라고 하면 복잡하고, 어려운 것으로 생각하기 쉬우나 그 유형이나 방식은 다양하다. 간단하게는 클라이언트가 보고하는 행동변화에 대해 진술하는 방식으로 평가할 수 있다. 또한 사회복지사가 관찰한 행동변화 정도를 기록하기도 한다. 집단 프로그램과 같이 여러 사람에 대해 개입했다면 통제집단전후비교설계와 같은 실험설계를 적용하여 개입의 효과를 평가할 수 있다. 그러나 실험설계는 실천현장의 여건이나 윤리적 이유 등으로 적용하기가 어려워서 많은 경우에 개입집단에 대한 전후 조사나 관찰의 시점을 다양화함으로써 변화를 평가하기도 한다.

1) 실천의 평가 유형

(1) 성과평가와 과정평가

평가의 유형은 평가의 초점이 최종 목표 달성인지 개입과정인지에 따라 성과평가(outcome evaluation)와 과정평가(process evalution)로 구분된다.[1] 성과평가, 즉

---

[1] 교육학 등의 분야에서는 평가의 시기에 따라 진단평가(diagnostic evaluation), 형성평가(formative evaluation), 총괄평가(summative evaluation)로 구분하기도 한다. 진단평가란 개입활동이 이루어지는 초기에 출발점의 행동과 기능을 진단하기 위해서 이루어지는 평가이고, 형성평가는 개입과정에서 개입활동

사회복지실천에서 개입이 종결되었을 때 개입이 목표로 하는 바를 얼마나 잘 성취했는지 평가할 때 중요하게 다루어지는 개념이 효과성(effectiveness)과 효율성(efficiency)이다. 효과성은 개입방법이 목표의 달성에 기여하는 정도, 즉 목표 달성여부와 관련된 개념이라면 효율성은 투입된 자원의 양과 산출된 결과의 비율, 즉 경제성과 관련된 개념이다. 특정 개입방법의 효과성이 전제되어야 경제성이나 능률성을 논의할 수 있다(이철수, 2009; Hepworth, Rooney, & Larsen, 2010).

적정한 수준의 시간, 재원, 인력 등의 자원을 투입하여 최선의 결과를 얻는 것이 이상적이지만 실제 사회복지현장에서 다루는 문제들은 단기간에 성과를 보기 어려운 경우가 많기 때문에 효과적이면서도 동시에 효율적인 개입 방법을 찾는 것은 쉽지 않다. 따라서 평가 가능한 목표 설정 자체가 중요한 과업으로 등장하는 것이다. 예를 들면, 학대피해를 받아 부모로부터 분리된 손자녀를 양육하게 된 저소득 조부모가 손자녀의 음성틱 치료 문제와 조부모의 우울감, 경제적 문제 등을 동시에 호소한다고 하자. 이때, 한정된 자원과 인력으로 모든 문제를 동시에 개입하기 어려우므로 아동복지기관에 속해 있는 사회복지사는 아동중심의 개입, 즉 손자녀의 욕구를 중심으로 개입의 우선순위를 정할 수 있다. 이와 같이 복합적인 문제를 가진 클라이언트와 일하는 사회복지실천현장에서는 '한정된 자원'으로 '시급'하게 개입할 필요성이 있는 욕구를 중심으로 평가 가능한 '구체적인 목표'를 설정하고, 현실적인 개입 기간 내에 다룰 수 있는 최선의 방법과 전략을 선택하는 것이 효과성과 효율성을 고려한 실천이라고 할 수 있다.

과정평가는 개입의 준비, 진행, 종결과정에 따라 분석하는 평가다. 긍정적 변화를 유발할 수 있는 핵심적인 과정 요소를 확인해 실천에 적극 포함시킴으로써 개입의 효과를 향상시킬 수 있다. 필요하면 개입계획을 수정 · 보완하는 지침으로 활용할 수도 있다. 이러한 의미에서 과정평가는 실천과정의 점검이라고 할 수 있다. 개입 활동을 분석하기 때문에 보다 효율적인 수행 전략을 평가하고 개입의 내용을 수

의 개선이나 보완을 목적으로 하는 평가다. 마지막으로 총괄평가는 종결시점에서 목표 달성도를 총괄적으로 평가하는 것이다.

정 · 변경하거나, 중단, 축소, 유지, 확대 여부를 결정하는 데 도움을 준다. 또한 과정평가는 개입의 매커니즘, 즉 인과관계의 경로를 밝혀서 성과평가를 보완하는 기능을 하므로 특정 서비스를 '형성시키는 평가'라는 의미에서 형성평가라고 지칭된다. 과정평가에서의 주요 질문은 다음과 같다(이철수, 2009).

- 원래 운영 계획대로 활동들이 이루어졌는가?
- 양질의 인적 · 물적 자원이 계획된 시간에 투입되었는가?
- 원래 의도한 프로그램 대상에게 실시되었는가?
- 관련된 법규나 규정을 준수하였는가?

(2) 실천평가와 프로그램 평가

평가대상이 되는 개입이 클라이언트의 개별화된 욕구에 기반한 실천 활동인지, 체계적으로 기획된 프로그램이었는지에 따라 평가의 절차와 형식이 달라질 수 있다. 실천평가는 사회복지사의 개입에 의한 클라이언트의 진전을 평가한다. 즉, 사회복지사의 실천적 노력이 클라이언트를 '기대한 방향'으로 '기대한 수준'만큼 변화시켰는가를 평가한다. 실천평가는 사회복지사의 개입이 초래한 진전을 매 회기 모니터링함으로써 개입방법에 대한 확신을 제공하기도 하며 필요에 따라 개입계획을 보다 적절한 방향으로 수정할 수 있도록 돕는다. 이러한 매 회기 모니터링이 종결 시점까지 지속되면 이는 총괄평가로 이어질 수 있다. 기초선 대비 종결시점에서의 변화를 확인함으로써 개입의 성패를 사정하고, 이에 영향을 미친 요인을 분석한다(Sheafor & Horejsi, 2014).

한편, 프로그램 평가는 복수의 클라이언트들이나 지역 공모사업의 형태로 진행되는 프로그램의 효과와 효율성을 평가하는 것이다. 구조화된 집단 프로그램의 경우 표준화된 평가척도를 활용하여 사전사후의 변화 정도와 통제 집단과의 비교를 통해서 평가를 하는 경우가 많다. 프로그램 평가 역시 형성적일 수도 있고 총괄적일 수도 있다. 평가를 통해 프로그램 실행과정과 관련된 실천지침을 얻고자 한다면 이는 형성평가적 성격이 강하다고 볼 수 있고, 기관의 운영관리자나 재원을 제공한자에게 프로그램을 실시한 성과를 보고하기 위한 것이라면 총괄적 성격이 강하다고 하겠다.

(3) 양적 평가와 질적 평가

평가 자료의 성격과 분석방법이 양적인지 또는 질적인지에 따라 양적 평가와 질적 평가로 구분될 수 있다. 양적 평가는 클라이언트의 문제나 강점에 대한 정보를 분류하거나, 순위를 부여하고, 측정 가능한 단위로 전환하여 수량화함으로써 클라이언트의 변화 과정이나 개선 여부를 눈으로 확인할 수 있도록 해 준다는 장점이 있다(Jordan & Franklin, 2011).

반면에 질적 평가 방법은 클라이언트 문제의 구체적인 맥락과 과정에 대한 보다 심층적인 정보를 제공한다. 질적 자료는 면접, 반구조화된 질문지, 비공식적 관찰 등의 방법을 통해 수집된다. 질적 자료들은 클라이언트의 상황, 사고와 감정에 대한 심층적인 정보를 제공하고(McLeod, 2008), 개입의 효과를 설명하는 정보를 드러낸다(Shamai, 2003).

질적 자료는 클라이언트의 구술, 일지, 관찰, 산출물, 경험에 대한 성찰과 통찰 등의 형태로 구성된다. 질적 자료는 양적 평가로 나온 결과가 기대한 바와 부합하지 않아서 해석이 어려울 때 유용하게 활용된다. 특히 일대일 실천과정에서 질적 자료를 통한 평가를 수행할 경우 클라이언트 본인이 자신의 경험을 가장 잘 해석하는 전문가일 수 있음을 간과해서는 안 된다(Jordan & Franklin, 2011).

2) 평가과업

사회복지실천의 평가가 중요하며 효과성을 확인하기 위해 정교하게 설계되는 것이 바람직하다. 그러나 간과하지 말아야 할 사실은 평가가 실천 활동을 방해해서는 안 되며 실천의 한 과정으로 자연스럽게 활용될 수 있어야 한다는 점이다. 평가 과정은 목적 및 목표 분석, 측정방법의 선택, 초기치에 대한 정보수집, 개입과정 내 진전 정도나 과정적 요소에 대한 모니터링, 개입과 효과 간의 인과관계 추론의 과업들로 구성된다(Timberlake et al., 2007; Sheafor & Horejsi, 2014).

(1) 목적 및 목표 분석

사회복지실천에서 평가는 문제와 목적, 목표를 명확하게 규명하고, 사회복지사와 클라이언트가 목적과 목표 달성의 진전을 어떻게 확인해 나갈 것인지를 논의하는 데에서 출발한다. 평가를 위한 첫 번째 단계는 목적과 목표를 보다 분명하게 정리하는 것이다. 바람직한 목적과 목표 설정은 다음과 같은 조건을 갖추어야 한다.

- 목적은 클라이언트 관점에서의 문제와 욕구가 반영되어 있어야 한다.
- 목적은 바람직한 진술로 이루어져야 하며 보다 구체적인 목표로 세분화되어야 한다.
- 목적과 목표는 유기적으로 연관되어 있어서 목표의 성취가 목적으로 나아갈 수 있게 설계되어야 한다.
- 목표가 개입의 성공 여부를 평가하는 기준이 되기 때문에 목표를 최대한 구체적으로 설정하였는지 확인해야 한다. 변화가 일어났는지, 변화가 일어났다면 얼마나 일어났는지 설명할 수 있게 목표가 설정되어야 한다.

이와 같이 형식적인 평가가 아닌 실제적으로 의미 있는 평가를 하기 위해서는 클라이언트가 목적을 달성하는 데 사회복지사의 개입이 성공적이었다는 것을 어떻게 확인할 것인지, 클라이언트는 자신이 성공적으로 목적을 달성했다는 것을 어떻게 알 것인지를 다루게 된다. 특히 평가 결과에 기반하여 개입의 전략 변경이 가능하려면 개입 과정 전반에 걸쳐서 실질적인 클라이언트의 참여를 보장하고, 상호협력적인 방식으로 평가를 해야 한다. 이는 원조관계 초기부터 성과측정방법이나 시기 등 클라이언트와 평가과정을 협의하는 것에서부터 시작한다. 이와 같이 평가과정에 클라이언트를 참여시키게 되면 클라이언트가 목적을 달성하기 위해 더욱 노력하게 되며 클라이언트의 문제상황과 심각성을 이해하는데도 도움이 된다. 즉, 개입 전 자신의 수준을 알고, 평가를 통해 지속적으로 스스로의 진전을 확인함으로써 클라이언트는 스스로 변화에 대한 동기를 강화할 수 있다. 또한 클라이언트가 자신의 진전이 더디거나 대수롭지 않게 느껴져서 낙담하는 경우 사회복지사는 클라이언트에게 변화의 어려움을 정상화하는 정보를 제공할 뿐만 아니라 더 빠른 개선을 방해하는 내적·외적 요인을 탐색하도록 한다(Hepworth et al., 2010).

(2) 평가설계와 측정방법의 선택

사회복지사는 실천의 초기단계에서 목적을 설정할 때부터 개입의 효과성을 어떻게 확인하고, 측정할 것인가에 대해 고려해야 한다. 질적으로 목적과 목표를 평가하고자 했다면 질적인 평가방법을 어떻게 적용할 것인지가 설계되어야 한다. 일반적으로 증거기반의 실천에서 평가는 어떠한 형태로든 측정을 포함한다. 측정방법으로는 직접적인 관찰, 자기보고방식, 표준화된 측정도구방식 등 다양하게 있으며, 문제의 성격, 클라이언트의 특성, 실천현장의 여건 등을 고려하여 현실적으로 선택한다.

직접적 서비스 제공에서 대표적인 평가설계로 단일사례설계가 사용되지만 기초선 설정이 필요하고, 문제 자체가 빈도, 강도, 지속기간 등으로 측정 가능할 때 사용되는 경향이 많아서 모든 실천현장에서 수행하기는 쉽지 않다. 의뢰, 중개, 서비스조정, 옹호활동 등 많은 사회복지적 개입은 단일사례설계에서 요구되는 기초선 작업이나 측정유형에 맞지 않기 때문이다. 이러한 경우에 활용할 수 있는 평가방법이 목적달성척도(Goal-attainment scale), 성과 체크리스트(Outcome checklist), 과제달성척도(Task-achievement Scale)와 같은 개별화된 측정도구들이다(Timberlake et al., 2007; Sheafor & Horejsi, 2014).

측정도구는 표적문제의 변화 정도를 확인할 수 있는 관련성 있는 기준을 포함하고 있어야 한다. 특정 산물을 측정하는 방법이나 절차는 타당해야 하며, 신뢰도와 타당도가 입증된 표준화된 측정도구를 활용하는 것이 좋지만 표준화된 도구를 활용하기 어려운 경우에는 상황과 개인에 특화된 측정방식을 적용할 수 있다. 측정절차와 도구는 실천현장에서 활용하기 쉬워야 하며 다소 미세한 변화라도 포착할 수 있을 정도로 민감해야 한다.

① 행동빈도 측정

가장 기본적인 단일사례설계는 기초선에서 수집한 자료(A)와 개입 후 측정한 값(B)을 비교하는 A-B 설계다. 개입 국면과 기초선 국면의 측정값을 비교하여 개선의 변화가 있었는지 또는 악화되었는지, 전혀 변화가 없었는지를 보여 준다(Fischer & Orme, 2008). 이러한 단일사례설계를 적용할 때 가장 대표적인 방법이 원하는 행동이 얼마나 자주 발생하는지 또는 원하지 않는 행동이 발생하지 않았는지 빈도를 통해 분석하는 것이다.

정신장애인인 클라이언트가 직장에서 하루 3회의 약물 복용에 어려움이 있다면 기초선(A)국면에서 제 시간에 약을 복용하는 횟수를 먼저 측정하고, 담당사회복지사가 알람을 통해 복약지도를 해 주는 B국면에서 제시간에 약을 복용하는 횟수가 증가하는지, 즉 알람을 통한 개입이 효과적이었는지 판단할 수 있다. 그러나 기초선에 비교하여 B국면에서 뚜렷한 개선의 근거가 나타나지 않는다면 두 번째 형태의 개입(C)을 추가해 볼 수 있다. 예를 들어, 식후 커피를 마시는 습관이 있는 클라이언트의 일상을 고려해서 식후 커피시간에 약을 먹는 습관을 들이는 방법(C)을 시도한 결과, 제때에 약을 먹는 복약 행동이 증가했음을 확인했다면 A-B-C 설계를 적용하여 B개입과 C개입의 개입의 결과를 비교한 것이라고 할 수 있다(Fischer & Orme, 2008).

표 13-1 두 가지 개입을 비교한 A-B-C 설계 예시

개입 국면		기초선 (A)					알람 이용 복약지도 (B)					커피 습관과 병합한 복약지도(C)				
출근요일		월	화	수	목	금	월	화	수	목	금	월	화	수	목	금
복약시기	아침			✓			✓	✓				✓	✓	✓	✓	✓
	점심											✓	✓	✓	✓	✓
	저녁					✓					✓			✓	✓	✓
빈도합		0	0	1	0	1	1	1	0	0	1	2	2	3	3	3

② 목적달성척도

개별 실천 활동을 측정할 때 표준화된 도구를 활용하기 어렵거나 문제 상황에 대한 비교의 준거를 설정하기 어려울 때에는 개별화된 기준을 마련하는 것도 유용하다. 예를 들면, 〈표 13-2〉와 같은 개별화된 목적달성척도(Goal-accomplishment Scale)가 그러한 예다. 특정 문제 상황에 맞게 각 단계의 의미를 클라이언트와 계획단계에서 설정해 놓고, 평가시점에서 이러한 변화 정도를 확인하는 것이다. 이러한 개별화된 목적달성척도의 적용은 계약과 목적설정 단계에서 시작된다.

표 13-2 개별화된 목적달성척도 예시

	목적달성 수준	예시: 부부 간에 긍정적으로 의사소통하기
-4	목적달성(문제해결) 포기	별거
-3	심각하게 악화됨	매일 신체적 · 언어적 싸움이 심각하여 상호 폭력적임
-2	다소 악화됨	일주일에 3~4회 상호 신체적 · 언어적인 폭력이 있음
-1	약간 악화됨	일주일에 1~2회 상호 신체적 · 언어적 폭력이 있음
0	시작 당시 지점	신체적인 폭력은 없으나, 대화하면 항상 언쟁하듯이 끝남
+1	약간 개선됨	일주일에 1~2번 정도는 언쟁 없이 의사소통함
+2	다소 개선됨	일주일에 3~4회 정도는 언쟁 없이 의사소통함
+3	상당부분 개선됨	심각한 언쟁은 줄고, 긍정적 소통이 증가하기 시작함
+4	목적이 완전히 달성됨	대부분의 의사소통이 긍정적이고, 대화 빈도도 증가함

출처: Timberlake et al. (2007). p. 383에서 수정 보완

설정한 목표가 한 개 이상의 복수 목표일 경우 목적달성척도를 〈표 13-3〉과 같이 적용할 수 있다. 표에서처럼 클라이언트와 함께 설정한 목표를 매주 단위로 만날 때마다 달성 정도를 확인한다. 지난 회기와 비교해서 얼마나 달라졌는지를 확인하는 작업은 클라이언트 스스로 자신이 어떻게 변화하고 있는지 인식하는 데 도움이 될 수 있다. 한편, 각 하위 목표에는 전체 가중치의 합이 1이 되도록 하는 범위 안에서 보다 중요한 목표에 대해 가중치를 줄 수 있다. 예를 들어, 예시에서 제시한 세 가지 목표에 대해 중요도에 기반하여 차례대로 목표1은 0.5, 목표2는 0.25, 목표

표 13-3 여러 개의 목표가 있을 때 목적달성척도의 예시

	목표1 학교출석 잘하기	목표2 부모와의 관계 향상하기	목표3 금연하기
최적의 성취(=1.0)	한 번도 결석하지 않고 출석	일주일에 거의 다투지 않음	일주일에 한 번도 흡연안 함
상당한 성취(=0.75)	일주일에 5번 출석	일주일에 1~2번 다툼	일주일에 한 갑 피움
기대 이하 성취(=0.5)	일주일에 3~4번 출석	일주일에 3~4번 다툼	이틀에 한 갑 피움
변화없음(=0)	일주일에 2번 이하 출석	일주일에 5번 이상 다툼	하루 한 갑 피움

3은 0.25의 가중치를 준다고 하자. 사례가 종결된 후 전체 개입의 효과를 계산하는 방법은 각 목표의 달성 정도 점수에 가중치를 곱한 값을 총합하면 된다. 예를 들어, 종결시점에서 클라이언트의 [목표1] 달성도는 0.75만큼의 성취를 했고, [목표2]에서는 0.75만큼의 성취를 했으며, 마지막 [목표3]에서는 0.5만큼의 성취를 한 것으로 측정되었다면 전체 성취 정도는 [0.5(가중치) × 0.75 + 0.25(가중치) × 0.75 + 0.25(가중치) × 0.5 = 0.6875]와 같이 계산된다(Royse & Bruce, 1996). 따라서 이 사례의 경우 대략 69%의 목표 달성을 보였다고 할 수 있다.

③ 과업달성척도

과업달성척도는 클라이언트와 논의하여 개별화된 과업을 먼저 설정하고, 합의된 과업이 실제로 달성되었는가를 측정하는 척도다. 리드와 엡스타인(Reid & Epstein, 1977)의 과업달성척도도 개별화된 척도의 예다. 이상적으로는 클라이언트와 사회복지사가 함께 채점해야 하지만 대부분 사회복지사가 채점을 수행한다. 만약 과업을 수행할 기회가 없었다면 그러한 경우를 따로 표시하기도 한다. 여기에서 '활동'에 클라이언트와 사회복지사가 합의한 과업을 대입시키면 된다. 예를 들어, 부부관계의 회복을 위하여 주말마다 부부가 함께 하는 취미활동을 하도록 과업을 주었다고 하자. 부부끼리 주말 등산을 하기로 했다면 주말 등산을 즐겁게 하고 온 경우를 4점, 아예 가지 않거나 갔다가 싸운 경우에는 1점으로 평가기준을 만들면 된다. 만약 주말에 다른 일이 있어서 과업을 수행하지 못하면 따로 기록해 둘 수

표 13-4 과업달성척도의 채점 예시

척도점수	과업달성척도
4점	완전히 달성
3점	상당히 달성되었지만 활동이 아직 필요
2점	부분적 달성했지만 아직 할 일이 많이 남아 있음
1점	최소한만 달성 또는 전혀 달성하지 못함
0점	진전이 없음

있다. 단, 과업달성척도도 목적달성척도와 마찬가지로 클라이언트와 사회복지사가 구체적인 과업에 동의하고, 각 과업의 수행 정도를 미리 논의해 합의한 후 사용해야 한다(Sheafor & Horejsi, 2014).

과업달성척도는 과정의 노력보다는 달성 여부, 즉 결과만 점수화된다는 한계가 있지만 최종 종결 시에만 사용하기보다는 일대일 상담이나 부부상담 등에서 회기마다 진전을 평가하는 데 유용하다. 종결시점에서는 성과측정을 위해 회기별 점수를 이용하여 백분율 계산을 할 수도 있다. 예를 들어, 8회기 동안 총 7개의 과업에 대해 동의하고, 과업을 수행한 결과, 종결 시점에서 〈표 13-5〉와 같이 과업별 수

표 13-5 과업달성척도를 활용한 종결 평가 달성률 예시

과업내용	4점 (완전 달성)	3점 (상당부분 달성)	2점 (부분적 달성)	1점 (최소한 달성)	0점 (전혀 달성 못함)
1. 주 3회 이상 운동하기			✓		
2. 금주하기		✓			
3. 월 1회 단주모임 참여하기		✓			
4. 일 3회 항우울제 복용하기		✓			
5. 주 5회 학교에 출석하기		✓			
6. 주 1회 학교 진로프로그램 참여		✓			
7. 제과제빵 자격증 학원 등록하기		✓			
총점(달성률)	20점 (20/28×100 = 71%)				

행도를 평가했다고 하자. 각 과업을 〈표 13-4〉의 기준대로 0~4점으로 평가되었다. 총 7과업×4점=28점 만점이므로, 과업 수행 총점이 20점이라면 전체 과업 수행률을 71%(20/28×100) 달성률로 표현할 수 있다(Sheafor & Horejsi, 2014).

④ 자기보고형 심리척도(self-administered scale)

사회복지실천에서 다양한 심리적·정서적 문제를 다루기 때문에 자기보고형 심리척도는 매우 유용하게 활용될 수 있다. 이러한 자기보고식 척도들은 주로 행복감, 우울, 불안과 같이 클라이언트의 감정과 주관적 인식을 측정하는 데 활용된다.

특정 시점에 클라이언트가 경험하는 만족감을 보고하는 일반화된 만족도 척도(Generalized Contentment Scale), 자신에 대한 인식을 양화하는 자아존중감지수(Index of Self-Esteem Scale)등 외부적 관찰로 알기 어려운 심리적 특성이나 인식을 측정할 때 사용한다. 이러한 자기보고식 척도를 이용해서 클라이언트의 심리 내적인 변화를 기록함으로써 클라이언트의 문제가 감소 또는 악화되고 있는지 비교 또는 평가할 수 있다(Pomeroy & Garcia, 2017).

(3) 개입 전 문제 수준에 대한 자료 확보

목적과 목표가 명확하게 분석되고, 이를 측정할 수 있는 도구나 방법이 선택되었다면 개입이 본격적으로 이루어지기 전에 클라이언트가 가지고 있는 문제의 심각성 정도를 기록해 두어야 한다. 통제집단전후비교설계와 같은 실험설계에서는 사전검사에 해당하며, 단일사례설계에서는 기초선 시점에서의 문제행동에 대한 측정자료를 의미한다. 물론 자료의 내용은 측정 영역이나 측정도구와 긴밀하게 맞물려 있는 것이어야 한다. 이와 같이 기초선 국면에서의 양적인 측정은 클라이언트가 직접 모니터링하거나 다른 사람의 관찰을 통해 수행할 수 있다. 스스로 행동 모니터링을 함으로써 문제가 개선되기도 해서 자기보고식 모니터링(self monitoring)은 개입의 한 형태일 수 있다(Hepworth et al., 2013). 개입 전 문제 수준에 대한 자료, 즉 기초선의 측정은 본격적인 개입이 시작되기 전인 사정단계에서 수행되며, 사후측정은 개입 종료 후 수행한다. 필요한 경우 종료 후에도 일정기간 후속 측정을 지속적으로 수행하여 개입을 통해 이룬 변화가 지속되는지 여부를 확인할 수 있다. 정확한 비교를 위해 데이터를 수집할 때마다 동일한 측정방법을 사용하는 것이 중요하다(Pomeroy & Garcia, 2017).

(4) 과정적 요소에 대한 모니터링

개입 전에 문제의 양상을 확인하는 것도 중요하지만 개입과정에서 이루어지는 변화를 면밀히 기록하고, 개입이 진행되는 과정 일체를 기록으로 남길 필요가 있다. 특히 비교의 준거가 없을 경우에는 과정에서 발생하는 다양한 변화를 최대한 여러 시점에서 모니터링해야 한다. 이를 통해 최종산물의 변화가 개입으로부터 비롯되었다는 것을 경험적 논리적으로 입증할 수 있는 근거를 마련할 수 있다

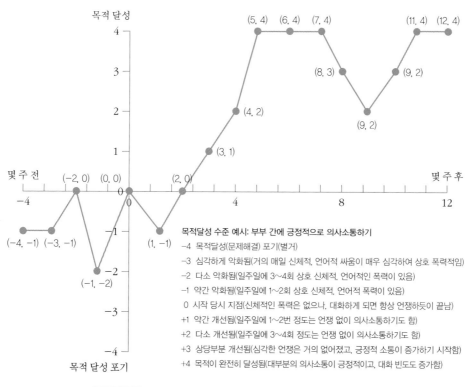

그림 13-1 지속적인 평가 그래프(Ongoing Evaluation Graph)

출처: Timberlake et al. (2007). p. 393에서 수정 보완

(Timberlake et al., 2007).

목적달성척도의 시간에 따른 진전을 모니터링하기 위해서는 그 추이를 [그림 13-1]과 같이 그래프화하는 것이 유용하다.

(5) 개입과 효과 간의 인과관계 추론

클라이언트에게 일어난 변화와 개입 간의 인과관계가 존재하는지 추론하는 작업을 의미한다. 즉, 사회복지사의 개입노력이 어떠한 효과가 있었는지 또는 어떤 영향을 미쳤는지를 결론적으로 말하는 것이다.

만약 결과가 긍정적이지 않거나 바람직하게 나타났다고 해도 개입과 결과 간의 인과관계를 확인할 수 없다면 그 원인을 분석할 필요가 있다. 과도한 사례부담, 부족한 자원, 환경적 압력 등이 개입 실패의 원인이 될 수도 있고, 측정절차나 도구의 오류로 개입의 효과성이 입증되지 않았을 수도 있다. 기대한 수준의 변화가 포착되지 않았다면 목적을 달성하기 위해 개입계획이 타당했는지, 타당했다면 계획대로 제대로 전달되었는지 검토해야 한다. 이러한 개입과 효과 간의 인과관계 메커니즘을 분석하기 위해 선행 연구에 근거해 산물을 중간(과정)산물과 최종산물로 분류하고, 중간산물의 매개효과를 분석하는 경우가 있다.

예를 들어, 저소득 한부모가정자녀의 문제와 욕구를 파악한 결과 학교생활의 부적응과 낮은 자존감 등의 심리사회적문제를 겪고 있었으며, 가정 내 성인역할의 부재로 인해 충족되지 못한 의존의 욕구가 일상의 결핍이나 사소한 문제가 생겼을 때조차 도움을 요청하거나 표현하는 기술 등이 부족한 것을 파악할 수 있었다고 하자. 이를 위해 학습지원을 병행한 멘토링을 기획하고, [그림 13-2]에서와 같이 프로그램 산물을 과정산물과 최종적인 산물로 구분할 수 있다. 멘토링 프로그램을 받은 청소년들은 그렇지 않은 청소년들에 비해 멘토와의 관계, 즉 성인역할 모델과의 관계가 향상되고, 도움요청 기술도 향상됨으로써 결과적으로 학교 적응이나 심리적 적응에 도움이 된다는 논리 모델이다. 이와 같이 프로그램을 평가할 때는 궁극적인 최종산물도 있지만 최종산물로 나아가기 위한 프로그램의 직접적인 산물이 있을 수 있음을 간과해서는 안 된다. 특히 아동, 청소년과 같이 시간에 따른 자연스

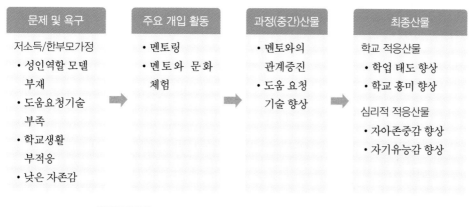

그림 13-2   멘토링 프로그램의 과정산물과 최종산물의 예시

출처: 박현선(2010). p. 278.

러운 발달을 하는 경우에는 개입 후에 긍정적인 발달을 했다고 해서 무조건 개입의 효과로 보기 어려운 경우가 많다. 과정-산물 간 인과관계 효과성 메커니즘을 밝히기 위해서는 중간에 과정산물의 향상이 최종산물의 증진에 기여하는지를 살펴봐야 한다는 것이다. 만약 과정산물의 변화 없이 최종산물의 변화가 이루어졌다면 이는 프로그램 이외의 요인에 의해 변화가 생기거나 프로그램의 구성 또는 수행과정 중에 오류가 발생한 것이라고도 볼 수 있다. 이와 같이 과정산물의 매개효과 분석을 통해 실천 프로그램이 최종산물의 변화를 가져오는 기제를 확인함으로써 사회복지실천 프로그램 관련 이론을 개발하고, 정교화하는 데 기여할 수 있다.

2. 사회복지실천의 종결

1) 종결의 시점

사회복지사는 클라이언트와의 전문적 관계를 시기적절하고 책임 있는 방법으로 종결해야 한다. 사례를 끝내는 것 혹은 클라이언트에 대한 서비스를 종결하는 것은 원조과정의 계획된 구성요소다. 기본적으로 종결의 시점은 개입의 목표가 달성되었을 때다. 만약 처음부터 개입에 필요한 시간을 구체적으로 명시해 놓았다면 사회복지사는 이러한 사항을 클라이언트에게 상기시키면서 그때까지 이루어 놓을 것과 남은 시간 동안 하고 싶은 일들을 함께 검토해 보자고 제안하면서 종결의 과업을 수행해 나가면 된다(Schubert, 1997; Northen & Kurland, 2001; Sheafor & Horejsi, 2014). 요약하면 종결이 이루어지는 상황을 정리하면 다음과 같다.

- 클라이언트의 문제나 상황이 충분히 해결되어 적절하게 기능할 수 있고 스스로나 타인에 의해 해를 입을 위험도 없는 경우
- 사회복지사나 기관이 적절한 양의 시간, 에너지, 기술을 투여했음에도 불구하고 특별한 진전이 없어서 다른 기관이나 전문가의 서비스가 클라이언트에게 더 유용한 경우
- 클라이언트가 사회복지사나 기관에게 부적절하게 의존하여 부정적 결과가 우려되거나 적절한 의뢰가 필요한 경우
- 계획된 종결의 시점이 도래한 경우
- 클라이언트나 사회복지사의 사정으로 예기치 못한 조기 종결이 이루어지는 경우

사회복지사는 종결의 시점을 계획함으로써 예기치 않는 종결이 일어나지 않도록 계획 및 계약 단계에서 종결을 준비해야 한다. 사회복지사의 전문적 소견으로는 개입이 유지되어야 한다고 생각하지만 성인 클라이언트가 종결을 원하는 경우에는 클라이언트의 결정을 존중하되, 조기 종결로 인한 예측 가능한 결과를 충분히 설명해 주어야 한다. 단, 법원의 명령 등으로 제공되는 서비스의 종결은 서비스를 종결하기 전에 명령의 모든 내용이 충족되어야 한다(Sheafor & Horejsi, 2014).

2) 종결의 과업

종결단계의 사회복지사의 과업은 평가, 종결 후 계획, 종결에 대한 감정 다루기 등이다. 애초에 계획한 개입이 적절하게 이루어졌는지, 그러한 개입이 효율적이고, 효과적으로 결과에 작용하였는지를 평가해야 한다.

또한 종결 이후에도 획득한 성과를 유지하고, 일반화하고 계속 발전할 수 있도록 계획한다. 이를 위해서 클라이언트가 문제해결의 과정과 원칙이 무엇이었는지 스스로 인식할 수 있도록 원조한다. 그동안 문제해결과정이 어떻게 이루어졌는지 검토하고, 이를 일반화할 수 있도록 종결 이후의 상황을 예측하고 연습해야 한다. 종결 이후 일정기간이 지나서 클라이언트가 잘 적응하고 있는지 변화의 유지 정도를 확인하기 위해 사후관리를 하는 것도 효과를 유지하고 일반화하는 전략이라고 할 수 있다. 종결 이후에도 클라이언트에게 변화를 위한 노력을 계속해 나가기를 바란다는 언급을 하고 지지와 격려를 제공해야 한다.

이러한 종결단계에는 클라이언트가 분리와 상실에 직면하면서 복잡한 양가감정과 태도를 보이기 때문에 사회복지사는 이에 대해 민감하게 반응하고 다루어야 한다. 다행히 목적이 달성된 경우에는 성취감과 자부심을 느끼지만 그 반대의 경우에는 자신은 물론 사회복지사에 대한 실망과 분노를 느낄 수 있다. 종결과 관련해서 나타나는 반응이 긍정적이든 부정적이든 수용해 주어야 하며, 특히 부정적 감정의 경우에는 그러한 감정이 충분히 있을 수 있음을 수용하면서 표현할 수 있게 해야 한다. 종결에 대한 정서적 반응을 다음에서 더 구체적으로 다루고자 한다(Schubert, 1997; Northen & Kurland, 2001).

3) 종결에 대한 정서적 반응

분리와 이별은 필연적으로 정서적 반응을 동반한다. 의존의 욕구나 분리불안 등으로 인해 종결과정에서 부적절한 정서적인 반응을 나타내는 경우도 있고, 거절당하는 느낌을 감당하기 힘들어서 갑자기 종결 약속을 취소하거나 종결 세션에 과도

하게 늦게 오기도 한다. 또는 사회복지사가 종결 세션을 연기시킬 수밖에 없도록 자신에게 사고나 새로운 문제가 생겼다고 하소연하기도 한다. 종결을 거부의 경험으로 받아들인 클라이언트는 폭발적으로 화를 내거나 무력함을 호소하는 등 분리라는 두려운 상황을 통제하기 위한 의식적 · 무의식적 행동을 보인다.

사회복지사는 다양한 정서적 반응이 있을 수 있음을 미리 인식해야 당황하지 않을 수 있다. 오히려 이러한 행동이나 정서적 반응이 나타날 때 클라이언트가 제대로 종결의 국면으로 나아가고 있다는 증거로 받아들이고 침착하게 대처할 필요가 있다. 클라이언트의 부적절한 반응을 수용하고 인정해 주면서도 클라이언트가 그동안 이루어 놓은 성과들, 아직 남아 있는 문제, 앞으로 문제를 다룰 수 있는 능력 등에 대해 함께 논의하는 것이 바람직하다.

개입을 통해 바람직한 변화가 일어났다면 사회복지사는 이러한 변화를 명료하게 해 줌으로써 클라이언트가 적극적이고 책임감 있는 선택을 할 수 있도록 도울수 있다. 그럼에도 불구하고 클라이언트가 특이한 행동을 계속 보인다면 사회복지사는 클라이언트가 스스로 그러한 행동을 인식할 수 있도록 하고, 그 이유를 이해할 수 있도록 도와주어야 한다.

때로 사회복지사의 개인적인 감정이 종결에 방해가 될 수 있다. 사회복지사는 클라이언트가 자신을 필요로 하고 자신에게 의존하고 싶어 한다는 사실에 대해 무의식적으로 만족할 수 있다. 이러한 경우 사회복지사 자신도 모르게 종결하기를 미루거나 주저하는 모습을 보이기도 한다. 즉, 이미 이루어진 진행과정을 인정하지 못하거나 끝낼 준비가 되어 있다는 클라이언트의 신호를 알아차리지 못하기도 한다. 도움을 필요로 하는 새로운 문제를 찾아내려 하거나 또는 클라이언트가 종결을 포기나 거절로 받아들일까 봐 두려워하기도 한다. 이러한 모습들은 사회복지사가 자신의 종결 반응에 대해 인식하고 성찰할 필요가 있음을 알려 주는 신호들이다 (Schubert, 1997).

4) 종결의 유형에 따른 실천 지침

클라이언트와 사회복지사의 만남은 다양한 원인으로 종결된다. 바람직하게는 계획한 대로 문제가 해결되어 목적이나 목표가 달성되었을 때 종결해야 하지만 때로는 뜻하지 않게 갑작스러운 종결을 하게 되기도 한다. 그래서 종결의 유형을 크게 계획된 종결과 계획되지 않은 종결로 구분하기도 한다(Schubert, 1997).

(1) 클라이언트와 사회복지사 간에 상호 계획된 종결

① 서비스 제공이 완료된 경우

클라이언트와 사회복지사 간에 상호 계획된 종결이 이루어지는 가장 일반적인 경우는 문제가 해결되었거나 서비스 제공이 끝난 경우다. 이러한 경우 대부분 문제 해결의 목적이나 목표가 명료하고 구체적이기 때문에 초기과정에서부터 클라이언트나 사회복지사는 종결에 대해 공통된 인식을 가지고 있는 경우가 많다. 예를 들어, 노부모의 간병서비스에 대한 욕구가 있는 가족에게 사회복지사는 간병 문제에 대한 가족 구성원들의 다양한 입장, 동원 가능한 자원, 각 대안에 따른 결과 등에 대해 탐색하고, 가족의 욕구에 맞는 간병 서비스를 제공했다고 하자. 가족들은 초기에 표출된 욕구가 해결되었고, 기대했던 서비스를 제공받았다고 느끼면서 자연스럽게 상호 종결에 대해 합의하게 된다.

이와 같이 클라이언트의 명확한 욕구와 문제의 표출은 서비스 제공 가능성을 높일 뿐 아니라 자연스럽게 상호 계획된 종결로 이어지게 만든다.

② 시간 제한적인 개입이 이루어진 종결

기관의 기능이나 개입 모델의 특성에 의해 시간 제한적인 개입이 이루어진 경우이다. 예를 들면, 정신과 병동 내에서 이루어지는 공동체 집단이나 알코올 치료 집단처럼 입원기간 내에만 제공되는 서비스의 경우 퇴원과 더불어 종결이 이루어질 수 있다. 위기개입 모델이나 과업중심 모델처럼 시간 제한적인 개입 모델을 적용하는 경우에 처음부터 사회복지사와 클라이언트가 기간을 정하기 때문에 종결의 시점이 정해지는 경우가 많다. 또는 행정절차에 의해 시간 제한적 개입이 이루어지기도 한다. 즉, 보호관찰기간이 끝나거나 아동수용시설의 퇴소와 더불어 계획된 종결이 이루어지는 경우가 있다(Schubert, 1997).

시간 제한적인 개입의 경우 사회복지사가 예측된 종결 시점 직전 회기에서 다음이 종결 회기임을 명확히 언급함으로써 공식적으로 종결을 시작해야 한다. 이러한 계획된 종결은 '종결 시점'을 처음부터 클라이언트와 사회복지사가 함께 정한다. 따라서 사회복지사는 물론 클라이언트 입장에서도 종결에 대해 예측할 수 있기 때문에 종결 시의 부정적인 정서적 반응은 감소한다. 그러나 시간 제한적 개입의 경우 문제가 완전히 해결되지 않은 상태에서도 종결이 이루어질 수 있기 때문에 종결 회기에서 클라이언트의 종결 후 계획이나 사회복지사와의 사후세션 등을 계획할 수 있으며, 개입기간 동안 학습한 내용이나 변화한 행동을 사회생활에 어떻게 일반화시키고 적용할 것인가를 다루기도 한다.

(2) 계획되지 않은 종결

모든 종결이 계획한 대로 이루어지지는 않는다. 경우에 따라서는 클라이언트가 일방적으로 종결을 선언하기도 하고, 사회복지사의 사정으로 인해 종결이 이루어지기도 하고, 원조과정이 실패하여 종결되기도 한다. 의료사회복지현장이나 노인요양시설 등에서의 종결은 다른 현장과 달리 심각한 질병과 부상, 노환 등 으로 인해 맞이하게 되는 죽음과 사별이라는 충격적인 종결도 있다. 어떠한 형태의 계획되지 않은 종결이든 간에 종결 단계에서 중요한 실천의 지침은 동일하다. 가능하면 종결에 대해 클라이언트에게 미리 알리고, 클라이언트의 종결에 대한 감정을 인지하고 공유하는 것이 가장 중요하다.

① 클라이언트에 의한 계획되지 않은 종결

클라이언트가 계획되지 않은 종결을 원하는 경우는 다양하다. 첫 면접 이후 클라이언트가 나타나지 않거나, 긍정적인 진전이 있기도 전에 개입을 일방적으로 중단하기도 한다. 실천의 중반부에서 좀더 사적이고, 심층적인 내용을 다루려고 할 때 갑자기 약속을 어기거나 다양한 이유를 들어가며 올 수 없다고 하면서 종결을 원하기도 한다. 한편, 클라이언트가 사회복지사나 기관에 대해 불만이나 저항의 표시로 종결을 원하는 경우도 있다. 이때, 사회복지사는 클라이언트가 표출하는 불만이나 저항을 다루고 해소해야 하는 동시와 다음과 같은 점을 점검해 볼 필요가 있다(Timberlake et al., 2007; Cournoyer, 2008).

- 개입을 시작할 때 사회복지사가 클라이언트에게 상담과정, 절차, 클라이언트 역할이나 활동 등에 대해 적절하게 설명하였는가?
- 민감한 이슈를 성급하게 다루어서 클라이언트를 방어적으로 만든 것은 아닌가?
- 클라이언트의 관점에서 보면, 개입의 진전이 답보상태이거나 너무 느린 것은 아닌가?

모든 클라이언트는 서비스에 대해 자기결정권이 있고 거부할 권리가 있다. 단, 클라이언트는 물론 타인의 생명이나 안전이 위협받는 상황에서는 클라이언트의 자기결정권을 무조건 존중할 수 없다. 사회복지사는 클라이언트의 갑작스러운 종결 표시에 대하여 사적인 감정표시로 받아들이지 않도록 노력해야 한다. 클라이언트가 원한다면 언제든지 종결할 수도 있다는 점을 말하되, 사회복지사는 클라이언트의 문제해결을 위해 노력하는 사람이라는 점과 클라이언트가 원하면 다시 도움을 줄 것이라는 점도 알려 주어야 한다.

이 외에도 실제 기관에 오기 힘든 불가피한 사유가 생겨서 종결을 원하는 경우도 있을 수 있다. 기관에 직접 오기 어려운 지역으로 이사나 이직, 입원 등을 하게 되는 경우가 그 예다. 이러한 경우 사회복지사는 클라이언트가 이용하기 쉬운 새로운 기관으로 클라이언트를 의뢰해야 하며 필요하면 이메일이나 전화, 비대면 온라인 면접 등을 이용한 사후관리를 해도 좋다. 의뢰나 사후관리도 불가능해서 종결이 불가피한 경우에도 그대로 종결하기보다는 클라이언트에게 권유해서 가능한 한 종결회기를 갖는 것이 좋다. 종결회기를 통해 그 시점까지 클라이언트가 성취한 변화들에 대해 인식시켜 주고, 클라이언트가 독립적으로 할 수 있는 일들이 무엇인지, 또는 필요할 때 도움을 얻을 수 있는 방법에 대해서도 논의하는 것이 바람직하다.

② 사회복지사에 의한 계획되지 않은 종결

사회복지사가 한 기관에서 영원히 일하리라 보장할 수 없다. 사회복지사도 이직을 할 수도 있고 개인적인 사정 때문에 이사를 가거나 휴가나 병가 등으로 인해 서비스 제공이 어려울 수 있다. 이러한 이유로 계획되지 않은 종결을 하게 된다(Northen & Kurland, 2001; Schubert, 1997).

계획되지 않은 종결이라고 해도 종결이 예측되는 시점에서 최대한 빨리 마지막 만남이 언제인지 클라이언트에게 알리는 것이 바람직하다. 그러나 사회복지사의 사정으로 종결을 해야 하는 경우, 사회복지사는 죄책감 등으로 종결의 시점이나 과업을 최대한 미루려는 경향이 있다. 때로는 종결 후 클라이언트를 맡게 될 새로운 사회복지사의 능력이 못 미더워 종결시점이나 과업을 미루려고 할 수도 있다. 비록 사회복지사의 사정에 의한 종결이라고 할지라도 종결회기를 갖는 것이 바람직하다. 종결회기에서는 클라이언트가 성취한 산물에 대해 강조하고, 클라이언트가 가진 잠재력에 대한 확신을 표현하며, 클라이언트 스스로의 긍정적 변화를 자각할 수 있도록 원조해야 한다.

③ 원조과정의 실패로 인한 종결

의도하지 않았지만 어떤 상황에서는 기관 내에서 다른 사회복지사에게 클라이언트를 의뢰해야 한다. 이 또한 종결의 한 형태다. 예를 들면, 사회복지사가 어떤 이유로든 그 클라이언트를 싫어해서 원조자로서의 감정과 입장을 견지할 수 없을 때나, 가치, 종교적 신념, 언어, 문화적 배경 등의 차이로 심각하고 극복할 수 없는 의사소통의 문제가 생길 때에는 다른 사회복지사에게 의뢰를 하는 것이 바람직하다(Schubert, 1997).

원조과정이 실패로 끝나면 종결 시에 클라이언트와 '더 좋은 결과를 방해한 요인', '클라이언트가 앞으로 다른 도움을 구할 것인지의 느낌'에 대해 토론하는 것이 좋다. 클라이언트가 부정적 감정을 표현하면 사회복지사는 부정적 감정에 초점을 두고 다루어 줄 필요가 있다. 어떠한 이유에서든 마지막 종결 세션에 참여하지 못한 클라이언트에게는 메일이나 메시지 등을 보내는 것도 유용한 종결방법 중에 하나이다(Hepworth et al., 2010).

5) 종결의 기술

종결단계에서는 개입의 전체과정을 재검토하고, 최종평가에 대해서 서로 공유하며, 종결에 대한 감정적 반응을 표현하는 기술이 있다(Cournoyer, 2000).

(1) 개입과정 재검토

개입과정을 재검토하는 것은 종결의 과업 중에서 가장 중요한 부분이다. 사회복지사는 처음 만남 시점부터 지금까지의 과정을 재검토하면서 목표는 무엇이었고 어떤 노력이 있었는지를 요약해 줄 수 있다. 또한 클라이언트에게 개입과정에서 무엇이 제일 기억에 남는지 질문함으로써 개입과정을 스스로 검토할 수 있도록 격려한다(Coumoyer, 2008). 예를 들어, "지난 몇 달 동안에 걸쳐 문제를 해결하기 위해 다양한 노력을 했고, 그 과정에서 크고 작은 변화들이 있었지요. 우리가 그동안 함께 노력한 것들을 되돌아볼 때 가장 인상적인 기억이 있다면 어떤 것들이 있는지 자유롭게 말씀해 주시겠어요?"라고 할 수 있다.

(2) 최종평가

서비스의 종결시점에서는 개입과정을 재검토하는 것과 더불어 사회복지사는 문제해결과 목표 달성 정도를 클라이언트와 함께 평가한다. 긍정적인 변화가 있다면 클라이언트를 칭찬하고, 클라이언트가 해결되지 않은 문제와 부분적으로 달성된 목표를 밝힐 수 있도록 돕는다(Cournoyer, 2008).

객관적인 평가도구를 활용하지 않았다면 클라이언트의 변화와 진전에 대한 주관적인 인상을 공유하는 것도 좋다. 예를 들면, "우리가 설정한 목표를 어느 정도나 달성했다고 생각합니까?"라고 질문할 수 있다. 이때에도 클라이언트의 피드백을 구하는 것을 잊어서는 안 된다. "그동안 이러한 긍정적 변화에 특별히 도움이 되었던 것이 있다면 어떤 것들이었는지 이야기해 주십시오. 그리고 혹시 도움이 되지 않았던 것들이 있다면 그 부분도 이야기해 주시겠습니까?"라고 피드백을 구할 수 있다.

클라이언트와 함께 평가결과를 공유했다면 종결 이후 추가적인 작업이 필요한 부분도 함께 확인하는 것이 좋다. "종결 이후에도 어떻게 하면 이러한 긍정적 변화를 유지하고, 발전시키는 데 도움이 될 것이라고 생각합니까?"와 같은 질문으로 클라이언트가 지속적으로 성장·발전하기 위한 행동계획을 스스로 개발하도록 격려할 수 있다.

(3) 종결에 대한 감정을 공유하고 작별하기

클라이언트가 종결 시에 경험하는 정서적 반응은 분노, 슬픔, 상실, 두려움과 같은 부정적 감정뿐만 아니라 감사와 성취감 등 긍정적 감정도 있다. 이러한 감정의 종류와 강도는 클라이언트의 성격, 서비스 기간, 문제와 목표, 사회복지사의 역할, 변화와 진전의 정도에 따라 다양하다. 사회복지사는 클라이언트가 이러한 감정을 충분히 표현할 수 있도록 격려해야 한다. 예를 들면, "지금까지 우리가 함께했던 과정을 다시 검토하고 평가했습니다. 이제 오늘이 우리가 만나는 마지막 날인데 끝내기 전에 하고 싶은 말씀이나 느낌에 대해서 이야기해 볼까요?"라고 질문할 수 있다 (Cournoyer, 2008; Northen & Kurland, 2001; Schubert, 1997).

개인, 부부, 가족, 집단 치료에서 대부분의 클라이언트는 종결에 대해 긍정적인 감정을 경험한다. 일반적으로 성과가 주는 이점이 원조관계 상실감보다 훨씬 크기 때문이다. 특히 사회복지사가 강점중심의 접근방법을 사용했을 때는 더욱 그러한 경향이 있다. 원조관계에서 대부분의 참여자는 깊고 진실한 개인적인 만남 속에서 성장을 경험한다. 종결반응을 다룰 때 부정적인 감정을 강조해 왔지만 실제로 종결과 관련된 가장 흔한 반응은 성공과 진전에 대한 긍정적 감정, 상담 경험에 대한 만족감, 상담 외의 건설적인 외부활동에 참여할 수 있는 시간과 여유가 생긴 것에 대한 즐거움, 성과와 독립에 대한 자긍심 등을 느끼는 것으로 나타났다(Hepworth et al., 2010).

사회복지사 스스로도 죄책감, 불편함, 아쉬움 등 강렬한 느낌을 경험할 수 있다. 그러나 종결 시에도 전문적 책임을 유지해야 하므로 개인적인 감정을 자유롭게 표현하기보다는 전문적인 관계로 일반화시켜 표현하는 것이 좋다. 종결 이후에도 새로운 문제가 등장하거나 도움이 필요하면 전문적인 원조관계로 도움을 줄 수 있음을 알려 준다. 예를 들면, "저도 ○○ 씨가 처음 저를 만났을 때보다 많이 달라진 모습에 뿌듯합니다. 우리가 함께 열심히 노력한 만큼 보람도 있었지만, 오늘이 마지막이라고 생각하니 섭섭하기도 하네요. 종결 후에도 ○○ 씨가 잘 해내리라 굳게 믿습니다. 혹시 다른 도움이 필요하시면 기관으로 전화하시면 저와 연결될 수 있습니다."라고 언급해 줄 수 있다(Cournoyer, 2008; Northen & Kurland, 2001; Schubert, 1997).

그리고 종결과 관련된 사회복지사 자신의 감정을 단순히 억제하기보다는 전문가 집단에서 함께 나누고 자기탐색과 이해의 계기로 활용하는 것이 좋다.

연습문제

1. 프로그램 과정 평가와 산물 평가의 차이를 이해하고, 각 평가가 실천에 어떻게 기여하는지 설명해 보시오.

2. 여러분 스스로 해결하고 싶은 자신의 문제를 하나 설정하고, 그 설정한 문제에 대해서 목적달성척도를 적용해 보시오.

3. 동료들과 캠프나 특정 과업 집단 등에 참여하면서 느낀 종결에 대한 개인적인 경험을 서로 나눠 보시오. 또한, 실습이나 자원봉사 등을 통해 알게 된 클라이언트와 경험한 분리나 종결 등을 떠올리고, 당시의 정서적 반응과 이러한 반응이 이후에 어떻게 해결되었는지에 대해 토론해 보시오.

4. 다음은 종결과업을 수행 중인 사회복지사의 정서적 반응이다. 사례에서 사회복지사의 정서적 반응에 대해 토론해 보고, 만약 동료 사회복지사가 이러한 감정을 토로한다면 여러분은 어떻게 반응할 것인지에 대해서 이야기해 보시오.

> 아버지로부터 심각하고 지속적인 아동학대를 받고 있는 중학교 1학년과 2학년인 남매를 학대자인 아버지로부터 격리해서 시설로 의뢰하게 되었다. 아동학대로 많은 고통을 받으면서도 외부의 도움에 대해 회의적인 아이들과 6개월 넘게 라포를 형성하고, 실질적인 치료적 도움을 주기까지는 긴 시간과 노력이 요구되었다. 많은 노력을 했던 사례였던 만큼 남매에 대한 애착이 강했고, 애착이 강한 만큼 종결로 인한 서운함도 컸다. 새로 지내게 될 시설의 사회복지사에게 의뢰를 하지만 아이들이 그 사회복지사와 잘 지낼지 걱정도 된다. 사춘기 남매를 부모와 떨어뜨려서 시설로 보내는 것도 걱정인데 남매가 함께 있을 수 있는 시설이 없어서 서로 다른 시설로 가게 된 것에 대해서도 불안했다. 서로만을 의지해 온 아이들이 떨어져서 과연 잘 지낼 수 있을지, 나마저 손을 떼면 아이들이 너무 상실감을 느끼지는 않을지, 다니던 중학교를 자퇴하고 검정고시를 보겠다는 데 과연 올바른 선택인지도 혼란스러웠다. 아이들이 새로운 시설에 가더라도 2주에 한 번씩 나오는 외출 때 나를 찾아와도 되냐고 문자 반가운 마음이 들었다. 그 시설로 가더라도 지속적으로 이메일이나 문자를 주고받으면서 연락을 하자고 약속하고 헤어졌지만 이렇게 하는 것이 과연 적절한 것인가 하는 생각이 들었다.

제**14**장

사례관리

　단일한 종류의 서비스만으로 해결되지 않는 복합적인 문제를 가진 대상자가 증가함에 따라 여러 영역의 문제를 통합적으로 고려할 필요성이 커지고 있다. 사례관리는 복잡하게 얽혀 있는 문제를 해결하기 위해 자원을 다각적으로 연계하고 활용하는 데 도움이 되도록 개발한 사회복지실천의 통합적 접근이자 실천 모델이다. 이 장에서는 사례관리에 관한 이해를 높이기 위해 사례관리의 개념과 도입배경 등을 살펴보고, 사례관리를 현장에 적용할 때 고려해야 할 사례관리의 원칙과 실천과정을 학습한다. 우리나라의 실천현장에서 활용되고 있는 사례관리의 대표적인 실천 사례에 대해서도 알아본다.

1. 사례관리의 이해

1) 사례관리의 개념

사례관리란 복합적인 문제와 욕구를 가진 클라이언트를 대상으로 이용자 관점에서 서비스를 체계적으로 연계하고 조정하는 실천방법이다. 목슬리(Moxley, 1989)는 사례관리를 "복합적인 욕구를 가진 사람들의 최적의 기능과 복지를 위해 공식적·비공식적 지원과 활동의 네트워크를 조직하고 조정하며 유지하는 것"으로 정의하고 있다. 로스만(Rothman, 1991)은 사례관리를 노인, 아동, 장애나 정신보건과 같은 대인 서비스 분야에 영향을 미치는 실천방식으로서, 지역사회 내에 거주하는 만성적이고 심각한 기능수행의 어려움을 가진 클라이언트에게 다양하고 지속적인 보호를 제공하는 수단으로 보았다. 김기태 등(2009)은 사례관리를 "클라이언트들에게 그들의 욕구에 맞는 적절한 서비스를 제공하고, 또 이를 조정해 줌으로써 지역사회 내에서 독립적인 생활을 할 수 있도록 도와주는 것"으로 정의하고 있다.

클라이언트의 복잡한 문제를 해결하는 데 필요한 자원과 서비스를 특정 기관이나 개별 서비스 제공자로 한정하지 않고 지역사회 차원에서 다양하게 개발하고 이용자의 욕구에 적합하게 다각적으로 연결하는 것이 필요하다. 사례관리는 이와 같은 서비스 제공과정을 체계적으로 관리하고 점검하는 도구로서, 클라이언트 중심의 서비스 제공이 이루어지도록 하는 목적을 갖는다. 특히 여러 서비스 제공 주체 간의 연계와 조정을 통해 분절적이고 파편적인 서비스 전달체계상의 문제점을 개선하고 결과적으로 지역사회서비스 전달기능을 향상시키고 문제해결 가능성을 높이는 역할을 한다.

사회복지실천현장에서 점차 사례관리라는 용어를 널리 활용하게 되면서, 사례관리와 전통적인 개별사회사업이 어떻게 다른가하는 의문을 갖는다. 사례관리는 일반주의 접근(generalist approach)에 기반을 두고 있으며, 다양한 대상과 실천현장에 적용이 가능한 통합적 실천 모델이다. 개별지도로부터 이어지는 전통적인 실천방법과 비교할 때, 사례관리는 서비스 이용자와 제공자 간의 긴밀한 상호관계를 기초로 개별적인 실천과정을 진행한다는 점에서 큰 차이가 없다. 그러나 서비스 제공방식에 있어서 개별 기관의 서비스와 프로그램에 한정하지 않고 클라이언트의 욕구에 적합한 서비스를 적극적으로 연계하고 조정한다는 점에서 차이가 있다. 또한 복합적인 문제해결을 위해 클라이언트의 사회적 기능을 회복시킴과 동시에 주변 환경의 변화를 이끌어 내기 위한 다각적인 개입방법을 생태체계적 관점에 근거하여 통합적으로 구성한다는 점에서 차이가 있다. 〈표 14-1〉은 사례관리의 특징을 전통적인 사회복지실천과 비교한 내용이다.

사례관리(case management)와 유사한 의미로 돌봄이나 의료 분야에서 많이 쓰이는 용어로는 케어매니지먼트(care management)나 케어코디네이션(care coordination), 서비스조정(service coordination) 등이 있다. 이들 용어들은 서비스의 연계와 조정을 통해 통합적인 서비스를 제공하고자 하는 목표를 갖고 있으며 서비스의 점검과 관리 기능을 포함하고 있다는 점에서 공통점이 있다. 그러나 사례관리가 개별 클라

표 14-1 사례관리와 개인대상 실천과의 비교

	전통적 개인대상 실천	사례관리
개입의 초점	클라이언트의 문제해결	욕구에 기반한 맞춤형 서비스 제공
원조방식	기관에 속한 사회복지사에 의한 직접 실천 중심	다양한 원조체계에 의한 동시적인 서비스 제공 및 사례관리자에 의한 조정·점검 등 간접 실천
서비스 기간	단기 서비스 선호	지속적인 장기 보호 원칙
클라이언트	기관의 기능에 맞는 서비스 욕구를 가진 클라이언트	복합적인 욕구를 가진 클라이언트
서비스 범위	기관 기능에 속한 기관 내 자원을 활용해서 서비스 제공	기관 내뿐 아니라 기간 외 자원을 적극적으로 개발하고 활용해서 서비스 제공
운영체계	기관 운영체계 중심	기관 내 사례관리팀과 지역사회 내 통합사례회의 등 기관 간 사례관리 운영체계 강조

출처: 권진숙(2012). p. 17에서 수정 인용

이언트 차원에서 효과성을 높이는 서비스 전달방식을 강조하는 것에 비해, 케어매니지먼트는 케어시스템을 최적화하기 위한 구조적 측면과 관리방식을 강조한다는 차이가 있다.

사례관리를 수행하는 전문가를 뜻하는 용어로는 사례관리자(case manager)를 가장 일반적으로 사용하고 있다. 그 외 사례조정자(case coordinator) 또는 케어조정자(care coordinator) 등의 용어도 쓰고 있다. 보다 한정적인 서비스 분야나 기관으로 기능이 좁혀지는 경우에는 서비스매니저(service manager) 또는 서비스조정자(service coordinator)라는 용어를 사용하기도 한다(홍선미 외, 2021a).

2) 사례관리의 등장 배경

미국에서는 1970년대 후반부터 사례관리가 현대사회의 복합적인 문제를 가진 개인이나 가족을 돕는 데 있어서 효과적인 실천방법으로 그 중요성을 인정받으면서 민간 복지기관뿐만 아니라 정부의 공공 프로그램에서도 폭넓게 활용하고 있다. 영국과 같이 보건의료가 사회서비스의 중요한 축을 차지하고 있는 국가에서는 사례관리가 케어프로그램을 관리하는 중요한 도구로 역할을 하고 있다. 사례관리가 도입되는 맥락은 국가나 분야에 따라 다를 수 있으나, 목슬리(Moxley, 1989)는 사례관리가 등장하게 된 주요 요인으로 탈시설화의 영향, 지역사회서비스의 탈집중화, 심각한 사회 기능의 문제를 가진 지역주민의 존재, 개인의 사회 기능에 영향을 미치는 사회적 지지와 지지망의 핵심 역할에 대한 인식, 휴먼서비스의 파편화, 휴먼서비스의 비용효과성에 대한 인식 증가 등을 제시하고 있다. 사례관리가 중요한 실천방법으로 관심을 받으며 널리 보급된 배경을 구체적으로 살펴보면 다음과 같다.

(1) 탈시설화로 인한 지역사회 보호체계의 필요성

시설 내 인권을 비롯하여 지역사회와 분리된 대규모 생활시설이 갖는 문제점들이 드러나고, 시설운영의 재정적 비효율성이나 생활환경과 분리된 치료의 효과성 측면에서 지역사회 중심의 보호체계로 전환해야 할 필요성이 커지게 되었다. 일시적으로 시설입소나 입원이 필요한 경우라도 지역사회로 복귀하여 돌봄이나 보호를 받으며 지낼 수 있도록 지역사회 내에 보호체계를 갖추고 클라이언트의 욕구와 상황에 적절한 도움을 제공하는 방식으로 변화하는 추세다. 그러나 장기간 생활시설 내에서 수동적으로 서비스를 제공받던 클라이언트가 지리적으로 분산되어 있고 행정적으로도 통합되어 있지 않은 서비스를 지역사회에서 스스로 찾아 이용하는 데에는 큰 어려움이 있다. 이에 복합적인 문제와 욕구를 가진 클라이언트가 지역사회에 거주하면서 통합적으로 서비스를 받을 수 있도록 자원을 연결하고 지속적으로 점검하며 조정하는 서비스 관리방식이 필요하게 되었다.

(2) 치료에서 보호로 서비스 패러다임 변화

노인이나 만성 질환자, 장애인 등 장기 보호를 요하는 인구가 증가하는 반면에 가족의 보호기능이 약화되면서 사회적 돌봄과 보호의 필요성이 커지고 있다. 또한 단기적인 치료나 개입을 통해 문제해결을 하는 방식으로는 만성적인 문제에 대응하는 것이 어렵기 때문에 상시적인 개입을 통해 지속적인 보호와 돌봄을 제공하는 방식으로 서비스 패러다임의 변화가 불가피해지고 있다. 개인의 역기능이나 부적응을 치료하는 병리적 또는 의료적 관점보다는 개인의 가치와 다양성을 존중하며 자신이 속한 환경에서 긍정적 상호작용을 통해 변화가 가능하다는 인식도 이러한 변화에 영향을 미치고 있다. 지역사회 내 장기적인 돌봄과 보호가 가능하기 위해서는 이에 필요한 서비스와 자원을 개발하고, 이용자의 욕구에 맞게 계획하고 전달하며, 서비스제공과정을 점검하고 관리하는 사례관리의 기능이 확대될 필요가 있다. 또한 다양한 생활지원을 위해서는 한정된 지역사회의 공식적 자원뿐만 아니라 가족이나 이웃과 같은 비공식적 지원체계와 지원망을 동원하고 활용하는 사례관리자의 역할이 중요하다.

(3) 복합적 욕구를 가진 클라이언트에 대한 통합적 지원의 필요성

도움을 필요로 하는 대부분의 클라이언트는 단일한 욕구와 문제만 갖고 있는 것이 아니다. 지역사회에 거주하는 저소득 독거어르신의 경우만 해도 경제적 지원 외에 의료서비스가 필요하고, 교통이나 이동지원서비스, 말벗서비스, 가사지원서비스 등이 필요하다. 학대나 가정폭력 피해자도 정신치료나 상담서비스, 의료나 법률지원, 보호 등 다양한 서비스를 필요로 한다. 그러나 서비스 제공기관이 다양해지고 전문화되면서 특정 서비스만을 전문적으로 제공하거나 자격기준에 맞는 일부 대상자로 한정하여 서비스를 제공하면서 수요자들의 다양한 욕구에 대응하지 못하는 경우가 많다. 클라이언트 스스로가 필요한 서비스를 일일이 찾아가면서 도움을 받는 것이 현실적으로 어렵기 때문에, 이용자의 입장에서 필요한 서비스를 파악하여 서비스와 자원이 제공될 수 있도록 연계하고 조정하면서 통합적 지원기능을 담당하는 사례관리가 중요한 역할을 하게 되었다.

(4) 지방분권화로 인한 비용절감과 효율적 운영체계의 필요성

늘어나는 사회복지서비스 예산이나 의료비용에 대한 국가의 부담을 줄이기 위해 공공지출을 통제하는 한편, 중앙 정부의 역할을 점차 지방정부로 이양하고 민영화하는 변화가 있어 왔다. 이러한 상황에서 지역사회보호의 이데올로기는 국가부담의 일부를 지역과 민간으로 넘기는 명분이 되기도 한다(권진숙, 2012). 지방정부 차원에서 고비용의 대규모 시설을 재정적으로 지원해야하는 부담을 지기 어렵다보니, 이에 따라 비용절감의 목적으로 불필요한 입소를 줄이고 지역사회 재가서비스를 확대하는 경향을 보이게 되었다. 그러나 비용통제의 측면을 강조하다보면 지역사회에서 질 좋은 다양한 서비스를 개발하고 효과성을 높이기 위한 투입이 부족해질 수 있다. 기존의 서비스를 단순히 연결하는 수준에서 사례관리가 활용되는 것에 대해 "준전문가들이 복잡 다양한 문제가 있는 클라이언트에게 기본적인 서비스를 연결해주는 단순한 기술이다."라는 비판을 얻기도 하였다(황성철, 1995). 단순한 비용절감 차원보다는 지역사회보호체계의 문제점을 개선하고 서비스전달체계를 효율화하는 차원에서 사례관리의 기능이 강조될 필요가 있다.

2. 사례관리의 구성 요소

사례관리는 특정한 도움을 주는 기관의 서비스나 프로그램에 한정하지 않고, 개별 클라이언트가 필요로 하는 서비스를 종합적으로 계획하고 제공하는 접근 방식이다. 사례관리에서는 서비스를 제공하는 사례관리자와 서비스를 받는 클라이언트가 일차적인 구성요소다. 문제해결 과정에 영향을 미치는 클라이언트의 주변체계와 사례관리자가 일하는 기관이나 지역사회 기관 등은 사례관리 프로그램의 환경적 요소가 된다.

1) 사례관리자

개인 또는 전문가 집단으로 구성된 사례관리자 또는 사례관리팀은 클라이언트의 서비스욕구를 파악하고 클라이언트의 욕구와 서비스 체계 간의 갭을 줄이는 역할을 한다. 사례관리자는 필요한 자원과 서비스를 적극적으로 개발하고 적합한 개입방법을 선택 · 활용하는 역량을 갖추어야 하며, 사회적 지지와 자원을 공급하는 과정을 전체적으로 관리 · 조정하는 역할도 담당한다. 사례관리자는 소속된 기관을 벗어나 다양한 서비스 기관과 공공기관을 상대로 활동하며 전문직 간의 조정기능도 하기 때문에 공식적인 권한이 주어질 필요가 있다.

사례관리자의 전문성은 클라이언트의 문제를 해결하는 데 있어서 결정적인 역할을 하며, 사례관리자 개인의 지식과 기술, 경험에 따라 큰 차이를 보인다. 사례관리를 제공하는 실천현장과 클라이언트의 문제 상황에 따라 사례관리자의 역할에는 많은 차이가 있기 때문에 사례관리자의 전문 역량을 일률적으로 판단하거나 기준을 정하는 데 어려움이 있다. 사례관리자는 일반적으로는 포괄적 서비스연계와 통합적 자원조정 기능을 중심으로 활동하는 일반사회복지사(generalist)인 경우가 많다. 그러나 임상사회복지사와 같이 특정 분야를 전문적으로 담당하면서 해당 분야에서 사례관리 기능을 담당하는 전문사회복지사(specialist)도 있다. 외국의 경우에는, 동일한 분야에서 3~5년 이상의 경험과 석사 이상 사회복지실천 전공 학위를 가진 전문사회복지사를 사례관리자로 고용하는 경우가 많다. 임상 분야의 전문 사회복지사는 해당 분야의 전문지식과 개입기술을 갖추는 한편, 클라이언트의 문제를 폭넓게 이해하고 개입할 수 있어야 한다. 한편, 일반사회복지사는 고도의 전문적인 기술을 필요로 하지 않기 때문에 준전문가도 사례관리자의 역할을 담당해야 한다는 견해가 많다. 그러나 한정된 서비스나 자원을 조정하며 전문가들이나 서비스기관들과 유기적인 협력관계를 유지하면서 서비스네트워크의 관리자 역할을 담당하기 위해서는 사회복지실천에 대한 명확한 가치와 서비스 체계에 대한 풍부한 지식과 경험, 고도의 전문적인 실천기술을 갖출 필요가 있다.

2) 클라이언트

초기의 사례관리는 노인이나 정신장애인이 주 대상이었으나, 점차 장애인이나 아동, 청소년, 가족 등 다양한 대상과 분야로 확대되고 있다. 사례관리의 대상이 갖는 공통적인 특징은 단일한 유형의 서비스만으로 해결되지 않는 복합적인 문제를 갖는다는 점이다. 사례관리에서는 클라이언트의 주관적이며 개별적인 욕구를 중요하게 고려하면서 클라이언트의 문제를 개선하고 삶을 향상시키는 데 중요한 필수 요소들이 결핍되었는가를 파악해야 한다. 소득, 주거, 직업, 건강, 교육, 가족이나 이웃과의 관계와 같이 일상생활에 영향을 미치는 기본적인 조건들이 사례관리에서 다루는 주요 이슈나 관심 영역이 된다.

사례관리에서는 사례관리자와 클라이언트 간의 밀접한 관계와 빈번한 접촉이 이루어지며 클라이언트의 전반적인 삶의 문제에 개입하기 때문에 사례관리자와의 관계형성이 매우 중요하다. 특히 클라이언트가 사례관리자에게 신뢰감을 갖고 자신의 문제와 상황을 변화시키기 위해 적극적으로 관여하기 위해서는 클라이언트와 사례관리자 간의 상호작용이 중요한 의미를 갖는다.

사례관리에서는 클라이언트에 대한 사례관리자의 접근성을 높이고 개별화된 서비스를 계획하고 관리하기 위해 사례관리자가 담당하는 클라이언트의 수를 줄이고 클라이언트가 필요로 하는 시간과 장소에서 서비스를 제공하는 것을 원칙으로 한다. 1인의 사례관리자가 30사례 정도를 담당하는 것이 일반적이나 집중적인 프로그램인 경우 15사례 미만으로 담당사례 수를 줄이기도 한다. 가장 집중적인 사례관리 프로그램의 하나인 적극적 지역사회치료모형(Assertive Community Treatment)에서는 1:10의 사례담당비율을 제시하고 있으며, 클라이언트의 응급상황에 대비하여 24시간 전화연결(on call service)이 가능하도록 사례관리자의 투입을 높이고 있다(강상경 외, 2022).

3) 환경

사례관리의 운영 여건과 환경은 사례관리의 세부 유형에 따라 달라질 수 있다. 원칙적으로 사례관리는 서비스를 받기 위해 클라이언트가 기관을 방문하는 것이 아니라 클라이언트가 거주하는 지역사회로 사례관리자가 찾아가는 형태이기 때문에 물리적인 기관 환경은 강조되지 않는다. 그러나 전체적인 사례관리 운영절차나 사례관리 대상자의 선정, 사례관리자의 개입범위와 역할 등은 사례관리 운영 기관의 영향을 받게 된다. 또한, 사례관리에 필요한 사회적 자원과 서비스를 제공하는 지역사회 내 서비스 전달체계의 특성, 사회복지 기관 현황이나 유형, 비공식적 지지망으로 기능하는 가족이나 이웃 등이 사례관리의 중요한 환경이 되고 있다.

사례관리는 파편적이며 비효율적인 공적 서비스 체계의 문제점을 완화하면서 서비스네트워크를 효율적으로 활용하고 비공식적 자원을 지지체계로 확장하는 목표를 갖는다. 사례관리를 수행하는 여건 자체가 열악한 경우에는 사례관리자의 개입역할과 범위가 축소되고 결과적으로 사례관리의 기능이나 효과가 제한될 수밖에 없다.

3. 사례관리의 기본 원칙

사례관리에서는 개별 기관의 기능이나 직접적인 서비스 제공방식으로 한정하지 않으며, 개별대상자의 변화뿐만 아니라 지역사회 보호체계의 구조적 변화까지 고려한다. 지역사회 중심의 보호기능과 클라이언트 중심의 서비스 전달을 위해 사례관리에서 강조하는 기본 원칙을 살펴보면 다음과 같다.

1) 개별성

각 개인의 강점이나 상황, 개별적인 욕구를 이해하고 클라이언트의 여건에 맞게 서비스를 제공하는 것이 중요하기 때문에 사례관리에서는 개별화의 원칙을 강조한다. 서비스의 적절성에 관한 연구들은 서비스에 대한 클라이언트와 전문가들 간의 상이한 견해가 저조한 서비스 이용률과 관련성이 있다고 보고하고 있다. 클라이언트의 욕구에 부합하지 않는 경우에 서비스의 이용성과 효과성이 제한될 수 있으므로 클라이언트의 주관적 인식이나 의견을 중요하게 살필 필요가 있다. 또한 클라이언트들이 겪는 기본적인 삶의 문제(problem in living)는 일반인들이 갖는 생활의 우선순위와 크게 다르지 않다. 장애인, 정신질환자, 노인, 아동, 노숙인 등 사례관리의 주 대상이 되는 클라이언트들은 주요하게 드러난 문제 외에도 일정수준의 수입과 안정된 주거, 취업을 위한 기술훈련이나 교육, 의료서비스와 같은 기본적 욕구를 대부분 충족하기 어렵다. 사례관리에서는 클라이언트가 매일매일의 삶 속에서 겪는 문제에 관심을 갖고, 개별 클라이언트의 생애주기나 생활환경, 주변체계에 알맞게 서비스를 제공하는 것이 필요하다.

2) 접근성

서비스의 접근성을 높이는 것은 이용자의 자격기준이나 절차 등 서비스 이용의 장애를 극복하고 개인이 필요한 서비스에 쉽게 접근할 수 있도록 돕는 것을 의미한다. 서비스를 받기 위한 자격요건 등이 엄격하거나 이용절차가 복잡해서 또는 정책의 범위나 규정이 모호해서 서비스 접근 자체에 어려움을 겪는 경우가 있다. 서비스 접근성을 보장하기 위해서는 근본적으로 서비스 이용에 대한 공평한 기회를 보장하고 있는가가 중요하다. 또한 서비스의 접근성을 높이기 위해서는 클라이언트가 서비스를 이용하는 데 장애가 되는 심리적·물리적·사회문화적·경제적 요인이 존재하는가를 확인하고 이를 최소화해야 한다. 서비스 이용에 소극적이거나 잠재된 욕구를 가진 클라이언트에 대해서는 신청주의에 따른 전통적 형태의 서비스가 갖는 접근성의 문제를 파악하는 것이 필요하다. 사례관리는 클라이언트가 사는 구체적인 삶의 현장 속에서 개별적이며 빈번한 접촉을 통해 서비스를 제공하는 접근방법이기 때문에, 클라이언트 중심의 서비스 제공방식이나 전문가와 클라이언트 간의 관계를 통해 접근성을 높이는 노력도 중요하다.

3) 지속성

서비스의 지속성이란 클라이언트의 장기적인 욕구와 상황에 맞춰 서비스가 끊김 없이 제공되는 것을 의미한다. 사례관리의 대상이 되는 클라이언트는 만성적인 문제나 쉽게 회복되기 어려운 조건으로 인해 지속적인 개입이 필요한 경우가 많다. 특별한 종결의 사유가 없는 경우라면 장기간에 걸쳐 서비스가 제공되기 때문에, 클라이언트의 욕구나 상황을 주기적으로 점검하고 시간의 경과에 따라 변화하는 여건에 맞게 서비스를 계획하는 것이 필요하다. 개별 서비스가 종료되어 서비스 간에 끊김이 발생하는 경우가 있으나, 전체적인 서비스 제공계획에 따른 개입과 조정을 통해 사례관리가 이루어지는 것이 중요하다. 사례관리의 특성상 사례관리자의 변동이 있는 경우도 지속성에 영향을 미칠 수 있기 때문에 사례관리의 운영 기준을 마련하고 팀 접근이나 사례회의를 통해 사례 공유가 상시적으로 이루어지는 것이 필요하다.

4) 체계성

체계성이란 사례관리를 통해 복잡하고 분리되어 있는 서비스를 구조적으로 안정화시키고 서비스 전달망을 관리하는 것을 의미한다. 서비스의 지속성이 종단적 개념에서 서비스 단절이 생기지 않게 하는 것이라면, 서비스의 체계성은 특정 시점에서 지역사회에 분산된 서비스를 이용자의 다양한 욕구에 맞게 연결함으로써 서비스의 단절을 최소화하는 것이다. 체계성의 원칙을 강조하는 이유는 서비스가 여러 기관에 의해 각기 제공되기 때문에 클라이언트의 서비스 이용이 제한되거나 배제될 수 있으며 반대로 서비스가 중복되는 경우도 빈번히 발생하기 때문이다. 서비스의 중복성을 줄이고 서비스 비용을 효율적으로 관리하기 위해서, 사례관리자는 다양한 기관의 서비스를 중개하거나 클라이언트의 필요에 맞게 자원을 조정하는 기능을 수행한다. 서비스 제공기관들 간의 네트워크가 활성화가 되면 기관 간 상호 연계를 통해 기능적 연결성이 커지고 서비스 지원체계 간의 조정이 용이하게 되는 효과가 있다.

5) 포괄성

포괄성의 원칙은 클라이언트의 다양한 욕구를 충족시키기 위해 광범위하고 다양한 서비스와 지지를 제공하는 것이다. 클라이언트가 직접적으로 호소하는 문제 뿐 아니라 클라이언트의 욕구나 상황을 전반적으로 점검하여 해당하는 서비스를 폭넓게 제공하는 것을 의미한다. 클라이언트 삶의 다양한 영역에 걸쳐 있는 문제에 접근하기 위해서는 클라이언트가 필요로 하는 서비스가 존재하는가와 이를 클라이언트가 활용할 수 있는가 하는 이용성(Availability)의 문제가 고려되어야 한다. 소외된 클라이언트 집단에 대한 인식이나 자원이 부족한 경우에는 개별 클라이언트나 특정 집단이 이용할 수 있는 서비스가 절대적으로 제한되거나 제공 가능한 서비스가 다양하지 않을 수 있다. 때로는 개인이 갖는 다양한 생활상의 욕구를 이해하는 데 있어서 문제 중심의 시각이 장애가 될 수 있기 때문에 생태체계적 관점에서 다양한 개인의 내적 욕구와 외부의 환경적 필요를 종합적으로 이해하는 관점이 필요하다.

6) 자율성

자율성이란 클라이언트의 주체적인 힘이나 문제해결 역량을 높이면서, 클라이언트가 최대한 자기결정을 하도록 존중받는 것이다. 만성적인 문제나 상황을 바꾸는 계기를 마련하기 위해서는 사례관리 과정에서 클라이언트 중심의 계획을 수립하고, 클라이언트의 적극적인 참여와 선택의 기회를 제공하면서 당사자 주도적인 변화가 가능하다는 것을 인식하는 것이 중요하다. 클라이언트를 보호하고 보다 많은 서비스를 제공한다는 명분으로 서비스 제공자 관점에서 문제를 해결하는 것이 결과적으로는 클라이언트의 자율성이나 자기결정권을 손상시키는 결과를 초래할 수도 있다. 사례관리자는 클라이언트가 가능한 한 자기 삶의 주체로서 판단하고 자기 결정의 가능성을 경험하는 데 초점을 두어야 한다. 이를 위해, 클라이언트를 서비스의 주체적인 사용자로 인정하고 정서적으로 지지하며, 클라이언트의 강점을 발견하고 자기결정에 필요한 정보를 제공하는 사례관리자의 태도와 기술이 중요하다.

7) 책임성

사례관리에서는 클라이언트의 욕구에 적합한 서비스를 제공해야 하는 실천적 책무와 동일한 자원과 비용으로 보다 효과성 있게 서비스 체계를 운영해야 하는 행정적 책임을 동시에 갖는다. 책임성을 위해서는 질 높은 서비스를 통해 클라이언트의 변화나 만족할 만한 성과를 낼 수 있어야 하며, 체계적으로 성과를 유지하는 것이 중요하다. 또한 사례관리에서는 서비스 간 중복을 줄이고, 자원들 간의 조정을 통해 서비스를 효율적으로 전달하는 관리 기능이 중요하다. 특히 사례관리는 사례관리자가 소속된 기관 내부의 서비스로 한정하지 않고, 지역사회 서비스 체계 전반의 변화를 중시하면서 지역사회 서비스 제공 주체들의 공동의 책임과 역할을 강조한다.

4. 사례관리의 모형

무어(Moore, 1990)는 사례관리를 미시적 차원에서 임상적 개입을 하는 동시에, 중범위 또는 거시적 차원에서 지역사회 자원 조정이나 시스템 변화가 이루어지는 것으로 보고 있다. 실제로 사례관리의 개념은 클라이언트에게 기존의 서비스를 다양하게 연계하고 지원하는 수준부터 클라이언트의 욕구에 부합하도록 새로운 서비스를 개발하고 서비스 제공 주체 간에 적극적인 조정과 협력을 이끌어 내는 수준까지 다양한 기능을 포함하고 있다. 사례관리의 개념이 이와 같이 폭넓게 정의됨에 따라, 현장의 특성에 맞게 모델이나 유형별로 사례관리의 핵심기능을 구분하는 경우가 많다.

무어(Moore, 1992)는 지역사회의 '자원보유정도'와 지역사회 내의 '서비스 통합정도'에 따라 사례관리의 기능을 구분하고 있다. 무어는 아래의 그림에서 보는 바와 같이, 지역사회 내 자원이 풍부할 때와 부족할 때, 그리고 서비스 전달체계가 통합되어 있을 때와 통합되어 있지 않았을 때로 구분하여 사례관리의 기능을 네 가지로 나누고 있다. 사례관리의 주요기능으로 제시된 마케팅, 배분, 중개, 개발 기능에 대해 살펴보면 다음과 같다.

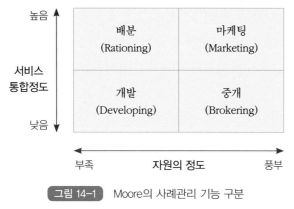

그림 14-1 Moore의 사례관리 기능 구분

출처: Moore (1990).

- 마케팅(Marketing) 기능: 자원이 풍부하고 서비스의 통합 수준이 모두 높은 상황에서는 클라이언트의 욕구에 가장 적합한 자원을 찾아 연결하는 사례관리 기능이 중요하다. 사례관리자는 클라이언트에게 필요한 서비스를 다양한 방식으로 제공하며, 이를 위해 적합한 서비스기관과 연결하고 서비스 제공과정이 적절한지를 점검하고 관리하는 역할을 한다.

- 배분(Rationing) 기능: 자원은 부족하지만 서비스 통합의 수준이 높은 경우이며, 이때는 효과적으로 자원을 분배하는 것이 중요하다. 서비스를 제공하기 위한 제도적 기반이나 전달체계를 갖추고 기관들이 제 기능을 하고 있으나 클라이언트에게 제공할 자원과 서비스가 절대적으로 부족한 경우다. 이때 사례관리자가 우선적으로 고려해야 할 기능은 우선 순위와 필요에 맞게 자원을 효과적으로 할당하는 것이다.

- 중개(Brokering) 기능: 자원은 풍부하지만 서비스의 통합 정도가 낮은 경우이며, 이때는 다양한 서비스 제공자로부터 적합한 서비스를 클라이언트에게 적절히 연계하는 역할이 중요된다. 중개기능은 사례관리의 가장 대표적인 기능으로서, 클라이언트와 서비스간의 접근성을 높이고 서비스욕구와 자원 간의 적합성을 높이며 서비스 전달체계의 통합성을 높이는 역할을 하게 된다.

- 개발(Developing) 기능: 자원과 서비스 통합의 수준이 모두 낮을 경우에는 자원

을 개발하고 이를 조정하는 기능 모두가 중요하다. 사례관리자는 클라이언트에게 필요한 서비스를 개발하고 자원을 확보하는 역할과 함께, 서비스 전달체계가 효과적으로 기능하도록 정비하고 서비스를 체계적으로 관리하는 역할을 수행한다.

한편, 오코너(O'Connor, 1988)는 사례관리를 개입 수준에 따라 미시 수준의 직접적인 개입을 강조하는 사례관리실천(Case management practice)과 자원의 연계와 조정, 관리 기능을 강조하는 사례관리체계(Case management systems)로 분류하고 있다. 오코너의 분류와 같이, 사례관리의 특성을 직접적 개입 기능과 행정적·관리적 기능으로 구분하여 살펴보는 것은 다양한 사례관리의 기능을 명확히 하고 개입의 목적과 업무에 맞게 적용하는데 유용하다(홍선미, 하경희, 2009에서 재인용).

이 외에도 사례관리 모형을 사례관리자의 주요 개입 역할에 따라 구분하기도 한다. 대표적으로 서비스를 연계하는 사례관리자의 역할이 주가 되는 중개모형(brokerage model)과 임상적 전문성과 치료적 개입기술을 갖춘 사례관리자에 의해 수행되는 임상모형(clinical model)이 있다(Simpson, Miller, & Bowers, 2003). 지역사회 내 서비스제공기관 간의 연계를 강조하면서 서비스의 접근성과 이용성을 높이기 위한 중개모형이 널리 활용되고 있으나, 보건 및 정신의료 분야에서는 치료적 개입을 병행하는 임상모형도 중요하게 쓰이고 있다.

5. 사례관리의 실천과정

사례관리 과정은 주요 학자들마다 상이하게 분류하고 있다. 스타인버그와 카터(Steinberg & Carter, 1983)는 사례발견, 사정, 목표 설정과 서비스 계획, 보호계획의 수행, 재사정, 종결로 구분하고 있다. 반면 웨일과 카알 등(Weil, Karls, & Associates, 1985)은 클라이언트 확인, 개별적 사정과 진단, 서비스 계획과 자원 확인, 서비스와 클라이언트 연결, 서비스 실행과 조정, 서비스 전달체계 점검, 옹호, 평가로 구분한다. 한편, 목슬리(Moxley, 1989)는 사정, 계획, 개입, 점검, 평가로 사례관리 과정을 구분하고 있다. 로스만(Rothman, 1991)은 기관접근 또는 접수, 사정, 목표 설정 및 개입기획, 자원 확인과 목록화, 클라이언트와의 연결, 점검과 재사정, 결과, 평가와 같이 주요 과업별로 과정을 세분화하였다(김기태 외, 2009에서 재인용). 공통적으로 제시하고 있는 내용을 중심으로 사례관리의 실천과정을 구성해 보면, 사례발견 및 접수, 사정, 서비스계획, 개입 및 점검, 평가 및 종결의 단계가 포함될 수 있다(권진숙, 2012; Rothman & Sager, 1998). 그 외 사례관리의 특정 단계에 포함되어 있지는 않지만, 사례관리 과정에 참여하는 주체들이 사례의 진행상황을 공유하고 협의하는 사례회의를 사례관리의 초기 및 중간단계, 종결 과정에서 운영하고 있다.

1) 사례 발굴 및 접수

첫 만남은 일반적으로 클라이언트가 기관을 방문하거나 의뢰를 통해서 이루어지지만, 스스로 서비스를 요청하지 않는 잠재적인 클라이언트를 찾아 나서면서 시작되기도 한다. 실제로 사례관리에서는 자발적으로 도움을 요청하지 않는 클라이언트를 아웃리치를 통해 발견하거나, 지역주민이나 서비스기관으로부터 사례관리 대상자를 의뢰받는 경우가 많다. 복지사각지대 발굴과 같이 지역 내 아웃리치를 통해 사례를 찾거나 외부로부터 의뢰를 받은 경우에는 서비스의 필요성을 느끼지 못하거나 심지어는 거절하는 경우가 있다. 사례관리자는 클라이언트가 개입의 필요성을 이해하고 필요한 도움을 받을 수 있도록 관계형성 및 의사소통의 기술을 잘 갖추는 것이 중요하다.

2) 사정

사정이란 환경 속의 클라이언트를 심도 있게 체계적으로 이해하는 과정이다. 사례관리에서는 크게 욕구와 자원, 장애요인 등을 사정단계에서 파악하도록 한다(권진숙, 2012; Rothman & Sager, 1998).

(1) 욕구

욕구 또는 필요는 소득, 주거, 고용상태, 신체건강, 정신건강, 사회적 관계, 여가와 휴식, 일상 활동의 어려움, 이동수단, 법률적 문제, 교육 등 다양한 영역을 포함한다. 욕구사정을 위해서는 클라이언트뿐만 아니라 가족이나 주변사람들이 인식하는 욕구나 문제를 알아보고 클라이언트와 차이점이 있는가를 확인하는 것이 중요하다. 또한 사례관리자가 파악한 욕구의 내용이나 우선순위와의 갭을 파악할 필요가 있다. 사정을 위한 자료의 수집은 클라이언트를 직접 면담하거나 이전에 이용하던 기관이나 외부의 정보를 적극적으로 수집하거나 활용할 수 있다. 가족이나 이웃도 좋은 정보원이 된다.

(2) 자원

사례관리는 복합적인 문제나 욕구를 가진 클라이언트가 대상이기 때문에 다양하고 많은 자원이 필요하다. 여기에서 자원이란 클라이언트의 내적·외적 자원을 모두 포함된다. 내부 자원이란 지식, 능력, 경험과 같은 개인 또는 가족의 강점이나 특성일 수 있으며, 외부자원은 개인과 가족을 넘어서는 공식 또는 비공식적 자원을 뜻한다. 공식적 자원은 공공 및 민간 기관이나 단체 등을 통해 확보할 수 있는 공적 자원과 민간의 사적 자원이 있다. 비공식적 자원이란 친인척, 이웃, 친구와 같은 친밀한 관계나 지역사회의 나눔 등을 통해 동원할 수 있는 자원을 의미한다. 사례관리는 다양한 자원을 동원하는 경우가 대부분이기 때문에 지역사회 내 가용 자원의 목록을 작성하여 관리하고 새로운 자원을 지속적으로 개발하는 것이 필요하다.

(3) 장애요인

장애요인이란 문제해결을 방해하거나 자원의 연계나 활용을 저해하는 요인을 의미한다. 외부의 장애요인은 클라이언트에게 어려움이나 문제를 초래하는 외적 환경을 의미한다. 예를 들면, 교통편이 없어서 서비스 이용을 못하거나 가족이나 주변인의 반대로 참여가 어려우며, 외부 재원의 중단으로 프로그램이 종결되는 경우 등 다양하다. 한편, 내부의 장애요인은 클라이언트가 서비스이용에 대해 갖는 인식이나 태도, 자원 활용 능력 등과 관련이 있다. 클라이언트의 심리 정서적 상태나 신체장애로 인한 물리적 제한이나 의사소통 등이 자원 활용이나 서비스 이용에 영향을 미칠 수 있다.

3) 계획

계획은 수집된 정보에 기반하여 목표를 수립하고, 목표를 달성하기 위한 행동계획을 구체적으로 조직화하는 과정이다. 이때, 클라이언트와 사례관리자가 동의하는 문제와 욕구를 명확히 하고 개입계획의 우선순위를 정하는 것이 중요하다. 목표는 향후 평가의 근거가 될 수 있도록 구체적이며 측정 가능한 수준으로 설정한다. 목표 달성을 위한 개입방법이나 전략을 최대한 다양하게 검토한 후 클라이언트의 능력이나 주어진 상황과 여건 등을 고려하여 적합한 방식으로 계획을 세운다. 사례관리 계획은 연계할 자원이나 서비스를 제시하는 데 그치는 것이 아니라 구체적인 제공방식, 서비스 제공 기관과 담당자 등 세부 사항을 포함하여 구체적으로 작성하는 것이 유용하다.

4) 개입 및 점검

개입은 계획을 본격적으로 실행하는 단계로서, 사례관리자와 클라이언트가 동의한 서비스 계획에 따라 충실하게 이행하는 것을 의미한다. 계획의 실행은 크게 직접적인 개입활동과 간접적인 개입활동으로 구분한다. 사례관리자가 상담가나 치료자, 교사 등의 역할을 수행하면서 클라이언트의 문제해결 능력과 기술을 향상시키기 위해 직접적으로 개입을 한다. 이때 사례관리자는 클라이언트 개개인의 주관적 상황과 개별화된 욕구에 관심을 갖고 부합하는 서비스와 자원을 다양하게 제공하도록 한다. 또한 중개자, 옹호자 역할과 같이 클라이언트와 주변체계에 개입하면서 필요한 자원이나 서비스를 늘리고 서비스 전달체계를 활성화시키는 활동을 한다.

한편, 사례관리는 장기적으로 제공하는 경우가 대부분이기 때문에 사례관리자는 서비스 계획에 따라 실행이 이루어지고 있는가를 정기적으로 확인하고, 이때 개입에 따른 변화나 목표 달성 정도를 점검하도록 한다(권진숙, 2012). 필요시 재사정을 통해 클라이언트의 초기 욕구와 목표, 개입방법 등을 재확인하며, 적시에 필요한 조치를 하며 사례관리의 장애요인에 대처하도록 한다.

5) 평가 및 종결

평가란 사례관리의 전 과정을 전체적으로 검토하고 계획한 목표를 어느 정도 달성했는가를 확인하는 단계다. 사례관리자는 사례관리의 과정과 결과가 클라이언트의 문제해결이나 삶의 변화에 어떠한 영향을 미쳤는가를 중점적으로 평가한다. 사례관리 과정에서 클라이언트가 주관적으로 인식하는 성과도 중요하며, 클라이언트 주변이나 서비스 체계의 변화도 의미가 있다. 또한 평가를 통해 클라이언트 개인의 변화를 질적·양적으로 확인할 뿐만 아니라, 사례관리의 과정적 요소나 운영체계 등에 대한 분석도 한다. 이와 같은 평가의 내용은 사례관리의 종결 여부를 결정하는 근거로 활용한다. 종결의 이유는 사전에 합의한 목표를 달성하거나 사례관리 기간이 종료되는 것과 같이 계획된 종결이 있다. 한편, 사례관리를 지속할 수 없는 클라이언트의 사유(거부, 이사, 시설입소나 입원, 사망 등)가 발생하거나 사례관리자나 기관의 상황으로 인해 중단이나 의뢰 또는 이관되는 경우가 생기기도 한다.

6. 사례관리의 국내 도입 및 적용

사례관리는 복합적이고 만성적인 문제에 대해 포괄적이고 체계적인 서비스 지원이 필요할 때 효과적으로 적용할 수 있는 접근 방법이자 통합적 실천 모델이다. 우리나라에서도 1990년대 이후 노인, 아동, 장애인이나 정신장애인 등의 분야에서 사례관리를 도입하여 활용하고 있으며, 최근에는 공공사례관리가 확대되면서 사례관리의 목적과 형태는 더욱 다양해지고 있다. 국내의 대표적인 사례관리 운영 사례를 살펴보면 다음과 같다.

1) 지역복지관의 재가 사례관리

우리나라의 대표적인 사회복지기관인 지역사회복지관은 지역주민의 욕구 파악 및 평가, 주민을 위한 종합복지서비스의 제공, 지역사회 자원의 발굴 및 활용, 주민을 위한 사회교육 기능 등 지역사회 서비스 전달체계의 최일선을 담당하고 있다. 지역사회 내에 거주하는 고위험 취약가정을 예로 들면 가사보조, 말벗과 같은 정서지원, 만성질환자나 장애인을 위한 간병이나 돌봄, 이동서비스, 목욕서비스, 의료서비스, 한부모 가정이나 실직자를 위한 직업기능훈련이나 취업 알선 등 다양한 서비스가 필요하다. 따라서 이러한 다양한 직·간접적인 지원서비스 욕구들을 사정하여 총체적인 원스톱서비스를 제공하는 지역사회복지관에서 사례관리의 기능은 중요하다(이준상, 2003). 지역사회복지관의 3대 기능의 하나로 사례관리가 강조되면서 근린지역사회 내 고위험 취약 가정이나 고립가구를 방문하여 개인과 가족에게 필요한 맞춤 서비스를 제공하는 역할을 더욱 확대하고 있다.

2) 드림스타트 및 지역아동센터의 아동 사례관리

1990년대 말 외환위기 이후 빈곤의 세대 간 재생산이라는 악순환을 차단하기 위해 빈곤아동에 대한 통합적이고, 예방적인 서비스가 강조되었고, 이는 빈곤아동과 가정에 대한 사례관리의 중요성을 강조하는 계기가 되었다. 아동청소년 복지사업 가운데 현장에서 기관 간 사례관리가 적용되고 있는 사업은 드림스타트사업, 아동학대 예방사업, 가정위탁보호, 실종아동 찾기 사업, 청소년 동반자 프로그램 등 다양하다.

대표적인 통합서비스인 드림스타트는 취약지역에 거주하는 12세 이하 아동가구를 대상으로 건강·복지·보육 등 맞춤형 서비스를 제공하는 사업이다. 2006년 시범사업인 희망스타트사업을 거쳐 2007년부터 전국 16곳에 센터가 설치·운영되고 현재는 모든 지자체에서 서비스를 제공 중이다. 사업의 초점이 취약지역의 아동가구를 대상으로 하는 예방적 사례관리에 맞추어져 있지만 지역사회내의 아동 전체를 대상으로 한 사정과 사례발굴이 어려워 여전히 그 수나 실제 활동 범위가 한정된 것이 사실이다(박은미, 박현선, 2012).

또한 만성적인 빈곤상황에서 학령기 내내 지속적인 관리를 요하는 대다수의 빈곤아동의 상황을 고려하면 현재의 드림스타트의 사례관리 기능만으로는 가능하지 않은 경우가 많다. 즉, 상시적으로 아동의 생활을 밀착하여 관찰·관리할 수 있는 사례 발굴 및 모니터링 기능을 최일선에서 수행해 주지 않으면 지역사회 단위의 예방적·통합적 사례관리 서비스는 제 기능을 하기 어렵다. 여러 기관의 자원연계가 불가피하고, 상시적이고 지속적인 지원이 필수적인 빈곤아동 사례관리는 더 이상 특정 인력의 전문적 기술이 아니라 지역사회 단위의 관리와 지원 시스템인 것이다.

한편, 아동보호의 최일선 기능을 담당하는 기관은 전국에 혈관처럼 분포된 지역 아동센터다(박은미, 박현선, 2012). 지역아동센터의 사례관리자는 전문적 치료와 서비스 조정을 수행하는 임상사례관리자라고 보기에는 현실적 한계가 있다. 그보다는 최일선에서 상시적으로 아동을 접하면서 아동에게 필요한 서비스와 자원을 확인하고 외부자원을 효과적으로 연결·조정하는 기능을 맡는 간접적 기능 중심의 사례관리를 수행할 수 있다. 따라서 가장 중시되는 역할은 지역 아동센터를 이용하는 아동을 중심으로 고위험 사례를 발굴하고 외부자원에 연계하며 이를 지속적으로 관찰 모니터링하는 역할이다. 이를 위해 모든 이용 아동에 대한 사정 기능과 개별 단위의 관찰기록 기능이 강화된 형태의 사례관리가 필요하다(박은미, 박현선, 2012). 이러한 공적 전달체계 외에도 어린이재단, 월드비전, 굿네이버스, 세이브더칠드런과 같은 민간 사회복지 재단에서도 자체적인 아동 분야의 사례관리 모형을 개발하고, 확산하고자 노력하고 있다.

3) 정신건강복지센터의 정신장애인 등록사례관리

정신장애인을 위한 사회적 개입의 궁극적 목적은 사회복귀와 지역사회 적응이라고 할 수 있으나 이러한 목적 달성은 쉽지 않다. 의료, 정신 건강, 재활, 소득, 고용, 주택 등 광범위한 욕구를 충족하기 위해 정신장애인은 다양하고 파편화된 서비스 체계를 스스로 찾아 나서야 하는데 이들이 현실적으로 지역사회 내에 분산된 서비스 자원체계에 접근하기는 쉽지 않기 때문이다. 이때, 사례관리는 지역 내 공식적, 비공식적 지지체계를 개발, 구축, 연계하여 정신장애인의 복합적 욕구에 통합적으로 대응함으로써 정신장애인이 지역사회에 적응하여 생활할 수 있도록 돕는 중요한 실천방법으로 기여한다(강상경 외, 2022).

지역사회정신보건사업의 주요사업 내용 중 만성정신질환자 관리 사업은 사례관리를 근간으로 설계·적용되었다(권진숙, 2012). 현재 정신보건센터의 사례관리는 효과적인 보호체계 운영을 위한 네트워크 전문가로서의 전문성보다는 정신보건 분야의 임상적 지식과 기술이 강조된다. 그러나 정신장애인은 정신장애로 인한 개인의 부적응 문제 외에도 가족이나 지역사회와의 상호작용 속에서 어려움을 경험하기 때문에 정신장애의 증상관리나 재활과 관련된 욕구 이외에도 교육, 건강, 직업, 주거, 복지 등 다양한 서비스를 필요로 한다(민소영, 2012).

따라서 정신보건서비스와 사회적 서비스를 포괄하는 통합적인 보호 관리체계 내에서 다양한 서비스 제공 주체가 협력하고 연계하는 것이 가장 중요하다. 그러나 의료인력, 사회복지사, 다양한 심리치료전문가 등 상이한 학문적 배경과 경험을 가진 전문인력이 사례관리의 공동주체로서 협력적인 업무를 수행하기 위해서는 관련 서비스 인프라의 구축과 지역단위의 사회복지서비스 체계 내에서의 의뢰체계가 명확해져야 한다. 이와 같이 정신보건센터는 지역사회기반의 서비스 기관임에도 불구하고 정신보건이라는 전문 분야의 특수성이 보다 많이 반영된 형태의 사례관리가 실시되고 있다(홍선미, 2004b).

4) 공공 영역의 통합사례관리

공공 영역에서는 통합사례관리라는 명칭을 사용한다. 통합사례관리는 공적 주체가 중심이 되어 수행한다는 점에서 다양한 분야에서 실시되고 있는 민간 영역의 사례관리와 차별점이 있다. 모든 지자체에 설치되어 있는 희망복지지원단은 복합적 요구를 가진 대상자에게 통합사례관리를 제공하고 지역 내 자원 및 방문서비스 사업 등을 총괄함으로써 '지역단위 통합서비스 제공의 중추적 역할'을 수행하는 전담 조직이다. 통합사례관리의 수행체계인 읍면동주민센터의 맞춤형 복지팀에서는 대상자 발굴, 초기상담, 대상자 접수, 욕구 및 위기도 조사, 사례회의, 대상자 구분 및 선정, 서비스 제공계획의 수립, 서비스 제공 및 점검, 종결, 사후관리의 총 10단계로 통합사례관리 절차를 구성하고 있다.

최근 찾아가는 복지서비스팀 기능강화에 따라 통합사례관리 업무에 건강관리 기능이 추가되었다. 방문간호인력의 충원을 바탕으로 통합사례관리대상자 중 건강관리 필요자에 대한 서비스를 제공하며, 건강자원을 연계하고 관련 협력체계의 구축을 추가업무로 명시하여 보건과 복지서비스의 연계와 통합을 강화해 나가고 있다. 한편, 통합사례관리 이외에도 공공 영역에는 자활사례관리, 정신건강사례관리, 의료급여사례관리, 방문건강관리, 노인돌봄기본서비스, 중독사례관리, 드림스타트(아동통합서비스 지원) 등 다양한 사례관리서비스가 존재한다. 맞춤형 복지팀의 통합사례관리는 이들 타 영역 사례관리와 적극적으로 협력하고 연계하여 대상자 개별의 욕구와 문제에 적합한 통합적 서비스를 지역사회를 기반으로 제공하고 있다(홍선미 외, 2021b).

연습문제

1. 전통적인 사회복지실천의 접근과 사례관리의 차이점에 대해 의견을 나눠 보시오.

2. 사례관리는 복합적인 문제를 가진 클라이언트에게 효과적인 접근방식인데, 우리나라 실천 현장에서 사례관리가 필요한 사례를 찾아보시오.

3. 사례관리자가 수행해야 하는 직접적 서비스 기능과 간접적 서비스 기능이 사례관리의 과정에서 언제 어떻게 필요한지 토의해 보시오.

참고문헌

강상경, 권태연, 김문근, 이용표, 하경희, 홍선미(2022). 정신건강사회복지론. 학지사.

강상경, 유창민, 전해숙(2021). 인간행동과 사회환경. 학지사.

강선경(2010). 이중관계(dual relationship)와 관련된 윤리적 딜레마에 대한 교육. 한국사회복지교육, 12, 31-49.

강진령(2019). 집단상담의 실제. 학지사.

강철희, 최명민(2007). 사회복지사와 타분야 원조전문직 간 대중이미지 비교연구. 한국사회복지학, 59(1), 171-197.

경기연구원(2021). 코로나19로 인한 국민 정신건강실태조사. 경기연구원.

공계순, 서인해(2006). 증거기반 사회복지실천에 대한 이해와 한국에서의 적용가능성에 관한 연구. 사회복지연구, 31, 77-102.

곽호완, 박창호, 이태연, 김문수, 진영선(2008). 실험심리학용어사전. 시그마프레스.

구인회, 손병돈, 안상훈(2017). 사회복지 정책론. 나남출판사.

권윤아, 김득성(2008). 부부역기능적 의사소통행동척도 개발-Gottman의 네 기수 개념을 중심으로. 대한가정학회지, 46(6), 101-113.

권진숙(2012). 사례관리론. 한국사례관리학회.

김규수(1994). 의료사회사업론. 형설출판사.

김기덕(2006). 사회복지윤리학. 나눔의집.

김기태, 김수환, 김영호, 박지영(2009). 사회복지실천론. 공동체.

김상균, 최일섭, 최성재, 조흥식, 김혜란(2004). 사회복지개론. 나남출판사.

김수미, 송효정, 김남초(2003). 범이론적모델을 적용한 운동프로그램이 노인의 운동행동변화에 미치는 효과. 노인간호학회지, 5(1), 73-81.

김연수, 신창식(2017). 학대피해아동쉼터에서 생활하는 아동의 양가성 경험. 한국사회복지실적연구, 11(2), 63-85.

김융일, 조흥식, 김연옥(1995). 사회사업실천론. 나남출판.

김인숙(2005). 한국 사회복지실천의 정체성. 비판사회정책, 20, 119-152.

김진우(2012). 긴급복지지원제도 추진 성과의 의미: 지원대상자 삶의 변화 경험을 중심으로. 한국사회복지질적연구, 6(2), 103-128.

김진우(2017). 사회복지시설 다기능화 정책형성과정에 관한 연구. 한국사회복지학, 69(1), 125-146.

김청송(2016). DSM의 변천사의 새대적 의미의 고찰. 한국심리학회지: 건강, 1(3), 475-493.

김춘경, 이수연, 이윤주, 정종진, 최웅용(2016). 상담학사전. 학지사.

김태성, 최일섭, 조흥식, 윤현숙, 김혜란(1998). 사회복지전문직과 교육제도. 소화.

김혜란, 홍선미, 공계순, 박현선(2022). 사회복지실천기술론. 학지사.

남현주(2007). 사회정의 연구의 두 영역: 규범적 영역과 경험적 영역. 사회보장연구, 23(2), 135-159.

노명숙(2013). 해결중심상담접근의 철학과 상담자태도에 관한 연구. 한국산학기술학회논문지, 14(8), 3724-3731.

민소영(2012). 정신보건실천현장의 사례관리활동목록(Case Management Activities Inventory) 개발 연구. 한국사회복지학, 64(3), 127-153.

박남희, 김정순, 정인숙, 천병철(2003). 범이론적 모형(Transtheoretical Model)에 근거한 청소년의 금연변화단계 예측요인. 예방의학회지, 36(4), 11-382.

박병일(2018). 사회복지사 1급 사회복지실천. 시대고시기획.

박선영(2017). 복지공간으로서 인보관을 통한 사회복지실천의 뜻과 정체성의 사유: 토인비홀과 헐하우스 비교. 사회복지연구, 48(1), 91-111.

박은미, 박현선(2012). 지역아동센터 사례관리 매뉴얼. 지역아동센터중앙지원단.

박지영, 배화숙, 엄태환, 이인숙, 최희경(2020). 함께하는 사회복지실천론. 학지사.

박현선(2010). 고위험청소년을 위한 멘토링 프로그램의 효과분석: 프로그램 과정산물의 매개 효과분석을 중심으로. 사회복지연구, 41(1), 175-201.

배화옥, 심창학, 김미옥, 양영자(2015). 인권과 사회복지. 나남.

보건복지부(2022). 희망복지지원단 업무안내.

서울특별시립동부아동상담소(1995). 동부아동상담소 상담사례연구집.

서초구립반포종합사회복지관, 서울대학교 실천사회복지연구회(2007). 실천가와 연구자를 위한 사회복지척도집(2판). 나눔의 집.

송성자(2002). 가족과 가족치료. 법문사.

송성자, 최중진(2003). 강점관점의 사회복지실천을 위한 해결지향적 질문기법, 12, 12, 100-124.

신성웅, 권석우, 신민섭, 조수철(2000). 학교폭력 피해자의 정신병 실태 조사. 소아청소년정신의학. 11(1), 124-143.

신수경, 조성희(2009). 동기면담의 실제-전문가 훈련 밀러 DVD 핸드북. 시그마프레스.

신수경, 조성희(2017). 알기 쉬운 동기면담. 학지사.

심상용, 심석순, 임종호(2021). 사회복지역사. 학지사.

안정선, 진혜경, 윤철수(2006). 학교사회복지사의 직무분석과 직무표준안 개발. 한국아동복지학, 21, 147-179.

양옥경, 김정진, 서미경, 김미옥, 김소희(2010). 사회복지실천론(4판). 나남출판사.

양옥경, 김정진, 서미경, 김미옥, 김소희(2018). 사회복지실천론(5판). 나남출판사.

엄명용, 김성천, 오혜경, 윤혜미(2011). 사회복지실천의 이해(3판). 학지사.

엄명용, 김성천, 윤혜미(2020). 사회복지실천의 이해(5판). 학지사.

오정수(2000). 영국의 공공사회복지실천-변화와 쟁점. 한국사회복지학회: 학술대회논문집. 113-130.

오정수, 유채영, 김기덕, 홍백의, 황보람(2022). 사회복지 윤리와 철학. 학지사.

이광자(2009). 자살예방을 위한 전화상담 방법. 의료커뮤니케이션, 4(2), 120-139.

이명호(2021). 한국사회의 공정과 능력주의 담론 다시 보기: 사회정의(사회복지 가치)의 관점에서. 사회사상과 문화, 24(4), 123-153.

이봉주, 김선숙, 조상은(2014). 아동척도집. 나눔의집.

이성재(1999). 사회복지공동모금법개정법률안 개정취지. 월간 복지동향, 5, 32-34.

이영분, 김기환, 윤현숙, 이원숙, 이은주, 최현미, 홍금자(2001). 사회복지실천론. 동인.

이영선, 김경민, 김래선, 박양민, 서선아, 유춘자, 이현숙, 전소연, 조은희, 차진영(2012). 학교폭력 및 청소년상담 위기개입 매뉴얼. 한국청소년상담복지개발원.

이원숙, 임수정(2020). 사회복지실천론. 학지사.

이윤로(2006). 최신 사회복지실천론. 학지사.

이은환, 김욱(2021). 코로나19 펜데믹 1년 경과, 멘탈데믹 경고. 경기연구원 GRI 이슈&진단. 453, 1-20.

이장호, 금명자(2008). 상담연습교본. 법문사.

이준상(2003). 지역사회복지관에서 사례관리 적용방안에 관한 연구. 사회복지개발연구, 36(2), 193-218.

이채원, 김윤화, 김은령, 임성철(2014). 동기면담과 사회복지실천. 학지사.

이철수(2009). 사회복지학사전. 블루피쉬.

이홍식(2007). 자살의 이해와 예방. 학지사.

이홍직(2007). 사회복지사의 전문직업성에 대한 인식 연구. 사회과학연구, 23(3), 151-172.

이훈구, 이영주, 박수애(2000). 가정폭력의 피의자와 피해자의 특성. 청소년보호위원회.

장수미, 황영옥(2007). Q방법론을 활용한 의료사회복지사의 역할인식에 대한 탐색적 연구. 한국사회복지학, 59(2), 223-250.

장영진, 김진숙, 구혜영(2012). 이중관계에 대한 사회복지사의 신념과 경험의 변화: 2001년과 2011년 비교 연구. 한국사회복지학, 64(3), 281-308.

정동열, 조찬식(2007). 문헌정보학 총론. 한국도서관협회.

정문자, 이영분, 김유순, 김은영(2017). 해결중심가족상담. 학지사.

정태신(2010). 사회복지 임상실천 및 평가도구 사회복지 활용 척도집. 지성계.

최송식, 권혜민(2021). 코로나19에 대한 사회복지실천현장의 대응과 실천과제. 사회복지정책과실천, 7(1), 5-57.

최은희, 윤여정, 류경희(2005). 학대받은 아동의 쉼터 적응과정에 대한 근거이론 연구. 한국아동복지학, 19, 37-73.

최인, 황혜민(2015). 연령차별과 절망감이 노인의 자살생각에 미치는 영향. 의료커뮤니케이션, 10(1), 17-25.

최중진(2018). 해결중심 상담의 기적 질문에 관한 사례연구. 가족과 가족치료, 26(1), 23-48.

최지선(2019). 사례관리 정책변화와 과제: 사회보장급여법에 근거한 통합사례관리를 중심으로. 한국사례관리학회 학술대회지, 2019(3), 63-94.

최혜경(2017). 사회복지실천론(2판). 학지사.

최혜지, 김경미, 남성희, 류은정, 박선영, 박형원, 박화옥, 배진형, 안준희, 장수미, 정순둘(2013). 사회복지실천론. 학지사.

카바 편찬위원회(1995). 외국민간원조기관 한국연합회 40년사. 홍익제.

한국사회복지교육협의회(2020). 사회복지학 교과목지침서.

한국사회복지사협회(2022). 사회복지사 윤리강령 개정 공청회(2022. 9. 22.) 자료집.

한인영, 최현미, 장수미(2006). 의료사회복지실천론. 학지사.

홍선미(1999). 임상 사회사업의 발전과 과제. 사회복지연구, 14, 191-214.

홍선미(2004a). 사회복지 실천의 지식기반과 학문적 특성에 관한 연구. 한국사회복지학, 56(4), 195-214.

홍선미(2004b). 정신보건 분야를 중심으로 살펴본 사회복지실천의 전문화 방향. 사회복지연구, 24, 211-226.

홍선미(2018). 사회복지와 인권. 2018 춘계 한국사회복지학회 학술대회 자료집. 74-81.

홍선미(2022). 지역복지전달체계의 혁신과 과제. 사회복지안전망 4.0, 한국사회복지협의회.

홍선미, 김보영, 김승연, 배지영, 백은령, 전용호, 전진아, 정현진(2021a). 통합돌봄 선도사업 컨설팅 및 운영모델 도출 연구. 보건복지부.

홍선미, 장익현, 오혜인, 이아영(2021b). 통합사례관리 역할 및 서비스 확대방안. 보건복지부.

홍선미, 하경희(2009). 지역사회 네트워크 중심 통합 사례관리에 대한 탐색적 연구. 한국사회복지행정학, 11(1), 29-61.

황경식(2018). 존 롤스 정의론: 공정한 세상을 만드는 원칙. 쌤앤파커스.

황성철(1995). 사례관리(Case Management)실천을 위한 모형개발과 한국적 적용에 관한 연구. 한국사회복지학, 27, 275-304.

황성철(1998). 사회사업실천의 효과성에 관한 논쟁과 미국 사회사업의 발전: 임상적 실천을 중심으로. 한국사회복지학, 34, 215-245.

Abramson, J. S. (2002). Interdisciplinary team practice, In A. R. Robert & G. S. Greene (Eds.), *Social Worker's Desk Reference*. Oxford Press.

Adams, R. (2008). *Empowerment, participation and social work* (4th ed.). Palgrave Macmillan.

Anderson, K. M. (2013). Assessing strengths: Identifying acts of resistance to violence and oppression. In Saleebey, D. (Ed.), *The strengths perspective in social work practice* (6th ed.). Pearson.

American Psychiatric Association (2013). *Diagnostic and statistical manual of mental disorders* (DSM-5). American Psychiatric Association publishing.

Andrews, A. B (2007). *Social History Assessment*. Sage Publication.

Andrus, G., & Ruhlin, S. (1998). Empowerment practice with homeless people/families. In L. M. Gutiérrez, R. J. Parsons, & E. O. Cox., (Eds.), *Empowerment in social work practice* (pp. 110-129). 김혜란, 좌현숙, 차유림, 문영주, 김보미 공역(2006). 사회복지실

천과 역량강화. 나눔의집.

Arkowitz, H., Miller, W. R., Westra, H. A., & Rollnick, S. (2008). Motivational interviewing in the treatment of psychological problems: Conclusions and future directions. In H. Arkowitz, H. A. Westra, W. R. Miller, & S. Rollnick (Eds.), *Applications of motivational interviewing. Motivational interviewing in the treatment of psychological problems* (pp. 324-342). Guilford Press.

Austin, D. M. (1986). *A History of Social Work Education*. The University of Texas.

Baraclough, J., Dedman, G., Osborn, H., & Willmott, P. (1996). *100 Years of Health Related Social work 1895-1995*. BASW

Barker, R. L. (2013). *The social work dictionary* (6th ed.). NASW Press.

Bateson, G., Jackson, D. D., Haley, J., & Weakland, J. (1956). Toward a theory of schizophrenia. *Behavioral Sciences. 1*, 251-264.

Beck, A. T., Rush, A. J., Shaw, B. F., & Emery, G. (1987). *Cognitive therapy of depression*. Guilford.

Bell, L. A. (2016). Theoretical foundations for social justice education. In M. Adams & L. A. Bell (Eds.). *Teaching for diversity and social justice* (3rd ed.) (pp. 3-26). Routledge.

Bem J. D. (1972). *Self perception theory*. Academic Press.

Berg, I. K., & Miller, S. D. (1992). *Working with the problem drinker: A solution-focused approach*. W. W. Norton & Company.

Berthold, S. M. (2015). *Human Rights-based Approaches to Clinical Social Work*. Springer.

Biestek, F. P. (1957), *The Casework Relationship*. Loyola University Press.

Bisman, C. (1994), *Social Work Practice: Cases and Principles*. Brooks/Cole Publishing Company.

Bogo, M. (2018), *Social Work Practice: Integrating concepts, process and skills* (2nd ed.). Columbia University Press.

Brieland, D. (1995). Social work practice: history and evolution. In R. L. Edwards (Ed.), *Encyclopedia of Social Work* (19th ed.). NASW Press.

Bronfenbrenner, U. (1979). *The ecology of human development: Experiments by nature and design*. Harvard University Press.

Butrym, Z. (1968). *Medical Social Work in Action*. Bell

Canda, E. R., Furman, L. D., & Canda, H. J. (2019). *Spiritual diversity in social work practice: The heart of helping* (3rd ed.). Oxford University Press.

Compton, B. R., Galaway, R., & Cournoyer, B. R. (2004), *Social Work Processes* (7th ed.). Brooks/Cole Publishing Company.

Congress, E. P. (2004). *Social Work Values and Ethics: Identifying and Resolving Professional Dilemmas*. 강선경, 김욱 공역. 사회복지 가치와 윤리. 시그마프레스.

Corcoran, J., & Walsh, J. (2016). *Clinical assessment and diagnosis in social work practice* (3rd ed.). Oxford University Press.

Corey, G. (2016). *Theory and Practice of Counseling and Psychotherapy*. Cengage Learning.

Corey, G., & Corey, M. S. (2016). Group psychotherapy. In J. C. Norcross, G. R. VandenBos, D. K. Freedheim, & R. Krishnamurthy (Eds.), *APA handbook of clinical psychology: Applications and methods* (pp. 289–306). American Psychological Association. https://doi.org/10.1037/14861-015

Corey, G., Corey, M. S., & Corey, C. (2017), *Issues and Ethics in the Helping Professions* (10th ed.). Cengage Learning.

Cormier, S., Nurius, P. S., & Osborn, C. J. (2016). *Interviewing and change strategies for helpers* (8th ed.). Cengage Learning.

Council on Social Work Education (CSWE). Educational policy and accreditation standards. http://www.cswe.org/Accreditation (2023년 1월 4일 인출).

Cournoyer, B. (2008). *The Social Work Skill Workbook*. Brooks/Cole, Cengage Learning.

Daniel, B. (2013). Social Work: A Profession in Flux. *Journal of Workplace Learning, 25*(6), 394–406.

De Jong, P., & Berg, I. K.(2013). *Interviewing for solutions(4th edition)*. Brooks/Cole, Cengage Learning.

De Jong, P., & Miller, S. D. (1995). How to Interview for Client Strengths, *Social Work, 40*(6), 729–736.

Dolgoff, R., Loewenberg, F. M., & Harrington, D. (2012), *Ethical Decisions for Social Work Practice* (9th ed.). Thompson Brooks/Cole.

Donnison, D. (1965). The development of casework in a children's department. in D.

Donnison & V. Chapman (Eds.), *Social Policy and Administration: Studies in the development of social services at the local level* (pp. 94-119). George Allen and Unwin.

DuBois, B. L., & Miley, K. K. (2010). *Social Work: An Empowering Profession* (7th ed.). Allyn & Bacon.

Erikson, E. H., Erikson, J. M., & Kivnick, H. Q. (1994). *Vital involvement in old age*. Norton.

Federico, R. C. (1980). *The Social Welfare Institution: An Introduction*. Heath.

Fischer, J. (1973). Is Casework effective? *A Review, Social Work, 18*, 5-20.

Fischer, J., & Orme, J. G. (2008). Single-system designs, In C. Franklin (Ed.), *Encyclopedia of social work*. doi:10.1093/acrefore/9780199975839.013.360

Flexner, A. (2001). Is social work a profession. *Research on Social Work, 11*(2), 152-165.

Fook, J. (1993). *Radical Casework: A Theory of Practice*. Allen & Unwin.

Fraser, M. W., Kirby, L. D., & Smokowski, P. R. (2004). Risk and resilience in childhood. In Fraser, M. (Ed.), *Risk and resilience in childhood: An ecological perspective* (2nd ed.) (pp. 13-66). NASW Press.

Gabor, P. A., & Grinnell, R. M. (1994). *Evaluation and Quality Improvement in the Human Services*. Allyn & Bacon.

Gaine. (2010). *Equality and Diversity in Social Work Practice*. Sage Publications Ltd.

Galindo, I., Boomer, E., & Reagan, D. (2006), *A Family Genogram Workbook*. Educational Consultants.

Gambrill, E. (2013). *Social Work Practice: A Critical Thinkers Guide* (3rd ed.). Oxford University Press.

Garland, J., Jones, H., & Kolodny, R. (1973). A model for stages of development in social work groups. In Bernstein, S. (Ed.), *Explorations in groupwork* (pp. 17-71). Milford Press.

Garrett, A. M., Sessions, P., & Donner, S. (1995). *Garrett's interviewing: Its principles and methods* (4th ed.). Families International.

Garrett, A., Mangold, M. M., & Zaki, E. P. (1982). *Interviewing: Its principles and methods* (3rd ed.). 김연옥, 최해경 공역(2007). 사회사업 면접의 이론과 사례. 한울아카데미.

Gieryn, T. F. (2000). A space for place in sociology. *Annual Review of Sociology, 26*, 463-496.

Gladding, S. (1999). *Group Work* (3rd ed.). Prentice Hall.

Glicken, M. D. (2004), *Using the Strengthe Perspective in Social Work Practice: A Positive Approach for the Helping Professions.* Allyn & Bacon.

Goldenberg, H., & Goldenberg, I. (2012). *Family Therapy: An Overview* (8th ed.). Brooks/Cole, Cengage Learning.

Goldstein, E. G., & Noonan, M. (2010). *Short-Term Treatment and Social Work Practice: An Integrative Perspective.* Free Press.

Gottman, J. M. (1994). *What Predicts Divorce?: The Relationship Between Marital Processes and Marital Outcomes* (1st ed.). Psychology Press. https://doi.org/10.4324/9781315806808

Gottman, J. M. (1999). *Marriage clinic: A scientifically based marital therapy.* WW Norton & Company.

Greenwood, E. (1957). Attributes of a profession. *Social Work. 2.* 45-55.

Gutiérrez, L. M., Parsons, R. J., & Cox, E. O. (Eds.). (1998). *Empowerment in social work practice.* 김혜란, 좌현숙, 차유림, 문영주, 김보미 공역(2006). 사회복지실천과 역량강화. 나눔의집.

Hall, P. (1976). *Reforming the Welfare: The politics of change in the personal social services.* Heinemann.

Hartman, A. (1995). "Diagrammatic assessment of family relationships", *Families in Society. 76*, 111-122.

Hepworth, D. H., Rooney, R. H., Rooney, G. D., & Strom-Gottfried, K. (2016). *Direct social work practice: Theory and Skills* (10th ed.). Cengage Learning.

Hepworth, D. H., Rooney, R. H., Rooney, G. D., Strom-Gottfried, K., & Larsen, J. A. (2010), *Direct Social Work Practice: Theory and Skills* (8th ed.). Thomson Brooks/Cole.

Herrick, J. M., & Stuart, P. H. (2005). *Encyclopedia of social welfare history in North America.* Sage Publicaltions.

Himmelfarb, G. (2001). Victorian philanthropy. *The case of Toynbee Hall, American*

Scholar, 373-384.

Hohman, M. (2021). *Motivational Interviewing in Social Wokr Practice*. Guilford Press.

Hopps, J. G., & Collins, P. M. (1995). Social work profession overview. In R. I. Edwards (Ed.), *Encyclopedia of Social Work* (19th ed.). NASW Press.

Ife, J. (2001). Human Rights & Social Work. 김형식, 여지영 역(2001). 인권과 사회복지실천. 인간과 복지.

International Federation of Social Workers (IFSW). Definition of social work. http://ifsw. org/What-is-cocial-work/global-definition-of-social-work (2023년 1월 4일 인출). Global social work statement of ethical principles. http://ifsw.org/global-social-work-statement-of-ethical-principles (2023년 1월 4일 인출).

Ivanoff, A., Blythe, B. J., & Tripodi, T. (1994). *Involuntary Clients in Social Work Practice: A Research Based Approach*. Aldine de Gruyter.

Johnson, L. (1986). *Social Work practice: A Generalist Approach*. Allyn & Bacon.

Johnson, L. C., & Yanca, S. J. (2007). *Social Work Practice: A Generalist Approach* (9th ed.). pearson Education Inc.

Johnson, L. C., & Yanca, S. J. (2010), *Social Work Practice: A Generalist Approach* (10th ed.). Pearson Education Inc.

Johnson, L. C., Schwartz, C. L., & Tate, D. S. (1997). *Social welfare: A response to human need*. Allyn & Bacon.

Johnson, T. (1972). *Professions and Power*. Macmillan Press.

Jones, R. (2020). 1970-2020: A fifty year history the personal social services and social work in England and across the United Kingdom. *Social Work & Social Sciences Review, 18*(1), 15-30.

Jordan, C. (2011). *Clinical Assessment for Social Workers: Quantitative and Qualitative Methods Catheleen Franklin*. Lyceum Books.

Jordan, C., & Franklin, C. (2011). *Clinical assessment for social workers: Quantitative and qualitative methods* (3rd ed.). Lyceum Books.

Kagle, J. D., & Giebelhausen, P. N. (1994). Dual relationships and professional boundaries. *Social Wok, 39*(2), 213-220.

Kagle, J. D., & Kopels, S. (2008). *Social work records* (3rd ed.). Waveland.

Kane, R. (1982). Lessons for social work from the medical model: a viewpoint for practice. *Social Work, 27*, 315-321.

Karls, J. M., & O'Keefe, M. (2008). *The Person-In-Environment System Manual* (2nd ed.). NASW Press.

Karls, J. M., & Wandrei, K. E. (1994). *The PIE Classification System for Social Functioning Problems*. 임상사회사업연구회 역(2000). 임상사회복지 사정분류체계: PIE 매뉴얼 및 PIE 체계론. 나남출판.

Kirst-Ashman, K. K., & Hull, G. H. (2009). *Understanding Generalist Practice* (5th ed.). Thomson Brooks/Cole.

Kirst-Ashman, K. K., & Hull, G. H. (2013). *Understanding Generalist Practice* (6th ed.). Thomson Brooks/Cole.

Kisthardt, W. E. (2013). Integrating the core competencies in strengths-based, person-centered practice: Clarifying purpose and reflecting principles. In Saleebey, D. *The strengths perspective in social work practice* (6th ed.). Pearson.

Lagana. L. M. (1986). 임영상, 기종간 역. 대학지성과 사회개혁운동. 전예원.

Linzer, N. (1999). *Resolving Ethical Dilemmas in Social Work Practice*. Allyn & Bacon.

LivingWorks Education (1999). *Suicide intervention handbook*. LivingWorks Education.

Longres, J. F., (2000). *Human behavior in the social environment* (3rd ed.). Brooks Cole.

Mathew, D. J. (1995). *Foundations for Violence-Free Living: A Step-By-Step Guide to Facilitating Men's Domestic Abuse Groups*. Amherst H. Wilder Foundation.

Mattaini, M. A. (1993). *More than a Thousand Words: Graphics for Clinical Practice*. NASW Press.

McGoldrick, M., Gerson, R., & Petry, S. (2008). *Genograms: Assessment and Intervention* (3rd ed.). W. W. Norton & Company, Inc.

McGoldrick, M. Gerson, R., & Petry, S. (2020). *Genograms: Assessment and Treatment* (4th ed.). W. W. Norton & Company, Inc.

McLeod, S. A. (2008). *Qualitative vs. quantitative*. Retrieved from http://www.simplypsychology.org/qualitative-quantitative.html

Mehrabian, A. (1980). *Silent messages: Implicit communication of emotions and attitudes* (2nd ed). Wadsworth Publishing Company.

Miley, K. K., O'Melia M., & Dubois, B. L. (2007). *Generalist Social Work Practice: An Empowering Approach* (5th ed.). Pearson Education Inc.

Miley, K. K., O'Melia M., & Dubois, B. L. (2016). *Generalist Social Work Practice: An Empowering Approach* (8th ed.). Pearson Education Inc.

Miley, K., Melia, M., & DuBois B. (2001). *Generalist Social Work Practice: An Empowering Approach.* Allyn and Bacon.

Miller, W. R. (2005). *Enhancing Motivation for change in Substance Abuse Treatment.* US Department of Health and Human Service, Substance Abuse and Mental Health Service Administration, Center for Substance Abuse Treatment.

Miller, W. R., & Rollnick, S. (2012). *Motivational interviewing: Helping people change* (3rd ed.). Guilford Press.

Milofsky, C., & Hunter, A. (1993). *The force of tradition at Toynbee Hall culture and deep structure in organizational life.* Presented at the Voluntary Action History Society.

Moore, S. (1990). A Social Work Practice Model of Case Management: The Case Management Grid, *Social Work, 35*(5), 444-448.

Moore, S. (1992). Case Management and the Integration of Services: How Service Delivery Systems Shape Case Management. *Social Work, 37*(5), 418-423.

Moxley, D. P. (1989). *The practice of case management.* Sage Publications.

National Association of Social Workers (NASW). Code of ethics. http://www.socialworkers.org/About/Ethics/Code-of-Ethics (2023년 1월 4일 인출).

Nelson T. S., & Thomas F. N. (2007). *Handbook of Solution-Focused Brief Therapy: Clinical Applications.* Routledge.

Nichols, M. P., & Davis, S. D. (2017). *Family therapy: Concepts & Methods* (11th ed.). Pearson.

Northern, H., & Kurland, R. (2001). *Social work with groups* (3rd ed.). Columbia University Press.

O'Connor, G. G. (1988). Case Management: System and Practice. *Social Casework, 69*(2), 97-106.

Oakley, A. (2014). *Father and Daughter: Patriarchy, gender and social science.* Policy Press.

Payne, M. (2002). The Role and achievements of a professional association in the late twentieth century: The British Association of Social Workers 1970-2000. *British Journal of Social Work, 32*(8), 1 969-995.

Perlman, H. H. (1979). *Relationship: The Heart of Helping People.* The University of Chicago Press.

Pincus, A., & Minahan, A. (1973). *Social work practice: Model and method.* F. E. Peacock.

Pomeroy, E. C., & Garcia, R. B. (2017). *Direct Practice Skills for Evidence-Based Social Work: A Strengths-Based Text and Workbook.* Springer Publishing Company.

Popple, P. (1992). Social work: social function and moral purpose. In P. Reid & P. Popple (Eds.), *The Moral Purpose of Social Work.* Nelson-Hall, Inc.

Poulin, J., Matis, S., & Witt, H. (2019). *The Social Work Field Placement: A Competency-Based Approach.* Springer Publishing Company.

Prochaska J. O., & Diclemente C. C. (1986). Toward a Comprehensive Model of Change. In W. R. Miller & N. Heather (Eds.), *Treating Addictive Behaviors.* Applied Clinical Psychology, 13. Springer.

Proctor, E. K. (2007). Implementing Evidence-Based Practice in Social Work Education: Principles, Strategies, and Partnerships. *Research on Social Work Practice, 17*(5), 583-591. DOI: 10.1177/1049731507301523

Rawls, J. (1999). *A theory of justice.* 황경식 역(2003). 정의론. 이학사.

Reamer, F. G. (2009). *The Social Work Ethics Casebook: Cases and Commentary.* NASW PRESS.

Reamer, F. G. (2018). *Social Work Values and Ethics* (5th ed.). Columbia University Press.

Reid, W., & Epstein, L. (1977). *Task-centered practice.* Columbia University Press.

Reid, W. J. (1997). Research on Task-Centered Practice. *Social Work Research, 21*(3), 132-137.

Reiff, R. (1974). The control of knowledge: The power of the helping professions. *Journal of Applied Behavioral Science, 10*(3), 451-461.

Reinders, R. C. (1982). Toynbee hall and the American settlement movement. *Social Service Review, March*, 39-52.

Richmond, M. (1917). *Social Diagnosis.* Russell Sage Foundation.

Richmond, M. (1922). *What is Social Case Work?: An Introductory Description.* Russell

Sage Foundation.

Rogers, C. R. (1951). *Client-centered therapy*. Riverside Press.

Rollnick, S. (2015). *MI today and beyond. Asia Pacific Symposium of Motivaional Interviewing*. presentation.

Rollnick, S., Miller, W., & Butler, C. C. (2008). *Motivational Interviewing In Health Care: Helping Patients Change Behavior*. Guilford Press.

Rolph, S., Atkinson, D., & Walmsley, J. (2003). A pair of stout shoes and an umbrella: The role of the Mental Welfare Officer in delivering community care in East Anglia, 1946–1970. *British Journal of Social Work, 33*(3), 339–359.

Rothman, J. (1991). A model of case management: Toward empirically based practice. *Social Work, 36*(6), 520–528.

Rothman, J. (2001). Approaches to community intervention. In J. Rothman, J. Erlich, & J. Tropman (Eds.), *Strategies of community intervention: Macro practice*. F. E. Peacock Publishers.

Rothman, J., & Sager, J. S. (1988). *Case management: integrating individual and community practice* (2nd ed.). Allyn and Bacon.

Royse, D., & Bruce, A. (1996). *Program evaluation*. Nelson-Hall Publishers.

Saleebey, D. (2013). Introduction: Power in the people. In D. Saleebey (Ed.), *The strengths perspective in social work practice* (6th ed.). Pearson.

Satir, V. M. (1988). *The new peoplemaking*. Science and Behavior Books.

Schön, D. (1983). *The Reflective Practitioner: How Professionals Think in Action*. Basic Books.

Schubert, M. (1997). *Interviewing in Social Work practice*. 이상균, 박현선 공역(2000). 사회복지 면접의 길잡이. 나눔의 집.

Shamai, M. (2003). Therapeutic effects of qualitative evaluation. *Social Service Review, 77*(3), 455–467. doi: 10.1086/375789

Sheafor, B. W., & Horejsi, C. R. (2014). *Technique and Guidelines for Social Work Practice* (10th ed.). 남기철, 정선욱 공역(2020). 사회복지실천 기법과 지침. 나남출판.

Simpson, A., Miller, C., & Bowers, L. (2003). Case Management models and the care programme approach. *Journal of Psychiatric and Mental Health Nursing, 10*(4), 472–

483.

Solomon, B. B. (1976). *Black empowerment: Social work in oppressed communities*. Columbia University Press.

Steinberg, R. M., & Carter, G. W. (1983). *Case Management and the Elderly: A Handbook for Planning and Administering Programs*. LexingtonBooks.

Stith, S. M., Miller, M. S., Boyle, J., Swinton, J., Ratcliffe, G., & McCollum, E. (2012). Making a difference in making miracles: Common road blocks to miracle question effectiveness. *Journal of Marital & Family Therapy, 38*(2), 380–393.

Thomlison, B. (2010). *Family Assessment Handbook: An Introduction and Practical Guide to Family Assessment* (3rd ed.). Thompson Brooks/Cole.

Timberlake, E. M. (2008). *General Method of Social Work Practice: A Strengths Based Problem Splving Approach*. Allyn & Bacon.

Timberlake, E. M., Farber, M. Z., & Sabatio, C. S. (2002). *The General Method of Social Work Practice: McMahon`s Generalist Perspective*. Allyn & Bacon.

Timberlake, E. M., Farber, M. Z., & Sabatino, C. S. (2007). *Generalist Social Work Practice: A Strengths-Based Problem Solving Approach* (5th ed.). Allyn & Bacon.

Timmins, N. (1996). *The Five Giants: A biography of the welfare state*. Fontana.

Timms, N. (1964). *Psychiatric Social Work in Great Britain: 1939-1962*. Routledge and Kegan Paul.

Toseland, R. W., & Rivas, R. F. (2001). *An introduction to group work practice* (4th ed.). Allyn & Bacon.

Trotzer J. P. (1999). *Counselor and The Group: Integrating Theory, Training, and Practice*. Taylor & Francis.

Turner, J. (1968). In response to change: Social work at the crossroad. *Social Work, 13*(3), 7–15.

UN Centre for human rights (1994). *Human rights and social work*. 이혜원 역(2005). 인권과 사회복지실천. 학지사.

Urquiza, A. J., & Winn, C. (2013). Treatment for abused and neglected children: infancy to age 18. United States Dept. of Health and Human Services, Administration for Children and Families, Administration on Children, Youth and Families, National Center on

Child Abuse and Neglect.

Van Wormer, K. (1997). *Social Welfare: A World View*. Nelson-Hall Inc.

Wakefield, J. C. (1996a). Does social work need the ecosystems perspective? Part 1. Is the perspective clinically useful? *Social Service Review, 70*(1), 1-32.

Wakefield, J. C. (1996b). Does social work need the ecosystems perspective? Part 2. Does the perspective save social work from incoherence? *Social Service Review, 70*(2), 183-213.

Waltz, T., & Groze, V. (1991). The mission of social work revisited: An agenda for the 1990's. *Social Work, 36*(6), 500-504.

Wampold, B. E. (2001). *The great psychotherapy debate: Models, methods and findings*. Lawrence Erlbaum.

Weick, A. (1983). Issues in overturning a medical model of social work practice. *Social Work, 28*(6), 467-471.

Weil, M., Karls, J. M., & Associates (1985). *Case Management in Human Service Practice*. Jossey-Bass.

Whittaker, J. K., & Tracy, E. M. (1989). *Social treatment: An introduction to interpersonal helping in social work practice* (2nd ed.). Aldine de Gruyter.

Wilding, P. (1982). *Professional Power and Social Welfare*. Routledge & Kegan Paul.

Woods, M. E., & Hollis, F. (2000). *Casework: A psychosocial therapy* (5th ed.). McGraw-Hill.

Worell, J., & Remer, P. (2003). *Feminist perspectives in therapy: Empowering diverse women* (2nd ed.). 김민예숙, 강김문순 공역(2004). 여성주의 상담의 이론과 실제. 한울아카데미.

Younghusband, E. (1981). *The Newest Profession A short history of social work*. IPC BUSINESS PRESS LTD.

Zastrow, C. (1995). *The Practice of Social Work*. Brooks/Cole Publishing Company.

Zastrow, C. (2010a). *Introducction to Social WorK and Social Welfare: Empowering People* (10th ed.). Brooks/Cole, Cengage Learning.

Zastrow, C. (2010b). *The Practice of Social Work: A Comprehensive Worktext* (9th ed.). Thomson Brooks/Cole.

Zastrow, C. (2013). *The Practice of Social Work: A Comprehensive Worktext* (10th ed.). Thomson Brooks/Cole.

Zastrow, C. (2014). *Introduction to social work and social welfare: Empowering people* (11th ed.). Brooks/Cole.

Zastrow, C., & Kirst-Ashman, K. K. (2010). *Undersranding Human Behavior and the Social Environment* (8th ed.). Thomson Brooks/Cole.

한국사회복지사협회(2013). 연혁. http://www. welfare.net

한국정신보건사회복지협회(2013). 설립목적 및 연혁. http://www. kamhsw.or.kr

찾아보기

내용

저자 소개

◇●○ **김혜란**(Kim, Hye Lan)

연세대학교 영어영문학과 졸업

미국 University of Illinois at Urbana-Champaign(사회복지학 석사)

미국 University of Chicago(사회복지학 박사)

현 서울대학교 사회복지학과 교수

〉 대표 저서

사회복지실천기술론(공저, 학지사, 2022), 여성복지학(3판, 공저, 학지사, 2020),

가족복지학(5판, 공저, 학지사, 2017), 사회복지개론(공저, 나남, 2015)

〉 대표 논문

성폭력 피해 장애인의 특성과 법률조력인의 지원에 관한 연구(공동연구, 법무부, 2012),

실업급여제도의 성인지적 분석(공동연구, 사회보장연구, 2010)

◇●○ **공계순**(Kong, Gye Soon)

서울대학교 사회복지학과 졸업

서울대학교 사회복지학과 석사

미국 The Ohio State University 사회사업대학 박사(Ph.D)

현 호서대학교 사회복지학부 교수

〉 대표 저서

사회복지실천기술론(공저, 학지사, 2022), 아동복지론(5판, 공저, 학지사, 2019),

욕구조사의 이론과 실제(공저, 나남, 2004)

〉 대표 논문

지역아동센터 이용 아동의 자아존중감 향상 프로그램에 대한 설명적 메타분석: 단일변
량 및 다중변량 메타회귀분석(공동연구, 사회복지연구, 2019), 증거기반 사회복지실천
에 대한 이해와 한국에서의 적용가능성에 관한 연구(공동연구, 사회복지연구, 2006), 아
동학대예방센터 상담원의 이직의도 관련 요인에 관한 연구(한국아동복지학, 2005)

박현선(Park, Hyun Sun)

이화여자대학교 사회복지학과 졸업

서울대학교 사회복지학과 석사

서울대학교 사회복지학과 박사

현 세종대학교 공공정책대학원 사회복지학과 교수

> 대표 저서

사회복지실천기술론(공저, 학지사, 2022), 아동복지론(5판, 공저, 학지사, 2019)

> 대표 논문

놀이친화적 환경이 아동의 삶의 질에 미치는 영향-놀이공간 조성과 지역 유형에 따른
다집단 분석(한국아동복지학, 2020), 화상환자 가족의 보호부담 완화를 위한 집단상담
프로그램 개발(공동연구, 가족과 가족치료, 2020)

홍선미(Hong, Seon Mee)

서울대학교 사회복지학과 졸업

미국 University of Wisconsin at Madison(사회복지학 석사)

미국 Columbia University(사회복지학 박사)

현 한신대학교 사회복지학과 교수

> 대표 저서

사회복지실천기술론(공저, 학지사, 2022), 정신건강사회복지론(공저, 학지사, 2022),
사회복지개론(공저, 청목, 2010)

> 대표 논문

돌봄레짐과 국가책임의 시대(경제인문사회연구회, 2021),
커뮤니티케어 확대에 따른 통합사례관리 인력 확충방안(사회보장정보원, 2020)

사회복지총서

사회복지실천론
Social Work Practice

2023년 2월 20일 1판 1쇄 인쇄
2023년 2월 25일 1판 1쇄 발행

지은이 • 김혜란 · 공계순 · 박현선 · 홍선미
펴낸이 • 김진환
펴낸곳 • ㈜ **학지사**

04031 서울특별시 마포구 양화로 15길 20 마인드월드빌딩

대표전화 • 02-330-5114   팩스 • 02-324-2345
등록번호 • 제313-2006-000265호

홈페이지 • http://www.hakjisa.co.kr
페이스북 • https://www.facebook.com/hakjisabook

ISBN 978-89-997-2862-4 93330

정가 23,000원

출판미디어기업 **학지사**

간호보건의학출판 **학지사메디컬** www.hakjisamd.co.kr
심리검사연구소 **인싸이트** www.inpsyt.co.kr
학술논문서비스 **뉴논문** www.newnonmun.com
교육연수원 **카운피아** www.counpia.com